ŒUVRES
DE
WALTER SCOTT.

TOME XXIII.

IMPRIMERIE DE E. DUVERGER.
rue de Verneuil, n° 4.

RICHARD EN PALESTINE,

OU

LE TALISMAN

(The Talisman.)

TRADUCTION

DE M. DEFAUCONPRET,

AVEC DES ÉCLAIRCISSEMENS ET DES NOTES HISTORIQUES.

PARIS.

FURNE, LIBRAIRE-ÉDITEUR,

QUAI DES AUGUSTINS, N° 39.

M DCCC XXX.

LE TALISMAN,

ou

RICHARD EN PALESTINE.

(The Talisman.)

CHAPITRE PREMIER.

> « Dans le désert tous deux se retirèrent,
> « Mais ils étaient armés. »
> MILTON, *le Paradis reconquis.*

Le soleil brûlant de la Syrie n'était pas encore arrivé au plus haut point de l'horizon, quand un chevalier de la croix rouge, qui avait abandonné ses foyers éloignés au nord de l'Europe pour joindre l'armée des croisés dans la Palestine, traversait lentement les déserts sablonneux des environs de la mer Morte, ou comme on l'appelle, du lac Asphaltite, où les eaux du Jourdain se jettent comme dans une mer méditerranée dont les ondes n'ont aucun écoulement.

Le guerrier pèlerin avait voyagé péniblement entre les rochers et les précipices pendant la première partie de la matinée; plus tard, quittant ces défilés escarpés et dangereux, il était entré dans cette grande plaine où les villes maudites provoquèrent autrefois la vengeance terrible du Tout-Puissant.

Le voyageur oublia la fatigue, la soif et les dangers du chemin, en se rappelant la catastrophe effrayante qui avait métamorphosé en un désert desséché et affreux la belle et fertile vallée de Siddim, jadis arrosée comme le jardin du Seigneur, maintenant condamnée à une stérilité éternelle.

Il fit le signe de la croix en voyant se dérouler la masse noire d'eaux qui ne ressemblent ni en couleur ni en qualité à celles d'aucun autre lac, et il frissonna en se souvenant que sous ces ondes croupissantes étaient ensevelies les cités jadis si fières de la plaine, dont la tombe fut creusée par le tonnerre du ciel ou par l'éruption d'un feu souterrain. Cette mer sous laquelle sont engloutis leurs débris ne contient pas un poisson vivant dans son sein, ne porte pas d'esquifs sur sa surface; et comme si son lit était le seul réceptacle qui convînt à ses eaux impures, elle n'envoie pas un tribut à l'Océan comme les autres lacs. La terre d'alentour n'était, comme dans le temps de Moïse, — que sel et soufre; on ne l'ensemençait pas; elle ne rapportait rien, aucune herbe n'y croissait [1]. — L'épithète de Morte pouvait s'appliquer à la terre aussi bien qu'à l'eau du lac, car on n'y apercevait aucune apparence de végétation, et l'air même était privé de ses habitans ailés, chassés sans doute par les vapeurs bitumineuses que les rayons brûlans du soleil pompent de la surface du lac. Ces vapeurs y prennent l'apparence d'un brouillard, et se montrent quelquefois sous la forme d'une trombe. Des masses de cette substance visqueuse et sulfureuse qu'on appelle naphte, et qui flottaient sur ses vagues sombres et indolentes, fournissaient de nouvelles vapeurs à ces nuages roulans, et semblaient appuyer d'un témoignage imposant la vérité de l'histoire de Moïse.

Le soleil brillait avec un éclat presque intolérable sur

---

(1) Expression de l'Écriture. — Éd.

cette scène de désolation, et toute la nature vivante paraissait s'être dérobée à ses rayons, excepté le pèlerin solitaire qui foulait à pas lents le sable mobile et qui semblait le seul être doué de vie sur toute la surface de cette plaine. On aurait dit aussi que le costume du chevalier et l'équipement de son cheval avaient été choisis à dessein, comme tout ce qui pouvait être le moins convenable pour voyager dans une telle contrée. Une cotte de mailles à longues manches, des gantelets couverts de plaques de métal et une cuirasse d'acier n'avaient pas été jugés une armure assez pesante; un bouclier triangulaire était suspendu à son cou, et il portait un heaume d'acier au bas duquel flottait un capuchon et un collier de mailles qui, entourant les épaules et le cou du guerrier, remplissaient ainsi l'intervalle entre son haubert et son casque; ses jambes et ses cuisses étaient comme le reste de son corps couvertes de mailles flexibles, et ses pieds étaient dans une chaussure garnie de plaques comme ses gantelets. Une longue et large épée, à lame droite, à double tranchant, et dont la poignée était en forme de croix, faisait le pendant d'un grand poignard placé du côté droit. Ferme sur sa selle, le chevalier tenait en main son arme ordinaire, sa longue lance garnie d'acier, dont le bout reposait sur l'étrier, et au fer de laquelle était attachée une petite banderolle qui, tandis qu'il marchait, flottait en arrière, tantôt jouant avec le vent, tantôt comme endormie dans le calme. Au poids de cet équipement il faut ajouter un *surtout*[1] de drap brodé, très fané et très usé, mais qui était utile en ce qu'il empêchait les rayons brûlans du soleil de frapper sur l'armure, dont sans cela la chaleur serait devenue insupportable. On voyait en plusieurs endroits du surtout les armoiries du chevalier en partie effacées. Elles semblaient être un léopard couchant avec la devise : — Je dors, ne m'éveillez pas ! — La même devise paraissait avoir décoré son bouclier, mais les coups qu'il avait reçus en

---

(1) En anglais *surtoat, cotte de dessus.* — Éd.

avaient à peine laissé quelques traces. Le sommet aplati de son heaume pesant et cylindrique n'était orné d'aucun cimier. En conservant leur lourde armure défensive, les croisés du nord semblaient vouloir braver la nature du climat et du pays où ils étaient venus porter la guerre.

L'équipement du cheval n'était guère moins massif que celui du cavalier. Sa pesante selle, revêtue d'acier, se joignait par-devant à une espèce de cuirasse qui lui couvrait le poitrail, et par-derrière à une autre armure défensive qui lui protégeait les reins. Une hache d'acier, espèce de marteau qu'on appelait masse d'armes, était suspendue à l'arçon de la selle; les rênes étaient assurées par une chaîne de métal, et le chanfrein de la bride était une plaque d'acier avec des ouvertures pour les yeux et les naseaux, et dont l'extrémité supérieure était garnie d'une pointe courte et aiguë qui semblait sortir du front du cheval comme la défense de la fabuleuse licorne.

Mais l'habitude, qui devient une seconde nature, avait rendu le cavalier et sa monture capables d'endurer le poids de cette lourde panoplie. A la vérité un grand nombre de guerriers partis de l'Occident pour accourir dans la Palestine y avaient trouvé la mort avant d'avoir pu s'acclimater sous ce ciel brûlant; mais pour d'autres ce climat avait cessé d'être dangereux : il était même devenu salutaire. Parmi ce petit nombre d'heureux se trouvait le chevalier qui côtoyait alors solitairement les bords de la mer Morte.

La nature, qui avait donné à ses membres la force et la vigueur nécessaires pour porter un pesant haubert aussi facilement que si les mailles en eussent été de soie, l'avait doué d'une constitution non moins forte pour braver les changemens de climat, les fatigues et les privations de toute espèce. Son caractère semblait partager jusqu'à un certain point les qualités de son corps. Si son corps avait autant d'activité que de force et de patience, sous une apparence calme son ame brûlait de cet amour enthousiaste et de cette soif de gloire, le principal attribut de cette race normande qui avait changé ses aventuriers en souverains dans tous les pays de l'Europe où ils avaient porté leurs armes.

Ce n'était pourtant pas à tous les enfans de cette illustre race que la fortune accordait des récompenses si séduisantes, et celles qu'avait obtenues le chevalier solitaire pendant une campagne de deux ans en Palestine n'avaient été qu'une renommée temporelle, mais aussi, comme on lui avait appris à le croire, des priviléges spirituels. Pendant ce temps sa bourse, déjà légère à son départ, s'était épuisée d'autant plus aisément qu'il n'avait recours à aucun des expédiens ordinaires auxquels les croisés s'abaissaient pour se procurer de nouvelles ressources aux dépens des malheureux habitans de la Palestine ; il n'en exigeait pas des présens pour épargner leurs possessions pendant qu'il faisait la guerre aux Sarrasins, et il n'avait pas eu l'occasion de s'enrichir par la rançon de quelques prisonniers d'importance. La petite suite qui l'avait accompagné de son pays natal avait diminué graduellement avec ses moyens de l'entretenir. Le seul écuyer qui lui restât alors était malade, obligé de garder le lit, et ne pouvait suivre son maître qui, comme nous l'avons déjà dit, voyageait seul. Cette circonstance paraissait peu importante au croisé, habitué à regarder sa bonne épée comme sa plus sûre escorte, et ses pensées de dévotion comme sa meilleure compagnie.

Cependant, malgré la constitution de fer et le caractère patient du chevalier du Léopard-Dormant, la nature exigeait de lui qu'il prît repos et nourriture. Aussi vers l'heure de midi, ayant laissé la mer Morte à quelque distance sur la droite, il vit avec joie deux ou trois palmiers qui s'élevaient auprès de la source sur le bord de laquelle il comptait faire halte. Son bon coursier, qui avait marché avec autant de courage et de persévérance que son maître, commença à lever la tête, à ouvrir les naseaux et à doubler le pas, comme s'il eût senti de loin les eaux vives et deviné le lieu où il allait trouver repos et rafraîchissement. Mais il y avait encore des fatigues à essuyer et des dangers à courir avant que le cheval et le cavalier arrivassent à ce lieu désiré.

Tandis que le chevalier du Léopard-Dormant continuait à fixer attentivement les yeux sur le bouquet de palmiers qu'il apercevait de loin, il lui sembla voir un objet animé se mouvoir par-derrière. Cet objet se détacha enfin des arbres dont le feuillage avait caché en partie ses mouvemens, et s'avança du côté du chevalier avec une célérité qui fit bientôt distinguer un cavalier que son turban, sa longue javeline et son cafetan vert flottant faisaient reconnaître pour Sarrasin.

— Personne ne trouve un ami dans le désert, dit un proverbe oriental; mais le croisé ne s'inquiétait guère si l'infidèle qui s'approchait rapidement sur un beau cheval barbe, comme s'il eût été porté sur les ailes d'un aigle, venait à lui en ami ou en ennemi. Comme champion dévoué à la croix, peut-être même aurait-il préféré avoir à l'envisager sous ce dernier aspect. Il dégagea sa lance de sa selle, la saisit de la main droite, la tint en arrêt à demi levée, serra les rênes de la main gauche, et excitant l'ardeur de son coursier en lui faisant sentir l'éperon, il se prépara à rencontrer cet étranger avec cette calme confiance qui convenait à un chevalier victorieux dans tant de combats.

Le Sarrasin arriva au grand galop, en cavalier arabe, conduisant son cheval à l'aide de ses jambes et par les inflexions de son corps plutôt qu'en se servant des rênes, qui flottaient suspendues à sa main gauche. De cette manière il pouvait tenir aisément le léger bouclier rond en peau de rhinocéros orné de ganses d'argent qu'il portait sur le bras, en le faisant tourner comme s'il avait dessein d'en opposer le cercle étroit au coup formidable de la lance occidentale. Sa longue javeline n'était pas couchée l'horizontalement comme celle de son antagoniste : il la tenait de la main droite par le milieu, et la faisait brandir sur sa tête à la hauteur du bras. En s'approchant de son ennemi à pleine carrière, il semblait s'attendre à voir le chevalier du Léopard mettre son cheval au galop pour le rencontrer ; mais le chevalier chrétien, connaissant parfaitement toutes les coutumes des guerriers de l'Orient, ne jugea pas à propos d'épuiser son excellent coursier par des efforts inutiles. Au contraire, il fit une halte subite, convaincu que si son ennemi en venait au choc, son poids et celui de son cheval lui donneraient assez d'avantage sans qu'il eût besoin d'y ajouter celui d'un mouvement rapide.

Le cavalier sarrasin pensa de même ; et craignant le résultat probable d'un tel choc, quand il fut arrivé près du chrétien à environ deux fois la longueur de sa lance, il guida son cheval sur la gauche avec une dextérité inimitable. Deux fois il fit le tour de son antagoniste qui, par une manœuvre analogue, sans quitter son terrain, présenta constamment le front à son ennemi et déjoua toutes ses tentatives pour l'attaquer sans qu'il fût sur ses gardes ; de sorte que le Sarrasin, faisant décrire à son cheval un cercle plus étendu, fut obligé de se retirer à la distance d'une cinquantaine de toises.

Cependant, comme un faucon attaquant un héron, le Maure revint bientôt à la charge et fut encore forcé à battre en retraite sans avoir pu commencer le combat. Il s'approcha de la même manière une troisième fois ; mais le chevalier chrétien désirant mettre fin à cette guerre d'escarmouches dans laquelle il pouvait se trouver enfin harassé par l'activité de son ennemi, saisit tout à coup la masse d'armes suspendue à l'arçon de sa selle, et d'un bras aussi vigoureux que son coup d'œil était juste, la lança à la tête de son adversaire, qui paraissait n'être rien moins qu'un émir. Le Sarrasin n'eut que le temps de placer son léger bouclier entre cette arme formidable et sa tête : la violence du coup repoussa le bouclier sur son turban ; et quoique cette arme défensive eût contribué à en amortir la force, il fut renversé de cheval. Cependant avant que le chrétien pût profiter de cette chute, l'agile Sarrasin se releva, et appelant son cheval qui arriva sur-le-champ près de lui, il sauta en selle sans toucher l'étrier, et regagna l'avantage dont l'avait privé le chevalier du Léopard.

Pendant ce temps celui-ci avait ramassé sa masse d'armes; et le Sarrasin se rappelant avec quelle force et quelle dextérité son ennemi s'en était servi, parut désirer se tenir hors de portée d'une arme dont il venait si récemment d'éprouver la force, et montra l'intention de continuer le combat avec des armes qui lui étaient plus familières et dont il pouvait se servir de plus loin. Plantant sa longue javeline dans le sable à quelque distance, il tendit avec beaucoup d'adresse un petit arc qu'il portait sur le dos; et mettant son cheval au galop, il décrivit encore autour du chrétien deux ou trois cercles d'une circonférence plus étendue que les premiers, et décocha six flèches contre lui avec un coup d'œil si sûr que si son ennemi ne reçut pas un pareil nombre de blessures, il ne le dut qu'à la bonté de son armure. La septième parut en avoir frappé une partie moins à l'épreuve; car le chevalier du Léopard tomba tout à coup de cheval.

Mais quelle fut la surprise du Sarrasin quand ayant mis pied à terre pour examiner dans quel état se trouvait son ennemi renversé, il se sentit tout à coup saisi par l'Européen, qui avait eu recours à ce stratagème pour attirer son antagoniste à sa portée! Dans cette lutte mortelle, sa présence d'esprit et son agilité le sauvèrent. Détachant à la hâte le ceinturon par lequel le chevalier du Léopard le retenait, et se tirant ainsi de ses mains redoutables, il remonta sur son cheval, qui semblait suivre tous les mouvemens de son maître avec l'intelligence d'une créature humaine, et s'éloigna de nouveau. Mais dans cette dernière rencontre le Sarrasin avait perdu son cimeterre et son carquois rempli de flèches, attachés à son ceinturon, qu'il avait été forcé d'abandonner. Son turban était aussi tombé pendant cette courte lutte. Ces désavantages parurent engager le musulman à proposer une trêve. Il se rapprocha du chrétien, la main droite étendue, mais non plus dans une attitude menaçante.

— Il existe une trêve entre nos nations, lui dit-il en employant la langue franque, qui servait de moyen de communication entre les croisés et les Sarrasins : pourquoi donc y aurait-il guerre entre toi et moi? Qu'il y ait paix entre nous.

— J'y consens, répondit le chevalier du Léopard, mais quelle garantie m'offres-tu que tu observeras la trêve?

— Jamais un serviteur du Prophète n'a manqué à sa parole, répondit l'émir. Ce serait à toi, brave Nazaréen, que je devrais demander une garantie, si je ne savais que la trahison habite rarement avec le courage.

La confiance du Sarrasin fit rougir le croisé de la méfiance qu'il avait montrée.

— Par la croix de mon épée! dit-il en appuyant la main sur son arme, je te serai fidèle compagnon, Sarrasin, tant que la fortune voudra que nous soyons ensemble.

— Par Mahomet, prophète de Dieu, et par Allah, Dieu du prophète! répliqua son ci-devant ennemi, il n'y a pas dans mon cœur de trahison envers toi. Et maintenant rendons-nous vers cette fontaine, car l'heure du repos est arrivée, et mes lèvres s'étaient à peine humectées quand ta présence m'a appelé au combat.

Le chevalier du Léopard y consentit sur-le-champ avec courtoisie; et les deux guerriers, naguère ennemis, se dirigèrent ensemble vers le bouquet de palmiers, sans qu'un regard indiquât le ressentiment, sans qu'un seul geste annonçât la méfiance.

CHAPITRE II.

— ◆ —

> « Pour converser et voyager ensemble,
> « Pour être amis et de bons compagnons,
> « Il faut avoir tous les deux, ce me semble,
> « Même esprit, mêmes mœurs, mêmes affections. »
> Shakspeare.

Les temps de guerre ont toujours leurs momens de trêve et de sécurité. C'était surtout l'usage dans les siècles féodaux, car les mœurs de cette époque faisant de la guerre la principale et la plus noble occupation du genre humain, les intervalles de paix ou pour mieux dire de trêve n'en offraient que plus d'attraits à des guerriers qui n'en jouissaient que rarement, et leur devenaient d'autant plus chers qu'ils étaient de plus courte durée. Ils croyaient au-dessous d'eux de conserver une inimitié permanente contre l'ennemi qu'ils avaient combattu aujourd'hui en braves champions, et dont ils pouvaient encore avoir à attaquer la vie le lendemain matin. Le temps et les circonstances offraient tant d'occasions pour satisfaire les passions violentes, que ces guerriers, à moins qu'ils ne fussent ennemis particuliers ou provoqués par des griefs individuels et personnels, passaient avec plaisir dans la société les uns des autres les courts intervalles que leur laissait une vie consacrée aux armes.

Malgré la différence des religions, le zèle fanatique qui animait les uns contre les autres les serviteurs de la croix et ceux du croissant était considérablement adouci par un sentiment si naturel à des guerriers généreux, et qu'entretenait particulièrement l'esprit de la chevalerie. Cette dernière impulsion, qui n'était pas la moins forte, s'était graduellement étendue des chrétiens à leurs ennemis mortels, les Sarrasins d'Espagne et de Palestine. Ceux-ci n'étaient plus ces sauvages fanatiques qui s'étaient élancés du centre des déserts de l'Arabie, le cimeterre dans une main et le Coran dans l'autre, pour présenter l'alternative de la mort ou de la foi de Mahomet, ou du moins pour réduire en esclavage et charger d'un tribut quiconque refuserait d'adopter la croyance au prophète de la Mecque.

Tel était le choix qui avait été proposé aux Grecs et aux Syriens peu belliqueux ; mais en combattant les chrétiens de l'Occident animés par un zèle aussi ardent que le leur, aussi indomptables par leur courage, doués d'adresse et illustrés par plus d'un succès, les Sarrasins prirent peu à peu une partie de leurs manières, et surtout adoptèrent les usages chevaleresques, qui étaient si bien faits pour charmer l'esprit d'un peuple fier et conquérant. Ils avaient leurs tournois et leurs joutes ; ils avaient même leur chevalerie, ou du moins quelque chose qui en approchait ; mais par-dessus tout, les Sarrasins tenaient leur parole avec une exactitude qui pouvait quelquefois faire honte aux disciples d'une religion plus pure. Leurs trèves, soit nationales, soit individuelles, étaient religieusement observées ; et il en résultait que la guerre, qui en elle-même est peut-être le plus grand des maux, fournissait des occasions de déployer de part et d'autre bonne foi, clémence et générosité. Ces doux sentimens se montrent peut-être plus rarement dans des temps plus tranquilles où les passions, trouvant des occasions moins promptes de se satisfaire, couvent long-temps dans le cœur de ceux qui sont assez malheureux pour y être en proie.

Ce fut sous l'influence de ces sentimens que le chrétien et le Sarrasin, qui quelques instans auparavant n'avaient rien négligé pour se donner la mort l'un à l'autre, se dirigeaient à pas lents vers la fontaine des palmiers, où le chevalier du Léopard se rendait lorsqu'il avait été interrompu dans sa marche par un adversaire agile et redoutable. Tous deux restèrent plongés quelque temps dans leurs réflexions, semblant reprendre haleine après une rencontre qui avait menacé d'être fatale à l'un ou à l'autre, et peut-être à tous deux. Leurs coursiers paraissaient jouir également de cet intervalle de repos. Le cheval du Sarrasin, malgré les mouvemens plus rapides et plus nombreux auxquels il avait été forcé, paraissait moins fatigué que celui du chevalier européen. La sueur coulait encore des crins de celui-ci, tandis qu'il n'avait fallu que quelques instans d'une marche tranquille pour sécher celle du noble coursier d'Arabie, en qui il ne restait d'autres signes de fatigue que l'écume encore attachée à sa bride et à sa housse. Le sol mobile foulé par les deux coursiers augmentait tellement la peine de celui du chrétien chargé d'une lourde armure et du poids de son maître, que le cavalier, mettant pied à terre, le conduisit par la bride au milieu de la poussière épaisse de ce terrain aride, réduit par la chaleur à une substance plus impalpable que le sable le plus fin. Il se condamnait ainsi lui-même à une fatigue nouvelle, pour soulager son fidèle coursier; car ses pieds s'enfonçaient dans la poussière jusqu'à la cheville à chaque pas qu'il faisait sur un sol si léger et qui offrait si peu de résistance.

— Vous avez raison, dit le Sarrasin, et c'était le premier mot qui eût été prononcé depuis qu'ils avaient conclu leur trève. Ce bon cheval mérite vos soins; mais que faites-vous dans le désert d'un animal qui s'enfonce à chaque pas jusqu'au-dessus du fanon, comme s'il voulait planter ses pieds à la même profondeur que la racine du dattier?

Le chevalier chrétien fut peu content du ton de critique avec lequel l'infidèle s'exprimait sur son coursier favori. — Vous parlez bien, répondit-il, c'est-à-dire d'après vos connaissances et vos observations. Mais dans mon pays j'ai traversé sur ce bon cheval un lac aussi étendu que celui que vous voyez derrière nous, sans qu'il se mouillât un poil au-dessus de la corne.

Le Sarrasin le regarda avec autant de surprise que sa courtoisie lui permit d'en montrer ; mais il ne la témoigna que par un léger sourire approchant du dédain, qui fit à peine mouvoir un poil de sa moustache épaisse.

— C'est bien dit, chrétien, ajouta-t-il en reprenant sur-le-champ son calme et sa gravité ordinaires : écoutez un Franc, et vous entendrez une fable.

— Vous n'êtes pas poli, infidèle, répondit le croisé, puisque vous doutez de la parole d'un chevalier ; et si je ne savais que vous parlez ainsi par ignorance, et non pour m'insulter, notre trêve à peine commencée se terminerait sur-le-champ. Croyez-vous que je vous fasse un mensonge quand je vous dis que moi et cinq cents cavaliers armés de toutes pièces, nous avons marché pendant plusieurs milles sur de l'eau qui avait la solidité du cristal et moins de fragilité?

— Que voulez-vous me dire? s'écria le musulman. Cette mer que vous me montrez a cela de particulier qu'attendu la malédiction spéciale de Dieu elle ne souffre que rien ne s'enfonce sous ses eaux, et rejette sur ses bords tout ce qui y tombe ; mais ni la mer Morte, ni aucun des sept océans qui entourent la terre, ne souffrent sur leur surface la pression du pied d'un cheval, pas plus que la mer Rouge ne souffrit la marche de Pharaon et de son armée.

— Vous parlez suivant vos connaissances, Sarrasin, dit le chevalier chrétien, et cependant, croyez-en les miennes, je ne vous conte point une fable. Ici la chaleur convertit ce sable en une poussière qui a presque l'instabilité de l'eau : dans mon pays, le froid change quelquefois l'eau même en une substance aussi dure qu'un rocher. Mais n'en parlons plus ; le souvenir de la surface bleue, calme et limpide d'un de nos lacs pendant l'hiver, réfléchissant l'éclat brillant des étoiles et de la lune, redouble les horreurs de ce désert brûlant, où l'air qu'on respire ressemble à la vapeur d'une fournaise sept fois échauffée.

Le Sarrasin le regarda attentivement, comme pour s'assurer de quelle manière il devait interpréter un discours qui à ses yeux devait paraître cacher quelque chose de mystérieux ou le désir de le tromper. Enfin il parut avoir pris sa détermination sur le sens qu'il devait attacher à ce que venait de dire son nouveau compagnon.

— Vous êtes d'une nation qui aime à rire, lui dit-il, et vous vous amusez à plaisanter aux dépens des autres en leur racontant des choses impossibles et qui n'ont jamais pu arriver. Vous êtes un des chevaliers de France qui se font un plaisir et un passe-temps de se *gaber* les uns des autres, comme ils le disent, en se vantant d'exploits au-dessus du pouvoir de l'homme. J'aurais tort de vous contester en ce moment le privilége de parler ainsi, puisque les fanfaronnades vous sont plus naturelles que la vérité.

— Je ne suis pas de ce pays, répondit le chevalier, et je n'en adopte pas la mode qui, comme vous le dites fort bien, est de se *gaber* des autres, en se vantant de ce qu'on n'a jamais fait, et en entreprenant ce qu'on ne peut achever : je me suis rendu coupable de la même folie, brave Sarrasin, en vous parlant de ce qu'il est impossible que vous compreniez. Même en vous disant la plus simple vérité, j'ai mérité de passer à vos yeux pour un *gabeur;* ainsi, je vous prie, qu'il n'en soit plus question.

Ils arrivaient en ce moment près du bouquet de palmiers dont l'ombrage protégeait l'eau limpide de la source.

Nous avons parlé d'un instant de trêve au milieu de la guerre, et ce beau lieu, au milieu d'un désert stérile, en offrait une à l'imagination qui n'était pas moins agréable. Il présentait une scène qui partout ailleurs aurait peut-être attiré peu d'attention; mais comme c'était le seul endroit qui dans un horizon sans bornes offrît de l'ombre pour se rafraîchir et de l'eau pour se désaltérer, ce double avantage qu'on méprise quand il se trouve à chaque pas faisait un petit paradis de la fontaine et de son voisinage.

Quelque main généreuse ou charitable, avant le commencement des jours de deuil de la Palestine, avait entouré d'un mur et couvert cette source d'une voûte, afin d'empêcher qu'elle ne fût absorbée dans la terre, et comblée par les nuages de sable que le moindre souffle de vent déroulait sur le désert. Cette voûte était alors dégradée, et une partie tombait en ruines ; mais il en restait encore assez pour couvrir la fontaine de manière à en exclure le soleil. Un rayon oblique pouvait à peine effleurer ses eaux qui, tandis que tout était sécheresse et aridité dans les environs, offraient une nappe argentée, délicieuse pour les yeux comme pour l'imagination. En sortant de dessous la voûte, l'eau était reçue dans un bassin de marbre, dégradé à la vérité, mais égayant la vue en prouvant que cette place avait été autrefois regardée comme une halte ou station ; que la main de l'homme y avait travaillé, et qu'on y avait songé aux besoins de l'homme. C'était un signe qui rappelait au voyageur altéré et fatigué que d'autres que lui avaient été exposés aux mêmes souffrances, s'étaient reposés dans le même lieu, et étaient sans doute retournés en sûreté dans un pays plus fertile. Le petit courant à peine visible, échappé de ce bassin, servait à nourrir le peu d'arbres qui entouraient la fontaine ; et quand il disparaissait, absorbé dans la terre, sa présence était annoncée par une belle verdure.

Ce fut dans cet endroit délicieux que les deux guerriers s'arrêtèrent, et chacun d'eux, à sa manière, débarrassa son coursier de sa selle, de son mors et de ses rênes, et les deux chevaux se désaltérèrent dans le bassin, tandis que leurs maîtres se rafraîchissaient à la fontaine sous la voûte. Ils permirent alors à leurs montures d'errer à leur volonté dans les environs, sachant bien que leur intérêt et leurs habitudes de domesticité les empêcheraient de s'écarter d'un lieu où ils trouvaient de l'eau pure et de l'herbe fraîche.

Le chrétien et le Sarrasin s'assirent ensuite l'un près de l'autre sur le gazon, et tirèrent de leur valise le peu de provisions dont ils s'étaient munis. Cependant avant de songer à satisfaire leur appétit, ils se regardèrent l'un l'autre avec cette curiosité que le combat sérieux et opiniâtre qu'ils venaient de se livrer était si bien fait pour leur inspirer. Chacun d'eux semblait vouloir mesurer la force d'un adversaire si redoutable, et se faire une idée de son caractère ; chacun d'eux fut obligé de reconnaître que s'il eût succombé dans le combat, c'eût été sous un bras digne de lui.

Les traits et l'extérieur des deux champions offraient un contraste parfait, et l'on aurait pu croire voir en eux des représentans assez bien caractérisés de leurs différentes nations. Le Franc paraissait un homme robuste, modèle des anciennes formes gothiques, avec une forêt de cheveux châtains qui frisèrent naturellement quand il eut quitté son casque. La chaleur du climat avait rendu à son visage une teinte plus brune qu'on ne s'y serait attendu en voyant son grand œil bleu bien fendu, la couleur de ses cheveux et celle des moustaches qui ombrageaient sa lèvre supérieure, car sa barbe était taillée avec soin sur son menton, suivant l'usage des Normands. Il avait le nez grec et bien formé ; la bouche un peu grande, mais de belles dents d'une blancheur éclatante ; la tête petite et gracieuse. Son âge ne pouvait dépasser trente ans ; mais en prenant en considération les effets de la fatigue et du climat, on pouvait lui en supposer trois ou quatre de moins. Il avait la taille et la vigueur d'un athlète, et semblait susceptible d'acquérir avec le temps un excès d'embonpoint, quoique tout annonçât encore en lui la légèreté et l'activité. Quand il eut ôté ses gantelets, il fit voir des mains larges, blanches et bien proportionnées ; des poignets vigoureux et des bras d'une force remarquable. Une hardiesse militaire et l'expression d'une franchise insouciante caractérisaient tous ses discours et tous ses gestes ; enfin le son de sa voix annonçait un homme plus accoutumé à commander qu'à obéir, et qui était habitué à énoncer dans la circonstance ses sentimens tout haut et sans biaiser.

La stature de l'émir s'élevait à la vérité au-dessus de la moyenne taille ; mais elle restait au moins trois pouces au-dessous de celle de l'Européen, qui était presque gigantesque. Ses membres grêles, ses longues mains et ses bras maigres, quoique en proportion avec toute sa personne, et son extérieur ne promettaient pas d'abord la vigueur et l'élasticité dont il avait récemment donné des preuves. Mais examinés avec plus d'attention, ceux de ses membres qui étaient exposés à la vue semblaient seulement dépouillés de tout excès de chair qui aurait pu en gêner les mouvemens; de sorte qu'il n'y restait que des os, des muscles et des nerfs. C'était un corps fait pour la fatigue et pour des exploits bien au-dessus de ceux qu'aurait pu faire un champion dont la vigueur et la taille trouvent un contre-poids dans sa pesanteur, et qui s'épuise par ses propres efforts. La physionomie du Sarrasin participait du caractère général de la tribu orientale dont il descendait, mais sans offrir aucun de ces traits exagérés par lesquels les ménestrels de cette époque représentaient les champions infidèles, et qu'on retrouve encore dans la peinture des enseignes. Son visage délicat et bien formé, mais brûlé par le soleil du Levant, se terminait par une barbe noire, naturellement bouclée, qui semblait peignée avec un soin particulier. Ses yeux étaient un peu enfoncés, mais vifs, noirs et brillans ; son nez droit et régulier ; et ses dents égalaient en beauté l'ivoire de ces déserts. En un mot, l'extérieur et les proportions du Sarrasin étendu sur le gazon près de son vigoureux antagoniste, auraient pu fournir un parallèle analogue à celui de son cimeterre brillant, en forme de croissant, avec une lame de damas étroite et légère, mais étincelante et bien affilée, comparée à la longue et pesante épée gothique qui reposait à côté sur le même sol. L'émir était dans la fleur de l'âge, et il aurait pu passer pour un très bel homme si son front n'eût été trop étroit et si ses traits n'eussent manqué de cette forme ronde et de cet embonpoint modéré qui, du moins suivant les idées des Européens, sont nécessaires pour constituer la beauté.

Les manières du guerrier oriental étaient pleines de gravité et de grace ; elles indiquaient cependant à quelques égards la contrainte que s'imposent quelquefois les hommes doués d'un caractère impétueux et irascible, pour se tenir en garde contre leurs dispositions naturelles ; et l'on y voyait en même temps percer le sentiment intime de sa propre dignité, qui semblait imposer une certaine formalité de conduite à quiconque se trouvait avec lui.

Ce sentiment hautain de supériorité se trouvait peut-être aussi dans le cœur de sa nouvelle connaissance d'Europe ; mais il produisait dans les deux compagnons un effet tout différent. Le même sentiment qui donnait au chevalier chrétien un air de hardiesse, de franchise et presque d'insouciance, sans s'inquiéter de ce que pensaient les autres de son importance, paraissait prescrire au Sarrasin un genre de politesse qui observait strictement toutes les règles du cérémonial. Tous deux étaient courtois ; mais la courtoisie du chrétien semblait prendre sa source dans la connaissance de ce qui était dû aux autres ; celle du musulman paraissait venir de la haute idée qu'il se faisait de ce qu'on devait attendre de lui.

Les provisions dont chacun d'eux s'était chargé pour son repas étaient fort simples ; mais celles du Sarrasin plus frugales encore. Une poignée de dattes et un morceau de pain d'orge suffirent pour satisfaire l'appétit d'un homme que son éducation avait habitué à la nourriture du Désert, quoique depuis leurs conquêtes en Syrie la simplicité de la vie des Arabes eût souvent fait place à la profusion la plus extravagante. Quelques gorgées de l'eau de la fontaine complétèrent son repas.

Celui du chrétien, sans être recherché, était plus substantiel. Du porc salé, l'abomination du musulman, en composa la plus grande partie, et sa boisson, qu'il puisa dans une bouteille de cuir, valait un peu mieux que le pur élément. Il montra plus d'appétit en mangeant et plus de satisfaction en buvant, que le Sarrasin ne jugeait qu'il convenait de le faire en s'acquittant d'une fonction purement animale. Et sans doute le secret mépris qu'ils avaient l'un pour l'autre, en se regardant mutuellement comme sectateurs d'une fausse religion, dut s'accroître par la différence marquée de leur nourriture et de leurs manières. Mais chacun d'eux avait éprouvé la force du bras de l'autre, et le respect réciproque que leur avait inspiré leur combat suffisait pour faire taire toutes considérations d'un ordre inférieur.

Le Sarrasin ne put cependant s'empêcher de faire une remarque sur ce qui lui déplaisait dans la conduite et dans les manières du chrétien ; et après avoir été quelque temps témoin silencieux du bon appétit qui lui faisait prolonger son repas long-temps après que le sien était terminé, il lui adressa la parole en ces termes :

— Vaillant Nazaréen, est-il convenable que celui qui sait combattre comme un homme se nourrisse comme un chien ou un loup ? Un Juif mécréant aurait horreur lui-même de la chair que vous mangez, vous, comme si c'était un fruit des arbres du paradis.

— Brave Sarrasin, répondit le chrétien en le regardant avec un air de surprise occasionné par ce reproche inattendu, apprends que j'use de la liberté d'un chrétien, en me nourrissant d'une chair que le Juif s'interdit parce qu'il est encore, ou du moins qu'il croit être sous la servitude de l'ancienne loi de Moïse. Sache que nous avons une meilleure garantie pour ce que nous faisons. — *Ave Maria,* — soyons reconnaissans. — Et comme pour braver les scrupules de son compagnon, il but encore un long trait dans sa bouteille de cuir, après avoir prononcé de courtes graces en latin.

— Voilà encore ce que vous appelez une partie de votre liberté, dit le Sarrasin. Vous n'avez pas plus de retenue que les animaux des bois dans le choix de votre nourriture, et vous vous dégradez même au-dessous d'eux en buvant ce qu'ils refuseraient.

— Apprends, insensé Sarrasin, répondit sans hésiter le chevalier du Léopard, que tu blasphèmes contre les dons de Dieu, comme blasphéma ton père Ismaël. Le jus de la grappe est donné à celui qui le prend avec modération comme un breuvage qui réjouit le cœur de l'homme après ses travaux, qui le soulage dans ses maladies, qui le console dans ses chagrins. Celui qui en use de cette manière peut rendre grace à Dieu pour sa coupe de vin comme pour son pain quotidien ; et celui qui abuse de ce don du ciel n'est pas un plus grand fou dans son ivresse que tu ne l'es dans ton abstinence.

L'œil vif du Sarrasin s'enflamma à ce sarcasme, et il fit un geste pour porter la main à son poignard. Ce ne fut pourtant qu'une pensée momentanée, qui s'évanouit quand il songea à la vigueur du champion à qui il avait eu affaire, et l'étreinte terrible de cette main dont il portait encore les marques ; il se contenta de continuer une dispute verbale, comme la plus convenable au moment.

— Tes paroles, Nazaréen, dit-il, pourraient exciter la colère, si ton ignorance ne faisait naître la compassion. Plus aveugle qu'aucun de ceux qui demandent l'aumône à la porte d'une mosquée, ne vois-tu pas que la liberté dont tu te vantes est restreinte dans ce qui est le plus précieux pour le bonheur de l'homme, et dans ce qui est le plus nécessaire à sa maison ? Ta loi, si tu l'observes, ne t'enchaîne-t-elle pas par le mariage à une seule femme, qu'elle soit malade ou bien portante, féconde ou stérile ; qu'elle apporte à ta table et à ton lit la joie et les consolations, ou le regret et les querelles ? Voilà, Nazaréen, ce que j'appelle véritablement un esclavage ; au lieu que le prophète a accordé aux fidèles sur la terre le privilége patriarcal d'Abraham notre père, et de Salomon le plus sage des hommes, en nous permettant ici-bas une variété de beautés, et en nous promettant au-delà du tombeau les houris aux yeux noirs du paradis.

— Par le nom de celui que j'adore dans le ciel, et de celle que je révère le plus sur la terre! s'écria le chrétien, tu n'es qu'un infidèle aveugle et égaré. Ce diamant que tu portes au doigt, tu le regardes sans doute comme d'un prix inestimable?

— Balsora et Bagdad n'en pourraient montrer un semblable. Mais quel rapport cette question a-t-elle avec le sujet de notre entretien?

— Un rapport direct, comme tu vas en convenir toi-même. Prends ma masse d'armes, et brise ce diamant en vingt morceaux. Chaque fragment sera-t-il aussi précieux que la pierre tout entière, et toutes les parties en vaudront-elles ensemble le dixième du prix?

— C'est une question à faire à un enfant. La valeur des fragmens d'un tel diamant serait plus de cent fois au-dessous de celle de la pierre entière.

— Eh bien! Sarrasin, l'amour qu'un vrai chevalier a pour une seule femme, belle et fidèle, est le diamant entier; et l'affection que tu prodigues à tes femmes esclaves, et à des esclaves qui ne sont qu'à demi tes femmes, n'a pas plus de prix comparativement que n'en auraient les fragmens de cette pierre.

— Par le saint Caaba! tu es un fou qui embrasses ta chaîne de fer comme si elle était d'or. Regarde plus attentivement. Cette bague que tu vois perdrait la moitié de sa beauté si ce superbe brillant n'était entouré de diamans de moindre prix, qui le font valoir. Cette pierre centrale est l'homme, ferme, entier, et dont la valeur ne dépend que de lui seul; et celles qui en forment l'entourage sont les femmes qui en empruntent leur lustre, qu'il leur prête au gré de son plaisir ou de sa convenance. Ote de la bague le diamant qui en fait le centre, il sera aussi précieux qu'auparavant, mais les petites pierres seront comparativement de peu de valeur. Telle est la véritable version de ta parabole, car que dit le poète Mansour ? — C'est la faveur de l'homme qui donne à la femme sa beauté et son charme ; de même que l'eau du ruisseau cesse de briller quand les rayons du soleil ne la frappent plus.

— Sarrasin, tu parles en homme qui n'a jamais vu une femme digne de l'affection d'un soldat. Crois-moi, si tu pouvais voir celles d'Europe, à qui nous autres qui avons reçu l'ordre de la chevalerie nous prêtons serment de fidélité et de dévouement, tu serais dégoûté pour toujours des pauvres esclaves sensuelles qui peuplent ton harem. Les attraits de nos belles rendent nos lances plus perçantes et nos glaives mieux affilés ; leurs paroles sont notre loi ; et l'on verra plutôt une lampe répandre de la clarté sans être allumée, qu'un chevalier se distinguer par des faits d'armes sans avoir une maîtresse de ses affections.

— J'ai entendu parler, dit l'émir, de cette extravagance des guerriers de l'Occident, et je l'ai toujours regardée comme un des symptômes accompagnant cette folie qui vous amène ici pour vous emparer d'un sépulcre vide. Cependant j'ai entendu les Francs avec lesquels je me suis trouvé faire un si grand éloge de la beauté de leurs femmes, qu'il me semble que j'aimerais à voir de mes propres yeux ces charmes qui peuvent faire de tant de braves guerriers les instrumens de leurs volontés.

— Brave Sarrasin, si je n'étais en pèlerinage pour le saint sépulcre, je me ferais honneur de te conduire, avec toute assurance de sécurité, dans le camp de Richard d'Angleterre, qui sait mieux que personne rendre honneur à un noble ennemi. Quoique pauvre et sans suite, j'ai assez de crédit pour t'assurer, ainsi qu'à tous ceux qui sont ce que tu parais être, non-seulement sûreté, mais estime et respect. Tu y verrais plusieurs des plus illustres beautés de la France et de l'Angleterre, formant un petit cercle dont l'éclat surpasse dix mille fois le lustre de toutes les mines de diamans semblables au tien.

— Par la pierre angulaire du Caaba! s'écria le Sarrasin, j'accepterai ton invitation aussi franchement que tu me la fais, si tu veux retarder ton pèlerinage; et crois-moi, brave Nazaréen, tu ferais mieux de tourner la tête de ton cheval du côté du camp de tes compatriotes; car te rendre à Jérusalem sans passeport, c'est renoncer volontairement à la vie.

— J'en ai un, répondit le chevalier en lui montrant un parchemin, et il est signé par Saladin et revêtu de son sceau.

Le Sarrasin baissa la tête vers la poussière, en reconnaissant le cachet et l'écriture du célèbre soudan d'Égypte et de Syrie, et ayant baisé le parchemin avec un profond respect, il le porta à son front, et le remit au chrétien en lui disant: — Téméraire Franc, tu as péché contre ton sang et contre le mien en ne me montrant pas ton passeport quand nous nous sommes rencontrés.

— Tu m'as approché la javeline levée, répondit le chevalier; si j'avais été assailli par une troupe de Sarrasins, mon honneur m'aurait permis de leur faire voir l'ordre du soudan; mais il ne me permettait pas de le montrer à un homme seul.

— Et cependant, répliqua le Sarrasin, un homme seul a suffi pour interrompre ton voyage.

— Tu as raison, brave musulman; mais les hommes comme toi sont rares. De pareils faucons ne se montrent pas en troupe, ou du moins, en ce cas, ils ne fondent pas tous ensemble sur un seul oiseau.

— Tu nous rends justice, répondit le Sarrasin, évidemment aussi flatté de ce compliment qu'il avait été piqué auparavant de ce qu'il avait appelé les fanfaronnades du chevalier. Nous aurions dédaigné de prendre sur toi un injuste avantage; mais il est heureux pour moi que je n'aie pas réussi à te priver de la vie, ayant sur toi la sauvegarde du roi des rois. Il est certain que la corde ou le cimeterre m'aurait justement puni d'un tel crime.

— Je suis charmé d'apprendre que l'influence de cet écrit pourra m'être utile, car j'ai entendu dire que la route est infestée de tribus de brigands, qui ne respectent rien quand ils trouvent une occasion de pillage.

— On t'a dit la vérité, brave chrétien; mais je te jure par le turban du Prophète, que si tu es victime de la scélératesse de ces bandits, je me chargerai moi-même de te venger à la tête de cinq cents cavaliers : j'exterminerai toute leur population mâle, et j'enverrai leurs femmes si loin en captivité, que le nom de leur tribu ne sera jamais prononcé à cinq cents milles de Damas ; je raserai leur village, je semerai du sel sur les fondations, et nulle créature vivante ne pourra l'habiter à l'avenir.

— Je préférerais, noble émir, que toutes les peines que vous vous proposez de prendre fussent pour venger quelque autre que moi; mais mon vœu est enregistré dans le ciel, quoi qu'il puisse m'en arriver, et je vous serai obligé de m'indiquer le chemin que je dois suivre pour me rendre à l'endroit où je compte passer la nuit.

— Ce sera sous la tente noire de mon père.

— Je dois passer cette nuit en prières avec un saint homme, Théodoric d'Engaddi, qui demeure dans ce désert et qui consacre sa vie au service de Dieu.

— Du moins je vous y conduirai en sûreté.

— Votre compagnie me serait fort agréable, brave émir; mais elle pourrait mettre en danger la sûreté future du bon père, car la main cruelle de votre peuple s'est rougie plus d'une fois dans le sang des serviteurs du Seigneur ; c'est pourquoi nous sommes venus ici couverts de casques et de cuirasses, armés de l'épée et de la lance, pour ouvrir une route jusqu'au saint sépulcre, et protéger les anachorètes qui demeurent dans cette terre de promission et de miracles.

— Les Grecs et les Syriens nous ont en cela cruellement

calomniés, Nazaréen; car nous n'agissons que d'après les ordres d'Abubeker Alwakel, successeur du Prophète, et après lui le premier commandeur des croyans. — Allez, dit-il à Yezed Ben Sophian, quand il envoya ce général renommé conquérir la Syrie sur les infidèles; conduisez-vous en hommes dans le combat; mais ne tuez ni les vieillards, ni les infirmes, ni les femmes, ni les enfans. Ne dévastez pas la terre, et ne détruisez ni la moisson, ni les arbres fruitiers, car c'est Allah qui en a fait présent aux hommes. Gardez votre parole, quand même ce devrait être à votre détriment. Si vous trouvez de saints hommes travaillant de leurs mains et servant Dieu dans le désert, ne leur faites aucun tort, et ne renversez pas leur demeure. Mais si vous les trouvez ayant la tête rasée, ils sont de la synagogue de Satan; frappez-les avec le cimeterre, exterminez-les, et ne leur laissez de repos que lorsqu'ils seront devenus croyans ou tributaires. Telles ayant été les paroles du calife compagnon du Prophète, nous lui avons obéi; et ceux que notre justice a frappés ne sont que des prêtres de Satan. Quant aux saints hommes qui sans soulever les nations contre les nations honorent Dieu sincèrement dans la foi d'Issa Ben Mariam[1], nous ne sommes pour eux qu'une ombre et un bouclier, et tel étant celui que vous cherchez, quoique la lumière du Prophète ne l'ait point éclairé, il ne trouvera en moi qu'affection, égards et protection.

— J'ai entendu dire que l'anachorète que je vais visiter n'est pas prêtre; mais s'il appartenait à cet ordre oint et sacré, je prouverais la lance au poing, contre tout païen et tout infidèle...

— Ne nous défions pas l'un l'autre, mon frère, dit le Sarrasin en l'interrompant; nous trouverons tous deux assez de Francs et de musulmans pour exercer nos cimeterres et nos lances. Ce Théodoric est également protégé par le Turc et par l'Arabe; et quoique ce soit un homme d'un caractère

(1) Jésus, fils de Marie. — Éd.

étrange par intervalles, cependant il se conduit si bien, comme sectateur de son prophète, qu'il mérite la protection de celui qui fut envoyé...

— Par Notre-Dame! Sarrasin, s'écria le chevalier chrétien, si tu oses nommer en même temps le conducteur de chameaux de la Mecque, et...

Un mouvement électrique de colère agita tous les membres de l'émir; mais il ne dura qu'un instant, et le ton calme de sa réponse annonçait autant de raison que de dignité.

— Ne calomnie pas celui que tu ne connais point, dit-il en l'interrompant à son tour; d'autant plus que nous respectons le fondateur de ta religion, quoique nous condamnions la doctrine que vos prêtres ont tirée de sa morale. Je vais te conduire moi-même à la caverne de l'ermite; car sans mon aide tu aurais quelque difficulté à la trouver. Laissons aux mollahs et aux moines le soin de disputer sur la sainteté de notre foi respective, et chemin faisant parlons de sujets qui conviennent mieux aux jeunes guerriers, de combats, de belles femmes, de cimeterres bien affilés et de brillantes armures.

CHAPITRE III.

> « En le voyant, il fut saisi d'effroi,
> « Et ne savait que penser ni que faire.
> « N'était-ce donc qu'une vaine chimère ?
> « Était-ce un songe abusant sa raison ?
> « Était-ce un ombre, un esprit, un démon ? »
>
> Spencer.

Les deux guerriers se levèrent après avoir pris un court repas et un léger rafraîchissement. Ils s'aidèrent obligeamment l'un l'autre à ajuster les harnais dont ils avaient momentanément débarrassé leurs fidèles coursiers. Tous deux semblaient parfaitement habitués à remplir des fonctions qui à cette époque faisaient une partie nécessaire et même indispensable des devoirs d'un cavalier; tous deux semblaient aussi, autant que l'admettait la différence entre l'espèce animale et l'espèce raisonnable, posséder la confiance et l'affection du cheval, fidèle compagnon de ses fatigues et de ses dangers. A l'égard du Sarrasin, cette familiarité intime résultait de ses habitudes de jeunesse; car, sous les tentes des tribus belliqueuses de l'Orient, le guerrier attache à son cheval une importance qui ne le cède guère qu'à celle qu'ont pour lui sa femme et sa famille. Quant au chevalier européen, les circonstances et la nécessité faisaient que son cheval de bataille ne lui était guère moins cher qu'un frère d'armes.

Les deux coursiers se laissèrent donc tranquillement priver de leur liberté, et, renonçant à leur pâture, se mirent à hennir affectueusement près de leurs maîtres pendant que ceux-ci les revêtaient de leur équipement pour se remettre en route, et supporter de nouvelles fatigues. Chacun des deux guerriers, en s'acquittant de sa propre tâche, ou en aidant avec courtoisie son compagnon à remplir la sienne, regardait attentivement, remarquait avec curiosité ce qui lui paraissait singulier dans la manière d'arranger des objets dont il n'était pas habitué à se servir.

Avant de remonter à cheval, le chevalier chrétien se mouilla encore les lèvres, et trempa de nouveau ses mains dans l'eau vive de la fontaine. — Je voudrais, dit-il alors à son compagnon païen, savoir le nom de cette source pour en conserver un souvenir reconnaissant; car jamais eau plus délicieuse n'a pu étancher une soif plus ardente.

— Le nom qu'elle porte en arabe, répondit le Sarrasin, signifie le Diamant du désert.

— Et elle mérite ce nom, dit le croisé. Il y a mille sources dans la vallée qui m'a vu naître; mais je n'attacherai à aucune d'elles un souvenir aussi précieux qu'à cette fontaine solitaire, qui répand ses trésors liquides dans un endroit où ils sont non-seulement délicieux, mais presque indispensables.

— C'est la vérité, ajouta l'émir; car la malédiction existe encore sur cette mer de mort, et ni l'homme ni la brute ne boivent de ses eaux; on ne goûte même de celles de la rivière qui l'alimente sans la remplir qu'après être sorti de ce désert inhospitalier.

Les deux guerriers montèrent à cheval, et continuèrent leur voyage à travers la plaine sablonneuse. La chaleur de midi était passée, et une brise légère rendait plus supportables les horreurs du désert, quoiqu'elle portât sur ses ailes une poussière impalpable, à laquelle le Sarrasin faisait peu d'attention, mais que le chevalier pesamment armé trouvait si incommode qu'il suspendit son casque d'acier à l'arçon de sa selle, et se couvrit la tête d'un léger bonnet de voyage qu'on nommait alors un *mortier,* d'après la ressemblance qu'il avait avec un mortier ordinaire.

Ils marchèrent quelque temps en silence, le Sarrasin remplissant les fonctions de guide, ce qu'il faisait en examinant la coupe et le gisement des premières traces d'une chaîne de rochers dont ils s'approchaient peu à peu. Cette tâche sembla d'abord absorber toute son attention, et il était comme un pilote qui conduit un navire dans un bras de mer où la navigation est difficile; mais à peine avaient-ils fait une demi-lieue qu'il parut assuré de sa route, et il se montra alors disposé à entrer en conversation avec une franchise qu'il n'était pas ordinaire de trouver dans sa nation.

—Vous m'avez demandé, dit-il au chevalier, le nom d'une fontaine qui a la ressemblance mais non la réalité d'un être vivant; vous me pardonnerez, j'espère, si je vous demande celui du compagnon de dangers et de repos que j'ai rencontré aujourd'hui, et que je ne puis croire inconnu, même au milieu des déserts de la Palestine.

—Il ne mérite pas encore d'être cité, répondit le chrétien. Je vous dirai pourtant que Kenneth est le nom que je porte parmi les soldats de la croix, Kenneth du Léopard-Dormant. J'ai d'autres titres dans mon pays; mais le son en serait dur pour une oreille orientale. A mon tour, brave Sarrasin, je vous demanderai quelle tribu d'Arabie vous réclame comme un de ses enfans, et sous quel nom vous y êtes connu.

— Je me réjouis, sir Kenneth, que votre nom soit tel que mes lèvres puissent le prononcer. Quant à moi, je ne suis point Arabe; mais je descends d'une race qui n'est ni moins errante, ni moins belliqueuse. Sachez, sire chevalier du Léopard, que je me nomme Sheerkohf, le Lion de la montagne, et que le Kourdistan, d'où je tire mon origine, ne contient pas une famille plus noble que celle de Seljouk.

—J'ai entendu dire que votre grand soudan prétend avoir puisé son sang dans la même source.

— Graces en soient rendues au Prophète, qui a honoré nos montagnes au point de tirer de leur sein celui dont la parole est une victoire. Je ne suis qu'un humble vermisseau devant le roi de l'Égypte et de la Syrie ; et cependant mon nom peut valoir quelque chose dans mon pays. Noble étranger, avec combien d'hommes êtes-vous venu à la guerre ?

— Sur ma foi, avec l'aide de mes amis et de mes parens ; ce n'a pas été sans peine que j'ai pu fournir dix bonnes lances et une cinquantaine d'hommes, y compris archers et valets. Quelques-uns ont déserté ma malheureuse bannière, d'autres ont péri sur le champ de bataille ; plusieurs ont été moissonnés par les maladies ; mon fidèle écuyer lui-même est dangereusement malade, et c'est pour obtenir sa guérison que j'ai entrepris ce pèlerinage.

— Chrétien, j'ai cinq flèches dans ce carquois, toutes garnies de plumes tirées de l'aile d'un aigle. Quand j'en envoie une à mes tentes, mille guerriers montent à cheval ; si j'en envoie une seconde, une pareille force sera à mes ordres. Les cinq feront lever cinq mille hommes ; et si j'envoie mon arc, dix mille cavaliers feront soulever la poussière du Désert. Et c'est avec cinquante hommes à ta suite que tu viens envahir un pays dont je ne suis qu'un des derniers enfans !

— Par la croix ! Sarrasin, avant de te vanter ainsi, tu devrais apprendre qu'un gantelet d'acier peut écraser d'un seul coup une poignée de guêpes.

— Oui, mais il faut d'abord pouvoir mettre la main sur elles, dit le Sarrasin avec un sourire qui aurait pu rompre leur alliance encore toute nouvelle, s'il n'eût changé le sujet de la conversation en ajoutant : — Et la bravoure est-elle donc assez estimée parmi les princes chrétiens pour que toi, qui n'as ni fortune ni soldats, tu puisses m'offrir, comme tu viens de le faire, d'être mon protecteur dans le camp de tes frères, et de m'y garantir de tout danger ?

— Apprends, Sarrasin, puisque tu me parles ainsi, que le nom d'un chevalier et le sang d'un gentilhomme lui donnent le droit de se placer sur le même rang que les souverains les plus puissans, en tout ce qui ne concerne pas l'autorité royale et le pouvoir suprême. Si Richard d'Angleterre lui-même blessait l'honneur d'un chevalier aussi pauvre que moi, il ne pourrait, d'après les lois de la chevalerie, lui refuser le combat.

—Il me semble que j'aimerais à voir une scène si étrange, où un baudrier de cuir et une paire d'éperons mettent le plus pauvre de niveau avec le plus puissant.

—Ajoutez-y un sang noble et une ame intrépide, et peut-être ne vous serez-vous pas trompé.

—Et vous mêlez-vous aussi hardiment parmi les femmes de vos chefs et de vos grands?

—A Dieu ne plaise que le plus pauvre chevalier de la chrétienté ne soit pas libre de consacrer en tout honneur son cœur et son épée, la renommée de ses actions et l'entier dévouement de son ame à la plus belle princesse dont le front ait jamais porté une couronne!

—Il n'y a qu'un moment tu me peignais l'amour comme étant le plus grand trésor du cœur. Le tien est sans doute placé en lieu noble et élevé?

—Étranger, répondit le chrétien le visage couvert d'une vive rougeur, nous ne disons pas inconsidérément où nous plaçons notre trésor le plus précieux. Qu'il te suffise de savoir que mon amour est placé, comme tu le disais, en lieu noble et élevé, très noble, très élevé. Mais si tu veux entendre parler d'amour et de lances rompues, viens dans le camp des croisés, et tu y trouveras de quoi exercer tes oreilles et même ton bras si tu le veux.

Le guerrier de l'Orient se soulevant sur ses étriers et agitant sa javeline, répondit avec fierté : — Je doute que je trouve un de vos gens ayant la croix sur l'épaule qui veuille entrer en lice avec moi pour lancer le djérid.

— Je ne vous promets rien à cet égard, dit le chevalier; et pourtant il y a dans le camp certains Espagnols qui connaissent assez bien votre passe-temps oriental de lancer la javeline.

— Les chiens! les fils de chiens! s'écria le Sarrasin. De quoi se mêlent ces Espagnols de venir ici combattre les vrais croyans, eux qui dans leur pays en sont les serviteurs et les esclaves? Ce n'est point avec eux que je voudrais me livrer à des divertissemens guerriers.

— Que les chevaliers de Léon et des Asturies ne vous entendent point parler d'eux en pareils termes, dit le chevalier du Léopard. Mais si au lieu de lancer un roseau, ajouta-t-il avec un sourire occasionné par le souvenir de leur combat du matin, vous voulez vous servir d'une masse d'armes, vous ne manquerez pas de guerriers de l'Occident qui seront disposés à faire votre partie.

— Par la barbe de mon père! chrétien, répondit le Sarrasin en souriant à demi, les masses d'armes sont trop lourdes pour en faire un jeu. Je ne les fuirai jamais dans le combat; mais ma tête, ajouta-t-il en passant la main sur son front, m'avertira quelque temps de ne pas les chercher par amusement.

— Je voudrais que vous vissiez la masse d'armes du roi Richard. Celle qui est suspendue à l'arçon de ma selle n'est qu'une plume en comparaison.

— Nous entendons beaucoup parler de ce souverain d'une île. Êtes-vous un de ses sujets?

— Je suis un de ses soldats dans notre expédition, et je m'en trouve honoré. Mais je ne suis pas né son sujet, quoique j'aie reçu le jour dans l'île où il règne.

— Que voulez-vous dire? Avez-vous donc deux rois dans une pauvre île?

— Comme vous le dites, répondit l'Écossais, car l'Écosse était la patrie de sir Kenneth; — nous en avons deux. Mais quoique les habitans des deux extrémités de l'île soient souvent en guerre entre eux, le pays, comme vous le voyez, peut encore fournir un corps d'hommes d'armes en état d'ébranler l'autorité profane de votre maître sur les cités de Sion.

— Par la barbe de Saladin ! Nazaréen, si ce n'était une folie inconsidérée de jeunesse, je rirais de bon cœur de la simplicité de votre grand sultan qui vient ici pour conquérir des déserts et des rochers, et en disputer la possession à ceux qui ont dix fois plus de bras à leurs ordres, tandis qu'il laisse une partie de la petite île où il a reçu le jour sous la domination d'un autre sceptre que le sien. Sûrement, sir Kenneth, vous et les autres guerriers de votre pays, vous avez dû vous soumettre à la puissance de ce roi Richard avant de quitter une contrée divisée contre elle-même.

— Non, de par la brillante lumière du ciel ! s'écria Kenneth avec autant de fierté que de vivacité. Si le roi d'Angleterre n'était parti pour la croisade qu'après avoir été reconnu souverain d'Écosse, ni moi, ni aucun bon Écossais, nous n'aurions jamais cherché à empêcher le croissant de briller sur les murs de Sion.

A peine avait-il prononcé ces mots, que rentrant en lui-même il dit à demi-voix : — *Meâ culpâ! meâ culpâ!* Quel droit, moi soldat de la croix, ai-je de songer à une guerre entre des nations chrétiennes !

La manière dont la réflexion et le devoir corrigeaient cette expression inconsidérée d'un premier mouvement n'échappa point au musulman ; et s'il ne comprit pas entièrement ce que venait de dire le chevalier du Léopard, c'en fut assez pour le convaincre qu'il existait parmi les chrétiens comme parmi les mahométans des sentimens d'inimitié personnelle et des querelles nationales qu'il était difficile d'éteindre. Mais les Sarrasins étaient une nation aussi policée peut-être que leur religion le permettait, et particulièrement susceptible de concevoir de hautes idées de courtoisie ; ce fut ce qui empêcha l'émir de paraître s'apercevoir de la contradiction qui existait entre les sentimens de sir Kenneth comme Écossais et comme croisé.

Cependant à mesure qu'ils avançaient, la scène commençait à changer autour d'eux. Ils marchaient alors vers l'orient, et ils avaient atteint cette chaîne de rochers escarpés et arides qui de ce côté entourent une plaine nue, et qui varient la surface du pays sans en changer la nature stérile. Des éminences rocailleuses et à pic s'élevaient autour d'eux, et bientôt des monts formidables, des descentes rapides, des défilés étroits, opposèrent aux voyageurs des obstacles d'un genre nouveau. De sombres cavernes, des crevasses dans les rochers, de ces grottes dont il est si souvent parlé dans les Écritures, semblaient ouvrir des abîmes des deux côtés pendant leur marche, et l'émir informa le chevalier écossais que c'était souvent le repaire d'animaux de proie ou d'hommes encore plus féroces qui, poussés au désespoir par les suites d'une guerre continuelle et par l'oppression tant de l'une que de l'autre armée, étaient devenus brigands, et se livraient à leurs déprédations sans égards pour la religion ni pour le rang, pour le sexe ni pour l'âge.

Le chevalier écossais écouta avec indifférence le récit des ravages commis par des bêtes farouches ou des hommes effrénés, se reposant avec confiance sur sa valeur et sa force. Mais il fut frappé d'une crainte mystérieuse quand il remarqua qu'il était au milieu du désert mémorable du jeûne de quarante jours, sur ce théâtre de la tentation à laquelle l'esprit des ténèbres put soumettre le fils de l'homme. Il cessa peu à peu de faire attention à la conversation frivole et mondaine du guerrier infidèle; et quelque agréable qu'il eût trouvé partout ailleurs un compagnon si gai et si brave, sir Kenneth sentit que dans ce désert, dans ce séjour de désolation et d'aridité, où les mauvais esprits avaient coutume d'errer quand ils étaient chassés des corps mortels, un frère déchaussé aurait été pour lui une meilleure compagnie qu'un joyeux mécréant.

Ces réflexions lui occasionnèrent une sorte d'embarras, d'autant plus que la gaîté du Sarrasin semblait augmenter à mesure qu'ils avançaient. Plus ils pénétraient dans les sombres solitudes des montagnes, plus sa conversation devenait légère et enjouée; et quand il vit qu'il n'obtenait plus de réponse, il se mit à chanter. Sir Kenneth connaissait assez les langues de l'Orient pour être assuré qu'il chantait ces chansons d'amour, où l'éloge de la beauté inspire aux poètes orientaux toute la pompe de leur style figuré. De telles images étaient particulièrement mal adaptées aux pensées sérieuses d'un dévot chevalier dans le *désert de la tentation*. Avec une inconséquence assez remarquable, le Sarrasin chanta aussi des couplets à l'éloge du vin, le rubis liquide des poètes persans, et sa gaîté enfin devint si importune à l'Écossais, que sans la promesse d'amitié qu'ils s'étaient faite mutuellement, sir Kenneth aurait probablement pris des mesures qui auraient obligé son compagnon à changer de ton. Quoi qu'il en soit, il lui semblait qu'il avait à ses côtés quelque démon malin et licencieux qui tendait des piéges à son ame, et qui mettait en danger son salut éternel en lui inspirant des pensées de plaisirs terrestres dans un moment où sa foi comme chrétien et son vœu comme pèlerin lui faisaient un devoir de s'occuper de dévotion et de pénitence. Il était donc fort embarrassé, et ne savait trop ce qu'il devait faire. Enfin avec un ton brusque de mécontentement il interrompit le chanteur au milieu du poème du célèbre Rudpiki, dans la strophe où il préfère le *grain de beauté*[1] qui orne le sein de sa maîtresse à toutes les richesses de Bokhara et de Samarcande.

— Sarrasin, lui dit-il d'un air grave, aveugle comme tu l'es et plongé dans les erreurs d'une fausse loi, tu devrais pourtant comprendre qu'il y a des endroits plus saints que les autres, et qu'il en existe aussi dans lesquels le malin esprit a un pouvoir plus qu'ordinaire sur les faibles mortels. Je ne te dirai pas pour quel motif sublime ce lieu, ces ro-

(1) Le traducteur n'a pas osé être ici aussi *arabe* qu'en *Arabie*. Il y a dans le texte *mole*, qui signifie *tache*, et dont *envie* est le nom populaire en français. — Éd.

chers, ces cavernes, dont les ténébreuses voûtes semblent conduire à l'abîme des abîmes, passent pour un endroit spécialement fréquenté par Satan et ses anges : il suffit que des hommes saints et prudens qui connaissent les risques que l'on court dans ce lieu maudit m'aient averti depuis long-temps de m'en méfier. Ainsi donc, Sarrasin, mets fin à une légèreté folle qui vient mal à propos, et porte tes pensées vers des choses plus en harmonie avec l'endroit où nous sommes, quoique malheureusement pour toi, hélas! tes meilleures prières ne soient que blasphème et péché.

Le Sarrasin l'écouta avec quelque surprise, et lui répondit avec une bonne humeur et une gaîté que la courtoisie seule contenait :

— Mon bon sir Kenneth, il me semble que vous agissez avec peu de justice à l'égard de votre compagnon, ou que vos tribus occidentales sont habituées à agir sans cérémonie. Je ne me suis pas offensé quand je vous ai vu boire du vin et vous gorger de chair de porc; je vous ai laissé jouir d'un repas que vous appeliez votre liberté chrétienne, et je me suis contenté de vous plaindre du fond du cœur en vous voyant des goûts si impurs. Pourquoi donc vous scandaliser quand j'égaie de mon mieux une triste route par quelques vers enjoués? Que dit le poète? — Le chant est comme la rosée du ciel tombant sur le sein du Désert; il rafraîchit le sentier du voyageur.

— Ami Sarrasin, répondit le chrétien, je ne te blâme pas d'aimer le chant et la gaie science, car nous y consacrons souvent nous-mêmes un temps qui pourrait être employé à de meilleures pensées; mais il vaut mieux réciter des prières et des psaumes que de chanter les plaisirs de l'amour et du vin, quand on traverse cette vallée de l'ombre de la mort, pleine de malins esprits que les prières des saints hommes ont forcés à s'éloigner des habitations des mortels, et à errer dans des lieux aussi maudits qu'eux-mêmes.

— Ne parle pas ainsi des génies, chrétien, dit le Sarrasin;

apprends que tu parles à un homme dont la famille et la nation tirent leur origine de la race immortelle que la tienne redoute et contre laquelle elle blasphème.

— Je pensais bien que votre race aveugle descendait de l'esprit de ténèbres, sans le secours duquel vous n'auriez jamais pu vous maintenir dans cette bienheureuse terre de la Palestine, contre un si grand nombre de vaillans soldats de Dieu. Je ne parle pas de toi en particulier, Sarrasin, je parle en général de ton peuple et de ta religion ; il me paraît pourtant fort étrange, non que vous descendiez de l'esprit malin, mais que vous vous en fassiez gloire.

— Et de qui les plus braves se feraient-ils gloire de descendre, si ce n'était de celui qui fut le plus brave? A qui les cœurs les plus fiers feraient-ils mieux remonter leur origine qu'à cet esprit de ténèbres qui préféra succomber sous la force plutôt que de fléchir le genou contre sa volonté? On peut haïr Eblis, étranger, mais il faut qu'on le craigne ; et les descendans d'Eblis dans le Kourdistan sont semblables à leur père.

Les contes de magie et de nécromancie étaient la science de ce temps; et sir Kenneth entendit, sans incrédulité et sans beaucoup de surprise, son compagnon avouer qu'il descendait du démon; mais ce ne fut pas sans frémir secrètement de se trouver dans cet endroit redoutable avec un homme qui se déclarait issu d'un tel lignage. Cependant, naturellement inaccessible à la crainte, il fit le signe de la croix, et demanda hardiment au musulman de lui expliquer la généalogie dont il se vantait. L'émir y consentit sur-le-champ.

— Apprends, brave étranger, lui dit-il, que lorsque le cruel Zohauk, l'un des descendans de Giamschid, occupait le trône de Perse, il forma une ligue avec les puissances des ténèbres sous les voûtes secrètes d'Istakhar, voûtes que les mains des esprits élémentaires avaient creusées dans le roc vif, long-temps avant qu'Adam lui-même eût reçu le jour. Là, il nourrissait par des oblations journalières de sang humain deux serpens dévorans qui, suivant les poètes, étaient devenus parties de lui-même. Pour fournir à leur subsistance, il levait chaque jour une taxe de sacrifices humains; mais enfin la patience épuisée de ses sujets fit que quelques-uns d'entre eux tirèrent le cimeterre de la résistance, tels que le vaillant forgeron et le victorieux Féridoun, par qui le tyran fut enfin détrôné, et emprisonné pour toujours dans les affreuses cavernes de la montagne de Damavend.

— Mais avant que la Perse fût ainsi délivrée, et tandis que le pouvoir de ce monstre sanguinaire subsistait encore dans toute sa plénitude, les satellites féroces qu'il chargeait de lui chercher des victimes pour ses sacrifices journaliers amenèrent sous les voûtes du palais d'Istakhar sept sœurs si belles qu'on les aurait prises pour sept houris. Elles étaient filles d'un sage qui n'avait d'autres trésors que sa sagesse et ces belles créatures. Sa sagesse n'avait pas été suffisante pour prévoir cette calamité, et la beauté de ces aimables filles ne put la détourner. L'aînée n'était encore que dans sa vingtième année, et la plus jeune venait à peine d'atteindre sa treizième. Elles se ressemblaient tellement qu'on ne pouvait les distinguer l'une de l'autre que par la différence de leur taille, qui s'élevait par une gradation insensible, comme le sentier qui conduit au paradis. Elles étaient si belles quand elles se trouvèrent sous ces sombres voûtes, sans autres vêtemens qu'une simarre de soie blanche, que leurs attraits séduisirent des cœurs qui n'étaient pas mortels. Le tonnerre gronda, la terre trembla, et la muraille de la voûte se fendit pour livrer passage à un être vêtu en chasseur, ayant un arc et des flèches, et suivi de six de ses frères. Ils étaient de grande taille, et quoique leur teint fût très brun, il n'avait rien de désagréable; mais leurs yeux avaient plutôt l'éclat terne de ceux des morts que la vive lumière qui brille sous les paupières des vivans.

— Zeineb, dit le chef de cette troupe d'un ton bas, doux et mélancolique, en s'adressant à la sœur aînée et en lui prenant la main, je suis Cothrob, roi du monde souterrain, et chef suprême du Ginnistan. Moi et mes frères, nous sommes du nombre de ces êtres qui, créés du feu élémentaire, dédaignèrent, malgré l'ordre de la Toute-Puissance, de rendre hommage à une motte de terre qui avait reçu le nom d'homme. Vous pouvez avoir entendu parler de nous comme d'êtres cruels, persécuteurs, sans pitié : c'est une calomnie. Nous sommes naturellement bons et généreux. Nous ne nous livrons à la vengeance que lorsque nous sommes insultés ; nous ne sommes cruels que contre ceux qui nous offensent. Nous sommes fidèles à ceux qui mettent leur confiance en nous, et nous avons entendu les invocations de Mithrasp, de votre père, mortel assez sage pour honorer non-seulement celui qui est l'origine du bien, mais encore ceux qu'on appelle la source du mal. Vous et vos sœurs, vous êtes à la veille de la mort, mais que chacune de vous nous donne un cheveu de ces belles tresses, en gage de fidélité, et nous vous emmènerons bien loin d'ici en un lieu de sûreté, où vous pourrez braver Zohauk et ses ministres.

— La crainte de la mort, dit le poète, est comme la verge du prophète Aaron, qui dévora toutes les autres verges quand elles eurent été transformées en serpens devant le roi Pharaon ; et les filles du sage persan étaient moins disposées que d'autres à être effrayées d'un esprit. Elles payèrent le tribut que Cothrob leur demandait, et en un instant elles se trouvèrent transportées dans un château enchanté sur les montagnes de Tugrut, dans le Kourdistan, où jamais les yeux d'un mortel ne les revirent. Mais avec le temps, sept jeunes gens distingués par leurs exploits dans la guerre et à la chasse parurent dans les environs du château des démons. Ils étaient plus bruns, plus grands, plus fiers et plus résolus qu'aucun des habitans des vallées du Kourdistan. Ils se marièrent, et devinrent pères des sept tribus kourdes dont la valeur est connue dans tout l'univers.

Le chevalier chrétien entendit avec surprise ce conte étrange, dont on trouve encore des vestiges dans le Kourdistan, et après un moment de réflexion, il répondit : — En vérité, sire Sarrasin, vous avez raison ; on peut craindre et haïr vos ancêtres, mais on ne doit pas les mépriser. Je ne suis plus étonné de votre obstination dans une foi fausse, car c'est sans doute une disposition diabolique que vous ont transmise vos aïeux, ces chasseurs infernaux dont vous venez de parler, qui vous fait préférer le mensonge à la vérité ; je ne suis pas plus surpris que votre esprit s'exalte et vous inspire des vers et des chants, quand vous approchez des lieux hantés par les mauvais esprits, puisqu'ils doivent exciter en vous ce sentiment de joie qu'éprouvent tous les hommes quand ils approchent du pays de leurs ancêtres.

— Par la barbe de mon père ! je crois que tu as raison, dit le Sarrasin, plus diverti qu'offensé de la liberté avec laquelle le chrétien venait de faire ces observations ; car quoique le Prophète, que son nom soit béni ! ait semé parmi nous les germes d'une meilleure foi que celle qu'on apprit à nos ancêtres dans les murs enchantés de Tugrut, cependant nous ne sommes pas disposés, comme les autres musulmans, à passer condamnation à la hâte contre les puissans esprits élémentaires de qui nous tirons notre origine. Ces génies, comme nous le croyons et comme nous l'espérons, ne sont pas frappés d'une réprobation absolue ; ils sont encore dans un temps d'épreuves, et ils peuvent être ensuite punis ou récompensés. Au surplus, laissons cela aux mollahs et aux imans. Il me suffit de vous dire que notre respect pour ces esprits n'est pas entièrement effacé par ce que nous avons appris dans le Coran ; et qu'on chante encore dans nos montagnes, en mémoire de la foi plus ancienne de nos pères, des vers tels que ceux-ci :

A ces mots, il se mit à chanter des stances dont les expressions et les tournures semblaient fort antiques, et qui paraissent avoir été composées par quelque adorateur d'Arimane, c'est-à-dire du mauvais principe.

ARIMANE.

Toi que l'Irak regarde encore
Comme l'auteur de tous les maux,
Sombre Arimane, que j'adore,
Le plus grand des dieux infernaux,
Je porte en vain les yeux du couchant à l'aurore :
Non, l'univers ne m'offre rien
Possédant un pouvoir qui soit égal au tien.

Au milieu du désert aride,
Du bien l'arbitre souverain
Peut faire naître une eau limpide
Pour rafraîchir le pèlerin.
Mais c'est toi qui conduis cette vague homicide
Qui déracine le rocher,
Et brise le vaisseau du plus hardi nocher.

Sa voix du sol le plus agreste
Fait un jardin délicieux,
Sa main en tire d'un seul geste
Les parfums qui montent aux cieux :
Mais qui peut arrêter et la fièvre et la peste,
Et tant de maux nés à la fois
Des redoutables traits sortis de ton carquois ?

Le cœur de l'homme est ton empire ;
Et quand devant d'autres autels,
Avec un respect qu'on admire,
On voit se courber les mortels,
Bien souvent c'est l'effroi que ta puissance inspire
Qui dicte leurs vœux en secret :
Arimane a sa part d'un hommage incomplet.

Ta voix est-elle le tonnerre,
La tempête ton vêtement,
Comme les mages qu'on révère
L'ont proclamé dans l'Orient ?
Ton cœur se nourrit-il de haine et de colère ?
As-tu des serres pour saisir
La proie à qui ton vol ne permet point de fuir ?

A la source de la nature
Vas-tu puiser tout ton pouvoir ?
Peux-tu changer en onde impure
L'eau qui brillait comme un miroir ?
Est-ce ta main fatale, hélas ! qui nous mesure
Les maux qu'on voudrait éviter,
Et qui sur nos efforts finit par l'emporter ?

Qu'importe ? Tu règnes en maître
Sur l'autel, sur l'adorateur ;
Et c'est toi, oui toi, qui fais naître
Toutes les passions du cœur.
C'est toi dont la puissance aux mortels fait connaître
Haine, amour, crainte, ambition,
Volcans dont ton pouvoir cause l'éruption.

Quand sur notre vallon de larmes
On voit briller un jour serein,
Qui semble en bannir les alarmes,
Qu'on tremble.... Ton règne est voisin.
Car c'est lorsque la vie offre le plus de charmes
Que ce qui nous plaisait d'abord
Se change sous tes mains en instrument de mort.

Dès l'instant de notre naissance
Tu gouvernes notre destin,
Et la mort est une souffrance
Que nous ne devons qu'à ta main.
Mais, redoutable esprit, dis-moi si ta puissance
(Car quel autre me répondra ?)
Doit nous suivre en la tombe, et durer par-delà (1).

---

(1) Le digne et savant ecclésiastique qui a traduit cette espèce d'hymne, craignant qu'on ne l'accuse mal à propos, désire que nous avertissions nos lecteurs qu'ils doivent se rappeler qu'elle a été composée par un païen. Les véritables causes du mal moral et physique étaient inconnues à l'auteur, qui voyait leur influence sur le système de l'univers comme tous ceux qui n'ont pas eu le bonheur d'être éclairés par la révélation chrétienne. Nous prenons la liberté d'ajouter que le style du traducteur sent la paraphrase plus que ne l'approuveront ceux qui connaissent l'original. Le traducteur semble avoir désespéré de faire passer dans une langue européenne les hardiesses de la poésie orientale : et peut-être même, comme beaucoup d'autres savans ingénieux, trouvant impossible de découvrir le sens de certains passages, y a-t-il quelquefois substitué, sans rien dire, ses propres idées.

(*Note de l'éditeur écossais.*)

Ces strophes ont peut-être été la production spontanée de quelque philosophe à demi éclairé, qui ne voyait dans cette divinité fabuleuse, Arimane, que l'influence du mal moral et physique ; mais elles produisirent un effet tout différent sur les oreilles du chevalier du Léopard, et chantées par un homme qui venait de se vanter de descendre en ligne directe des démons, elles lui parurent une invocation solennelle au malin esprit. En entendant de pareils blasphèmes dans le désert même où Satan avait été vaincu lorsqu'il avait osé demander au Fils de l'homme de lui rendre hommage, sir Kenneth se demanda s'il montrerait suffisamment l'horreur qu'ils lui inspiraient en prenant brusquement congé du Sarrasin, ou si le vœu qu'il avait fait comme croisé ne l'obligeait pas plutôt à défier l'infidèle sur le lieu même, à le combattre et à laisser son corps pour la pâture des bêtes féroces. Mais avant qu'il eût pris un parti, son attention fut attirée par une apparition inattendue.

Le jour commençait à baisser ; mais la clarté était encore suffisante pour que le chevalier pût remarquer qu'il n'était plus seul avec son compagnon dans le désert, car un être d'une grande taille et d'une maigreur excessive semblait les surveiller de près. Il gravissait les rochers et traversait les buissons avec tant d'agilité, que cette circonstance, jointe aux vêtemens bizarres et à l'air sauvage de cet individu, lui rappela les Faunes et les Sylvains dont il avait vu les statues dans les anciens temples de Rome. Comme l'Écossais dans la simplicité de son cœur n'avait jamais douté que les dieux des anciens gentils ne fussent de véritables démons, il n'hésita pas à croire en ce moment que l'hymne blasphématoire du Sarrasin n'eût évoqué un esprit infernal.

— Mais qu'importe ! se dit à lui-même le brave sir Kenneth : périssent le démon et ses adorateurs !

Cependant, ayant deux ennemis en tête, il ne crut pas devoir les avertir de se mettre en défense comme il l'aurait fait sans contredit s'il n'avait eu affaire qu'à un seul antagoniste. Il porta la main sur sa masse d'armes, et peut-être le Sarrasin, pris hors de garde, aurait été payé de ses vers persans par un coup qui lui aurait fracassé le crâne sans qu'on lui en donnât aucune raison, si une circonstance imprévue n'eût épargné au chevalier écossais le malheur de commettre un acte qui aurait été une tache pour son écusson. L'espèce de spectre sur lequel ses yeux étaient fixés depuis quelque temps avait d'abord paru épier les deux cavaliers en se cachant derrière des pointes de rocher et de broussailles, profitant avec beaucoup d'adresse de tous les avantages du terrain et en surmontant les irrégularités avec une agilité surprenante. Enfin cet individu qui était un homme d'une taille presque gigantesque, couvert de peaux de chèvre, s'élança au milieu du sentier, saisit des deux mains les rênes de la bride du Sarrasin, lorsqu'il avait à peine cessé de chanter, et se plaçant ainsi devant le noble coursier, le repoussa fortement en arrière. Le généreux cheval barbe ne pouvant résister à la manière dont cet assaillant pressait subitement sur lui la gourmette et le mors, qui suivant la coutume de l'Orient était un anneau de fer, se dressa sur les pieds de derrière et tomba à la renverse sur son maître, qui cependant évita le danger de cette chute en se jetant légèrement de côté.

Son ennemi lâchant alors les rênes, se jeta sur le Sarrasin renversé, le saisit à la gorge, et en dépit de la jeunesse et de l'activité de celui-ci, parvint à le maintenir sous lui en entrelaçant de ses longs bras ceux de son prisonnier.

— Hamako! s'écria l'émir moitié riant, moitié en colère, Hamako! Fou! lâche-moi! ceci passe tes priviléges. Lâche-moi, te dis-je, ou je te ferai sentir mon poignard.

— Ton poignard! chien d'infidèle, répondit la figure vêtue de peaux de chèvre, prends-le, si tu en es capable. Et lui arrachant cette arme des mains il la fit brandir sur sa tête.

— Au secours, Nazaréen! s'écria Sheerkohf alors sérieusement effrayé; au secours! ou Hamako va me tuer.

— Te tuer! répliqua l'habitant du désert; tu as bien mérité la mort pour avoir chanté des hymnes blasphématoires non-seulement à la louange de ton faux prophète, qui est le précurseur du démon, mais encore à celle de l'auteur du mal lui-même.

Le chevalier chrétien était resté jusqu'alors comme stupéfait, tant cette rencontre avait étrangement contredit dans son commencement et ses suites tout ce qu'il avait d'abord conjecturé. Il sentit pourtant enfin que son honneur exigeait qu'il intervînt en faveur de son compagnon renversé; il s'adressa au vainqueur vêtu de peaux de chèvre :

— Qui que tu sois, lui dit-il, et que tes intentions soient bonnes ou mauvaises, apprends que j'ai fait serment d'être, quant à présent, le compagnon fidèle du Sarrasin que tu tiens sous toi. Je t'invite donc à lui permettre de se relever, sans quoi je serai obligé de prendre son parti.

— Ce serait une jolie querelle à embrasser pour un croisé! répondit cet être singulier. Pour l'amour d'un chien qui n'a pas reçu le baptême, combattre un homme de ta propre croyance! Es-tu venu dans le Désert afin de porter les armes pour le croissant contre la croix? Tu es un excellent soldat de Dieu, toi qui écoutes ceux qui chantent les louanges de Satan.

Cependant tout en parlant ainsi il se leva; et permettant au Sarrasin de se relever aussi, il lui rendit son cangiar.

— Tu vois dans quel péril ta présomption t'a conduit, continua-t-il en s'adressant à Sheerkohf, et par quels faibles moyens le ciel peut déjouer, quand telle est sa volonté, ta force, ton adresse et ton agilité si vantées. Prends donc garde à toi, Ilderim; car si l'astre de ta nativité ne jetait une étincelle qui promet quelque chose d'heureux et de favorable, quand ce sera le bon plaisir du ciel, je ne t'aurais quitté qu'après avoir arraché cette langue qui vient de proférer des blasphèmes.

— Hamako, dit le Sarrasin sans avoir l'air de conserver aucun ressentiment du langage injurieux qu'il venait d'entendre et du traitement plus violent encore qu'il avait éprouvé, je te prie, bon Hamako, de prendre garde de ne pas porter dorénavant si loin tes priviléges. Car quoique comme bon musulman je respecte ceux que le ciel a privés de la raison pour les douer de l'esprit de prophétie, cependant je ne me soucie pas que qui que ce soit porte la main sur la bride de mon cheval, et encore moins sur ma personne. Parle tant que tu le voudras, et je ne t'en saurai jamais mauvais gré ; mais tâche d'avoir assez de bon sens pour comprendre que si tu te portes encore à quelque acte de violence contre moi, je tordrai ta tête velue sur tes maigres épaules. Quant à toi, l'ami Kenneth, ajouta-t-il en remontant à cheval, je te dirai que j'aime à avoir pour compagnon dans le désert celui qui me prouve son amitié par des actions plutôt que par de belles paroles. Tu ne m'as pas laissé manquer de ces dernières ; mais il aurait été mieux de m'aider plus promptement dans ma lutte avec ce Hamako, qui dans son accès de frénésie était sur le point de m'arracher la vie.

— Par ma foi, répondit le chevalier, je suis en faute, j'en conviens ; j'ai été un peu lent à te donner du secours ; mais en voyant la figure étrange de l'assaillant et cette scène inattendue, j'aurais pu croire que tes chants impies avaient suscité le démon au milieu de nous. Telle était ma confusion, qu'il s'est passé deux ou trois minutes avant que je pusse porter la main sur mes armes.

— Tu n'es qu'un ami froid et trop prudent, répliqua l'émir, et si le Hamako avait eu un grain de plus de folie, ton compagnon aurait été tué à tes côtés, à ton déshonneur éternel, sans que tu eusses remué un doigt pour l'aider, quoique tu fusses armé et monté sur un bon coursier.

— Sur ma parole, Sarrasin, si tu veux que je te parle franchement, j'ai pensé que cette étrange figure était le diable; et comme tu es de sa lignée, je ne savais pas quels secrets de famille vous pouviez avoir à vous communiquer tandis que vous étiez à vous rouler tous deux sur le sable.

— C'est *gaber*, frère Kenneth; mais ce n'est pas me répondre. Apprends que quand mon ennemi eût été véritablement le prince des ténèbres, tu n'en aurais pas moins été tenu de le combattre pour secourir ton compagnon; sache aussi que ce qui peut exister d'impur et de diabolique dans ce Hamako appartient à ta lignée plus qu'à la mienne; car il est en réalité l'anachorète que tu viens voir.

— Comment! s'écria le chevalier en regardant ce personnage à taille d'athlète, mais maigre et décharné, un pareil être! Tu te moques, Sarrasin; ce ne peut être là le vénérable Théodoric!

— Interroge-le lui-même, si tu ne veux pas me croire, répondit l'émir. Et à peine avait-il prononcé ces paroles que l'ermite se rendit témoignage à lui-même.

— Je suis Théodoric d'Engaddi, s'écria-t-il, celui qui marche dans le Désert, l'ami de la croix, le fléau des infidèles, des hérétiques et des adorateurs du diable. Loin de moi! loin de moi! A bas Mahomet, Termagant et tous leurs adhérens!

A ces mots il tira de dessous ses vêtemens velus une sorte de fléau ou plutôt de massue en deux pièces jointes ensemble, et garnie en fer, qu'il fit voltiger autour de sa tête avec une dextérité singulière.

— Voila ton saint, dit le Sarrasin riant pour la première fois en voyant l'air d'étonnement complet avec lequel sir Kenneth regardait les gestes étranges de Théodoric, et écoutait les paroles qu'il murmurait indistinctement. Enfin après avoir brandi son fléau de tous côtés sans paraître s'inquiéter s'il rencontrerait la tête d'un de ses deux compagnons, il finit par donner la preuve de sa force et de la bonté de son arme en en déchargeant un coup sur une grosse pierre qui se brisa en fragmens.

— C'est un fou, dit le chevalier.

— Ce n'en est pas moins un saint, répliqua l'émir parlant d'après la croyance bien connue des Orientaux, qui s'imaginent que les êtres privés de raison éprouvent l'influence des inspirations immédiates du ciel. Apprends, chrétien, ajouta-t-il, que lorsqu'un œil est éteint, l'autre en devient plus clairvoyant; quand une main est coupée, l'autre en devient plus forte; et quand notre raison est troublée en ce qui concerne les choses de ce monde, notre vue devient plus perçante et plus parfaite pour les choses du ciel.

Ici la voix du Sarrasin fut étouffée par celle de l'ermite, qui se mit à crier à haute voix d'un ton sauvage et presque en chantant : — Je suis Théodoric d'Engaddi, le brandon du Désert, le fléau des infidèles; le lion et le léopard seront mes compagnons, et chercheront une retraite dans ma chaumière, et le chevreau ne craindra pas leurs griffes. Je suis la torche et la lanterne. *Kyrie eleison!*

Il termina ses cris en courant pendant quelques instans, et finit sa course par trois bonds qui lui auraient fait beaucoup d'honneur dans une école de gymnastique, mais qui étaient si peu d'accord avec son caractère d'ermite, que le chevalier écossais était confondu et ne savait qu'en penser.

Le Sarrasin parut le comprendre mieux.

— Vous voyez, dit-il à son compagnon, qu'il s'attend à nous voir le suivre dans sa cellule; et dans le fait, c'est le seul asile que nous puissions trouver pour la nuit. Vous êtes le léopard, puisque vous le portez sur vos armes; je suis le lion, puisqu'on m'en a donné le nom; et en parlant du chevreau, c'est à lui-même qu'il fait allusion, attendu qu'il en porte les dépouilles. Mais il ne faut pas le perdre de vue; il est aussi léger qu'un dromadaire.

Dans le fait leur tâche était difficile; car quoique leur révérend guide s'arrêtât de temps en temps et agitât une main en l'air comme pour les encourager à le suivre, cependant connaissant parfaitement les vallées et les défilés des montagnes du désert, et doué d'une agilité extraordinaire à laquelle un esprit peut-être dérangé donnait constamment de l'exercice, il les conduisait à travers des fentes de rochers et par des sentiers où le Sarrasin légèrement armé et monté sur un cheval barbe parfaitement dressé ne pouvait passer sans de grands risques, et où le chevalier écossais couvert d'une armure et conduisant un coursier non moins pesamment caparaçonné se trouvait à chaque instant dans un si grand danger, qu'il aurait préféré être aux mains avec l'ennemi sur un champ de bataille. Il se trouva donc soulagé quand enfin après une marche pénible il vit le saint homme qui avait toujours marché en avant, debout à l'entrée d'une caverne, tenant en main une grande torche formée d'un morceau de bois trempé dans du bitume, et qui jetait une lumière rouge et tremblante, accompagnée d'une odeur sulfureuse.

Sans se laisser arrêter par cette vapeur étouffante, le chevalier se jeta à bas de son cheval, et entra dans la caverne, habitation qu'on ne paraissait pas avoir songé à rendre commode. La cellule était divisée en deux parties: Dans la première on voyait un autel de pierre, surmonté d'un crucifix fait avec des roseaux : c'était la chapelle de l'anachorète. La vue de ces objets sacrés inspirant un respect religieux au chevalier chrétien, ce ne fut pas sans quelque scrupule qu'il fit entrer son cheval dans cette première division, et qu'il fit toutes les dispositions nécessaires pour qu'il y passât la nuit; mais il imita le Sarrasin, qui lui fit entendre que tel était l'usage généralement observé. Au fond de ce premier appartement, une étroite ouverture, fermée par une planche qui servait de porte, conduisait à la chambre à coucher plus commode de l'ermite. A force de travail, il en avait nivelé le sol, couvert de sable blanc; il l'arrosait tous les jours avec l'eau d'une petite source qui

4

jaillissait du rocher dans un coin, et qui, dans ce climat
brûlant, était également agréable aux yeux, à l'oreille et au
palais desséché. Des espèces de matelas, ou plutôt des nattes
de glaïeul, étaient étendus par terre ; les parois de la cellule avaient été travaillées comme le plancher, pour leur
donner une forme à peu près régulière, et tout autour
étaient suspendues des herbes et des fleurs odoriférantes.
Deux cierges que l'ermite alluma répandirent une clarté qui
rendait encore plus agréables l'odeur et la fraîcheur qu'on
y respirait.

Dans un coin de cet appartement on voyait quelques instrumens de travail ; dans un autre, une niche contenait une
statue de la Vierge, grossièrement sculptée. Une table et
deux chaises prouvaient évidemment qu'elles étaient l'ouvrage des mains de l'ermite, car elles étaient d'une forme
inusitée dans l'Orient. La table était couverte non-seulement de roseaux et de racines, mais de viandes sèches que
Théodoric arrangea avec soin, de manière à exciter l'appétit
de ses hôtes. Cette apparence de courtoisie, quoique muette,
et exprimée seulement par gestes, parut à sir Kenneth presque impossible à concilier avec la conduite aussi violente
qu'étrange qu'avait montrée l'ermite quelques momens auparavant. Tous ses pas étaient mesurés, et il semblait que
ce n'était qu'un sentiment d'humilité religieuse qui empêchait ses traits, amaigris par une vie austère, de paraître
nobles et majestueux. Il marchait dans sa cellule comme un
homme né pour gouverner ses semblables, mais qui avait
abdiqué son empire pour devenir le serviteur du ciel. Il faut
pourtant convenir que sa taille gigantesque, la longueur de
sa barbe, celle de ses cheveux en désordre, et le feu qui
brillait dans ses yeux creux et égarés, lui donnaient l'air d'un
soldat plutôt que d'un reclus.

Le Sarrasin lui-même semblait regarder l'anachorète avec
quelque vénération pendant qu'il s'occupait de ces soins, et
il dit à voix basse à sir Kenneth : — Le Hamako est mainte-

nant dans un de ses momens de calme; mais il ne parlera pas que nous n'ayons mangé; c'est un vœu qu'il a fait.

Ce fut donc en silence que Théodoric fit signe à l'Écossais de prendre place sur une des deux chaises basses, tandis que Sheerkohf s'accroupit sur des nattes, suivant la coutume de sa nation. L'ermite alors leva les deux mains comme pour bénir la nourriture qu'il offrait à ses hôtes, et ceux-ci se mirent à satisfaire leur appétit en gardant comme lui un silence profond. Cette gravité était naturelle au Sarrasin, et le chrétien imita d'autant plus facilement sa taciturnité, qu'il était occupé à réfléchir sur la singularité de sa situation, et sur le contraste qu'il remarquait entre les cris furieux, les gestes étranges et les actions extravagantes de Théodoric à l'instant de sa rencontre avec lui, et l'air décent et solennel avec lequel il s'acquittait en ce moment des devoirs de l'hospitalité.

Quand leur repas fut terminé, l'ermite, qui n'avait pas mangé un seul morceau, desservit ce qui en restait, et mit devant le Sarrasin un vase de sorbet, et devant l'Écossais un flacon de vin.

— Buvez, mes enfans, leur dit-il; et c'étaient les premiers mots qu'il prononçait depuis qu'ils étaient entrés dans sa cellule. Il est permis de jouir des dons de Dieu, pourvu qu'on se rappelle celui qui les accorde.

Après avoir ainsi parlé, il se retira dans la cellule d'entrée, probablement pour s'y livrer à ses exercices de dévotion, et laissa ses hôtes en possession de l'appartement intérieur. Kenneth alors adressa diverses questions à Sheerkohf pour en tirer tout ce qu'il pourrait savoir de ce singulier ermite; et ce n'était pas uniquement pour satisfaire sa curiosité. Il était impossible de concilier la conduite extravagante de l'anachorète lorsqu'il s'était montré à leurs yeux, avec les manières humbles et tranquilles qu'il avait prises dans sa cellule; mais il lui semblait qu'il l'était encore davantage de la faire accorder avec la haute considération qu'avaient pour lui, comme sir Kenneth l'avait appris, les prélats les plus éclairés du monde chrétien. Théodoric, l'ermite d'Engaddi, avait, en cette qualité, correspondu avec des papes et des conciles auxquels ses lettres avaient peint les maux que les infidèles faisaient souffrir aux chrétiens latins dans la Terre-Sainte avec une éloquence et des images dignes des prédications de Pierre l'Ermite au concile de Clermont. En trouvant dans un personnage si vénérable, objet de tant d'égards, les gestes frénétiques d'un fakir insensé, le chevalier chrétien avait le soin de réfléchir avant de lui communiquer les affaires importantes dont il avait été chargé par quelques-uns des chefs des croisés.

Ces communications étaient le principal objet d'un pèlerinage entrepris par une route si peu ordinaire. Mais tout ce qu'il avait vu dans cette soirée le faisait hésiter à s'acquitter de sa mission. Il ne put obtenir de l'émir que peu de renseignemens, qui se réduisaient à peu près à ce qui suit:

— L'ermite, à ce qu'il avait entendu dire, avait été autrefois un brave et vaillant soldat, sage dans les conseils et heureux les armes à la main, ce qu'il pouvait aisément croire d'après la force et l'activité peu communes qu'il l'avait vu déployer en plusieurs occasions. Il était arrivé à Jérusalem non en pèlerin, mais en homme qui s'était dévoué à passer le reste de sa vie dans la Terre-Sainte. Peu de temps après il avait fixé sa demeure au milieu des scènes de désolation où ils venaient de le trouver, respecté des Latins pour son austère dévotion, et par les Turcs à cause des symptômes de folie qu'ils remarquaient en lui et qu'ils attribuaient à l'inspiration. C'était pour cela qu'ils lui avaient donné le nom de Hamako, qui exprime cette idée dans leur langue. Quant à Sheerkohf, il semblait savoir à peine ce qu'il devait penser de leur hôte. Le Hamako, dit-il, avait été un homme sage; il pouvait passer des heures entières à donner des leçons de vertu et de sagesse sans la plus légère apparence d'incohérence dans ses idées. D'autres fois il commettait des traits d'extravagance et de violence ; mais jamais il ne lui avait vu des dispositions aussi malfaisantes que celles qu'il venait de montrer. La moindre insulte faite à sa religion lui causait un accès de rage, et il courait une histoire de quelques Arabes errans qui avaient outragé son culte et porté la main contre son autel, et qu'il avait attaqués et tués pour cette raison avec le fléau qu'il portait toujours, et qui lui tenait lieu de toute autre arme. Cet événement avait fait beaucoup de bruit et c'était autant la crainte qu'inspirait le fléau de fer de l'ermite que son caractère comme hamako qui faisait respecter sa demeure et sa chapelle par ces tribus errantes. Sa réputation s'était répandue si loin, que Saladin avait donné des ordres particuliers pour qu'on l'épargnât et qu'on le protégeât. Ce prince lui-même et plusieurs autres musulmans de haut rang avaient plus d'une fois visité sa cellule, soit par curiosité, soit parce qu'ils espéraient qu'un homme aussi savant que le Hamako chrétien pouvait leur dévoiler quelque chose des secrets de l'avenir. Il avait, continua le Sarrasin, un rashid ou un observatoire dans un lieu très élevé, d'où il observait les corps célestes, et particulièrement les planètes dont les chrétiens et les mahométans croyaient que les mouvemens et les influences dirigeaient le cours des événemens humains, et pouvaient servir à les prédire.

Tels furent en substance les renseignemens que sir Kenneth obtint de Sheerkohf, et ils le laissèrent dans le doute si la folie qu'on attribuait à l'ermite était occasionnée par la ferveur excessive de son zèle, ou si c'était un voile dont il se couvrait pour profiter des privilèges que son état lui obtenait. Cependant en réfléchissant sur le fanatisme des sectateurs de Mahomet au milieu desquels il vivait, quoique ennemi déclaré de leur foi, il lui parut qu'ils portaient bien loin la tolérance à son égard. Il lui sembla aussi qu'il existait entre l'ermite et le Sarrasin une connaissance plus intime que ce que celui-ci lui avait dit n'aurait dû le lui faire supposer, et il ne lui échappa point que Théodoric avait donné à l'émir un nom différent que celui qu'il avait pris. Toutes ces réflexions autorisaient sinon le soupçon, du moins la circonspection. Kenneth résolut donc d'observer son hôte de très près, et de ne pas trop se hâter de lui faire part de l'importante mission qu'il avait reçue.

— Sarrasin, dit-il, il me semble que l'imagination de notre hôte s'égare sur les noms comme sur les autres sujets. Tu te nommes Sheerkohf, et je l'ai entendu t'appeler autrement.

— Quand j'étais sous la tente de mon père, répondit le Kourde, je portais le nom d'Ildérim, et bien des gens m'appellent encore ainsi. A l'armée, les soldats me donnent celui de Lion de la montagne, surnom que mon bon cimeterre m'a valu. Mais silence! voici le Hamako; je connais sa coutume; il vient nous inviter au repos. Il ne veut pas que personne l'interrompe dans ses veilles.

L'anachorète entrait effectivement en ce moment. Il croisa les bras sur sa poitrine, et se tenant debout, dit d'un ton solennel : — Béni soit le nom de celui qui a voulu qu'une nuit tranquille suivît un jour de trouble, que le calme du repos soulageât les membres fatigués, et bannît les soucis de l'esprit!

— Ainsi soit-il, répondirent les deux guerriers, et se levant aussitôt, ils se disposèrent à se jeter sur les matelas que leur hôte leur montra d'un geste de la main; après quoi, les saluant tous deux, il sortit de nouveau de l'appartement.

Le chevalier du Léopard se débarrassa alors de ses lourdes armes. Le Sarrasin l'aida pour desserrer les agrafes de la cuirasse et détacher les autres parties de son armure; il ne conserva que le vêtement de peau de chamois que les chevaliers et les hommes d'armes avaient coutume de porter sous leur harnois. Si Sheerkohf avait admiré la vigueur de son adversaire quand il l'avait combattu tout couvert d'acier, il ne fut pas moins frappé des formes bien proportionnées de son corps nerveux. De son côté, le chevalier, comme par échange de politesse, aida le Sarrasin à quitter ses vêtemens de dessus, pour qu'il pût dormir plus commodément, et il eut peine à concevoir qu'une taille si grêle et des membres si maigres pussent être doués de la force dont il avait fait preuve pendant le combat.

Chacun des deux guerriers fit sa prière avant de se livrer au repos. Le musulman se tourna vers son *kebla*, point vers lequel doivent s'adresser les prières de tout sectateur du Prophète, et murmura ses oraisons païennes, tandis que le chrétien, semblant craindre la souillure du voisinage de l'infidèle, se retira dans un autre coin, plaça sur la pointe son épée dont la poignée était en croix, et s'agenouillant devant ce signe du salut, il dit son rosaire avec une dévotion qu'augmentait encore le souvenir des lieux déserts et arides qu'il avait parcourus, et des dangers dont il avait été préservé dans le cours de cette journée. Épuisés par la fatigue de leur voyage et de leur combat, les deux guerriers ne tardèrent pas à s'endormir, chacun sur son matelas.

CHAPITRE IV.

« Dans un désert aride, aux mortels inconnu,
« Depuis ses jeunes ans vivait un saint ermite ,
« Dans le creux d'un rocher trouvant un humble gîte ,
« Il y passait la nuit sur la mousse étendu,
« Se nourrissait de fruits, et n'avait pour breuvage
« Qu'un cristal qu'il puisait dans un ruisseau voisin ,
« Dont la faveur du ciel ornait son ermitage.
« Renonçant pour jamais à tout commerce humain ,
« Il vivait avec Dieu, faisant de la prière
« Son plaisir, son devoir et son unique affaire. »

PARNELL. *L'Ermite.*

Le chevalier écossais ne savait pas depuis combien de temps ses sens étaient ensevelis dans un profond repos quand il fut réveillé en sursaut par la sensation d'un poids accablant sur son cœur, qui lui donna d'abord l'idée qu'il avait à lutter contre un formidable antagoniste. Enfin reprenant complètement l'usage de ses sens, il allait demander qui était là, quand ouvrant les yeux il vit l'étrange anachorète que nous avons déjà décrit, penché sur son matelas, une main appuyée sur sa poitrine, et tenant de l'autre une petite lampe d'argent.

—Silence! dit l'ermite, tandis que le chevalier couché le regardait avec surprise. J'ai à vous dire des choses que cet infidèle ne doit pas entendre.

Il prononça ces mots en français, et non en langue franque, dont il s'était servi jusqu'alors et qui était un composé des dialectes orientaux et européens.

— Lève-toi, continua-t-il, mets ton manteau ; ne parle pas ; marche sans bruit et suis-moi.

Sir Kenneth se leva et prit son épée.

— Tu n'en as pas besoin, lui dit l'anachorète toujours à voix basse ; nous allons dans un lieu où les armes spirituelles ont toute puissance, mais où celles de la chair ne sont que comme le faible roseau et la courge desséchée du prophète.

Le chevalier remit son épée près du matelas où il l'avait placée en se couchant, et sans autres armes que son poignard, qu'il ne quittait jamais dans ce pays de dangers, il se prépara à suivre son hôte mystérieux.

L'ermite se mit alors en marche à pas lents, suivi par le chevalier qui n'était pas encore bien certain si l'être extraordinaire qui le précédait pour lui montrer le chemin n'était pas créé par l'agitation d'un rêve. Ils entrèrent comme des ombres dans la cellule extérieure, sans troubler le repos profond de l'émir. Devant la croix et sur l'autel dont nous avons déjà parlé, on voyait une lampe allumée et un missel ouvert, et par terre était une discipline, instrument formé de fil de fer et de petites cordes, et qui portant encore des marques de sang fraîchement répandu, prouvait sans doute les pratiques sévères de pénitence auxquelles se livrait l'ermite.

Là Théodoric s'agenouilla sur un endroit couvert de cailloux pointus qui semblaient y avoir été placés pour rendre plus pénible cette attitude de la dévotion, et il fit signe à son compagnon de l'imiter. Il récita alors plusieurs prières de l'église catholique, et chanta à voix basse mais avec onction trois des psaumes de la pénitence, entremêlant ce chant de soupirs, de larmes et de gémissemens convulsifs qui prouvaient quelle impression faisait sur lui la poésie divine qu'il récitait. Le chevalier écossais participa avec beaucoup de sincérité à ces actes de dévotion ; et l'opinion qu'il s'était formée de son hôte commença à changer tellement, que d'après la rigueur de sa pénitence et l'ardeur de ses prières il commença à douter s'il ne devait pas le regarder comme un saint. Lorsqu'ils se relevèrent, il se tint debout devant lui avec le respect qu'un écolier aurait eu pour un maître vénérable : de son côté, l'ermite garda le silence quelques instans, et parut comme absorbé dans ses réflexions.

—Regarde dans ce renfoncement, mon fils, lui dit-il alors en lui montrant une petite porte d'osier fermant un creux taillé dans le roc, de l'autre côté de la cellule ; tu y trouveras un voile, apporte-le-moi.

Le chevalier obéit, ouvrit la porte d'osier, trouva le voile, et quand il l'eut exposé à la lumière, il vit qu'il était déchiré et souillé en différens endroits par quelque substance noirâtre. L'anachorète le regarda avec une émotion profonde, qu'il faisait des efforts pour subjuguer ; et avant de pouvoir adresser la parole au chevalier, il laissa encore échapper un gémissement convulsif.

— Tu vas voir maintenant le plus riche trésor que possède la terre, dit-il enfin. Hélas ! pourquoi faut-il que mes yeux soient indignes du même bonheur ! Je ne suis que la vile et misérable enseigne qui apprend au voyageur fatigué où il pourra trouver repos et sûreté, et qui est condamnée à rester toujours en dehors de la porte. C'est en vain que je me suis réfugié dans les profondeurs des rochers, dans le sein d'un désert aride ; mon ennemi m'y a trouvé ; celui même que j'ai renié m'a poursuivi dans ma forteresse.

Il se tut un instant, et se tournant ensuite vers sir Kenneth, il lui dit d'une voix plus assurée : — Vous m'apportez un salut de la part de Richard d'Angleterre ?

— Je viens de la part du conseil des princes chrétiens, répondit le chevalier ; mais le roi d'Angleterre étant indisposé, je n'ai pas été honoré des ordres de Sa Majesté.

— La preuve de votre mission ? demanda le reclus.

Sir Kenneth hésita ; ses premiers soupçons et les marques de folie que l'ermite avait d'abord données dans sa conduite se présentèrent à son esprit ; mais comment suspecter un homme dont les manières annonçaient tant de sainteté?

— Voici mon mot d'ordre, répondit-il : — Les rois ont emprunté à un mendiant. —

— C'est bien, dit l'ermite, et il ajouta après un court intervalle : Je vous connais parfaitement ; mais la sentinelle qui est à son poste, et le mien est important, demande le mot d'ordre à l'ami comme à l'ennemi.

Il reprit la lampe et rentra avec le chevalier dans la cellule intérieure qu'ils venaient de quitter. Le Sarrasin étendu sur son matelas était encore profondément endormi. L'ermite s'arrêta près de lui et le regarda.

— Il dort dans les ténèbres, dit-il, et il ne faut pas l'éveiller.

L'attitude de l'émir donnait véritablement l'idée d'un profond repos : un bras croisé sur son corps, tandis qu'il avait la figure à demi tournée vers la muraille, cachait sous sa large manche la plus grande partie de son visage, mais laissait son front à découvert. Ses muscles, doués d'une activité si peu commune quand il était éveillé, étaient alors aussi immobiles que s'ils eussent été figurés sur une statue de marbre, et ses longs cils étaient abaissés sur ses yeux d'aigle. Sa main ouverte, sa respiration douce et régulière, tout en lui attestait un sommeil paisible. C'était un groupe singulier, que ce Sarrasin ainsi endormi, cet ermite à la taille gigantesque, vêtu de peaux de chèvre garnies de leur poil, avec une lampe à la main, et le chevalier chrétien, d'une taille presque aussi haute, revêtu de son justaucorps de chamois : l'ermite offrait une expression d'austérité ascétique, le chevalier celle d'une vive curiosité.

— Il dort profondément, dit l'ermite à voix basse ; et répétant les mêmes mots dont il s'était déjà servi dans un sens littéral, il les employa dans un sens métaphorique, en ajoutant : Il dort dans les ténèbres ; mais le jour du réveil à la lumière arrivera pour lui. O Ildérim, tes pensées, quand tu veilles, sont encore aussi vaines, aussi frivoles que les vagues idées qui flottent dans ton imagination pendant ton sommeil ; mais tu entendras le son de la trompette, et ton rêve se dissipera.

A ces mots et faisant signe au chevalier de le suivre, l'ermite rentra dans la première cellule, s'avança vers l'autel, passa par-derrière, et pressa un ressort qui s'ouvrant sans bruit, laissa voir une petite porte en fer si bien adaptée à l'un des côtés de la caverne, qu'il aurait fallu une attention plus qu'ordinaire pour la découvrir. L'ermite avant de se hasarder à ouvrir cette porte en frotta les gonds avec un peu d'huile de la lampe ; et quand elle fut ouverte on découvrit un étroit escalier taillé dans le roc.

— Prends le voile que je tiens, dit l'ermite au chevalier d'un ton mélancolique, et couvre-m'en le visage, car je ne puis regarder sans présomption le trésor que tu vas voir.

Sir Kenneth, sans répliquer, entoura du voile la tête de l'anachorète, qui monta sur-le-champ l'escalier en homme qui connaissait trop bien le chemin pour avoir besoin de lumière, et en même temps il remit la lampe à l'Écossais qui le suivait sur cette étroite montée. Enfin ils s'arrêtèrent sous une petite voûte à l'un des coins de laquelle se terminait l'escalier, tandis qu'on en voyait à un autre un second qui semblait conduire plus haut. Dans un troisième angle était une grande porte gothique, ornée de sculptures et de colonnes, dans laquelle était taillé un guichet garni de fer et de gros clous. Ce fut vers ce point que l'ermite dirigea ses pas de plus en plus chancelans.

— Ote tes souliers, dit-il à son compagnon ; le terrain sur lequel tu te trouves est sacré. Bannis du fond de ton cœur toute pensée profane et charnelle ; car ce serait un péché mortel que d'en entretenir une seule en ce lieu.

Le chevalier se déchaussa comme on le lui ordonnait, et

pendant ce temps toutes les facultés de l'ermite semblaient absorbées dans une prière secrète. Il avança encore et dit au chevalier de frapper trois coups à la porte. Sir Kenneth obéit ; la porte s'ouvrit d'elle-même, ou du moins il ne vit personne l'ouvrir, et ses sens furent assaillis en même temps par l'éclat de la plus vive lumière et par l'odeur des plus riches parfums. Il recula de deux ou trois pas, et il se passa près d'une minute avant qu'il pût se remettre de l'effet éblouissant du passage subit des ténèbres à la lumière.

En entrant dans l'appartement d'où partait un éclat si brillant, il s'aperçut que cette clarté était produite par des lampes d'argent nourries de l'huile la plus pure et des parfums les plus exquis. Elles étaient suspendues par des chaînes de même métal à la voûte d'une petite chapelle gothique taillée dans le roc vif, comme la plus grande partie de la demeure singulière de l'ermite. Mais dans tout ce que sir Kenneth avait vu jusqu'alors le travail était simple et grossier, au lieu que dans cette chapelle tout annonçait l'ouvrage du ciseau des plus habiles architectes. La voûte était soutenue par six colonnes qui étaient, ainsi que les arches de la voûte, du meilleur style d'architecture de ce siècle. De chaque côté et en correspondance avec le rang de colonnes étaient six niches d'un travail exquis dont chacune contenait la statue d'un des douze apôtres.

Au bout de la chapelle et du côté de l'orient était l'autel, derrière lequel un rideau de soie de Perse magnifiquement brodé en or couvrait une niche qui contenait sans doute quelque image ou relique d'une sainteté peu ordinaire en l'honneur de laquelle ce lieu singulier avait sans doute été consacré au culte. Convaincu qu'il ne pouvait se tromper en faisant cette supposition, le chevalier s'avança vers l'autel, s'agenouilla et y fit une prière avec ferveur ; mais il fut interrompu dans cet exercice de dévotion en voyant tout à coup le rideau se lever, ou pour mieux dire se tirer, sans qu'il pût dire comment ni par qui ; et dans la niche qui fut ainsi mise à découvert, il vit une grande châsse en argent et en ébène, fermée par une double porte battante, et offrant la ressemblance en miniature d'une église gothique.

Tandis qu'il regardait cette châsse avec une vive curiosité, les deux portes s'en ouvrirent aussi, laissant voir un grand morceau de bois auquel était attaché un écriteau sur lequel on lisait en grosses lettres les mots VERA CRUX, et en même temps un chœur de voix de femmes chanta le *Gloria Patri*. Dès que l'antienne fût terminée, les portes de la châsse se fermèrent et le rideau fut tiré. Le chevalier qui était agenouillé devant l'autel put alors continuer, sans être troublé, ses prières en l'honneur de la sainte relique qui venait d'être exposée à ses regards, et il le fit avec le profond respect dont devait être pénétré un homme qui venait de voir de ses propres yeux une preuve imposante de la vérité de sa religion.

Il passa quelque temps en prières, et se levant enfin, il jeta les yeux autour de lui pour chercher l'ermite qui l'avait conduit dans ce lieu sacré et mystérieux. Il le vit, les yeux encore couverts du voile, humblement prosterné sur le seuil de la porte de la chapelle, qu'il paraissait n'avoir pas osé passer. Son attitude était celle d'un homme accablé par le poids de ses sentimens intérieurs. Sir Kenneth pensa que ce n'étaient que l'humilité, la pénitence et le remords qui pouvaient avoir fait plier ainsi un esprit si fier et un corps si robuste.

Il s'approcha comme pour lui parler; mais l'anachorète parut prévoir son intention, et lui dit d'une voix creuse et étouffée sortant de dessous le voile dont sa tête était couverte, comme du linceul qui couvre un cadavre : — Attends, attends; heureux, toi qui peux l'être. La vision n'est pas encore terminée. A ces mots il se releva, s'éloigna du seuil sur lequel il venait de se prosterner, et poussa la porte de la chapelle qui fermait à l'intérieur par un ressort dont le bruit retentit un moment sous la voûte. Cette porte semblait alors si bien faire partie du roc dans lequel cette chapelle avait été creusée, que Kenneth put à peine reconnaître l'ouverture. Il se trouvait seul dans le saint lieu éclairé par les lampes, et contenant la relique à laquelle il venait de rendre hommage, sans autres armes que son poignard, sans autre compagnie que ses pieuses pensées et son courage indomptable.

Ne sachant ce qui allait lui arriver, mais résolu à attendre le cours des événemens, sir Kenneth se promena dans la chapelle solitaire, à peu près jusqu'à l'heure du premier chant du coq. En ce moment de silence profond où la nuit et le matin se rencontrent, il entendit, sans pouvoir découvrir de quel côté venait ce bruit, le son d'une petite clochette, comme celle dont on se sert pour indiquer l'instant de l'élévation de l'hostie dans la célébration de la messe. L'heure et le lieu rendaient ce son imposant et solennel, et tout intrépide qu'il était, le chevalier se retira dans le coin le plus éloigné de la chapelle, à l'extrémité opposée à l'autel, pour observer sans interruption ce qui résulterait de ce signal inattendu.

Au bout de quelques instans le rideau de soie fut encore tiré, et la sainte relique se présenta de nouveau à ses yeux. Il s'agenouilla une seconde fois avec respect, et reconnut le chant des Laudes, premier office de l'église catholique, que chantaient encore en chœur des voix de femmes. Il ne tarda pas à s'apercevoir que ces voix s'approchaient de la chapelle, et qu'elles devenaient plus distinctes de moment en moment. Enfin une porte, aussi difficile à deviner que celle par où il était entré, s'ouvrit par un des côtés de l'autel, et les voix qui formaient le chœur retentirent plus librement sous les voûtes de la chapelle.

Le chevalier fixa les yeux sur cette porte avec une attente qui lui permettait à peine de respirer, et conservant l'attitude de dévotion qu'exigeait la sainteté du lieu, il attendit la suite de ces préparatifs. Une procession paraissait sur le point d'entrer par cette porte. Effectivement, il vit d'abord paraître quatre beaux enfans, dont les bras, le cou et les jambes nues montraient la peau cuivrée de l'Orient, et faisaient contraste avec les tuniques blanches comme la neige dont ils étaient couverts. Ils marchaient deux à deux. Les premiers agitaient des encensoirs dont la vapeur ajoutait un nouveau parfum à ceux qu'on respirait déjà; les deux autres jonchaient le sol de fleurs.

Après eux marchaient en ordre convenable et majestueux les femmes qui composaient le chœur; six, qui d'après leurs scapulaires noirs et leurs voiles de même couleur paraissaient être des religieuses professes de l'ordre du Mont-Carmel, et un pareil nombre que leurs voiles blancs annonçaient comme novices ou comme habitantes momentanées du cloître, mais qui n'y étaient encore attachées par aucun vœu. Les premières tenaient en main de grands rosaires; les autres, plus jeunes et d'une taille svelte, portaient une guirlande en forme de chapelet, composée de roses rouges et blanches. Elles firent processionnellement le tour de la chapelle, sans accorder la moindre attention à Kenneth, quoiqu'elles passassent si près de lui que leurs robes le touchaient presque. Pendant qu'elles continuaient leurs chants religieux, le chevalier ne douta pas qu'il ne fût dans un de ces cloîtres où de nobles demoiselles chrétiennes s'étaient autrefois ouvertement consacrées au service de l'autel. La plupart de ces couvens avaient été supprimés lorsque les mahométans avaient reconquis la Palestine; mais quelques-uns avaient acheté par des présens la tolérance des vainqueurs, ou l'avaient obtenue, soit de leur clémence, soit de leur mépris, et continuaient à être habités par des recluses qui observaient dans l'enceinte de leurs murs les rites de leur institution.

Mais quoique Kenneth connût tous ces détails, la solennité du lieu et de l'heure, la surprise que lui causa l'arrivée imprévue de ces saintes vestales, la manière dont elles passaient près de lui comme une vision, tout avait une telle influence sur son imagination, qu'il pouvait à peine se persuader que la procession qu'il voyait fût composée de créatures de ce monde, tant elles ressemblaient à un chœur d'êtres surnaturels rendant hommage à l'objet universel de l'adoration des hommes.

Telle fut la première idée du chevalier, tandis que la procession passait près de lui sans qu'aucune de celles qui la composaient fît un mouvement visible qu'autant qu'il le fallait pour continuer leur marche, de sorte que, vues à la clarté douteuse et religieuse que répandaient les lampes à travers le nuage de la fumée d'encens qui obscurcissait la chapelle, elles semblaient glisser plutôt que marcher.

Mais lorsqu'en faisant une seconde fois le tour de la chapelle elles passèrent près de l'endroit où il était agenouillé, une des jeunes vierges à voile blanc détacha du chapelet qu'elle portait un bouton de rose qui, lui échappant des doigts, peut-être involontairement, tomba précisément devant le chevalier. Kenneth tressaillit comme si un dard l'eût subitement frappé; car lorsque l'esprit est vivement ému, le plus léger incident suffit pour troubler tous les sens. Mais son imagination se calma quand il réfléchit combien il était facile au hasard d'amener un événement si indifférent en lui-même, et que ce n'était que l'uniformité monotone du mouvement de la procession qui avait pu le lui faire paraître remarquable.

Cependant, tandis que la procession faisait pour la troisième fois le tour de la chapelle, les yeux et les pensées de Kenneth suivirent exclusivement celle des novices qui avait laissé tomber le bouton de rose. Elle ressemblait tellement à ses compagnes par sa démarche, sa taille et ses formes, qu'il était impossible de rien découvrir en elle qui pût l'en faire distinguer. Cependant le cœur de Kenneth tressaillait, comme pour l'assurer par ce mouvement sympathique que la jeune personne qui était la seconde des novices du côté droit lui était plus chère, non-seulement que toutes celles qu'il voyait, mais même que tout son sexe. La passion romanesque de l'amour, telle qu'on la concevait alors, et même telle que la définissaient les règles de la chevalerie, s'accordait parfaitement avec un sentiment de dévotion non moins romanesque; et l'on aurait pu dire que ces deux penchans de l'ame, bien loin de se nuire, se servaient réciproquement.

C'était donc avec une sorte d'impatience religieuse que sir Kenneth attendait un second signe de la présence d'une femme qu'il croyait lui en avoir déjà donné un premier. Quelque peu de temps que mit la procession à faire le troisième tour de la chapelle, chaque minute parut au chevalier une éternité. Enfin, la femme qu'il suivait des yeux avec une attention si soutenue arriva de nouveau près de lui. Il n'y avait aucune différence entre sa taille voilée et celle de ses compagnes; mais lorsqu'elle passa pour la troisième fois devant Kenneth, toujours agenouillé, une petite main si élégamment formée qu'elle donnait la plus haute idée des proportions parfaites de la jeune vierge, sortit un instant de dessous les plis de son voile de gaze, comme un rayon de la lune qui perce à travers un nuage pendant une nuit d'été, et un bouton de rose tomba encore devant le chevalier du Léopard.

Ce second signe ne pouvait être accidentel; ce ne pouvait être le hasard qui faisait que cette jolie main, qu'il n'avait qu'entrevue, ressemblait si parfaitement à celle que ses lèvres avaient une fois touchée, et à laquelle son cœur avait fait en même temps un serment de fidélité. S'il lui avait fallu d'autres preuves, il avait vu briller un instant sur un doigt aussi blanc que la neige ce rubis sans égal dont la valeur inappréciable aurait pourtant eu moins de prix à ses yeux que le moindre signe que ce joli doigt aurait pu lui faire. Et soit hasard, soit faveur, il avait aperçu une de ces belles tresses d'un brun foncé dont chaque cheveu lui était cent fois plus cher qu'une chaîne d'or. Oui, c'était la dame de ses pensées. Mais qu'elle se trouvât dans ce lieu désert et isolé, au milieu de vestales demeurant dans la solitude et les cavernes pour accomplir en secret ces rites du christianisme qu'elles n'osaient pratiquer ouvertement, que ce fût une réalité, c'était ce qui lui paraissait trop incroyable; était-ce une illusion, un rêve trompeur de l'imagination?

Tandis que ces idées occupaient le chevalier, la procession sortait de la chapelle. Les jeunes acolytes, les sœurs à voile noir disparurent successivement à ses yeux. Enfin celle de qui il avait reçu ce double signe de connaissance disparut à son tour; mais en dépassant la porte, elle fit un léger mouvement de tête, quoique très marqué, en se tournant vers l'endroit où sir Kenneth était fixé comme une statue. Il vit encore un instant flotter son voile; tout disparut, et son ame fut plongée dans des ténèbres non moins sombres que l'obscurité physique dont il fut enveloppé presque sur-le-champ; car à peine la dernière novice avait-elle mis le pied hors de la chapelle, que la porte s'en ferma avec bruit; les voix du chœur cessèrent de se faire entendre, toutes les lampes s'éteignirent, et il resta seul dans une nuit profonde.

Mais la solitude, l'obscurité et l'incertitude de sa situation mystérieuse n'étaient rien pour Kenneth; il n'y songeait pas, ne s'en inquiétait pas, et ne pensait plus qu'à la vision qui venait de passer rapidement devant ses yeux. Se courber sur la terre pour y chercher les fleurs que la jeune novice avait laissées tomber, les presser sur ses lèvres et sur son cœur, tantôt l'une après l'autre, tantôt toutes à la fois, baiser tendrement les pierres froides sur lesquelles il croyait qu'elle avait dû passer, faire toutes les extravagances que l'amour suggère et qu'il justifie en ceux qui y cèdent, ce n'était autre chose que les preuves d'un amour passionné, communes à tous les siècles. Mais ce qu'il y avait de particulier aux temps de la chevalerie, c'était qu'au milieu de son enthousiasme exalté le chevalier n'eût pas la moindre idée de chercher à faire une tentative pour suivre l'objet de son attachement romanesque. Il ne pensait à elle que comme à une divinité qui ayant daigné se montrer un instant à son adorateur dévoué, était rentrée dans l'ombre de son sanctuaire ; comme à une planète douée d'une influence puissante sur sa destinée, et qui ayant jeté sur lui un rayon favorable pendant un moment heureux, s'était enveloppée de son voile de brouillard. La maîtresse de son affection était pour lui un être supérieur dont les mouvemens ne devaient être ni épiés ni contraints, qui au gré de sa volonté devait la réjouir par sa présence ou l'accabler par son absence, l'animer par son doux sourire ou le désespérer par sa cruauté. Elle ne permettait d'ailleurs d'autres importunités ou remontrances que celles qui seraient exprimées par les loyaux services du cœur et de la lance de son noble champion, et celui-ci n'avait d'autre but dans la vie que d'obéir à ses ordres, et d'augmenter par la splendeur de ses hauts faits la renommée de celle qu'il aimait.

Telles étaient les règles imposées par la chevalerie et par l'amour, qui en était le principe dominant. Mais d'autres circonstances encore plus particulières donnaient un caractère romanesque à son attachement pour la dame de ses pensées. Jamais il n'avait même entendu le son de sa voix, quoiqu'il eût souvent vu ses charmes avec transport. Elle vivait dans une sphère dont son rang de chevalier lui permettait à la vérité d'approcher, mais non de faire partie ; et quelque distingué qu'il fût par sa bravoure et sa science militaire, le pauvre soldat écossais était forcé d'honorer sa divinité à une distance presque aussi grande que celle qui sépare le Persan de l'astre qu'il adore.

Mais où est la femme placée assez haut pour ne pas apercevoir le dévouement passionné d'un amant confondu dans les rangs inférieurs? Elle avait eu les yeux fixés sur lui dans le tournoi ; elle avait entendu ses éloges dans la relation des combats qu'on livrait tous les jours, et tandis que les lords, les comtes et les ducs se disputaient ses bonnes graces, elle les accordait peut-être involontairement d'abord et même sans le savoir au pauvre chevalier du Léopard, qui n'avait guère que sa lance pour soutenir son rang. Ce qu'elle voyait, ce qu'elle entendait, suffisait pour encourager un attachement qui s'était glissé dans son cœur à son insu. Si l'on faisait l'éloge de la bonne mine de quelque chevalier, les dames les plus prudes de la cour militaire d'Angleterre ne se faisaient pas scrupule de donner la préférence à l'Écossais Kenneth ; et malgré les largesses considérables que les pairs et les princes accordaient aux ménestrels, il arrivait quelquefois qu'un esprit impartial d'indépendance s'emparait du poète, et que sa harpe chantait l'héroïsme d'un guerrier qui n'avait à lui donner en récompense ni palefroi ni riches vêtemens.

Les momens où elle écoutait l'éloge de son amant devinrent peu à peu de plus en plus chers à la noble Edith ; ils faisaient diversion à la flatterie dont son oreille était fatiguée, et désignaient aux pensées secrètes de son cœur un guerrier plus digne d'elle, d'après l'opinion générale, qu'aucun de ceux qui l'éclipsaient par leur rang et leur fortune. A mesure que son attention se fixa plus constamment, quoique avec circonspection sur sir Kenneth, elle devint de plus en plus convaincue du dévouement dont il était pénétré pour elle, de plus en plus certaine qu'elle voyait dans l'Écossais Kenneth le chevalier destiné par le sort à partager avec elle dans le bonheur ou les calamités l'attachement passionné auquel les poètes de ce siècle attribuaient un empire si universel, et que les mœurs et les usages du temps plaçaient presque sur le même niveau que la dévotion même.

Ne déguisons pas la vérité à nos lecteurs. Quand Edith connut bien l'état de son propre cœur, quelque fiers que fussent les sentimens d'une jeune personne que sa naissance avait placée à peu de distance du trône d'Angleterre ; quelque satisfaite que dût être sa fierté en se voyant l'objet de l'hommage muet mais continuel du chevalier qu'elle avait distingué, il y avait des momens où le cœur de la femme qui aime et qui est aimée murmurait contre la contrainte que lui imposaient son rang et sa situation, et où elle blâmait presque la timidité de son amant qui paraissait résolu à ne pas en franchir les bornes. L'étiquette de la naissance et du rang, pour nous servir d'une expression moderne, avait tracé autour d'elle un cercle magique au-delà duquel sir Kenneth pouvait à la vérité jeter un regard d'admiration respectueuse, mais dans lequel il ne pouvait pas plus entrer qu'un esprit évoqué ne peut passer les bornes qui lui sont prescrites par la baguette d'un puissant enchanteur.

Involontairement Edith en vint à penser qu'il fallait qu'elle se hasardât à faire le premier pas, même au-delà des limites imposées à son amant, si elle voulait donner à un chevalier si timide et si réservé l'occasion d'obtenir une faveur légère, comme par exemple de baiser le ruban de ses souliers. Elle avait présent à la mémoire un exemple bien connu, celui de la fille d'un roi de Hongrie qui avait ainsi généreusement encouragé un écuyer de basse naissance ; et Edith, quoique du sang royal, n'était pas fille de roi, de même que son amant n'était pas issu de bas lieu. La fortune n'avait pas été une barrière si puissante qu'elle pût mettre obstacle à leur affection ; cependant elle trouvait dans son sein cet orgueil modeste qui enchaîne l'amour même, et qui lui défendait, malgré la supériorité de sa condition, de faire ces avances que la délicatesse commande toujours aux amans de notre sexe. D'ailleurs sir Kenneth était un chevalier si honorable, si accompli du moins comme elle se le figurait, et connaissant si bien tous ses devoirs, tant envers elle qu'envers lui-même, que quelque contrainte qu'annonçât son attitude lorsqu'elle recevait le culte de son amour comme une divinité insensible, l'idole craignait qu'en descendant trop tôt de son piédestal, elle ne se dégradât aux yeux de celui qui l'adorait avec tant de ferveur.

Souvent l'adorateur d'une idole véritable a cru découvrir

des signes d'approbation dans les traits immobiles d'une statue de marbre : il n'est donc pas étonnant que le chevalier trouvât quelque interprétation favorable dans les regards de l'aimable Edith, dont la beauté consistait plutôt dans le charme de l'expression que dans l'éclat du teint et la régularité parfaite des traits. Malgré toute sa vigilance sur elle-même, elle avait laissé échapper en faveur de sir Kenneth quelques légères marques de distinction ; sans cela comment aurait-il reconnu si promptement cette jolie main dont deux doigts étaient à peine sortis de dessous son voile? comment aurait-il été si assuré que les deux fleurs qu'elle avait successivement laissé tomber devant lui étaient destinées à lui apprendre qu'elle l'avait reconnu ?

Nous ne pouvons tenter d'expliquer par quels signes secrets, par quels regards, par quels gestes, par quelle franc-maçonnerie d'amour ce degré d'intelligence s'était établi entre Edith et son amant ; car nos cheveux grisonnent, et ces légères marques d'affection que de jeunes yeux découvrent promptement sont au-dessus du pouvoir des nôtres. Il nous suffit de dire que cette affection existait entre deux amans qui ne s'étaient jamais parlé, quoiqu'elle fût réprimée du côté d'Edith par le sentiment profond des difficultés et des dangers qui devaient nécessairement suivre les progrès de leur attachement, et du côté du chevalier par mille doutes et par la crainte qu'il n'eût attaché trop d'importance aux légères marques de distinction qu'elle lui avait données, après de longs intervalles de réserve ou même de froideur prudente quand elle redoutait les témoins.

Ce récit un peu long mais que la suite de notre histoire rendait nécessaire, peut servir à expliquer l'intelligence, si cette expression n'est pas trop forte, qui existait entre les deux amans quand la présence inattendue d'Edith dans la chapelle produisit sur Kenneth une impression si profonde.

CHAPITRE V.

> « Les êtres évoqués par la nécromancie
> « Vainement du guerrier atta queraient la vie ;
> « Ce n'est pas sous la tente et dans le sein d'un camp
> « Qu'on redoute Astaroth, et qu'on craint Termangant. »
> WARTON.

Le plus profond silence et d'épaisses ténèbres continuèrent à régner pendant plus d'une heure dans la chapelle où nous avons laissé le chevalier du Léopard encore à genoux, adressant alternativement des expressions de reconnaissance au ciel et à sa dame pour la faveur qui venait de lui être accordée. Sa sûreté et sa destinée, qui rarement lui donnaient beaucoup de soucis, ne l'occupèrent nullement dans cette circonstance. Il était près de lady Edith; il avait reçu des marques de ses bonnes grâces; il se trouvait dans un lieu consacré par une relique de la plus auguste sainteté; un soldat chrétien, un amant passionné ne pouvait rien craindre, et ne devait penser qu'à ses devoirs envers le ciel et envers sa dame.

Lorsque l'intervalle de temps que nous venons d'indiquer se fut écoulé, un coup de sifflet aigu, semblable à celui par lequel un fauconnier rappelle son faucon, se fit entendre et retentit sous les voûtes de la chapelle. Ce son convenait mal à la sainteté du lieu, et rappela à Kenneth la nécessité de se tenir sur ses gardes. Il se releva à la hâte et porta la main sur son poignard. Une espèce de craquement qui semblait produit par une vis ou une poulie y succéda, et une lumière montant vers la voûte et qui sortait d'une ouverture dans le plancher lui prouva qu'on venait de lever ou de baisser une trappe. En moins d'une minute un long bras décharné, moitié nu, moitié couvert d'une manche de samis rouge sortit de cette ouverture et s'avança armé d'une lampe ; l'être à qui ce bras appartenait montant par degrés, se trouva bientôt sur le plancher de la chapelle. La forme et la figure du personnage qui se présentait ainsi étaient celles d'un nain effrayant, ayant sur sa grosse tête un bonnet bizarrement orné de trois plumes de paon, et portant des vêtemens de samis rouge dont la richesse faisait encore ressortir sa laideur. Il avait des bracelets d'or aux poignets et aux bras, et une ceinture de soie blanche soutenant un poignard à garde d'or.

Dès que cet être singulier qui tenait dans sa main gauche une espèce de balai, fut sorti de l'ouverture par laquelle il arrivait, il resta immobile ; et comme s'il eût voulu se montrer plus distinctement, il approcha successivement la lampe de son visage et de toutes les parties de son corps, éclairant tour à tour ses traits bizarres et ses membres difformes mais nerveux. Malgré le défaut de proportion qu'on pouvait remarquer dans tout son extérieur, le nain n'était pas assez contrefait pour paraître manquer de vigueur ou d'activité.

Tandis que sir Kenneth contemplait cet objet désagréable, il se rappela la croyance populaire relativement aux gnomes ou esprits qui font leur demeure dans les cavernes de la terre ; et l'être qu'il avait sous les yeux répondait si bien à l'idée qu'il s'était formée de leur extérieur, qu'il le regardait avec une horreur mêlé non de crainte, mais de cette surprise respectueuse que la vue de ce qui paraît surnaturel peut inspirer au cœur le plus ferme.

Le nain siffla une seconde fois, et évoqua ainsi du souterrain une autre créature dont la laideur était égale à la sienne,

Elle monta de la même manière que lui ; mais pour cette fois c'était un bras de femme qui tenait la lampe qu'on vit d'abord sortir du souterrain, et c'était une femme qui pour la taille et les proportions ressemblait beaucoup à son compagnon qui monta dans la chapelle. Ses vêtemens étaient aussi de samis rouge, et ils étaient taillés et froncés d'une manière bizarre, comme si elle eût fait partie d'une troupe de mimes ou jongleurs. De même que l'avait fait avant elle son compagnon, elle dirigea successivement la clarté de la lampe sur tous ses membres et sur tous ses traits. Mais avec cet extérieur peu prévenant et parmi leurs traits hideux, il se trouvait quelque chose qui annonçait le plus haut degré d'intelligence et d'activité. Leurs yeux enfoncés sous de gros sourcils noirs brillaient d'un éclat qui, semblable à celui qu'on remarque dans l'œil des reptiles, semblait les indemniser jusqu'à un certain point de l'extrême difformité de toute leur personne.

Sir Kenneth resta comme si un talisman l'avait pétrifié, pendant que le couple bien assorti faisant le tour de la chapelle l'un à côté de l'autre, semblait s'acquitter des devoirs de la domesticité en la balayant ; mais comme ils ne se servaient que d'une main, leur travail ne rendait pas grand service au plancher, et ils remplissaient leurs fonctions avec des gestes bizarres et des manières extraordinaires. Lorsque dans le cours de cette occupation ils arrivèrent près du chevalier, ils laissèrent reposer leurs balais, et se plaçant côte à côte en face de lui, ils firent encore mouvoir les lampes qu'ils tenaient en main, comme pour lui faire voir distinctement des traits que leur proximité ne rendait pas plus agréables, et le mettre à portée d'observer la vivacité des éclairs que lançaient leurs yeux noirs et brillans. Dirigeant alors la lumière de leurs lampes sur le chevalier, ils l'examinèrent à leur tour avec attention ; et se tournant l'un vers l'autre, ils le saluèrent d'un éclat de rire sauvage qui retentit à ses oreilles. Le son en était si étrange, que sir Kenneth tressaillit en l'entendant, et leur demanda à la hâte, au nom de Dieu, qui ils étaient, et pourquoi ils manquaient de respect à ce lieu saint en se permettant des gestes ridicules et des exclamations profanes.

— Je suis le nain Nebectamus, répondit l'avorton qui semblait du sexe masculin, d'une voix digne de sa figure, et qui ressemblait au croassement du corbeau de nuit plus qu'à aucun des sons qu'on entend pendant le jour.

— Et je suis Genièvre, la dame de son affection, dit la naine d'une voix qui, étant encore plus aigre, paraissait plus sauvage que celle de son compagnon.

— Pourquoi êtes-vous ici ? demanda le chevalier, doutant s'il parlait à des êtres humains.

— Je suis, répondit le nain en prenant un ton grave et un air de dignité, le douzième iman, Mahomet Mohadi, le guide et le conducteur des fidèles. Cent chevaux harnachés m'attendent, moi et ma suite, dans la sainte cité, et autant dans la cité de refuge ; je suis celui qui rendra témoignage, et voici une de mes houris.

— Tu mens, s'écria sa compagne d'un ton encore plus aigre qu'auparavant. Je ne suis pas une de tes houris ; et tu n'es pas un misérable infidèle comme le Mahomet dont tu parles. Que son tombeau soit maudit ! Je te dis, âne d'Issachar, que tu es le roi Arthur, que les fées ont enlevé sur le champ de bataille d'Avalon, et je suis dame Genièvre, si célèbre par sa beauté.

— A dire vrai, noble seigneur, reprit le nain, nous sommes de malheureux princes qui vivons sous les ailes de Guy, roi de Jérusalem, quand les chiens d'infidèles le chassèrent de son propre nid. Que la foudre du ciel les consume !

— Silence ! dit une voix partant du côté par où le chevalier était entré dans la chapelle ; silence, fous ; partez, votre besogne est terminée.

Dès que cet ordre eut été donné, les nains se dirent

quelques mots l'un à l'autre, d'une voix rauque et discordante, soufflèrent leur lampe, et laissèrent le chevalier dans une obscurité complète, à laquelle se joignit un profond silence quand il n'entendit plus le bruit de leurs pas.

Le départ de ces malheureuses créatures fut un soulagement pour le chevalier. D'après leur extérieur, leur langage et leurs manières, il ne pouvait douter qu'elles n'appartinssent à cette classe d'êtres dégradés que la difformité de leur personne et le dérangement de leur esprit faisaient entretenir dans les grandes familles, où leur laideur et leur imbécilité servaient de jouet à toute la maison. N'étant nullement exempt des préjugés de son siècle, le chevalier écossais aurait pu en tout autre moment s'amuser aussi de la folie de ces pauvres avortons ; mais alors leur extérieur, leurs gestes, leurs discours interrompirent ses pensées profondes et solennelles, et il fut charmé de voir disparaître ces infortunés.

Quelques minutes après qu'ils furent partis, la porte par laquelle il était entré s'ouvrit lentement, et restant entr'ouverte, laissa pénétrer dans la chapelle la faible clarté d'une lampe placée sur le seuil. Sa lueur douteuse et tremblante lui fit apercevoir un homme prosterné contre terre, tout près de l'entrée, mais hors de la chapelle, et s'en étant approché de plus près, il reconnut l'ermite conservant l'humble posture dans laquelle il l'avait laissé, et qu'il avait sans doute gardée pendant tout le temps qu'il en avait été séparé.

— Tout est terminé, dit l'ermite en entendant le chevalier s'approcher, et le plus misérable des pécheurs de la terre, ainsi que celui qui doit se regarder comme le plus honoré et le plus heureux des mortels, doivent maintenant quitter ce saint lieu. Prenez cette lampe, et marchez devant moi sur l'escalier, car je ne dois me découvrir les yeux que lorsque je serai loin de cet endroit sacré.

Le chevalier écossais obéit en silence ; un sentiment solennel qui approchait de l'extase faisait que le souvenir de tout ce qu'il avait vu réprimait les mouvemens d'une vive curiosité. Ils retrouvèrent tous les passages secrets et les divers escaliers par où ils étaient venus, et arrivèrent dans la cellule extérieure de l'ermite.

— Le criminel condamné est rendu à son cachot, dit Théodoric ; il lui est accordé un répit d'un misérable jour à l'autre, jusqu'à ce que son juge redoutable ordonne enfin l'exécution de la sentence qu'il n'a que trop bien méritée.

En prononçant ces mots, l'ermite ôta le voile qui lui couvrait la tête, et un profond soupir lui échappa lorsqu'il laissa tomber un regard sur ce mystérieux tissu. Dès qu'il l'eut replacé dans le coin où il avait dit au chevalier de le prendre, il dit à son compagnon d'un ton vif et presque brusque : — Rentrez, allez vous reposer ; vous pouvez dormir, rien ne vous le défend ; mais moi je ne le dois ni ne le puis.

Respectant l'agitation avec laquelle l'anachorète lui parlait, sir Kenneth se retira dans la seconde cellule ; mais jetant un coup d'œil en arrière avant d'y entrer, il vit l'ermite se dépouiller, avec une précipitation qui tenait de la frénésie, de la peau de chèvre qui lui couvrait les épaules, et avant même qu'il eût eu le temps de fermer la porte qui séparait les deux appartemens, il entendit le bruit des coups de discipline que s'infligeait le pénitent et les gémissemens étouffés que lui arrachait la douleur. Une sueur froide couvrit le chevalier, en songeant combien devait être noir le péché qu'une pénitence si sévère ne pouvait effacer, et combien devaient être cuisans les remords qu'elle paraissait ne pouvoir apaiser ; il dit son chapelet avec dévotion, s'étendit sur son matelas, après avoir jeté un regard sur le musulman encore endormi, et fatigué par toutes les aventures qui lui étaient arrivées pendant cette nuit et le jour qui l'avait précédée, il s'endormit bientôt d'un sommeil profond.

Lorsqu'il s'éveilla dans la matinée, il s'entretint avec l'ermite sur des affaires d'importance ; cette conversation le décida à passer encore deux jours dans la cellule. Il apporta dans ses exercices de dévotion toute la régularité qu'on devait attendre d'un pèlerin; mais il ne fut plus admis dans la chapelle où il avait vu de telles merveilles.

CHAPITRE VI.

« La scène va changer, qu'on sonne le clairon:
« Il faut dans son repaire éveiller le lion.
Ancienne pièce dramatique.

Comme les vers qui précèdent l'annoncent, il faut maintenant que nous changions de scène. Des montagnes solitaires du Jourdain nous allons passer dans le camp de Richard, roi d'Angleterre; ce camp était alors placé entre Saint-Jean-d'Acre et Ascalon, et renfermait cette armée avec laquelle Cœur-de-Lion s'était promis de marcher en triomphe jusqu'à Jérusalem, entreprise dans laquelle il aurait probablement réussi sans les obstacles que lui suscita la jalousie des princes chrétiens qui y avaient pris part; mais on pouvait aussi en accuser le mécontentement que firent naître la hauteur indomptable du monarque anglais, et le mépris qu'il montrait pour les souverains qui, quoique ses égaux en rang, étaient bien loin de l'égaler en courage, en constance et en talens militaires. Des dissensions, et particulièrement la discorde qui régnait entre Richard et Philippe, roi de France, occasionnèrent des querelles et des difficultés qui s'opposèrent à toutes les mesures actives que proposa le génie héroïque, quoique impétueux, de Richard : cependant les rangs des croisés s'éclaircissaient tous les jours non-seulement par la désertion individuelle, mais par le départ de troupes entières, qui se retiraient, leurs chefs en tête, du théâtre d'une entreprise dont ils avaient cessé d'espérer le succès.

Les effets du climat devinrent, suivant l'usage, funestes aux soldats partis du nord, d'autant plus que les mœurs licencieuses et dissolues des croisés, formant un singulier contraste avec les principes et les motifs qui leur avaient fait prendre les armes, les rendaient plus facilement victimes de l'influence pernicieuse des chaleurs brûlantes et des rosées glaciales. A ces causes de découragement il fallait ajouter la perte que faisait essuyer le glaive de l'ennemi. Saladin, le nom le plus illustre de l'histoire de l'Orient, avait appris par une fatale expérience que ses soldats, légèrement armés, n'étaient guère en état de combattre corps à corps les Francs couverts d'acier, et qu'il devait redouter le caractère aventureux de Richard. Mais si ses armées avaient été plus d'une fois mises en déroute avec un grand carnage, le nombre de ses soldats lui donnait l'avantage dans ces légères escarmouches dont la plupart étaient inévitables. A mesure que l'armée des assaillans diminuait, les entreprises du sultan dans cette espèce de petite guerre devenaient plus fréquentes et plus audacieuses. Le camp des croisés était entouré et presque assiégé par des escadrons de cavalerie légère, semblables à des essaims de guêpes qu'on écrase facilement quand on peut les saisir, mais qui ont des ailes pour fuir une force supérieure et des aiguillons pour se venger. Il y avait une guerre perpétuelle entre les avant-postes et les fourrageurs, et un grand nombre de vies précieuses y étaient sacrifiées sans aucun avantage. Les convois des croisés étaient interceptés; leurs communications étaient coupées : c'était au prix de leur vie qu'il fallait qu'ils achetassent les moyens de la soutenir; et l'eau, comme celle de la fontaine de Bethléem tant désirée par le roi David, ne pouvait, alors comme autrefois, être obtenue qu'en répandant le sang.

Ces maux étaient contrebalancés en grande partie par la ferme résolution et l'activité infatigable du roi Richard, qui avec quelques-uns de ses plus braves chevaliers était sans cesse à cheval, prêt à se porter sur le point menacé, et non-seulement offrant aux chrétiens un secours inattendu, mais mettant en déroute les infidèles au moment même où ils se croyaient le plus assurés de la victoire. Cependant Cœur-de-Lion ne put lui-même supporter impunément les alternatives de ce climat malsain, jointes à des fatigues perpétuelles de corps et d'esprit. Il fut attaqué d'une de ces fièvres lentes qui sont particulières à l'Asie, et en dépit de sa vigueur extraordinaire et d'un courage encore plus grand, il devint d'abord hors d'état de monter à cheval, et ensuite d'assister aux conseils de guerre que les croisés tenaient de temps en temps.

Il serait difficile de dire si cet état d'inaction forcée devint plus pénible ou plus facile à supporter pour le monarque anglais, lorsque le conseil des croisés eut résolu de conclure une trêve de trente jours avec le sultan Saladin; car d'une part s'il était courroucé du délai apporté à l'exécution de la grande entreprise, de l'autre il s'en consolait un peu en songeant que ses compagnons d'armes ne cueillaient pas de lauriers tandis qu'il était étendu sur un lit de douleur.

Mais ce que Cœur-de-Lion pouvait le moins excuser, c'était l'indolence générale qui régna dans le camp des croisés dès que sa maladie eut pris un caractère sérieux, et les renseignemens qu'il arracha, presque contre leur gré, à ceux qui l'entouraient, lui apprirent que les espérances de l'armée avaient décru dans la même proportion que son indisposition avait augmenté, et qu'on employait l'intervalle de la trêve non à recruter les rangs des soldats, non à ranimer leur courage, à nourrir leur esprit de conquête, à les préparer à marcher avec courage et rapidité vers la sainte cité qui était le but de leur expédition, mais plutôt à fortifier le camp occupé par une armée devenue moins nombreuse, et à l'entourer de tranchées, de palissades et d'autres fortifications, comme si l'on se fût préparé à repousser les attaques d'un ennemi formidable dès que les hostilités recommenceraient, au lieu de prendre l'initiative de l'attaque et de se montrer fièrement en conquérans.

Le monarque anglais frémissait en entendant ces rapports, comme le lion emprisonné qui voit sa proie à travers les barreaux de fer de sa cage; naturellement violent et impétueux, il se sentait consumer par l'irritabilité de son caractère. Tous ceux qui le servaient le redoutaient; et les hommes de l'art n'osaient prendre sur lui l'autorité qu'un médecin doit exercer sur son malade pour le guérir. Un fidèle baron, qu'une similitude de caractère attachait peut-être plus qu'un autre à la personne du roi, osait seul se placer entre le lion et sa colère, et en unissant la douceur à la fermeté, conservait un empire auquel nul autre n'osait prétendre sur un malade qu'il était dangereux de contrarier; cet empire, Thomas de Multon ne l'exerçait que parce qu'il faisait plus de cas de la vie et de l'honneur de son souverain que de la faveur dont il jouissait près de lui; car il s'inquiétait peu du risque qu'il pouvait courir en cherchant à gouverner un malade intraitable, et dont le mécontentement était si dangereux.

Sir Thomas était seigneur de Gilsland, dans le comté de Cumberland; et dans un siècle où les surnoms et les titres n'étaient pas attachés aux individus aussi distinctement qu'aujourd'hui, il était nommé par les Normands lord de Vaux[1]. Les Saxons, tenant à leur ancienne langue et fiers du sang saxon qui coulait aussi dans les veines de ce guerrier, l'appelaient Thomas, et plus familièrement *Tom des Gills* ou de l'Etroite Vallée, d'après laquelle ses vastes domaines étaient connus par la dénomination générale de *Gilsland*.

Ce baron avait porté les armes dans presque toutes les

---

(1) C'est dans la même famille que Walter Scott a déjà choisi le héros des *Fiançailles de Triermain*. — Éd.

guerres entre l'Angleterre et l'Ecosse, ou dans la lutte des factions intérieures qui avaient déchiré le premier de ces deux pays; dans toutes il s'était distingué par sa bravoure et ses prouesses. Sous d'autres rapports c'était un soldat grossier, brusque et insouciant, taciturne et même sombre, paraissant du moins dédaigner toute connaissance de la politique et de l'art des courtisans.

Il se trouvait pourtant des gens qui, prétendant savoir lire dans le fond des cœurs, assuraient que lord de Vaux était aussi fin et aussi ambitieux qu'il était brusque et audacieux, et qui pensaient que s'il imitait la brusquerie du roi, c'était, du moins jusqu'à un certain point, dans la vue de s'insinuer mieux dans ses bonnes graces et de faire réussir les projets que lui inspirait une profonde ambition. Mais personne n'osait le contre-carrer dans ses desseins, s'il en nourrissait de semblables, en partageant avec lui la dangereuse occupation de passer toutes les journées près du lit d'un prince dont la maladie avait été déclarée contagieuse, et surtout quand on songeait que ce malade était Cœur-de-Lion, rugissant de l'impatience d'un guerrier qui ne peut assister à une bataille, et d'un souverain hors d'état de déployer son autorité. Quant aux soldats, du moins quant à ceux de l'armée anglaise, ils pensaient en général que les soins que De Vaux prodiguait au roi étaient ceux qu'un camarade donne à un autre, avec la franchise militaire et l'amitié désintéressée de ceux qui partagent tous les jours les mêmes dangers.

C'était vers la fin d'un jour de l'été syrien que Richard était étendu sur un lit de douleur, devenu aussi insupportable à son esprit que la maladie l'avait rendu fatigant pour son corps. Son grand œil bleu, qui dans tous les temps brillait d'un éclat peu commun, rendu plus vif par la fièvre et les inquiétudes, lançait sous les longues tresses de cheveux roux bouclés qui le couvraient en partie, des éclairs aussi rapides que les derniers rayons que darde le soleil à travers les nuages de la tempête; ses traits mâles annonçaient les progrès de la maladie qui le minait, et une barbe négligée couvrait ses lèvres et son menton. Changeant de position à chaque instant, tantôt il tirait à lui ses couvertures, tantôt il les repoussait avec un mouvement de dépit; son lit en désordre et ses gestes d'impatience offraient la preuve de l'énergie et de la vivacité d'un caractère dont l'activité était l'élément naturel.

Près de sa couche était Thomas de Vaux, qui par son attitude, sa physionomie et ses manières, formait le contraste le plus saillant avec le monarque malade. Sa taille était presque gigantesque, et ses cheveux auraient pu ressembler à ceux de Samson pour l'épaisseur, mais seulement depuis que ceux du champion d'Israël eurent été soumis aux ciseaux des Philistins; car De Vaux coupait les siens fort court afin de pouvoir les contenir sous son casque. L'éclat de ses grands yeux noirs ressemblait à celui d'une matinée d'automne, et leur calme n'était troublé que momentanément, quand ils étaient attirés par les marques d'impatience et d'agitation violente de Richard. Ses traits, quoique lourds comme toute sa personne, pouvaient avoir eu quelque beauté avant d'avoir été sillonnés par maintes cicatrices. Sa lèvre supérieure, suivant l'usage des Normands, était couverte de moustaches épaisses, et si longues qu'elles allaient rejoindre sa chevelure, qui était d'un brun foncé mais commençant à grisonner. Son corps était taillé de manière à défier toute espèce de fatigues et de climats, car il était élancé, avait la poitrine large, les bras longs, et tous les membres doués d'une vigueur peu commune.

Il y avait plus de trois nuits qu'il n'avait quitté sa cotte de buffle, n'ayant pris que quelques instans de ce repos que peut se permettre à l'échappée celui qui veille près d'un roi malade. Il changeait rarement d'attitude, si ce n'était pour présenter à Richard les breuvages que nul autre que lui ne pouvait décider le monarque impatient à prendre;

et il y avait quelque chose de touchant dans la manière affectueuse, quoique gauche, dont il s'acquittait de soins si opposés à ses habitudes militaires et à son caractère de brusquerie.

Le pavillon dans lequel se trouvaient ces deux personnages offrait aux yeux, suivant l'esprit du temps et le caractère personnel de Richard, plus d'appareil militaire que de pompe royale. Des armes offensives et défensives, d'une forme étrange et nouvelle, étaient éparses sous la tente ou attachées aux piliers qui la soutenaient. Des peaux d'animaux tués à la chasse étaient étendues par terre, ou suspendues aux côtés du pavillon ; sur un monceau de ces dépouilles recueillies dans les bois, reposaient trois *Alans*, comme on les nommait alors, c'est-à-dire trois lévriers de la plus grande taille, blancs comme la neige. Les cicatrices des blessures que leur avaient faites à la tête les griffes et les défenses des animaux qu'ils avaient combattus prouvaient la part qu'ils avaient eue à la conquête des trophées sur lesquels ils étaient étendus ; et leurs yeux fixés de temps en temps sur Richard d'un air expressif, ainsi que leur gueule béante, montraient combien ils étaient étonnés et chagrins de l'inaction extraordinaire qu'ils étaient forcés de partager.

Tous ces objets n'annonçaient que le chasseur et le guerrier ; mais sur une petite table placée près du lit, on voyait un bouclier d'acier, de forme triangulaire, portant les trois lions passans que le monarque chevalier avait pris d'abord pour armoiries, et le diadème d'or, ressemblant beaucoup à une couronne ducale, si ce n'est qu'il était plus haut sur le front que par-derrière, et qui, avec la tiare de velours pourpre brodé, était alors l'emblème de la souveraineté en Angleterre. A côté, comme prête à défendre ce symbole de la royauté, était la redoutable masse d'armes de Cœur-de-Lion, dont le poids aurait fatigué tout autre bras que le sien.

Dans une division extérieure de la tente étaient deux ou trois officiers de la maison du roi, fort inquiets de la mauvaise santé de leur maître, et qui ne l'étaient peut-être pas moins de ce qu'ils deviendraient eux-mêmes s'il succombait à cette maladie. Leurs sombres appréhensions se communiquaient aux sentinelles qui allaient et venaient devant la porte du pavillon d'un air soucieux et consterné, ou qui appuyées sur leurs hallebardes restaient immobiles à leur poste, semblables à des trophées d'armes plutôt qu'à des guerriers vivans.

— Ainsi donc tu n'as pas de meilleures nouvelles à me donner, sir Thomas? dit le roi après un assez long intervalle de trouble, de silence et d'agitation fiévreuse. Tous nos chevaliers sont métamorphosés en femmes; toutes nos femmes sont devenues dévotes, et il n'existe plus une étincelle de valeur ou de galanterie pour animer un camp qui contient l'élite de la chevalerie d'Europe. Ah!.....

— Sire, répondit De Vaux, répétant avec patience la même observation pour la vingtième fois, la trêve met des entraves à notre activité; quant aux dames, je ne suis point un galant, comme Votre Majesté le sait fort bien, et il est rare que je change l'acier et le buffle pour l'or et le velours; mais ce que je sais c'est que nos beautés les plus célèbres ont accompagné Sa Majesté la reine et la princesse qui sont en pèlerinage au couvent d'Engaddi, par suite d'un vœu qu'elles ont fait pour obtenir du ciel la guérison de Votre Majesté.

— Et c'est ainsi, s'écria Richard avec une impatience occasionnée par sa maladie, que des femmes et des filles du sang royal se hasardent dans un climat où les païens qui le souillent n'ont pas plus de bonne foi envers les hommes que de dévotion pour le vrai Dieu!

— Songez, sire, répondit De Vaux, qu'elles ont pour sûreté la parole de Saladin.

— C'est vrai, c'est vrai, répliqua Richard; j'étais injuste envers le soudan, je lui en dois réparation. Plût au ciel que je pusse la lui offrir entre nos deux armées, avec les chrétiens et les païens pour spectateurs!

En parlant ainsi Richard tira hors du lit son bras nu jusqu'à l'épaule, et se mettant avec peine sur son séant, il tendit son poing fermé comme s'il eût tenu son épée ou sa masse d'armes prêt à frapper le riche turban de Saladin. Ce ne fut pas sans avoir besoin de recourir à une douce violence que le roi aurait difficilement soufferte de la part de tout autre, que lord De Vaux en sa qualité de garde-malade força son maître à se recoucher, et recouvrit son bras nerveux, son cou et ses épaules avec tout le soin qu'une mère aurait donné à un enfant fantasque.

— Tu es une garde un peu rude, quoique pleine de bonne volonté, dit le roi avec un sourire amer, mais en se soumettant à une force à laquelle il était hors d'état de résister. Il me semble qu'une coiffe de vieille femme irait à tes traits aussi bien qu'un béguin d'enfant aux miens. Nous serions alors une garde et un poupon propres à effrayer les jeunes filles.

— Nous avons effrayé les hommes plus d'une fois, sire, répondit lord De Vaux, et j'espère que nous vivrons assez pour les effrayer encore. Qu'est-ce qu'un accès de fièvre? Il faut le supporter avec patience pour s'en débarrasser plus facilement.

— Un accès de fièvre! s'écria Richard avec impétuosité. Oui, tu peux croire avec raison que ma maladie est un accès de fièvre; mais quelle est celle de tous les princes chrétiens, de Philippe de France, de ce pesant Autrichien, du marquis de Montserrat, des Hospitaliers, des Templiers? quelle est leur maladie? Je te le dirai, c'est une paralysie, une léthargie mortelle, un mal qui les prive de la faculté de parler et d'agir, une plaie qui a rongé le cœur de tout ce qu'il y avait de noble, de vertueux et de chevaleresque parmi eux, qui les a fait manquer au plus noble vœu que le chevalier ait jamais fait, qui les a rendus indifférens à leur renommée, qui leur a fait oublier leur Dieu.

— Pour l'amour du ciel, sire, parlez avec moins de violence, dit De Vaux; on vous entendra hors de votre tente. La soldatesque n'est déjà que trop portée à tenir de pareils discours qui ne sont propres qu'à engendrer la discorde et les dissensions dans l'armée chrétienne. Songez que votre maladie les prive du ressort le plus nécessaire à leur entreprise. Il serait plus facile à un mangonneau de travailler sans vis et sans levier, qu'à l'armée chrétienne de rien entreprendre sans le roi Richard.

— Tu me flattes, De Vaux, dit le roi; — et cependant n'étant pas inaccessible aux séductions des éloges, il appuya la tête sur son oreiller d'un air qui annonçait plus de disposition à chercher le repos qu'il n'en avait encore montré.

Mais Thomas de Vaux n'était pas courtisan. La phrase qu'il venait de prononcer était sortie spontanément de ses lèvres, et il ne savait comment continuer un sujet de conversation agréable de manière à prolonger l'instant de calme qu'il avait fait naître. Il garda donc le silence, et le roi retombant dans ses sombres méditations, s'écria enfin avec vivacité :

— De par Dieu! de pareils discours sont bons pour amuser un malade; mais pourquoi faut-il qu'une ligue de monarques, une réunion de nobles, un rassemblement de toute la chevalerie d'Europe restent dans l'inaction à cause de la maladie d'un homme, quoique cet homme soit le roi d'Angleterre? Pourquoi la maladie ou la mort de Richard empêcherait-elle la marche de trente mille guerriers aussi braves que lui? Le troupeau se disperse-t-il quand le cerf qui le conduit est tué? Quand le faucon a saisi entre ses serres la cigogne qui vole en tête des autres, celle qui la suit ne prend-elle pas sa place? Pourquoi les chefs ne se rassemblent-ils pas et ne choisissent-ils pas quelqu'un d'entre eux pour lui confier la conduite de l'armée?

— N'en déplaise à Votre Majesté, répondit De Vaux, j'ai entendu dire qu'il a déjà été question de quelque chose de ce genre dans plusieurs conseils.

— Ah! s'écria Richard, sa jalousie s'éveillant et donnant une autre direction à son irritation d'esprit, suis-je donc oublié par mes alliés avant d'avoir reçu les sacremens? me croient-ils déjà mort? Mais non, non, ils ont raison; et qui choisissent-ils pour chef de l'armée chrétienne?

— Le rang et la dignité indiquent le roi de France, dit De Vaux.

— Oh! sans doute! Philippe, roi de France et de Navarre! Montjoie, Saint-Denis, Sa Majesté très chrétienne! voilà de quoi remplir la bouche; il n'y a qu'un seul risque, c'est qu'il ne se méprenne en disant *en arrière* au lieu d'*en avant*, et qu'il ne nous reconduise à Paris au lieu de nous faire marcher sur Jérusalem. Sa tête politique a eu le temps d'apprendre qu'il y a plus à gagner en opprimant ses feudataires et en pillant ses alliés qu'en disputant aux musulmans la possession du saint sépulcre.

— On pourrait choisir l'archiduc d'Autriche?

— Quoi! est-ce parce qu'il est aussi grand et aussi gros que toi, Thomas, qu'il a le crâne aussi épais, sans avoir ton indifférence pour le danger et ton insouciance pour les injures? Je te dis que l'Autrichien, dans toute cette masse de chair, n'a d'autre courage que celui d'une guêpe hargneuse, ni plus de force qu'un roitelet; qu'il n'en soit pas question! Conduire des chevaliers à la gloire, lui! Qu'on lui donne un flacon de vin pour le voir boire avec ses lansquenets et ses soldats lâches et déguenillés.

— Il y a le grand-maître des Templiers, dit le baron, qui n'était pas fâché de fixer les idées de son maître sur tout autre objet que sa maladie, même aux dépens de la réputation des princes et des potentats; — il est instruit, brave dans les combats, sage dans les conseils; et il n'a point d'états qui puissent le distraire de ses efforts pour recouvrer la

Terre-Sainte. Que pense Votre Majesté du grand-maître comme général en chef de l'armée chrétienne?

— Ah! Beau-séant! On ne peut faire aucune objection contre le frère Giles Amaury. Il connaît l'ordonnance d'une bataille, et il combat au premier rang quand elle commence. Mais, sir Thomas, serait-il juste de conquérir la Terre-Sainte sur Saladin, qui réunit toutes les vertus dont est capable l'homme que n'éclaire pas la lumière du christianisme, pour en investir Giles Amaury, un homme plus païen que le soudan lui-même, un idolâtre, un adorateur du démon, un nécromancien, un renégat qui commet les crimes les plus noirs et les plus infâmes dans les souterrains et les lieux secrets consacrés aux ténèbres et aux abominations?

— On ne reproche ni hérésie ni magie au grand-maître des chevaliers hospitaliers de Saint-Jean-de-Jérusalem.

— Mais n'est-il pas d'une avarice sordide? ne l'a-t-on pas soupçonné et plus que soupçonné d'avoir vendu aux infidèles des avantages qu'ils n'auraient jamais obtenus les armes à la main? Croyez-moi, Thomas, il vaudrait mieux donner l'armée à vendre aux patrons de navires vénitiens ou aux colporteurs lombards que de la confier au grand-maître de Saint-Jean.

— Eh bien donc! sire, je ne vous en citerai plus qu'un. Qu'avez-vous à dire du brave marquis de Montserrat, si sage, si élégant, si excellent homme d'armes?

— Sage! vous voulez dire rusé. Élégant! oui, dans la chambre d'une dame, si vous le voulez. Oh, oui! Conrad de Montserrat! qui ne connaît ce damoiseau? Politique et versatile, il changera ses projets aussi souvent que la couleur de ses habits, et vous ne pourrez jamais deviner la couleur de ses vêtemens de dessous d'après celle du manteau qu'il porte par-dessus. Un brave homme d'armes! oui, il figure bien à cheval et il se comporte à merveille dans un tournoi où l'on combat à fer émoussé. N'étais-tu pas avec moi quand je dis à ce galant marquis : — Nous voici trois bons chrétiens, voila là-bas une soxantaine de Sarrasins ; chargeons-les ; qu'en dites-vous ? Ce n'est que vingt mécréans d'infidèles contre un bon chevalier.

— Je m'en souviens, dit De Vaux ; et le marquis vous répondit que ses membres étaient de chair et non d'argile, et qu'il aimait mieux avoir le cœur d'un homme que celui d'un animal, cet animal fût-il le lion. Mais je vois clair à présent ; nous finirons comme nous avons commencé, sans pouvoir espérer d'offrir nos prières au saint sépulcre jusqu'à ce qu'il plaise au ciel de rendre la santé au roi Richard.

A cette grave remarque Richard partit d'un éclat de rire, le premier qu'il se fût permis depuis quelque temps. — Ce que c'est que la conscience ! s'écria-t-il, puisque par elle un lourd cerveau septentrional comme le tien peut amener son souverain à faire l'aveu de sa folie ! Il est très vrai que s'ils ne se mettaient pas en avant comme en état de tenir en main mon bâton de commandant, je ne songerais guère à arracher les lambeaux de soie dont on a couvert toutes les poupées que tu m'as fait passer successivement sous les yeux. Que m'importe qu'ils se pavanent en manteaux brillans de clinquant, pourvu qu'on ne les nomme pas comme mes rivaux dans la grande entreprise à laquelle je me suis dévoué ? Oui, De Vaux, je t'avoue ma faiblesse et l'égoïsme de mon ambition. Le camp chrétien contient sans doute beaucoup de meilleurs chevaliers que Richard d'Angleterre, et il serait sage et raisonnable de confier au plus digne d'entre eux la conduite de l'armée ; mais, continua le monarque en se soulevant sur son lit et en repoussant ses couvertures, tandis que ses yeux brillaient comme s'il eût été à l'instant de livrer une bataille, si ce chevalier plantait la bannière de la croix sur le temple de Jérusalem tandis que je serais hors d'état de prendre part à cette noble tâche, je ne manquerais pas, dès que j'aurai la force de mettre ma lance en arrêt, de le défier au combat à outrance pour avoir nui à ma renommée en arrivant avant moi au but de mon entreprise. Mais écoute! quelles trompettes entends-je dans l'éloignement?

— Celles du roi Philippe, à ce que je crois, sire.

— Tu as l'oreille dure, Thomas, dit le roi en cherchant à se lever; n'entends-tu pas la manière dont elles sonnent? De par le ciel, les Turcs sont dans le camp, j'entends leurs *lélies*[1].

Il fit de nouveaux efforts pour sortir du lit, et De Vaux fut obligé d'employer toute sa force pour l'y retenir, et même d'appeler à son aide les officiers qui se trouvaient dans la première division de la tente.

— Tu es un traître déloyal, De Vaux, s'écria le monarque courroucé, lorsque épuisé et hors d'haleine, il fut obligé de se soumettre à une force supérieure et de rester en repos sur son lit. Je voudrais.... je voudrais être en état de soulever ma hache pour t'en fendre le crâne.

— Je voudrais que vous eussiez cette force, sire, quand même vous devriez en faire un pareil usage. Tous les paris seraient pour la chrétienté, si Thomas Multon était mort et que Richard d'Angleterre fût redevenu ce qu'il était.

— Mon bon et fidèle serviteur, dit Richard en lui tendant la main que le baron baisa avec respect, pardonne à ton maître ce mouvement d'impatience. C'est la fièvre, et non Richard d'Angleterre qui vient de parler si durement. Mais sors un instant et reviens m'informer quels sont les étrangers qui se trouvent dans le camp, car ces trompettes n'appartiennent pas à la chrétienté.

De Vaux sortit du pavillon pour exécuter les ordres du roi, bien résolu à ne pas faire une longue absence. Il recommanda aux officiers qu'il laissait près de Richard de redoubler d'attention sur leur souverain, les menaçant de faire tomber sur eux toute la responsabilité; menace qui en augmentant leur timide inquiétude ne les rendit pas plus pro-

---

(1) Cri de guerre des musulmans. — Éd.

pres à remplir leurs fonctions ; car après la colère du monarque, ils ne craignaient peut-être rien tant que celle du fier et inexorable lord de Gilsland.

CHAPITRE VII.

> « Jamais l'Anglais et l'Ecossais
> « N'ont combattu sur les frontières,
> « Sans qu'on ait vu le sang inonder nos guérets
> « Comme l'eau tombant des gouttières. »
> *La bataille d'Otterbourne.*

Un nombre considérable de guerriers écossais avaient joint les croisés, et ils s'étaient naturellement rangés sous les bannières du monarque anglais, étant comme les soldats de ce prince, d'origine saxonne ou normande, parlant la même langue, quelques-uns possédant des domaines en Angleterre aussi bien qu'en Ecosse, et plusieurs étant alliés à l'Angleterre par le sang et les mariages. Cette époque d'ailleurs précédait celle où l'ambition démesurée d'Édouard Ier donna un caractère d'acharnement envenimé aux guerres qui eurent lieu entre ces deux nations, les Anglais ne voulant rien moins qu'assujétir l'Écosse, et les Écossais combattant avec la ferme détermination et l'opiniâtreté qui leur sont naturelles pour le maintien de leur indépendance dans les circonstances les plus avantageuses, à quelque risque que ce fût, et en recourant aux moyens les plus violens. Jusqu'alors les guerres entre les deux peuples, quoique fréquentes et animées, avaient été conduites d'après les principes d'une franche hostilité, et elles admettaient ces nuances de courtoisie délicate et de respect pour des ennemis déclarés qui adoucissent et rendent plus supportables les horreurs de la guerre. Il en résultait qu'en temps de paix, et surtout quand les deux pays étaient engagés comme à l'époque dont il s'agit dans une guerre entreprise pour une cause commune que leurs idées religieuses leur rendaient également chère, les aventuriers des deux contrées combattaient souvent dans les mêmes rangs, l'émulation nationale ne servant qu'à les exciter à se surpasser l'un l'autre.

Le caractère franc et belliqueux de Richard, qui ne faisait de distinction entre ses propres sujets et ceux d'Alexandre, roi d'Écosse, que d'après la manière dont ils se comportaient sur le champ de bataille, tendait beaucoup à lui attacher les troupes des deux nations. Mais pendant sa maladie, et dans les circonstances défavorables où se trouvaient les croisés, les antipathies nationales commencèrent à se montrer parmi les soldats des différens peuples unis pour la croisade, comme d'anciennes blessures se rouvrent dans le corps humain quand il est miné par la maladie ou l'épuisement.

Les Écossais et les Anglais, également fiers, jaloux et prompts à s'offenser, les premiers encore plus que les autres parce qu'ils appartenaient à la plus pauvre et à la plus faible des deux nations, commencèrent à remplir par des divisions intestines l'intervalle de temps que la trêve les empêchait d'employer à faire tomber sur les Sarrasins leurs efforts réunis. Comme les deux chefs romains qui se disputaient l'empire du monde, les Écossais ne voulaient pas reconnaître de supériorité, et leurs voisins du sud ne voulaient pas admettre d'égalité. On n'entendait que plaintes et récriminations; les soldats, les chefs et les chevaliers qui avaient été bons camarades tant que la victoire leur avait souri, se lançaient des regards courroucés dans le moment de l'adversité, comme si leur concorde n'eût pas été alors plus nécessaire que jamais pour assurer non-seulement le succès de leur cause commune, mais même leur sûreté personnelle. La même désunion avait commencé à éclater entre les Français et les Anglais, entre les Italiens et les Allemands, même entre les Danois et les Suédois ; mais ce qui concerne le plus particulièrement notre histoire, c'est la division qui s'était déclarée entre les deux nations que nourrit une même île, et qui n'en paraissaient être pour cela même que plus animées l'une contre l'autre.

De tous les nobles anglais qui avaient suivi le roi en Palestine, De Vaux était celui qui avait le plus de préjugés contre les Ecossais. Ses domaines étaient situés près des frontières; il avait passé toute sa vie à faire la guerre contre eux, soit de nation à nation, soit de seigneur à seigneur; il avait porté chez eux le fer et le feu, et ils lui avaient fait éprouver de semblables calamités. Son dévouement et sa fidélité pour son roi ressemblaient à l'affection de l'ancien mâtin anglais pour son maître, affection qui le rend grondeur et inaccessible même à ceux pour qui il est indifférent, et dangereux pour tous ceux contre qui il a conçu une prévention. De Vaux n'avait jamais vu sans déplaisir et sans jalousie Richard accorder une marque de courtoisie ou de faveur à cette race perverse, trompeuse et féroce né au nord d'un certain fleuve, ou d'une ligne imaginaire de démarcation tracée au milieu d'un désert et à travers des montagnes: il doutait même du succès d'une croisade dans laquelle on avait permis aux Ecossais de porter les armes, car il les regardait à peu de chose près, du même œil que les Sarrasins qu'il venait combattre. On peut y ajouter qu'étant lui-même un franc et véritable Anglais, peu accoutumé à cacher le plus léger mouvement d'affection ou de haine, il regardait la courtoisie que les Ecossais avaient puisée soit dans leurs relations avec les Français, leurs alliés ordinaires, soit dans leur propre caractère fier et réservé, comme un masque perfide de leurs dangereux desseins à l'égard de leurs voisins, contre lesquels il croyait, avec une confiance véritablement anglaise, qu'il était impossible qu'ils obtinssent jamais aucun avantage en employant des moyens honorables et légitimes.

Cependant, quoique De Vaux nourrît de tels sentimens relativement à ses voisins du nord, et les étendît même sur ceux d'entre eux qui avaient pris la croix, son respect pour le roi et le sentiment des devoirs que lui imposait son vœu comme croisé l'empêchaient de les montrer autrement qu'en évitant autant qu'il lui était possible tout commerce avec ses frères d'armes du nord, ou en observant une sombre et méprisante taciturnité toutes les fois que le hasard l'obligeait à se trouver avec quelqu'un d'entre eux, soit en marche, soit dans le camp. Les barons et les chevaliers écossais n'étaient pas hommes à supporter ses dédains sans les lui rendre, et les choses en vinrent au point qu'ils le regardèrent comme l'ennemi le plus actif et le plus déterminé d'une nation qu'il se bornait pourtant à ne pas aimer et à mépriser. De bons observateurs avaient même remarqué que s'il n'avait pas pour eux la charité de l'Ecriture qui souffre long-temps et qui juge avec indulgence, il ne manquait nullement de cette vertu subordonnée et plus limitée qui compatit aux souffrances des autres et qui les soulage. La richesse de Thomas de Gilsland lui procurait en abondance des approvisionnemens de toute espèce, et une partie s'en écoulait toujours par de secrets canaux dans le quartier occupé par les Ecossais, sa sombre bienveillance partant du principe que ce qu'il y avait de plus important au monde pour un homme, après ses amis, c'étaient ses ennemis, et passant par-dessus tous les degrés intermédiaires, comme trop indifférens pour mériter de lui une seule pensée. Cette explication était nécessaire pour que le lecteur pût bien comprendre les détails dans lesquels nous allons maintenant entrer.

Thomas de Vaux était à peine sorti du pavillon du roi, qu'il reconnut ce qu'avait découvert sur-le-champ l'oreille beaucoup plus fine du monarque anglais, qui ne manquait pas de talent dans l'art des ménestrels ; c'est-à-dire que les sons de musique qu'ils avaient entendus étaient produits par les trompettes, les hautbois et les timbales des Sarrasins. Au bout d'une longue avenue de tentes qui conduisait à celle de Richard, il vit une foule de soldats réunis autour de l'endroit d'où partait ce bruit, presque au centre du camp ; et à sa grande surprise, il distingua au milieu des casques de forme variée que portaient les croisés de différentes nations, des turbans blancs et de longues piques qui annonçaient la présence des Sarrasins armés, et les grosses têtes difformes de chameaux et de dromadaires qui s'élevaient au-dessus de la multitude, à l'aide de leurs longs cous disproportionnés.

Aussi mécontent qu'étonné d'un spectacle si inattendu et si singulier, car il était d'usage que toutes les communications qui avaient lieu avec l'ennemi sous un pavillon de trève se fissent dans un endroit convenu hors des barrières, le baron regarda à la hâte autour de lui, cherchant quelqu'un à qui il pût demander la cause de cette nouveauté alarmante.

Au pas grave et à l'air de fierté du premier guerrier qu'il vit s'avancer vers lui, il conclut sur-le-champ que c'était un Ecossais ou un Espagnol ; et un instant après il se dit à lui-même : — Oui, c'est bien un Ecossais ; c'est le chevalier du Léopard ; je l'ai vu combattre assez bien pour un homme de son pays.

Ne se souciant pas même de lui faire une question en passant, il allait continuer son chemin sans s'arrêter, avec cet air sombre et dédaigneux qui semblait dire : — je te connais, et je ne veux avoir aucune relation avec toi, — quand sir Kenneth l'empêcha d'exécuter cette résolution, car il s'avança lui-même vers le baron, et l'abordant avec une politesse froide, il lui dit : — Lord de Vaux de Gilsland, j'ai besoin de vous parler.

— A moi ! s'écria le chevalier anglais ; soit : mais parlez

brièvement, car je suis chargé d'un message de la part du roi.

— Ce que j'ai à vous dire touche le roi Richard encore de plus près, répondit sir Kenneth, car j'espère que je lui rapporte la santé.

Lord de Vaux regarda l'Ecossais d'un air incrédule, et lui répondit : — Vous n'êtes pas médecin, à ce que je crois, sire Ecossais; j'aurais cru aussi aisément que vous apportiez la richesse au roi d'Angleterre.

Kenneth, quoique mécontent du ton avec lequel le baron lui répondit, ajouta d'un ton calme : — La santé de Richard est la gloire et la richesse de la chrétienté ; mais le temps presse ; dites-moi, je vous prie, si je puis voir le roi.

— Non, certainement, beau sire, jusqu'à ce que vous m'ayez appris plus distinctement quel message vous avez pour lui. La chambre d'un prince malade ne s'ouvre pas à quiconque veut y entrer, comme une hôtellerie dans le Nord.

— La croix que je porte comme vous, milord, et l'importance du sujet qui m'amène me font une loi de ne pas faire attention, quant à présent, à une conduite qu'en toute autre occasion je ne serais pas disposé à souffrir. Je vous dirai donc distinctement que j'amène un médecin maure qui se charge de rendre la santé au roi Richard.

— Un médecin maure! et qui me répondra que les remèdes qu'il emploiera ne sont pas du poison?

— Sa propre vie, milord, sa tête qu'il offre pour garantie.

— J'ai connu plus d'un scélérat résolu qui ne faisait pas de sa vie plus de cas qu'elle ne le méritait, et qui aurait marché à la potence aussi gaîment que s'il s'était agi de danser avec le bourreau.

— Mais voici le fait, milord. Saladin, à qui personne ne refusera l'honneur d'être un ennemi aussi généreux que vaillant, a envoyé ici ce médecin avec une suite et une garde convenables à la haute estime que le soudan accorde à El Hakim; il y a joint des fruits et des rafraîchissemens pour la tente du roi, et un message tel qu'on peut en attendre d'un honorable ennemi, désirant que Richard se guérisse promptement de sa fièvre, afin qu'il soit plus en état de recevoir la visite que le soudan se propose de lui rendre, le cimeterre nu à la main et à la tête de cent mille cavaliers. Vous plaira-t-il, vous qui êtes du conseil privé du roi, d'ordonner qu'on décharge ces chameaux, et qu'on prenne des mesures pour recevoir ce savant médecin?

— C'est merveilleux, dit De Vaux, comme s'il se fût parlé à lui-même; et qui garantira l'honneur de Saladin, quand un acte de mauvaise foi pourrait le débarrasser de son plus puissant ennemi?

— J'en répondrai moi-même sur ma fortune, sur ma vie, sur mon honneur.

— C'est fort étrange, s'écria encore lord de Vaux. Le nord répond du sud, l'Ecossais du Turc. Puis-je vous demander, sire chevalier, comment il se fait que vous vous trouviez mêlé dans cette affaire?

— J'ai été absent pour un pèlerinage, milord, et j'étais chargé d'un message pour le saint ermite d'Engaddi.

— Ne pouvez-vous me confier la réponse de ce saint homme, sir Kenneth?

— Non, milord.

— Ignorez-vous, dit l'Anglais avec hauteur, que je suis membre du conseil d'Angleterre?

— Je ne dois pas allégeance à ce pays, milord, quoique pendant cette guerre j'aie combattu volontairement sous la bannière du monarque anglais. J'ai été dépêché par le conseil général des rois, princes et chefs suprêmes de l'armée de la croix, et ce n'est qu'à eux que je rendrai compte de ma mission.

— Ah! est-ce ainsi que tu parles? s'écria le fier baron. Apprends, messager des rois et des princes, comme tu peux l'être, qu'aucun médecin n'approchera du lit de Richard d'Angleterre sans le consentement du lord de Gilsland ; et malheur à quiconque oserait pénétrer dans sa tente sans l'avoir préalablement obtenu !

Il se détournait avec un air de hauteur quand l'Ecossais, s'avançant plus près et se mettant en face de lui, lui demanda d'un ton calme, mais qui n'était pas non plus sans fierté, si le lord de Gilsland le regardait comme un gentilhomme et comme un bon chevalier.

— Tous les Ecossais sont nobles par droit de naissance, répondit sir Thomas avec quelque ironie ; mais sentant lui-même son injustice, et s'apercevant que la rougeur montait au visage de Kenneth, il ajouta : — Vous êtes certes bon chevalier, ce serait un péché d'en douter, surtout pour un homme qui vous a vu vous acquitter avec bravoure et loyauté de votre devoir.

— Eh bien donc! dit le chevalier écossais, satisfait par la franchise de cette dernière déclaration, je vous jure, Thomas de Gilsland, aussi vrai que je suis Ecossais, ce que je regarde comme un privilége égal à mon ancienne noblesse, aussi sûr que j'ai reçu l'ordre de la chevalerie, et que je suis venu ici pour acquérir *los* et *renom* dans cette vie mortelle, et le pardon de mes péchés dans celle à venir, enfin au nom de la bienheureuse croix que je porte, que je n'ai d'autre désir que d'assurer la guérison de Richard Cœur-de-Lion, en lui recommandant ce médecin musulman.

L'Anglais fut frappé du ton solennel avec lequel Kenneth venait de lui parler, et il lui répondit avec plus de cordialité qu'il n'en avait encore montré :

— Sire chevalier du Léopard, en vous accordant, ce dont je ne doute pas, que vous êtes parfaitement convaincu de ce que vous venez de me dire, dites-moi si dans un pays où l'art de l'empoisonnement est aussi généralement pratiqué que celui de la cuisine, j'agirais avec prudence en permettant à un médecin inconnu de faire l'essai de ses drogues sur un prince dont la vie est si précieuse à toute la chrétienté?

— Tout ce que je puis vous répondre, milord, c'est que mon écuyer, le seul homme de toute ma suite que m'aient laissé pour me servir la guerre et la maladie, a été dangereusement attaqué par la même fièvre qui, en s'emparant du roi Richard, a paralysé le membre le plus essentiel de notre sainte entreprise. Ce médecin, cet El Hakim, lui a donné des soins, il n'y a pas encore deux heures, et déjà il goûte un sommeil rafraîchissant. Je ne doute pas qu'il ne puisse guérir une maladie qui nous a été si fatale; et ce qui prouve à mon avis qu'il a l'intention de le faire, c'est la mission que lui a donnée le soudan, qui est aussi franc et aussi loyal que peut l'être un infidèle aveugle à la vérité de la foi. Quant au succès de ses soins, la certitude d'une récompense s'il réussit et d'un châtiment exemplaire s'il échoue volontairement, me paraît devoir offrir une garantie suffisante.

L'Anglais l'écouta les yeux baissés, en homme qui doutait, mais qui ne se refusait pas à la conviction. Enfin il lui dit en levant les yeux sur lui : — Puis-je voir votre écuyer, beau sire?

Le chevalier écossais hésita, rougit et répondit enfin : — Volontiers, milord; mais il faut que vous vous rappeliez, quand vous verrez mon humble demeure, que les nobles et les chevaliers d'Ecosse ne se nourrissent pas aussi somptueusement, n'ont pas de lits aussi moelleux et ne recherchent pas un logement aussi magnifique que leurs voisins du nord. Je suis logé pauvrement, lord Gilsland, ajouta-t-il en prononçant cet adverbe avec une emphase de fierté, tout en conduisant le baron vers sa tente non sans une sorte de répugnance.

Quelles que fussent les préventions du lord de Vaux contre la nation de sa nouvelle connaissance, et sans vouloir nier qu'une partie de ses préjugés n'eussent pris naissance dans la pauvreté de ce peuple qui était passée en proverbe, il avait trop de noblesse d'ame pour jouir de la mortification d'un brave guerrier forcé de faire connaître des besoins que sa fierté aurait voulu pouvoir cacher.

— Honte au soldat de la croix qui peut songer à une splendeur mondaine ou aux frivolités du luxe, dit-il, quand il marche à la conquête de la sainte cité! Quelques privations que nous puissions éprouver, nos souffrances n'auront encore rien de comparable à celles de cette armée de saints et de martyrs qui, ayant parcouru ces contrées avant nous, portent maintenant des lampes d'or et des palmes toujours vertes.

C'était peut-être le discours le plus métaphorique qu'on eût jamais entendu prononcer par Thomas de Gilsland, d'autant plus que, comme cela arrive quelquefois, il n'exprimait pas tout-à-fait ses sentimens; car il était partisan de la bonne chère et aimait un ameublement splendide.

Ils arrivèrent bientôt à l'endroit du camp où était le quartier du chevalier du Léopard. D'après toutes les apparences, rien n'y violait les lois de la mortification que devaient s'imposer les croisés, d'après l'opinion que venait d'énoncer lord de Gilsland. Un espace de terrain assez grand pour y placer une trentaine de tentes, suivant les règles de castramétation des croisés, était partie vacant, parce que le chevalier par ostentation avait demandé un terrain proportionné au nombre d'hommes qu'il commandait quand il était arrivé, et partie occupé par quelques misérables huttes construites de branches d'arbres et couvertes de feuilles de palmier. Ces habitations semblaient entièrement désertes, et la plupart tombaient en ruines. La hutte du centre servait de pavillon au chef; elle était distinguée par la bannière à queue d'hirondelle placée au haut d'une lance, et dont les longs plis tombaient immobiles sur la terre comme une plante flétrie par les rayons brûlans du soleil de l'Asie. Mais ni pages, ni écuyers, ni même une sentinelle solitaire, ne gardaient cet emblème du pouvoir féodal et du rang du chevalier d'Ecosse. Il n'avait pas d'autre garde que sa bonne renommée.

Sir Kenneth jeta un regard mélancolique autour de lui; mais maîtrisant son émotion, il entra dans sa hutte et fit signe au baron de Gilsland de le suivre. Celui-ci promena aussi tout autour de lui un regard curieux qui exprimait la pitié, non sans quelque mélange de mépris; car elle en est peut-être aussi voisine qu'on prétend qu'elle l'est de l'amour. Baissant alors son superbe cimier, il entra dans cette hutte dont son front eût touché presque la toiture.

L'ameublement consistait en deux lits : l'un composé de feuilles sèches couvertes de la peau d'une antilope, n'était pas occupé; mais d'après les différentes armes qui l'entouraient, et un crucifix d'argent placé avec soin et respect au-dessus du chevet, on jugeait que ce devait être celui du chevalier. Sur l'autre était étendu le malade dont sir Kenneth avait parlé. C'était un homme robuste, dont tous les traits étaient saillans, et qui paraissaient de moyen âge. Son lit semblait un peu meilleur que celui de son maître. Il était évident que sir Kenneth avait employé, pour rendre plus commode la situation de son écuyer, le grand manteau et les vêtemens que portaient les chevaliers quand ils n'étaient pas revêtus de leurs armes.

La hutte était divisée en deux parties. Dans la première où le baron entra d'abord, un jeune homme portant des bottines de peau de daim écru, un bonnet bleu et un pourpoint dont l'ancienne élégance était bien souillée, était accroupi sur ses genoux devant un réchaud rempli de charbon sur lequel il faisait cuire sur une plaque de fer les gâteaux de farine d'orge qui étaient et qui sont encore aujourd'hui la nourriture favorite des Ecossais[1]. Un quartier d'antilope était suspendu à l'un des principaux piliers qui soutenaient la hutte; et il n'était pas difficile de deviner comment celui qui l'habitait s'était procuré cette venaison, car un grand lévrier, plus beau que ceux même qui étaient dans le pavillon du roi Richard, était étendu près du réchaud, et sem-

---

(1) *The Land of cakes*, est encore la désignation de l'Écosse : (épigraphe des *Contes de mon Hôte.*) Ed.

blait considérer les progrès de la cuisson des gâteaux. Quand les deux chevaliers arrivèrent, ce noble animal gronda entre ses dents, en faisant entendre un bruit sourd qu'on aurait pu comparer à celui d'un tonnerre éloigné. Dès qu'il vit son maître, il reconnut sa présence en remuant la queue et en baissant la tête; mais il s'abstint de toute démonstration bruyante de joie, comme si un instinct intelligent lui avait appris qu'il fallait garder le silence près de la chambre d'un malade.

Près du lit de l'écuyer, sur un coussin composé aussi de peaux d'animaux, le médecin maure dont sir Kenneth avait parlé était assis sur ses jambes croisées à la manière des Orientaux. Le peu de jour qui pénétrait dans la hutte faisait que tout ce qu'on pouvait distinguer de lui, c'était que la partie inférieure de son visage était couverte d'une longue barbe noire qui lui tombait sur la poitrine; qu'il portait un grand *tolpac*, bonnet tartare de laine d'agneau fabriqué à Astracan, de même couleur que sa barbe, ainsi que l'humble cafetan ou robe turque qui l'enveloppait. Deux yeux perçans qui brillaient d'un éclat peu ordinaire étaient tout ce qu'on pouvait distinguer de son visage au milieu de l'obscurité.

Le lord anglais garda le silence, frappé d'une sorte de respect; car malgré son caractère généralement bourru, la scène d'une détresse et d'une pauvreté endurées avec fermeté, sans plainte ni murmure, aurait en toute occasion fait plus d'impression sur Thomas de Vaux que toute la splendeur de la chambre d'un roi, à moins que cette chambre n'eût été celle du roi Richard. Pendant quelques minutes on n'entendit que la respiration forte et régulière du malade, qui paraissait goûter un profond repos.

— Il y a six jours qu'il n'avait fermé l'œil, dit sir Kenneth, à ce que m'a assuré le jeune homme qui le garde.

— Noble Ecossais, dit Thomas de Vaux en saisissant la main de Kenneth et la serrant avec une cordialité qu'il permettait à peine à ses paroles d'exprimer, cet état de choses ne peut durer davantage ; votre écuyer n'est ni assez bien nourri, ni convenablement soigné.

En prononçant ces derniers mots, sa voix avait repris le ton haut et décidé qui lui était habituel. Le sommeil du malade en fut troublé.

— Mon noble maître, sir Kenneth, disait le pauvre écuyer en parlant comme dans un rêve, les eaux de la Clyde ne vous paraissent-elles pas, comme à moi, pures et rafraîchissantes, après les sources saumâtres de la Palestine ?

— Il rêve de son pays natal et il est heureux dans ses songes, dit sir Kenneth à lord de Vaux à demi-voix. Mais à peine avait-il prononcé ces mots, que le médecin, quittant la place qu'il avait prise près du lit du malade, et replaçant doucement sur la couche le bras qu'il tenait pour suivre les mouvemens du pouls, s'avança vers les deux chevaliers, leur fit signe de garder le silence, et les prenant chacun par une main, les conduisit hors de la hutte.

— Au nom d'Issa ben Mariam, que nous honorons comme vous, leur dit-il, quoique ce ne soit pas avec la même superstition aveugle, ne troublez pas l'effet de la potion que je lui ai fait prendre. Le réveil en ce moment serait pour lui la mort ou la perte de sa raison ; mais à l'heure où le Muezzin appelle les fidèles à la prière du soir du haut du minaret, vous pouvez revenir ; et s'il reste tranquille jusqu'alors, je vous promets que ce soldat franc sera en état, sans danger pour sa santé, de causer avec vous sur toutes les affaires dont vous pouvez avoir à lui parler tous deux, et surtout son maître.

Les deux chevaliers se retirèrent, cédant au ton d'autorité de ce sage, qui semblait pénétré de la vérité du proverbe oriental qui dit : — La chambre du malade est le royaume du médecin.

Ils s'arrêtèrent quelques instans ensemble à la porte de la hutte ; Kenneth, comme s'il eût attendu que celui dont il venait de recevoir la visite, lui fît ses adieux ; De Vaux, comme s'il avait eu l'esprit occupé de quelque idée qui l'empêchait de les lui faire. Le chien qui les avait suivis poussait de son long museau la main de son maître comme pour lui demander modestement de lui accorder quelque marque d'affection. Il n'en eut pas plus tôt obtenu ce qu'il désirait, sous la forme d'un mot ou d'un geste caressans, que pour montrer sa joie de son retour et sa reconnaissance de sa bonté, il partit comme un éclair, courant au grand galop, la queue relevée, allant, venant, décrivant des cercles autour des huttes à demi ruinées, mais ne sortant jamais de l'enceinte que son instinct lui faisait connaître comme protégée par la bannière de son maître. Après avoir ainsi gambadé quelques instans, il revint près de sir Kenneth, quitta tout à coup son air de gaîté, reprit sa gravité ordinaire comme s'il eût été honteux de s'être laissé entraîner hors des bornes de la modération.

Les deux chevaliers le regardaient avec plaisir, car sir Kenneth était fier avec raison de ce noble animal, et le baron anglais qui aimait la chasse était excellent juge du mérite d'un chien.

— Voilà un superbe animal, dit-il ; je crois, beau sire, que le roi Richard lui-même n'a pas un *alan* qui lui soit comparable, s'il est aussi habile à la chasse qu'alerte à la course. Mais permettez-moi de vous demander, sans intention de vous faire offense, si vous ne connaissez pas la proclamation qui défend à qui que ce soit, au-dessous du rang de comte, de garder des chiens de chasse dans le camp du roi Richard, à moins d'en avoir obtenu la permission de Sa Majesté. Je ne crois pas, sir Kenneth, qu'elle vous ait été accordée. Je vous parle ici comme maître de la cavalerie.

— Et je vous réponds comme homme libre et comme chevalier écossais, répliqua Kenneth avec fierté. Je sers en ce moment sous la bannière de l'Angleterre ; mais je ne me souviens pas de m'être jamais assujéti à son code forestier. Il ne m'inspire même pas assez de respect pour que je m'y soumette. Quand la trompette appelle aux armes, je mets le pied sur l'étrier aussi promptement que qui que ce soit ; quand elle sonne la charge, ma lance n'est pas la dernière qui soit en arrêt ; mais pendant mes heures d'inaction et de liberté, le roi Richard n'a pas le droit de me gêner dans mes amusemens.

— C'est pourtant une folie de désobéir aux ordonnances du roi, dit lord de Vaux ; ainsi donc, sauf votre bon plaisir, et cette affaire étant dans mes attributions, je vous enverrai une protection pour mon ami que voici.

— Je vous remercie, répondit l'Écossais d'un ton glacial ; mais il connaît le terrain qui m'a été assigné, et dans ces limites je puis le protéger moi-même. Cependant, ajouta-t-il en changeant tout à coup de ton et de manière, c'est répondre bien froidement à une offre obligeante. Je vous remercie de tout mon cœur, milord. Les écuyers et les piqueurs du roi pourraient trouver Roswal dans un malheureux moment, et lui faire un mauvais parti, ce dont je ne serais pas long-temps sans les punir, et il pourrait en résulter des suites fâcheuses. Puisque vous avez vu l'intérieur de mon pavillon, milord, ajouta-t-il en souriant, je puis vous dire sans rougir que Roswal est mon principal pourvoyeur, et j'espère que notre lion Richard ne sera pas comme le lion de la fable du ménestrel, qui allait à la chasse et qui gardait pour lui seul tout le butin. Je ne crois pas qu'il refusât à un pauvre gentilhomme une heure de récréation et une pièce de venaison, surtout quand il est assez difficile de se procurer d'autre nourriture.

— Par ma foi, dit le baron, vous ne faites que rendre justice au roi ; et cependant il y a dans ce mot *venaison* quelque chose qui semble tourner la tête de nos princes normands.

— Nous avons appris depuis peu par des ménestrels et des pèlerins, dit l'Écossais, que des bandes nombreuses de proscrits se sont organisées dans les comtés d'York et de

Nottingham, et qu'ils ont pris pour chef un audacieux archer nommé Robin Hood, dont le lieutenant se nomme Petit-Jean. Il me semble que Richard agirait sagement en relâchant la rigueur de son code forestier en Angleterre, au lieu de chercher à le faire exécuter dans la Terre-Sainte.

— Mauvaise besogne, sir Kenneth, répliqua De Vaux en levant les épaules avec l'air d'un homme qui veut éviter un sujet d'entretien désagréable ou dangereux ; le monde est fou, sire chevalier. Mais il faut que je vous fasse mes adieux, et que je retourne au pavillon du roi. A l'heure de vêpres je viendrai vous rendre une seconde visite, et causer avec ce médecin infidèle. En attendant, si ce n'était pas vous offenser, je voudrais vous envoyer quelques provisions pour améliorer votre ordinaire.

— Je vous remercie, milord, dit sir Kenneth ; mais je n'en ai pas besoin : Roswal a déjà garni mon garde-manger pour quinze jours ; car si le soleil de la Palestine nous envoie des maladies, il nous rend du moins un service en séchant la venaison.

Les deux guerriers se séparèrent beaucoup meilleurs amis qu'ils ne s'étaient rencontrés ; mais avant de se retirer, Thomas de Vaux apprit avec plus de détail toutes les circonstances relatives à la mission du médecin maure, et reçut du chevalier écossais les lettres de créance dont Saladin l'avait chargé.

CHAPITRE VIII.

> « Un savant médecin, capable de guérir
> « Les maux que les mortels sont voués à souffrir,
> « Vaut une armée entière. — »
> Homère.

— C'est une étrange histoire, sir Thomas, dit le monarque malade après avoir entendu le rapport du fidèle baron de Gilsland ; es-tu sûr que cet Écossais est un homme à qui l'on peut se fier ?

— Je ne sais trop qu'en dire, sire, répondit le lord soupçonneux des frontières ; je suis un peu trop voisin des Écossais pour avoir beaucoup de confiance en eux, les ayant toujours trouvés plus fins que francs. Mais la figure de cet homme, fût-il diable aussi bien qu'Écossais, respire la bonne foi. C'est un témoignage que je dois lui rendre en conscience.

— Et sa conduite comme chevalier, qu'en dis-tu, De Vaux ?

— Il appartient mieux à Votre Majesté qu'à moi d'en juger ; et je garantis que vous avez remarqué la manière dont se comporte ce chevalier du Léopard. On en a toujours bien parlé.

— Et c'est avec justice, Thomas. Nous en avons nous-même été témoin. Pourquoi nous plaçons-nous toujours au premier rang les jours de bataille ? c'est pour voir comment se comportent nos sujets et nos compagnons, et non pas le désir d'accaparer pour nous-même une vaine gloire, comme bien des gens le supposent. Nous connaissons la vanité des éloges des hommes ; et ce n'est pas pour les obtenir que nous endossons notre armure.

De Vaux fut alarmé quand il entendit le roi faire une déclaration si peu conforme à son caractère, et il crut d'abord qu'il n'y avait que les approches de la mort qui pouvaient le porter à parler en termes si méprisans de la renommée militaire, seul lien qui semblât l'attacher à la vie. Mais se rappelant qu'il avait rencontré le confesseur de Richard dans la partie du pavillon qui servait d'antichambre, il attribua cette humilité à l'effet des leçons de ce révérend personnage, et laissa parler le monarque sans lui répondre.

— Oui sans doute, ajouta Richard, j'ai remarqué la manière dont ce chevalier fait son devoir dans le combat. Mon bâton de commandement ne vaudrait pas la marotte d'un fou si je ne m'en étais pas aperçu. Il aurait déjà reçu des preuves de nos bontés si nous n'avions aussi remarqué en lui une présomption insolente et audacieuse.

— Sire, dit le baron de Gilsland en voyant le roi changer de figure, je crains de m'être exposé au déplaisir de Votre Majesté en lui servant d'appui dans ses transgressions.

— Que veux-tu dire, Multon ? dit Richard en fronçant le sourcil et avec un ton de surprise et de colère ; toi servir d'appui à son insolence ! impossible !

— Votre Majesté me pardonnera si je lui rappelle que ma place me donne le droit d'accorder aux hommes de bonne naissance la permission de conserver dans le camp un ou deux chiens de chasse uniquement pour entretenir le bel art de la vénerie ; d'ailleurs ce serait un péché que de tuer ou de blesser un si noble lévrier que celui de ce chevalier.

— C'est donc un bien bel animal ?

— La créature la plus parfaite qui soit sous le ciel, sire, répondit le baron enthousiaste de tout ce qui tenait à la chasse; c'est un limier de la plus belle race du nord, la poitrine large, la croupe vigoureuse, le poil noir sans une tache de blanc, mais avec des raies grises sur la poitrine et sur les jambes, d'une force à terrasser un taureau, d'une agilité à surpasser une antilope.

Le roi sourit de son enthousiasme. — Eh bien ! dit-il, tu lui as permis de garder son chien; c'est une affaire finie. Toutefois ne sois pas si prodigue de tes permissions avec ces chevaliers aventuriers qui n'ont ni prince ni chef sur qui ils puissent compter. Ils sont ingouvernables, et ne laisseront pas de gibier dans la Palestine. Mais revenons-en à ce sage païen. Ne dis-tu pas que l'Écossais l'a rencontré dans le Désert ?

— Non, sire. Voici quelle est l'histoire de l'Écossais : il avait été chargé d'une mission pour le vieil ermite d'Engaddi, dont on parle tant, et....

— Mort et enfer ! s'écria Richard en tressaillant; quelle était cette mission ? qui la lui avait donnée ? qui a osé envoyer quelqu'un au couvent d'Engaddi, quand la reine y est en pèlerinage pour obtenir du ciel notre guérison ?

— C'est le conseil des croisés qui l'y a envoyé, sire. Pour quel objet, c'est ce dont il n'a pas voulu me rendre compte. Je crois qu'on sait à peine dans le camp que la reine est en pèlerinage; moi du moins je l'ignorais encore hier; et les princes peuvent avoir partagé la même ignorance, attendu que la reine n'a voulu voir personne depuis que votre affection lui a défendu de venir près de vous de peur de la contagion.

— Fort bien; c'est ce que nous saurons. Et ainsi donc cet Écossais, cet envoyé a trouvé un médecin errant dans la grotte d'Engaddi ?

— Non, sire; mais c'est près de là, je crois, qu'il a rencontré un émir sarrasin, qu'il a combattu pour éprouver sa valeur, et l'ayant jugé digne d'être en compagnie d'un brave chevalier, ils se sont rendus ensemble en chevaliers errans à la grotte d'Engaddi.

Ici De Vaux reprit haleine, car il n'était pas de ces gens qui peuvent conter une longue histoire en une phrase.

— Et y trouvèrent-ils le médecin? demanda le roi avec impatience.

— Non, sire; mais le Sarrasin apprenant la fâcheuse maladie de Votre Majesté, déclara que Saladin vous enverrait son médecin, et vous donnerait toute assurance de son éminent savoir. En conséquence le médecin se rendit à la grotte où l'Ecossais l'avait attendu un jour ou deux. Il a une suite semblable à celle que pourrait avoir un prince, des trompettes, des timbales, des esclaves à pied et à cheval, et il apporte une lettre de créance de Saladin.

— A-t-elle été examinée par Giacomo Loredani?

— Je l'ai montrée à l'interprète avant de l'apporter ici, et en voici la traduction en anglais.

Richard prit un parchemin que lui présenta lord de Vaux, et y ayant jeté les yeux, il le lui remit pour qu'il lui en fît la lecture. Il contenait ce qui suit :

« Au nom d'Allah et de Mahomet son prophète..... »

— Au diable le chien! dit Richard en crachant par mépris et en forme d'interjection.

« Saladin, roi des rois, soudan d'Égypte et de Syrie, la lumière et le refuge de la terre, au grand Melec Ric, Richard d'Angleterre, salut. Attendu que nous avons été informé que la main de la maladie s'est appesantie sur toi, notre royal frère, et que tu n'as près de toi que des médecins nazaréens et juifs, qui travaillent sans la bénédiction d'Allah et de notre saint prophète..... »

— Confusion sur sa tête! murmura Richard interrompant une seconde fois la lecture.

« Nous t'envoyons pour te soigner en ce moment le médecin de notre personne, Adonebec El Hakim, devant la face duquel l'ange Azrael déploie ses ailes et quitte la chambre du malade ; il connaît toutes les vertus des herbes et des pierres, le chemin du soleil, de la lune et des étoiles, et il peut sauver l'homme de tout ce qui n'est pas écrit sur son front. Nous faisons ceci en te priant cordialement d'honorer sa science et de t'en servir, non-seulement parce que nous désirons rendre service à ton mérite et à ta valeur, qui est la gloire de toutes les nations du Frangistan [1], mais encore pour que nous puissions mettre fin à la querelle qui existe maintenant entre nous, soit par un traité honorable, soit en mesurant nos armes en rase campagne ; attendu qu'il ne convient ni à ton rang ni à ton courage de mourir de la mort d'un esclave épuisé par un travail excessif ; et qu'il ne convient pas à notre réputation qu'un ennemi si brave soit soustrait à nos armes par la maladie. Et c'est pourquoi puisse le saint pro..... »

— Assez ! assez ! s'écria Richard ; que je n'entende plus le nom de son chien de prophète ! J'ai des nausées quand je pense que le vaillant et digne soudan croit en un chien mort. Oui, je verrai son médecin ; je répondrai à la générosité du noble païen ; je le rencontrerai sur le champ de bataille comme il le propose bravement, et il n'aura pas sujet d'accuser d'ingratitude Richard d'Angleterre. Je le terrasserai avec ma masse d'armes ; je le convertirai à la sainte Église en lui portant des coups comme il en a rarement reçu ; il abjurera ses erreurs devant la croix qui forme la poignée de ma bonne épée, et je le ferai baptiser sur le champ de bataille. Mon propre casque servira à contenir l'eau purifiante, quand elle devrait être teinte de son sang et du mien. Hâte-toi donc, Thomas Multon ; pourquoi tardes-tu à accélérer un dénouement si agréable ? Amène-moi cet El Hakim.

— Sire, répondit De Vaux, qui dans cette confiance qui lui paraissait excessive voyait peut-être un redoublement

---

(1) L'Europe. — Éd.

de fièvre, songez que le soudan est un païen; que vous êtes son plus formidable ennemi.

— C'est pour cette raison qu'il doit être plus porté à me rendre service en ce moment, de peur que ce ne soit une misérable fièvre qui mette fin à la querelle de deux rois comme nous. Je te dis qu'il m'aime comme je l'aime, comme de nobles ennemis s'aiment toujours. Sur mon honneur, ce serait pécher que de douter de sa bonne foi.

— Cependant, sire, il vaudrait mieux attendre le résultat des soins qu'il donne à l'écuyer de l'Ecossais. Ma vie en dépend; car je mériterais de mourir de la mort d'un chien si, agissant inconsidérément dans cette affaire, j'allais causer le naufrage de toutes les espérances de la chrétienté.

— Je n'ai jamais vu la crainte de la mort te faire hésiter ainsi, dit Richard d'un ton de reproche.

— Et je n'hésiterais pas encore, sire, s'il ne s'agissait de votre vie comme de la mienne.

— Eh bien! homme soupçonneux, va donc voir quels progrès fait la guérison de cet écuyer. Je voudrais presque que ce médecin me tuât s'il ne doit pas me guérir, car je suis las d'être étendu ici comme un bœuf mourant d'une épidémie quand j'entends les tambours battre, les chevaux hennir et les trompettes sonner.

Le baron partit à la hâte, résolu pourtant de communiquer sa mission à quelque ecclésiastique; car il sentait un certain poids sur sa conscience à l'idée de voir un infidèle donner des soins à son maître.

L'archevêque de Tyr fut celui à qui il confia d'abord ses doutes, connaissant le crédit qu'il avait sur l'esprit de son maître Richard, qui aimait et honorait ce prélat plein de sagacité. L'archevêque écouta les doutes que De Vaux lui exposa, avec cette finesse qui distingue le clergé catholique romain. Il traita les scrupules religieux du chevalier avec autant de légèreté que les convenances lui permettaient d'en montrer devant un laïque sur un pareil sujet.

— Les médecins, dit-il, peuvent être utiles quand même ils seraient par leur naissance et leurs manières les derniers des hommes, de même que les remèdes qu'ils emploient peuvent nous soulager, quoiqu'ils soient souvent extraits des matières les plus viles. On peut donc au besoin employer l'assistance des païens et des infidèles, et il y a même lieu de croire que s'il leur est permis de rester sur la terre, c'est pour qu'ils soient de quelque utilité aux vrais croyans. C'est ainsi que nous faisons légalement esclaves les captifs païens. D'ailleurs il n'y a nul doute que les premiers chrétiens n'employassent l'aide des païens non convertis : ainsi dans le navire sur lequel le bienheureux apôtre saint Paul fit voile pour l'Italie, les matelots étaient sans contredit païens; et cependant que dit le saint quand on eut besoin de leur ministère ? *Nisi hi in navi manserint, vos salvi fieri non potestis.* — A moins qu'ils ne restent sur le bâtiment, vous ne pouvez être sauvés. — Ensuite les juifs sont infidèles au christianisme aussi bien que les musulmans : cependant il y a dans le camp bien peu de médecins qui ne soient juifs, et l'on s'en sert sans scandale et sans scrupule. On peut donc également se servir des mahométans : *quod erat demonstrandum* [1].

Ce raisonnement ne laissa aucun doute dans l'esprit de Thomas de Vaux, sur qui les citations latines firent surtout une impression particulière, attendu qu'il n'en comprenait pas un seul mot.

Mais le prélat ne se prononça pas avec la même promptitude quand il fut question de savoir s'il n'y avait pas lieu de craindre quelque trahison de la part des Sarrasins, et il ne discuta pas cette question avec la même volubilité. Le baron lui montra la lettre de créance; il la lut, la relut, et compara l'original à la traduction.

— C'est un ragoût bien apprêté pour flatter le palais du roi Richard, dit-il, et je ne puis écarter entièrement les

---

(1) Voilà ce que vous vouliez savoir. — Tr.

soupçons que m'inspirent ces rusés Sarrasins. Ils sont versés dans la connaissance des poisons, et ils savent les préparer de manière à ce qu'ils ne produisent leur effet qu'au bout de plusieurs semaines, de sorte que celui qui les a administrés a le temps d'échapper à la punition. Ils peuvent imprégner du venin le plus subtil le drap, le cuir, et même le papier et le parchemin. Que Notre-Dame me pardonne ! Et pourquoi donc, sachant cela, gardé-je si long-temps cette lettre entre mes mains ? Reprenez-la, sir Thomas, reprenez-la bien vite.

Il étendit le bras à la hâte pour la rendre au baron, et ajouta : — Allons, milord, rendons-nous à la tente de cet écuyer malade, et voyons si cet Hakim possède réellement l'art de guérir, comme il le prétend. Nous examinerons ensuite s'il convient de lui permettre d'exercer son art sur le roi Richard. Un instant cependant ; laissez-moi le temps de prendre ma boîte à aromate, car ces fièvres sont contagieuses. Je vous conseillerais, milord, de vous servir de romarin sec trempé dans le vinaigre. Et moi aussi je connais quelque chose de l'art de guérir.

— Je remercie Votre Révérence, répondit Thomas de Gilsland ; mais il y a long-temps que j'aurais gagné la contagion près du lit de mon maître, si j'en étais susceptible.

L'archevêque de Tyr rougit, car il avait évité autant qu'il l'avait pu de se trouver en présence du monarque depuis qu'il était malade. Il dit au baron de lui montrer le chemin, et ils arrivèrent bientôt à la porte de la misérable hutte qui servait de pavillon au chevalier du Léopard.

—Bien certainement, milord, dit le prélat à De Vaux, ces Écossais ont moins d'égards pour leurs serviteurs que nous n'en avons pour nos chiens. Voici un chevalier qui est, dit-on, d'une bravoure à toute épreuve, et qui mérite d'être élevé aux plus hautes charges avec le temps. Eh bien ! il place son écuyer dans un logement qui ne vaut pas le plus mauvais chenil d'Angleterre. Que dites-vous de vos voisins, milord ?

— Qu'un maître fait assez pour son serviteur quand il le loge aussi bien que lui-même, répondit De Vaux en entrant dans la hutte.

L'archevêque le suivit, non sans une répugnance visible ; car quoiqu'il ne manquât pas de courage sous certains rapports, ce courage s'associait à un soin particulier de sa sûreté. Cependant il se rappela la nécessité où il se trouvait de juger personnellement de la science du médecin maure, et il entra dans la hutte avec un air de majesté, propre, comme il le croyait, à inspirer du respect à ce savant étranger.

Le prélat avait réellement une figure imposante ; il avait été dans sa jeunesse un des plus beaux hommes de son temps, et même à un âge avancé il n'était pas fâché de le paraître encore. Ses vêtemens épiscopaux étaient de la plus grande richesse, garnis de la fourrure la plus précieuse, et recouverts d'un rochet de magnifique dentelle. Les anneaux de ses doigts auraient payé une belle baronnie. Son camail, alors rejeté en arrière à cause de la chaleur, laissait voir des agrafes de l'or le plus pur quand il voulait s'en couvrir. Sa longue barbe, argentée par l'âge, descendait sur sa poitrine. Un des deux jeunes acolytes qui le suivaient lui procurait une ombre artificielle, suivant l'usage de l'Orient, en lui couvrant la tête d'un grand parasol de feuilles de palmier, et l'autre le rafraîchissait en agitant un éventail de plumes de paon.

Lorsque l'archevêque de Tyr entra dans la hutte le chevalier écossais ne s'y trouvait pas. Le médecin maure qu'il venait voir était assis, les jambes croisées, sur une natte de feuilles entrelacées, dans la même attitude où De Vaux l'avait trouvé quelques heures auparavant, à côté du lit du malade, qui paraissait profondément endormi, et dont il tâtait le pouls de temps en temps. Le prélat resta debout devant lui en silence deux ou trois minutes, attendant qu'il le saluât avec respect, et espérant du moins l'éblouir par l'éclat de sa dignité. Mais Adonebec ne lui donna d'autre marque d'attention que de jeter sur lui un regard en passant; et quand l'archevêque l'eut enfin salué en langue franque, moyen de communication ordinaire dans tout l'Orient, le médecin se borna à lui répondre par le salut ordinaire des Orientaux : *Salam alicum.* Que la paix soit avec vous !

— Es-tu médecin, infidèle? lui demanda le prélat, un peu mortifié d'un accueil si froid ; je voudrais causer avec toi relativement à ton art.

— Si tu connais quelque chose à la médecine, répondit El Hakim, tu devrais savoir que les médecins n'entrent ni en consultation ni en discussion dans la chambre de leur malade. Ecoute, ajouta-t-il en entendant le chien gronder sourdement dans la division extérieure de la hutte, cet animal même pourrait te donner une leçon de raison. Ulema, son instinct lui apprend à aboyer tout bas quand un malade pourrait l'entendre. Sors de la tente si tu as quelque chose à me dire.

A ces mots il se leva et se disposa lui-même à quitter la hutte.

Malgré la simplicité du costume du médecin maure et l'infériorité de sa taille, qui faisait contraste avec celle du prélat majestueux et la stature gigantesque du baron anglais, il y avait dans ses manières et dans sa contenance quelque chose qui empêcha l'archevêque de Tyr d'exprimer tout le mécontentement que lui faisait éprouver cette mercuriale peu cérémonieuse. Quand ils furent sortis de la hutte, il regarda Adonebec en silence pendant quelques instants, ne sachant trop comment renouer la conversation. Pas une seule boucle de cheveux ne s'échappait de dessous le grand bonnet que portait le Maure, dont le front à demi couvert semblait large et élevé, et de même que la partie de ses joues qui n'était pas ombragée par une barbe épaisse, n'offrait pas une seule ride. Nous avons parlé déjà de ses yeux noirs et perçans.

Le prélat, frappé de l'air de jeunesse d'Adonebec, rompit enfin une longue pause que le Maure ne semblait pas pressé d'interrompre en lui demandant quel âge il avait.

— Les années des hommes ordinaires, répondit El Hakim, se comptent par leurs rides, celles des sages par leurs études. Je n'ose me dire âgé de plus de cent révolutions de l'hégire[1].

Le baron de Gilsland, qui prit ces paroles pour une déclaration formelle faite par le médecin qu'il était centenaire, jeta un regard inquiet sur le prélat, qui, quoiqu'il comprît mieux ce que voulait dire El Hakim, lui répondit en secouant la tête d'un air de mystère. Il reprit ensuite son ton imposant, et demanda à Adonebec quelle preuve il pouvait donner de ses talens en médecine.

— Vous avez la parole du puissant Saladin, répondit le sage en portant la main à son turban en signe de respect, parole à laquelle il n'a jamais manqué, ni envers ses amis ni envers ses ennemis; que peux-tu me demander de plus, Nazaréen?

— Je voudrais une preuve visible de ta science, dit le baron; sans cela tu n'approcheras pas du lit du roi Richard.

— La preuve des talens du médecin, répondit El Hakim, est la guérison du malade. Regarde ce soldat dont le sang a été desséché par la fièvre qui a couvert votre camp d'ossemens blanchis, et contre laquelle l'art de vos médecins nazaréens n'a été que ce que serait un pourpoint de soie contre une lame d'acier; regarde ses doigts et ses bras aussi décharnés que les pattes de la grue. Ce matin la mort avait la main sur lui; mais Azrael était d'un côté de sa couche, j'étais de l'autre, et son ame ne sera pas séparée de son corps. Ne me troublez point par d'autres questions; mais attendez

(1) Voulant dire qu'il ne possédait que les talens qu'on pourrait avoir acquis en cent ans. (*Not de l'auteur écossais.*)

l'instant critique, et admirez en silence l'événement merveilleux.

Le médecin eut alors recours à son astrolabe, l'oracle de la science en Orient, et ayant attendu avec une grave précision que le moment de la prière du soir fût arrivé, il se mit à genoux, le visage tourné du côté de la Mecque, et récita les prières par lesquelles le musulman termine les travaux de la journée. L'archevêque et le baron anglais se regardaient avec un air de mépris et d'indignation ; mais ni l'un ni l'autre ne jugea à propos d'interrompre El Hakim dans ses exercices de dévotion profane.

Enfin le Maure prosterné se releva, et rentrant dans la hutte où son malade était étendu, il prit dans une petite boîte d'argent une éponge peut-être imbibée de quelque liqueur aromatique, car lorsqu'il l'eut approchée du nez de l'écuyer celui-ci éternua, s'éveilla, et regarda autour de lui d'un air égaré. Il offrait un spectacle bien propre à émouvoir la pitié, couché comme il l'était presque nu sur son lit ; ses os et ses cartilages étaient visibles à travers sa peau, comme s'ils n'eussent jamais été revêtus de chair ; son visage était comme tendu et couvert de rides. Cependant ses yeux, qui avaient d'abord paru égarés, prirent bientôt un air plus calme ; il parut s'apercevoir de la présence des deux nobles seigneurs qui étaient dans la hutte, et il demanda d'une voix faible et respectueuse où était son maître.

— Nous connaissez-vous, vassal ? lui dit lord de Vaux.

— Pas précisément, répondit l'écuyer ; mais je vois à votre croix rouge que vous êtes un grand baron anglais, et je crois que cet autre seigneur est un saint prélat dont je demande la bénédiction pour un pauvre pécheur.

— Tu l'auras, dit l'archevêque : *Benedictio Domini sit tecum*, et il le bénit en faisant un signe de croix, mais sans approcher du lit.

— Vous voyez de vos propres yeux, dit Adonebec, que la fièvre a été subjuguée. Il parle avec calme ; il a recouvré la mémoire; son pouls est aussi tranquille que le vôtre. Assurez-vous-en vous-même.

L'archevêque ne se soucia pas de faire cette expérience; Mais Thomas de Gilsland, plus déterminé, prit le bras du malade, lui tâta le pouls et se convainquit qu'il n'avait plus de fièvre.

— C'est véritablement une merveille, dit le chevalier en regardant le prélat; cet homme est certainement guéri. Il faut que je conduise sur-le-champ ce médecin dans la tente du roi Richard. Qu'en pense Votre Révérence?

— Un instant, dit El Hakim, laissez-moi finir une cure avant d'en commencer une autre. Je vous accompagnerai quand j'aurai donné à mon malade une seconde dose de ce saint élixir.

A ces mots il prit une coupe d'argent, et la remplit d'une eau qu'il puisa dans une gourde placée près du lit. Prenant ensuite un petit sac formé de mailles étroites de soie et d'argent, de manière que l'œil des spectateurs ne pouvait découvrir ce qu'il contenait, il le plongea dans la coupe et l'y laissa cinq minutes, pendant lesquelles il garda le silence. Pendant cette opération le baron crut remarquer dans l'eau un mouvement d'effervescence; mais s'il eut lieu, il ne dura qu'un instant.

— Buvez ceci, dit le médecin au malade, dormez ensuite, et soyez guéri en vous éveillant.

— Et c'est avec un breuvage si simple en apparence que tu prétends guérir un monarque? dit l'archevêque de Tyr.

— Tu vois qu'il a guéri un mendiant, répondit le sage. Les rois sont-ils faits d'une autre argile dans le Frangistan?

— Conduisons-le sur-le-champ près du roi, dit le baron de Gilsland. Il a prouvé qu'il possède le secret qui peut lui rendre la santé. S'il n'en fait pas usage, je le traiterai de manière que tous les secrets de la médecine lui deviendront inutiles.

Comme ils allaient sortir de la hutte, le malade, élevant

la voix autant que sa faiblesse le lui permettait, s'écria : — Révérend prélat, noble chevalier, et vous digne médecin, si vous voulez que je recouvre le sommeil et la santé, dites-moi par charité ce qu'est devenu mon cher maître.

— Il est en voyage, l'ami, répondit le prélat, chargé d'une mission honorable qui peut le retenir encore quelques jours.

— Pourquoi tromper ce pauvre diable ? dit le baron de Gilsland. — L'ami, ton maître est de retour dans le camp, et tu ne tarderas pas à le voir.

Le malade leva ses bras maigris vers le ciel comme pour le remercier, et ne résistant plus à la vertu narcotique du breuvage qu'il venait de prendre, il s'endormit d'un sommeil paisible.

— Vous êtes meilleur médecin que moi, sir Thomas, dit l'archevêque : un mensonge calmant convient mieux à la chambre d'un malade qu'une vérité désagréable.

— Que veut dire Votre Révérence ? demanda De Vaux avec vivacité; croyez-vous que je voudrais faire un mensonge pour sauver la vie d'une douzaine de pareils êtres ?

— Vous avez dit, répondit le prélat avec des signes manifestes d'alarme, que le maître de cet écuyer était de retour, le chevalier du Léopard, je veux dire.

— Il est effectivement de retour, dit De Vaux ; il n'y a que quelques heures que je lui ai parlé. Ce savant médecin est venu avec lui.

— Sainte Vierge ! s'écria l'archevêque avec un trouble évident, et pourquoi ne m'avez-vous pas dit qu'il était revenu ?

— Ne vous ai-je pas dit que c'était le chevalier du Léopard qui avait ramené ici le médecin ? Je croyais vous l'avoir dit, répondit De Vaux avec un air d'insouciance. Qu'importe au surplus ? son retour n'a rien de commun avec la science de ce médecin ni avec la santé de Sa Majesté.

— Son retour est important, sir Thomas, très important, dit l'archevêque en joignant les mains, en pressant fortement la terre du pied, et en donnant d'autres signes d'impatience comme involontairement. Mais où peut être allé maintenant ce chevalier? Que le ciel nous protége! Il peut y avoir ici quelque fatale méprise.

— Ce jeune serf qui est dans la première pièce, dit De Vaux, non sans être surpris de l'émotion du prélat, pourra peut-être nous dire ce qu'est devenu son maître.

Il appela le jeune homme dont nous avons déjà parlé, et celui-ci, dans un langage presque inintelligible pour eux, réussit pourtant à leur faire comprendre qu'un officier était venu chercher son maître de la part du roi quelques instans avant leur arrivée. L'inquiétude de l'archevêque monta alors au plus haut degré, et elle devint évidente pour De Vaux, quoiqu'il ne fût ni bon observateur ni d'un caractère soupçonneux. Il prit congé à la hâte du chevalier qui, le regardant avec étonnement pendant qu'il s'en allait, et levant les épaules en silence, conduisit le médecin maure à la tente du roi Richard.

CHAPITRE IX.

« Le soupçon est une lourde armure
» Dont le poids accablant, bien loin de protéger,
« Pour celui qui la porte est un nouveau danger. »
                                    Lord Byron.

Le baron de Gilsland marchait à pas lents et l'inquiétude peinte sur le visage pour se rendre au pavillon du roi. Il se méfiait lui-même de sa capacité, excepté sur le champ de bataille ; et sachant qu'il n'avait pas l'intelligence très vive, il se contentait ordinairement d'être surpris des circonstances qu'un homme doué d'une imagination plus ardente aurait cherché à expliquer et à comprendre, ou dont il aurait fait du moins le sujet de ses réflexions. C'était pourtant une chose fort extraordinaire, même pour lui, que l'archevêque perdant de vue tout à coup la cure merveilleuse dont ils venaient d'être témoins, et l'espoir qu'elle paraissait donner que Richard pourrait recouvrer la santé, pour ne s'occuper que de la nouvelle insignifiante du retour d'un pauvre chevalier écossais, l'être le moins important et le plus à dédaigner que Thomas Gilsland connût parmi les hommes de sang noble ; et malgré l'habitude qu'avait contractée son esprit de rester passif au milieu des événemens, l'imagination du baron faisait des efforts extraordinaires pour former des conjectures sur la véritable cause de ce phénomène.

L'idée qui se présenta enfin à lui fut que ce pouvait être

le résultat d'une conspiration contre le roi Richard, formée dans le camp des alliés, et à laquelle l'archevêque de Tyr, que bien des gens regardaient comme un politique peu scrupuleux, pouvait fort bien avoir pris part. Il était vrai que dans son opinion il n'existait personne qui fût aussi parfait que son maître ; car Richard étant la fleur de la chevalerie, le chef de tous les chefs chrétiens, et obéissant en tout point aux ordres de la sainte Église, les idées que se faisait De Vaux de la perfection n'allaient pas plus loin. Il savait pourtant que sans l'avoir aucunement mérité, son maître en déployant ses grandes qualités avait toujours été l'objet des reproches et de la malveillance autant que des éloges et de l'attachement, et que jusque dans le camp des chrétiens, au milieu des princes voués à la croisade par un vœu solennel, plusieurs auraient volontiers sacrifié toute espérance de victoire au plaisir de perdre ou du moins d'humilier Richard d'Angleterre.

— Il n'est donc nullement impossible, se disait le baron à lui-même, que cet El Hakim, avec sa cure véritable ou prétendue, opérée sur un écuyer écossais, le chevalier du Léopard lui-même, ne soient que les complices d'une ruse à laquelle l'archevêque de Tyr, tout prélat qu'il est, pourrait avoir pris part.

Cette hypothèse à la vérité ne pouvait se concilier aisément avec l'alarme qu'avait montrée le prélat en apprenant que contre son attente le chevalier écossais était déjà de retour dans le camp des croisés ; mais De Vaux ne se laissait influencer que par ses préjugés généraux, et ils le portaient à regarder comme certain qu'un prêtre italien intrigant, un Écossais à cœur faux et un médecin païen, étaient une association dont on pouvait extraire tout le mal possible, plutôt que rien de bon. Il résolut pourtant de faire part de ses doutes à Richard, car il avait une opinion presque aussi haute de son jugement que de sa valeur.

Cependant il s'était passé pendant ce temps des événemens tout-à-fait contraires aux suppositions que venait de faire Thomas de Vaux. A peine avait-il quitté le pavillon du roi que Richard, soit par suite d'une agitation fiévreuse, soit en se livrant à l'impatience qui lui était naturelle, commença à murmurer du délai qu'il mettait à revenir, et à montrer un violent désir de le revoir. Il avait assez de bon sens pour essayer de calmer une impatience qui ne faisait qu'augmenter sa maladie; il fatigua ses officiers en leur demandant de le distraire; mais ce fut en vain qu'il eut recours au bréviaire du prêtre, au roman du clerc, et à la harpe de son ménestrel favori. Enfin environ deux heures avant le coucher du soleil, et par conséquent long-temps avant qu'il pût attendre un compte satisfaisant de la cure que le médecin maure avait entreprise, il envoya, comme nous le savons déjà, un de ses officiers porter au chevalier du Léopard l'ordre de se rendre sur-le-champ en sa présence, espérant calmer son impatience en se faisant donner par sir Kenneth des détails plus étendus sur la cause de son absence du camp et sur sa rencontre avec ce célèbre médecin.

Le chevalier écossais mandé ainsi en présence de son roi se présenta devant lui en homme pour qui un pareil honneur n'avait rien d'étrange. Richard le connaissait à peine de vue, quoique aussi jaloux de son rang que constant dans son adoration de la dame de ses pensées, il ne se fût jamais absenté dans aucune de ces occasions où la munificence et l'hospitalité de l'Angleterre ouvraient la cour du monarque à tout ce qui tenait un certain rang dans la chevalerie. Il s'approcha du lit du roi, qui avait les yeux fixés sur lui, fléchit le genou un instant, se releva et resta debout dans une attitude convenable à un officier qui est en présence de son souverain, annonçant la déférence et le respect, mais non la servilité et l'humilité.

— Ton nom est Kenneth du Léopard, dit le roi; de qui as-tu reçu l'ordre de la chevalerie?

— De l'épée de William, le Lion d'Écosse [1], sire, répondit l'Écossais.

— C'est une arme bien digne de conférer cet honneur, dit Richard; et l'épaule qu'elle a touchée n'était pas indigne de le recevoir. Nous t'avons vu te comporter en vaillant chevalier dans la mêlée et dans les momens les plus critiques, et tu ne dois pas ignorer que tes services nous étaient connus; mais ta présomption à d'autres égards a été telle, que la plus grande récompense qu'ils puissent t'obtenir c'est le pardon de ta faute. Qu'en dis-tu?

Kenneth essaya de parler; mais il ne put que balbutier quelques mots. Le sentiment intime de son amour trop ambitieux, le regard perçant de Richard, qui semblait vouloir pénétrer jusque dans les replis les plus secrets de son cœur, tout se réunit pour le déconcerter.

— Cependant, ajouta le roi, quoique les soldats doivent obéir à leur chef, et les vassaux respecter leur seigneur suzerain, nous pourrions pardonner à un brave chevalier une faute plus sérieuse que celle de garder un chien de chasse, contre la teneur de nos ordres promulgués.

Richard, en parlant ainsi, avait toujours les yeux fixés sur le chevalier, qui se trouva évidemment soulagé par la tournure que le roi venait de donner à une accusation conçue en termes si généraux. Cette remarque n'échappa point à Cœur-de-Lion, et il en sourit intérieurement.

— Sauf votre bon plaisir, sire, dit Kenneth, Votre Majesté doit avoir quelque indulgence à cet égard pour nous autres pauvres gentilshommes écossais. Nous sommes bien loin de notre patrie; nos revenus sont modiques, et nous ne pouvons nous soutenir comme vos nobles, qui trouvent du crédit chez les Lombards. Les Sarrasins en sentiront mieux nos coups, si nous pouvons ajouter de temps en temps un morceau de venaison à nos légumes et à notre pain de farine d'orge.

---

[1] William Vallace. — Éd.

— Tu n'as pas besoin de m'en demander la permission, puisque Thomas de Vaux, qui comme tout ce qui m'entoure fait tout ce que bon lui semble, t'a déjà accordé le droit de chasser au poil et à la plume.

— Non pas à la plume, sire. Mais s'il plaisait à Votre Majesté de m'accorder aussi le privilége de la chasse au vol, et de me placer un faucon sur le poing, je me flatte que je pourrais fournir quelques oiseaux d'élite pour sa table royale.

— Je crois que si tu avais une fois le faucon, tu aurais peine à attendre la permission. Je sais qu'on dit que nous autres princes de la maison d'Anjou nous sommes aussi courroucés d'une contravention à notre code forestier que nous le serions d'un acte de haute trahison contre notre couronne; et cependant nous pouvons pardonner la première de ces fautes à de braves gens qui nous en paraissent dignes. Mais parlons d'autre chose. Je désire savoir de vous, sire chevalier, pourquoi et par ordre de qui vous avez récemment fait un voyage dans le désert de mer Morte et à Engaddi.

— Par ordre du conseil des princes de la sainte croisade, sire.

— Et comment quelqu'un a-t-il osé donner un pareil ordre, quand moi, qui ne suis certainement pas le dernier de la ligue, je n'en étais pas informé?

— C'est une question qu'il ne m'appartenait pas de faire, sire. Je suis soldat de la croix, servant sans contredit, quant à présent, sous la bannière de Votre Majesté, et fier d'en avoir obtenu la permission; mais j'ai pris ce symbole sacré pour soutenir les droits de la chrétienté, et coopérer à la délivrance du saint sépulcre : par conséquent je suis tenu d'obéir aux ordres des princes et des chefs qui dirigent cette sainte entreprise, sans avoir le droit de leur en demander les motifs. Je dois regretter avec toute la chrétienté qu'une indisposition vous empêche, momentanément j'espère, d'assister à leurs conseils, où votre voix est si puissante; mais comme soldat, je dois obéir à ceux qui ont un droit légitime de commander, sans quoi je donnerais un mauvais exemple à tout le camp.

— Tu as raison ; ce n'est pas toi qu'il faut blâmer, mais ceux à qui je saurai en demander bon compte quand il plaira à Dieu de me relever de cette maudite couche de douleur et d'inaction. Quel était l'objet de ton message ?

— C'est une question, sire, qu'il vaudrait mieux adresser à ceux qui m'en ont chargé, et qui peuvent rendre compte des motifs de mon voyage. Quant à moi, je ne pourrais parler que des circonstances extérieures.....

— Ne biaise pas avec moi, sire Ecossais, s'écria le monarque irascible, si tu fais quelque cas de ta vie.

— De ma vie, sire ! répondit le chevalier avec fermeté ; je l'ai regardée comme une chose à laquelle je ne devais plus faire attention quand je me suis dévoué à cette glorieuse entreprise, et j'ai été dès lors plus occupé des intérêts de mon ame immortelle que de ceux de mon corps périssable.

— Par la messe, tu es un brave ! s'écria Richard. Ecoute-moi, sire chevalier ; j'aime les Ecossais ; ils sont intrépides, quoique têtus et opiniâtres, et je crois qu'au fond ils sont francs, quoique des raisons d'état les aient quelquefois forcés à dissimuler. Je mérite d'avoir quelque part dans leur affection, car j'ai fait volontairement pour eux ce qu'ils n'auraient pas pu m'arracher par les armes plus aisément qu'à mes prédécesseurs. J'ai reconstruit les forteresses de Roxburgh et de Berwick, qui sont engagées à l'Angleterre ; j'ai rétabli vos anciennes limites ; j'ai cherché à me faire des amis honorables et indépendans dans un pays où les anciens rois d'Angleterre n'avaient voulu que s'assujétir des vassaux mécontens et rebelles.

— Oui, sire, vous avez fait tout cela par suite du traité que vous avez conclu à Cantorbéry avec notre souverain. Et c'est pourquoi vous me voyez ici avec beaucoup d'autres Ecossais valant mieux que moi pour combattre sous vos bannières contre les infidèles, tandis que sans cela nous serions en ce moment occupés à ravager vos frontières en Angleterre. Si le nombre de mes compatriotes est maintenant peu considérable, c'est parce qu'ils ont été prodigues de leur vie.

— J'en conviens; mais pour prix des services que j'ai rendus à votre pays, je vous demande de vous rappeler que comme principal membre de cette ligue chrétienne, j'ai droit de connaître les négociations de mes confédérés. Rendez-moi donc ce qui m'est dû en m'apprenant ce que j'ai droit de savoir, et ce que je suis certain que vous me direz avec plus de vérité que tout autre.

— Conjuré de cette manière, sire, je vous dirai la vérité, car je suis bien convaincu que vous marchez vers le but de notre entreprise avec des intentions droites et honorables, et c'est ce que je n'oserais dire des autres chefs de la sainte ligue. Vous saurez donc que ma mission était de proposer par l'intervention de l'ermite d'Engaddi, saint homme respecté et protégé par Saladin lui-même.....

— Une prolongation de la trêve sans doute? dit Richard en l'interrompant.

— Non, par saint André! sire, mais l'établissement d'une paix durable, et la retraite de nos armées de la Palestine.

— Saint George! s'écria Richard, quelque mauvaise idée que j'eusse d'eux avec raison, je ne les aurais pas crus capables de s'humilier jusqu'à un tel point de déshonneur. Et comment vous êtes-vous chargé d'un tel message? répondez, sir Kenneth.

— Dans les meilleures intentions, sire; parce qu'étant privé du noble chef qui me portait seul à espérer des succès, je ne voyais personne qui pût le remplacer pour nous conduire à la victoire; et en de telles circonstances je croyais qu'il était prudent d'éviter une défaite.

— Et à quelles conditions devait se conclure cette paix glorieuse? demanda le roi, maîtrisant avec peine sa colère.

— Elles ne m'ont pas été confiées, sire ; je les ai remises à l'ermite sous le sceau du conseil.

— Et pour qui prenez-vous ce révérend ermite? Pour un fou? pour un traître? pour un saint?

— Je crois, sire, répondit le prudent Ecossais, que sa folie est un masque dont il se sert pour obtenir les bonnes graces et le respect des païens, qui regardent les hommes privés de raison comme des êtres inspirés par le ciel. Du moins il m'a paru que la folie ne se montrait en lui que suivant les occasions, et qu'elle ne se mêlait pas dans toutes les actions de sa vie, comme cela se voit quand la folie est véritable.

— Prudemment répondu, dit le monarque en se laissant retomber sur son oreiller d'où il s'était à demi soulevé. Et sa pénitence?

— Elle me paraît sincère, sire, et occasionnée par le remords de quelque grand crime pour lequel il semble se croire condamné à la réprobation.

— Et ses sentimens sur la guerre?

— Il semble désespérer de la sûreté de la Palestine comme de son propre salut, à moins de l'intervention d'un miracle, du moins depuis que le bras de Richard d'Angleterre a cessé de pouvoir frapper.

— La tâche politique de cet ermite est donc semblable à celle de ces misérables princes qui, oubliant leur rang de chevalier et leur foi, n'ont de courage et de résolution que lorsqu'il s'agit de faire retraite, et qui au lieu de marcher contre un Sarrasin armé, fouleraient aux pieds dans leur fuite le corps d'un allié mourant.

— Daignerez-vous m'excuser, sire, si je me permets de vous faire observer qu'un tel entretien ne peut qu'aigrir votre maladie, ennemi dont la chrétienté a plus de maux à craindre que des armes des infidèles?

Le teint du roi était effectivement plus enflammé, ses gestes étaient devenus plus violens; il avait le bras tendu, le poing fermé, les yeux étincelans. Il semblait souffrir en même temps les peines les plus cruelles du corps et de l'esprit, tandis que son courage indomptable le portait à continuer l'entretien comme pour les mépriser et les braver.

— Vous savez flatter, sire chevalier, dit-il, mais vous ne m'échapperez pas. Vous ne m'avez pas encore dit tout ce que je prétends savoir. Avez-vous vu la reine pendant que vous étiez à Engaddi ?

— Non, sire, pas à ma connaissance, répondit sir Kenneth avec beaucoup de trouble ; car il se rappelait la procession nocturne qu'il avait vue dans la chapelle des rochers.

— Je vous demande, dit le roi d'un ton plus sévère, si vous n'êtes pas entré dans la chapelle des religieuses carmélites d'Engaddi, et si vous n'y avez pas vu Bérengère, reine d'Angleterre, et les dames de sa suite, qui s'y sont rendues en pèlerinage.

— Je vous parlerai, sire, avec la même vérité que dans le confessionnal. J'ai vu dans une chapelle souterraine, dans laquelle l'anachorète m'a conduit, un chœur de dames rendre hommage à une relique de la plus haute importance ; mais comme je n'ai pas vu leur visage et que je n'ai entendu leurs voix que dans les hymnes qu'elles chantaient, je ne puis dire si la reine d'Angleterre en faisait partie.

— Et aucune de ces dames ne vous était-elle connue ? — Kenneth garda le silence.

— Je vous demande, dit Richard en se soulevant sur le coude, comme chevalier et comme gentilhomme, et je verrai par votre réponse quel prix vous attachez à ces deux titres, si vous avez reconnu quelqu'une des dames qui composaient ce chœur, oui ou non.

— Sire, répondit Kenneth non sans beaucoup hésiter, j'ai pu faire des conjectures.

— Et je puis faire aussi les miennes, dit le roi en fronçant les sourcils. Mais c'en est assez. Tout léopard que vous êtes, sire chevalier, prenez garde de tomber sous la griffe du lion Écoutez-moi ; devenir amoureux de la lune, ce ne serait qu'un acte de folie; mais sauter du haut d'une tour dans le fol espoir de s'élever jusqu'à elle, ce serait commettre un suicide.

En ce moment on entendit quelque bruit dans le premier appartement, et le roi, reprenant le ton qui lui était naturel, ajouta à la hâte : — Il suffit. Retirez-vous, cherchez De Vaux, et envoyez-le-moi promptement avec ce médecin maure. Je garantirais sur ma vie la bonne foi du soudan. S'il voulait seulement abjurer son chien de Prophète, je lui prêterais l'aide de mon épée pour chasser de ses états toute cette écume de Français et d'Autrichiens, et je croirais la Palestine aussi bien gouvernée sous ses lois que lorsqu'elle avait pour monarque un prince sacré par le décret du ciel même.

Le chevalier du Léopard se retira, et presque au même instant un officier du roi vint lui annoncer qu'une députation du conseil venait d'arriver pour voir sa majesté le roi d'Angleterre.

— Il est fort heureux qu'ils veuillent bien se souvenir que je vis encore, dit Richard. Et qui sont ces vénérables ambassadeurs?

— Le grand-maître de l'ordre des Templiers et le marquis de Montserrat.

— Notre frère de France n'aime pas le lit d'un malade, dit le roi; et cependant, si Philippe l'eût été, il y a longtemps qu'il m'aurait vu près de lui. Jocelyn, arrangez mon lit un peu mieux; il est uni comme les flots d'une mer courroucée. Donnez-moi ce miroir d'acier. Passez un peigne dans ma chevelure et dans ma barbe; elles ressemblent à la crinière d'un lion plutôt qu'au poil d'un chrétien. Donnez-moi de l'eau.

— Sire, dit Jocelyn en tremblant, les médecins disent que l'eau froide peut vous être dangereuse.

— Au diable les médecins! s'écria le monarque; s'ils ne sont pas en état de me guérir, croyez-vous que je souffre qu'ils me tourmentent. A présent, ajouta-t-il après avoir fait ses ablutions, faites entrer ces respectables ambassadeurs. J'espère qu'ils auront peine à s'apercevoir que les souffrances aient fait négliger à Richard le soin de sa personne.

Le célèbre grand-maître des Templiers était un homme de haute taille, maigre, usé par les fatigues de la guerre, qui avait l'œil sombre mais pénétrant, et un front sur lequel le souci de l'intrigue avait gravé ses rides. Placé à la tête de ce corps, pour qui l'ordre était tout et les individus rien ; cherchant à en augmenter le pouvoir, même aux dépens de la religion qui en avait consacré l'institution, accusé d'hérésie et de sorcellerie malgré son titre de religieux et de chevalier, suspect d'être secrètement ligué avec le soudan, quoique ayant fait vœu de défendre ou de recouvrer le saint temple, le caractère personnel du grand-maître, comme celui de son ordre, était une énigme qui faisait frémir ceux qui cherchaient à l'expliquer. Le grand-maître était vêtu de son costume d'apparat, et il portait l'*abacus*, symbole mystique de sa dignité, dont la forme particulière a donné lieu à tant de conjectures et à tant de commentaires si singuliers, jusqu'à faire soupçonner cet ordre de chevaliers chrétiens d'être enrôlés sous les emblèmes les plus impurs du paganisme.

Conrad de Montserrat avait l'extérieur beaucoup plus agréable que le sombre et mystérieux prêtre-soldat dont il était accompagné. C'était un homme bien fait, ayant peut-être un peu dépassé l'âge moyen de la vie, hardi sur le champ de bataille, prudent dans les conseils, gai et élégant dans les fêtes ; mais d'une autre part on l'accusait généralement de versatilité, d'une ambition étroite et égoïste, du désir d'étendre sa principauté, sans égard pour le bien du royaume latin de la Palestine, et de chercher à assurer ses intérêts personnels par des négociations privées avec Saladin, au préjudice des autres chefs chrétiens.

Lorsque ces deux dignitaires eurent fait les saluts d'usage, que Richard leur rendit avec courtoisie, le marquis de Montserrat commença à expliquer les motifs de leur visite. Ils étaient envoyés, dit-il, par les rois et princes composant le conseil des croisés, pour s'informer de la santé de leur magnanime allié, le vaillant roi d'Angleterre.

— Nous n'ignorons pas quelle importance les princes du conseil attachent à notre santé, répondit le monarque anglais, et nous savons combien ils ont dû souffrir en réprimant leur curiosité à cet égard pendant quatorze jours, sans doute dans la crainte d'aggraver notre maladie en nous laissant voir les inquiétudes qu'elle leur donnait.

Cette réplique ayant arrêté l'éloquence du marquis et jeté de la confusion dans ses idées, son compagnon à figure plus austère reprit le fil de la conversation, et d'un ton grave, aussi sec et aussi bref que le permettait le rang de celui à qui il s'adressait, il informa le roi qu'ils venaient le prier de la part du conseil, et au nom de toute la chrétienté, de ne pas confier le soin de sa santé à un médecin infidèle qu'on disait envoyé par Saladin avant que le conseil eût pris des mesures pour voir jusqu'à quel point étaient fondés les soupçons qui s'attachaient naturellement à une semblable mission.

— Grand-maître du saint et vaillant ordre des chevaliers templiers, et vous, très noble marquis de Montserrat, répondit Richard, s'il vous plaît de vous retirer dans la pièce voisine, vous verrez dans quelques instants quel cas nous faisons des tendres remontrances des rois et princes nos collègues dans cette guerre religieuse.

Le marquis et le grand-maître se retirèrent; et ils n'étaient que depuis quelques instants dans l'appartement d'entrée du pavillon quand le médecin maure y arriva, accompagné du baron de Gilsland et du chevalier du Léopard. Le baron n'y entra pourtant que quelques minutes après ses deux compagnons, s'étant arrêté à la porte, peut-être pour donner des ordres aux sentinelles.

Lorsque El Hakim entra, il salua à la manière orientale le marquis et le grand-maître, dont l'air et le costume annonçaient le haut rang; le grand-maître lui rendit son salut avec une expression de froideur dédaigneuse, et le marquis avec cette courtoisie qui le rendait populaire, et qu'il témoignait habituellement aux hommes de tous les rangs et de toutes les nations. Il s'ensuivit un moment de silence, sir Kenneth attendant Thomas de Vaux, et n'osant prendre sur lui d'entrer de sa propre autorité dans l'appartement du roi.

Pendant cet intervalle le grand-maître se tourna vers le musulman, et lui dit d'un ton sévère : — Infidèle, as-tu la hardiesse de pratiquer ton art sur la personne d'un des souverains de l'armée chrétienne?

— Le soleil d'Allah, répondit le sage, luit sur le Nazaréen comme sur le vrai croyant; et son serviteur n'ose faire de distinction entre eux quand il est appelé à exercer l'art de guérir.

— Mécréant Hakim, dit le grand-maître, ou quel que soit le nom qu'on donne à un esclave des ténèbres que les eaux du baptême n'ont pas purifié, sais-tu bien que tes membres seront tirés par quatre chevaux indomptés si le roi Richard vient à périr entre tes mains?

— Ce serait un acte d'injustice, répondit le médecin, car je ne puis employer que des moyens humains, et le résultat de mes soins est écrit dans le livre de lumière.

— Révérend et vaillant grand-maître, dit le marquis de Montserrat, faites attention que cet homme savant ne connaît pas nos lois chrétiennes, fondées sur la crainte de Dieu et dans l'intérêt de l'oint du Seigneur. Apprenez, grave médecin, de la science duquel nous ne doutons nullement, que la marche la plus sage que vous puissiez suivre c'est de vous transporter en présence de l'illustre conseil de notre sainte ligue et en présence des doctes médecins qui seront désignés, de rendre compte des moyens que vous comptez employer pour la guérison de cet auguste malade. Par ce moyen vous éviterez le danger auquel vous pouvez vous exposer en vous chargeant témérairement vous seul de toute la responsabilité.

— Je vous comprends fort bien, répondit El Hakim; mais la science a ses champions comme l'art militaire que vous professez, et elle a quelquefois ses martyrs aussi bien que la religion. J'ai reçu de mon souverain, le soudan Saladin, l'ordre de guérir ce roi nazaréen, et avec la bénédiction du Prophète je lui obéirai; si je ne réussis pas, vous portez des glaives qui ont soif du sang des vrais croyans, et j'abandonne mon corps à vos armes. Mais je ne veux pas entrer en discussion avec un incirconcis sur la vertu des remèdes dont j'ai acquis la connaissance par la grace du Prophète, et je vous prie de ne placer aucun délai entre mes devoirs et moi.

— Qui parle de délai? s'écria De Vaux en entrant dans la tente avec précipitation; nous n'en avons déjà que trop mis. Je vous salue, marquis de Montserrat, et vous aussi, vaillant grand-maître; mais il faut que je me rende sur-le-champ près du roi avec ce savant médecin.

— Milord, dit le marquis en français-normand, ou en langue d'*oui* comme on l'appelait alors, il est bon que vous sachiez que nous sommes venus de la part du conseil des rois et des princes de la croisade pour faire des remontrances sur le risque que l'on court en permettant à un infidèle, à un médecin musulman, de se mêler d'exercer son art dans le camp des chrétiens, quand il s'agit d'une santé aussi précieuse que celle du roi Richard votre maître.

— Noble marquis, répondit De Vaux un peu brusquement, je ne suis pas grand parleur, et je ne me soucie pas d'écouter de longs discours. D'ailleurs je suis plus porté à croire ce que mes yeux ont vu et ce que mes oreilles ont entendu: je suis convaincu que ce païen peut guérir la maladie du roi Richard, et j'ai assez de confiance en lui pour croire qu'il y travaillera de bonne foi. Le temps est précieux. Si Mahomet, que la malédiction de Dieu soit sur lui! était à la porte de cette tente avec d'aussi bonnes intentions que cet Adonebec El Hakim, je regarderais comme un péché de l'arrêter une minute. Ainsi, nobles seigneurs, faites-nous place.

— Mais le roi lui-même, dit Conrad de Montserrat, nous a dit que nous serions présens aux opérations de ce médecin.

Le baron dit quelques mots à voix basse à Jocelyn, sans doute pour savoir si le marquis parlait vrai, et lui répondit ensuite : — Vous pouvez entrer avec nous, si bon vous semble, nobles seigneurs, pourvu que vous vous armiez de patience ; car si vous interrompez ce docte médecin dans ses opérations par un mot ou un seul geste de menace, sans respect pour votre haut rang, je vous forcerai à sortir de la tente du roi. Sachez que je suis tellement convaincu de la vertu des remèdes de ce savant homme, que si Richard lui-même hésitait à les prendre, par Notre-Dame de Lanercoste! je crois que je trouverais dans mon cœur la force de le contraindre à avaler de quoi se guérir. — El Hakim, entrez.

Il prononça ces derniers mots en langue franque, et le médecin obéit aussitôt. Le grand-maître jeta un regard de travers sur le guerrier peu cérémonieux ; mais un coup d'œil du marquis fit que les rides que le courroux avait imprimées sur son front s'effacèrent un peu, et tous deux suivirent De Vaux et le Maure dans l'appartement où Richard les attendait avec toute l'impatience du malade qui entend les pas de son médecin. Personne n'invitait sir Kenneth à y entrer ; mais personne ne le lui défendait, et il crut que les circonstances l'autorisaient à accompagner ces grands dignitaires ; mais sentant l'infériorité de son rang, il se tint à l'écart pendant toute la scène qui se passa.

Lorsque Richard les vit entrer dans sa chambre, il s'écria

sur-le-champ : — Oh! oh! voici bonne compagnie qui vient pour voir Richard passer dans les ténèbres. Mes nobles alliés, je vous salue comme les représentans de notre ligue ; vous reverrez au milieu de vous Richard tel qu'il était autrefois, ou vous porterez au tombeau ce qui restera de lui. De Vaux, qu'il vive ou qu'il meure, tu as les remerciemens de ton prince. Mais il y en a encore un autre ; cette fièvre m'a rendu la vue trouble. Ah! c'est le brave Écossais qui voulait monter au ciel sans échelle. Il est le bienvenu aussi. Allons, sir Hakim, en besogne, en besogne !

Le médecin, qui s'était déjà fait rendre compte des divers symptômes de la maladie du roi, lui tâta le pouls long-temps et avec grande attention, tandis que tous les assistans étaient dans le silence de l'attente, et se permettaient à peine de respirer. Il emplit ensuite une coupe d'eau de fontaine, et y trempa la petite bourse de soie rouge qu'il prit dans son sein comme il l'avait fait pour l'écuyer. Quand il parut croire que l'eau était suffisamment saturée par les drogues qui y étaient en infusion, il allait l'offrir au souverain ; ce fut alors que Richard l'arrêta en lui disant : — Un instant ! tu m'as tâté le pouls, laisse-moi appuyer le doigt sur le tien. Je me connais un peu aussi en médecine, comme c'est un devoir pour un bon chevalier.

Le Maure tendit le bras sans hésiter, et ses doigts bruns, longs et grêles, furent un instant contenus dans la large main du roi Richard.

— Son pouls est aussi calme que celui d'un enfant, dit le roi ; ce n'est pas ainsi que doit battre celui d'un homme qui veut empoisonner un prince. De Vaux, que nous vivions ou que nous mourions, ce médecin doit être congédié avec honneur et en toute sûreté. L'ami, fais mes complimens au noble Saladin. Si je meurs, ce sera sans douter de sa bonne foi ; si je vis, ce sera pour lui faire les remerciemens qu'un guerrier tel que lui a droit d'attendre.

Il se mit sur son séant, prit la coupe en main, et se tournant vers le marquis et le grand-maître, il leur dit : — Faites attention à mes paroles, et que mes frères les rois me fassent raison avec du vin de Chypre. — A la gloire immortelle du premier croisé qui frappera de sa lance ou de son épée la porte de Jérusalem, et à la honte et à l'infamie éternelles de quiconque tournera le dos !

Il vida la coupe d'un seul trait, la remit au médecin, et tomba comme épuisé sur les coussins qui avaient été arrangés pour le recevoir. El Hakim, sans parler, mais par des gestes expressifs, fit alors comprendre qu'il fallait que tout le monde sortît de la chambre. En conséquence tous les spectateurs se retirèrent, à l'exception du médecin et de Thomas de Vaux, que nulle remontrance ne put déterminer à quitter son maître.

CHAPITRE X.

« J'ouvrirai maintenant un volume secret,
« Et, prompt à concevoir, votre esprit qui murmure
« D'un dangereux secret entendra la lecture. »
SHAKSPEARE. *Henri IV*, acte I.

Le marquis de Monserrat et le grand-maître des chevaliers templiers restèrent ensemble en face du pavillon du roi, dans lequel venait de se passer cette scène singulière, et ils virent un fort détachement d'arbalétriers et d'hommes d'armes s'y déployer en cercle afin d'en écarter tout ce qui pourrait troubler le repos du monarque. Les soldats avaient les yeux baissés, l'air sombre, et ils marchaient dans le même silence que s'ils avaient suivi une pompe funèbre ;

aucun bruit n'annonçait qu'ils étaient couverts de leurs boucliers et de leurs autres armes, malgré leur nombre. Ils baissèrent leurs armes avec respect lorsque les deux chefs traversèrent leurs rangs, mais toujours avec le même silence.

— Voilà un grand changement parmi ces chiens d'insulaires, dit le grand-maître à Conrad quand ils furent à quelque distance des gardes de Richard. Quel tumulte on entendait auparavant devant ce pavillon! il n'était question que de jeter la barre[1], de pousser la balle, de lutter, de chanter et de vider des flacons, comme si ces rustres eussent été à une fête[2] de village, ayant au milieu d'eux un mai au lieu d'une bannière royale.

— Les chiens sont une race fidèle, répondit Conrad, et le roi leur maître a gagné leur affection en luttant, causant et se divertissant avec le premier venu d'entre eux, toutes les fois qu'il en a la fantaisie.

— Il n'est composé que de fantaisies. Avez-vous remarqué les paroles qu'il a prononcées avant de vider sa coupe, au lieu de rendre des actions de graces au ciel?

— Cette coupe aurait été pour lui un coup de grace, et il l'aurait trouvée bien épicée, si Saladin était comme tout autre Turc qui ait jamais porté le turban et tourné la tête vers la Mecque à l'appel du muezzin. Mais il affecte de la bonne foi, de l'honneur, de la générosité, comme s'il appartenait à un chien non baptisé de pratiquer les vertus des chevaliers chrétiens! On dit qu'il a demandé à Richard de lui conférer l'ordre de la chevalerie.

— Par saint Bernard! sire Conrad, il serait temps alors de jeter loin de nous nos baudriers et nos éperons, d'effacer nos armoiries et de renoncer à nos lances, si le plus grand

---

(1) Jeu qui consistait à jeter le plus loin possible une barre de fer, de manière à la faire tomber sur un des deux bouts. — Éd.

(2) *Wake*, veillée : jadis la veille d'une grande fête était célébrée par une veillée qui durait jusqu'au matin, d'où *wake* signifie encore fête. — Éd.

honneur de la chrétienté devait être accordé à un Turc de dix sous.

— Vous estimez le soudan bien bas, dit le marquis. Cependant, quoique ce soit un homme de bonne mine, j'en ai vu de plus beaux vendus quarante sous au basar.

— Ils arrivaient alors près de leurs chevaux, qu'ils avaient laissés à quelque distance de la tente de Richard, au milieu d'un brillant cortége de pages et d'écuyers. Conrad, après un moment de réflexion, proposa au grand-maître pour profiter de la fraîcheur de la brise du soir, de renvoyer leurs chevaux et leur suite, et de retourner à leurs quartiers en traversant les lignes étendues du camp des chrétiens. Le grand-maître y consentit, et ils se mirent en marche, en évitant, comme s'ils en étaient convenus, les parties les plus habitées de cette grande ville de tentes, suivant la large esplanade qui séparait le camp des défenses extérieures, et où ils pouvaient s'entretenir en secret, sans être aperçus par d'autres yeux que ceux des sentinelles près desquelles ils passaient.

Ils s'entretinrent pendant quelque temps de combats et de préparatifs de défense; mais ce genre d'entretien, auquel ni l'un ni l'autre ne paraissait prendre intérêt, languit bientôt. Il en résulta un assez long intervalle de silence auquel le marquis de Monserrat mit fin en s'arrêtant tout à coup en homme qui vient de prendre une résolution soudaine; et fixant les yeux quelques instans sur la physionomie sombre et inflexible du grand-maître, il lui adressa enfin la parole en ces termes :

— Si cela pouvait convenir à votre valeur et à votre sainteté, révérend chevalier Giles Amaury, je vous prierais de baisser pour cette fois la visière noire que vous portez toujours, et de causer avec un ami à visage découvert.

Le Templier sourit.

— Il y a des masques de couleur claire aussi bien que des

visières noires, répondit-il, et ils n'en cachent pas moins les traits naturels du visage.

— Soit, répondit le marquis en portant la main à son menton et en faisant le geste d'un homme qui détache son masque ; me voilà sans déguisement. Et maintenant à quoi pensez-vous qu'aboutira cette croisade, en ce qui concerne les intérêts de votre ordre ?

— C'est arracher le voile qui couvre mes pensées, au lieu d'exposer les vôtres à ma vue. Cependant je vous répondrai par une parabole que m'a racontée un santon du Désert. — Un certain fermier demandait de la pluie au ciel, et murmurait de ce qu'il n'en tombait pas aussitôt qu'il le désirait. Pour le punir de son impatience, Allah, dit le santon, ordonna à l'Euphrate de se déborder sur ses terres ; toutes ses possessions furent détruites, et il périt lui-même, parce que ses vœux avaient été exaucés.

— Cette parabole est une vérité. Plût au ciel que l'Océan eût englouti les dix-neuf vingtièmes des armemens de ces princes ! ce qui en serait resté aurait mieux servi les projets des nobles chrétiens de la Palestine, les misérables restes du royaume latin de Jérusalem. Abandonnés à nous-mêmes, nous aurions pu céder à l'orage ; modérément soutenus d'argent et de troupes, nous aurions pu forcer Saladin à respecter notre valeur, et à nous accorder paix et protection à des conditions raisonnables. Mais d'après le danger imminent dont le menace cette croisade, nous ne pouvons supposer que le soudan, s'il parvient à le détourner, souffre qu'aucun de nous conserve des possessions ou des principautés en Syrie ; encore bien moins y permettra-t-il l'existence de ces ordres militaires et religieux qui lui ont déjà fait éprouver tant de maux.

— Sans doute, mais ces aventuriers croisés peuvent réussir, et planter de nouveau la croix sur les boulevards de Sion.

— Et quel avantage en reviendra-t-il à l'ordre des Templiers ou à Conrad de Montserrat ?

— L'avantage pour vous peut être très grand. Conrad, marquis de Montserrat, pourrait devenir Conrad roi de Jérusalem.

— Ce mot résonne comme quelque chose, vaillant grand-maître ; mais il sonne creux. Godefroi de Bouillon avait bien raison de choisir la couronne d'épines pour son emblème. Je vous l'avouerai, grand-maître, j'ai quelque attachement pour les formes du gouvernement oriental. Une pure et simple monarchie ne doit consister qu'en un roi et des sujets ; c'est l'organisation primitive des empires, un berger et son troupeau. Toute cette chaîne intérieure de dépendance féodale est artificielle et factice. J'aimerais mieux tenir d'une main ferme le bâton de commandement de mon pauvre marquisat, et le manier à ma volonté, que d'avoir en main le sceptre d'un monarque, restreint et courbé par la volonté de tous les orgueilleux barons féodaux qui auraient des domaines relevant du roi de Jérusalem. Un roi doit marcher librement, grand-maître, et ne pas être arrêté ici par un fossé, là par une haie, plus loin par un privilége féodal qu'un baron armé de pied en cap est prêt à soutenir. En un mot, je sais fort bien que les droits de Guy de Lusignan au trône seront préférés aux miens si Richard guérit de sa maladie et s'il a quelque influence sur le choix.

— Suffit, dit le grand-maître ; tu m'as convaincu de ta sincérité. D'autres peuvent avoir la même opinion ; mais, à l'exception de Conrad de Montserrat, peu d'entre eux oseraient avouer franchement qu'ils ne désirent pas le rétablissement du royaume de Jérusalem, mais qu'ils préfèrent rester maîtres d'une portion de ses fragmens, de même que les insulaires sauvages qui, bien loin de travailler à secourir un navire tourmenté par les flots, en attendent le naufrage pour s'enrichir de ses débris.

— Tu ne me trahiras pas ! s'écria Conrad en le regardant

avec des yeux que la méfiance rendait pénétrans. Sois bien assuré que ma langue ne mettra jamais ma tête en danger, et que ma main saura prendre la défense de l'une et de l'autre. — Accuse-moi, si tu le veux ; je suis prêt à entrer en lice contre le plus vaillant Templier qui ait jamais mis sa lance en arrêt.

— Tu te cabres cependant bien vite pour être un si intrépide coursier, répondit le grand-maître. Quoi qu'il en soit, je te jure par le saint temple que notre ordre a fait serment de défendre, que je te garderai le secret en fidèle compagnon.

— Par quel temple ? demanda le marquis de Montserrat, dont l'amour pour le sarcasme l'emportait souvent sur la politique et la discrétion ; jures-tu par le temple situé sur la montagne de Sion, qui fut construit par le roi Salomon, ou par cet édifice symbolique et emblématique dont on assure qu'il est parlé dans les conseils tenus sous les voûtes secrètes des commanderies des Templiers pour l'agrandissement de ton vénérable et vaillant ordre?

Le Templier jeta sur lui un coup d'œil qui semblait un trait de la mort ; mais il lui répondit avec calme :

— Par quelque temple que je jure, marquis de Montserrat, sois bien assuré que mon serment est sacré. Je voudrais savoir comment te lier par une promesse que je pusse croire de même poids.

— Je te jure de t'être fidèle, répondit Conrad en riant, par la couronne de marquis que je porte, et que j'espère changer pour quelque chose de mieux avant la fin de cette guerre. Elle est si légère qu'elle ne défend pas mon front du froid ; celle de duc serait une meilleure protection contre une brise de nuit comme celle que nous éprouvons ; mais la couronne royale serait encore préférable, attendu qu'elle est bien doublée de velours et d'hermine. En un mot, grand-maître, nous sommes liés l'un à l'autre par un intérêt commun ; car ne croyez pas que si ces princes alliés réussissent à conquérir Jérusalem et à y placer un roi de leur choix, ils souffrent que votre ordre et mon pauvre marquisat conservent l'indépendance dont nous jouissons à présent. Non, de par Notre-Dame! il faudrait alors que les fiers chevaliers de Saint-Jean recommençassent à préparer des onguens, et à soigner les pestiférés dans les hôpitaux; et vous, puissans et vénérables chevaliers du Temple, vous seriez obligés de redevenir comme autrefois de simples hommes d'armes, de dormir trois sur une paillasse, de monter deux sur le même cheval; ce qui était jadis votre coutume, comme le prouve le sceau dont vous vous servez encore.

— Le rang, les priviléges et l'opulence de notre ordre préviendront une dégradation semblable à celle dont vous le menacez, dit le grand-maître avec hauteur.

— C'est précisément ce qui le perdra, répliqua Conrad de Montserrat; et vous savez aussi bien que moi, révérend grand-maître, que si les princes alliés obtenaient un succès complet en Palestine, le premier soin de leur politique serait de détruire l'indépendance de votre ordre, coup qui vous aurait été porté depuis long-temps sans la protection de notre saint père le pape, et sans le besoin qu'on a de votre valeur pour la conquête de la Terre-Sainte. Donnez-leur une victoire complète et vous serez mis à l'écart, comme on jette hors de la lice les fragmens d'une lance brisée dans un tournoi.

— Il peut y avoir de la vérité dans ce que vous dites, reprit le Templier en souriant d'un air sombre; mais quelles seraient nos espérances si les alliés retiraient leurs forces, et laissaient la Palestine sous la domination absolue de Saladin?

— Elles seraient aussi grandes qu'assurées; le soudan donnerait de vastes provinces pour avoir à ses ordres un corps bien discipliné de lances franques. En Égypte, en Perse, une centaine d'auxiliaires semblables joints à sa cavalerie légère lui assureraient la victoire contre l'inégalité de nombre la plus effrayante. Cette dépendance ne serait pas éternelle, peut-être ne durerait-elle qu'autant que la vie de ce soudan entreprenant; mais dans l'Orient les empires naissent comme des champignons. Supposons qu'il soit mort et que nous soyons constamment fortifiés et recrutés par des aventuriers d'Europe pleins d'ardeur et de courage, quels succès ne pouvons-nous pas espérer quand nous ne serons plus gênés dans nos opérations par ces monarques dont la dignité jette une ombre sur nous en ce moment, et qui, s'ils restent ici et qu'ils triomphent dans cette expédition, sont tous disposés à nous vouer à une dégradation et à une dépendance éternelle.

— Vous avez raison, sire marquis, et vos paroles trouvent un écho dans mon cœur. Cependant il faut que nous agissions avec circonspection : Philippe de France est aussi prudent que vaillant.

— C'est la vérité, et il n'en sera que plus facile de le faire renoncer à une expédition dans laquelle il s'est inconsidérément engagé dans un moment d'enthousiasme, ou à l'instigation de ses nobles ; il est jaloux du roi Richard, son ennemi naturel, et il brûle de retourner chez lui pour suivre ses plans ambitieux, dont le but est plus voisin de Paris que de la Palestine. Il saisira le premier prétexte apparent qu'il pourra trouver pour se retirer d'une scène sur laquelle il sait fort bien qu'il prodigue sans fruit les forces de son royaume.

— Et l'archiduc d'Autriche ?

— Oh! quant à l'archiduc, son amour-propre et sa folie le conduisent aux mêmes conclusions que la politique et la prudence de Philippe. Il se croit (que Dieu le maintienne dans ces bons sentimens!) traité avec ingratitude, parce que toutes les bouches, même celles de ses propres *minne singers* [1], ne sont remplies que des louanges du roi Richard,

---

(1) Ménestrels. — Éd.

qu'il craint et qu'il déteste, et dont la ruine le réjouirait : semblable à ces chiens lâches et mal dressés qui, lorsque le plus brave de la meute est saisi par la gueule du loup, sont plus disposés à l'attaquer par derrière qu'à lui porter du secours. Mais pourquoi vous dire tout cela, si ce n'est pour vous prouver que je désire sincèrement que cette ligue soit dissoute, et que le pays soit délivré de ces grands monarques et de leurs armées? Vous savez comme moi et vous avez vu que tous les princes qui ont ici de l'influence et de l'autorité désirent vivement traiter avec Saladin.

— J'en conviens; il faudrait être aveugle pour ne pas l'avoir entrevu dans leurs dernières délibérations. Mais soulève encore ton masque de quelques lignes de plus, et dis-moi la véritable raison qui t'a fait insister dans le conseil pour charger de porter les propositions du traité cet Anglais du nord, cet Écossais, ce chevalier du Léopard, quelque nom que tu lui donnes.

— C'était un coup de politique, répondit l'Italien. Né dans la Grande-Bretagne, cette qualité suffisait pour prévenir en sa faveur Saladin, qui savait qu'il combattait sous les bannières de Richard; tandis que son caractère comme Écossais, et quelques autres sujets de mécontentement personnel que je connais, faisaient qu'il n'était pas vraisemblable que notre envoyé à son retour eût aucune communication avec Richard, à qui sa présence n'était pas agréable.

— C'était une politique dont le tissu était trop fin, dit le grand-maître; croyez-moi, cette toile d'araignée italienne ne retiendra jamais ce Samson insulaire, dont la tête conserve tous ses cheveux; garottez-le de cordes neuves, et des plus fortes, si vous le pouvez, et vous ferez bien. Ne voyez-vous pas que cet envoyé que vous avez choisi avec tant de soin nous a ramené ce médecin qui va remettre ce Cœur-de-Lion, cet Anglais à cou de taureau en état de continuer son entreprise de croisade; et dès qu'il sera en état de marcher en avant, lequel des princes osera rester en arrière? La honte les forcera à le suivre, quoiqu'ils aimassent autant marcher sous les bannières de Satan.

— Soyez tranquille, répondit Conrad de Montserrat; avant que ce médecin, à moins qu'il n'emploie des moyens miraculeux, ait eu le temps de compléter la guérison de Richard, il sera possible d'exciter une rupture ouverte entre le Français, ou du moins l'Autrichien, et leur allié d'Angleterre, de manière à ce que la brèche devienne irréparable. Alors si Richard quitte son lit, ce pourra être pour commander ses propres troupes, mais jamais pour diriger par sa seule volonté l'emploi de toutes les forces de la croisade.

— Tu es un archer bien disposé, Conrad de Monserrat, dit le Templier; mais ton arc n'est pas assez tendu pour lancer une flèche au but.

Il se tut tout à coup, jeta autour de lui un regard inquiet comme pour s'assurer que personne ne pouvait l'entendre, et saisissant la main de Conrad il la serra fortement, le regarda en face et lui dit d'une voix lente:

— Richard quitter son lit, dis-tu? Camarade, il faut qu'il ne le quitte jamais!

Le marquis de Montserrat tressaillit. — Quoi! s'écria-t-il, parlez-vous de Richard Cœur-de-Lion, du champion de la chrétienté?

Ses joues pâlirent et ses genoux tremblaient sous lui tandis qu'il prononçait ces paroles. Le Templier fixa les yeux sur lui, et un sourire de mépris se dessina sur ses traits de fer.

— Sais-tu à quoi tu ressembles en ce moment, sir Conrad? s'écria-t-il; ce n'est pas au politique et vaillant marquis de Montserrat, ce n'est pas à l'homme qui voudrait diriger le conseil des princes et décider du destin de l'empire, c'est à un novice qui étant tombé par hasard sur une formule de conjurations dans les livres de son maître, a évoqué le diable sans y penser, et s'épouvante en voyant l'esprit qui se présente devant lui.

— Je conviens, répondit le marquis revenant à lui, qu'à moins qu'on ne puisse découvrir quelque autre moyen bien sûr, tu viens de faire allusion à celui qui nous conduit directement au but. Mais, sainte Marie! nous deviendrons les objets de l'horreur de toute l'Europe, le but de toutes les malédictions, depuis le pape sur son trône jusqu'au mendiant debout à la porte de l'église, et qui rongé de lèpre, couvert de haillons et dans le dernier degré de la misère humaine, bénira le ciel de ce qu'il n'est ni Giles Amaury ni Conrad de Montserrat.

— Si tu prends les choses ainsi, dit le grand-maître avec le même sang-froid qui l'avait caractérisé pendant cette conversation remarquable, supposons, toi et moi, qu'il ne s'est rien passé entre nous, que nous avons parlé en dormant, que nous nous sommes éveillés, et que la vision s'est évanouie.

— Elle sera toujours devant mes yeux, répliqua Conrad.

— Il est vrai que les visions de couronnes ducales et de diadèmes royaux ne quittent pas facilement la place qu'elles occupent dans l'imagination, dit le grand-maître.

— Fort bien, répondit le marquis; mais laissez-moi d'abord essayer de semer la zizanie entre l'Autriche et l'Angleterre.

Ils se séparèrent. Conrad s'arrêta à l'endroit où ils se trouvaient alors, regardant le manteau blanc du Templier qui flottait au gré du vent pendant qu'il s'éloignait, et qui disparut peu à peu au milieu des ténèbres de la nuit, qui s'épaississent rapidement en Orient. Fier, ambitieux, politique et peu scrupuleux, le marquis de Montserrat n'était pourtant pas naturellement cruel. C'était un épicurien voluptueux; et semblable à beaucoup de gens du même caractère, il n'aimait en dépit de son égoïsme ni à porter des blessures sérieuses, ni à voir des actes de cruauté. Il avait d'ailleurs en général pour sa propre réputation ce sentiment de respect qui tient quelquefois la place de ces principes plus louables qui doivent être la base de la bonne renommée.

Les yeux encore fixés sur le point où il avait cessé d'apercevoir le manteau flottant du Templier, il se dit à lui-même : — J'ai véritablement évoqué le diable, et il est effrayant. Qui aurait cru que ce sévère et ascétique grand-maître, dont la fortune bonne ou mauvaise est absorbée dans celle de son ordre, voudrait pour en assurer l'avantage aller plus loin que je ne suis disposé à le faire pour mon intérêt personnel ? Mettre un terme à cette folle croisade était mon projet, j'en conviens ; mais je n'osais pas songer au moyen expéditif que ce guerrier-religieux n'a pas hésité à me proposer. Et cependant il n'en est pas de plus sûr : c'est peut-être celui qui nous expose à moins de dangers.

Telles étaient les réflexions que le marquis faisait à voix basse quand il fut interrompu par une voix rauque qui criait à peu de distance avec le ton emphatique d'un héraut : — Souvenez-vous du saint sépulcre !

Ce cri se répéta de poste en poste, car la consigne des sentinelles était de le faire entendre de temps en temps pendant leur faction, afin que l'armée des croisés n'oubliât jamais le motif qui avait fait prendre les armes. Mais quoique Conrad fût habitué à cette coutume, et qu'il eût bien des fois entendu ce cri sans y attacher aucune importance, il contrastait tellement en ce moment avec les pensées qui l'occupaient, qu'il semblait une voix descendant du ciel pour l'avertir de l'iniquité du projet qu'il méditait dans son cœur. Il regardait de tous côtés avec inquiétude, comme si, de même que l'ancien patriarche, quoique dans des circonstances bien différentes, il se fût attendu à voir quelque bélier arrêté dans un buisson, quelque victime qu'on pût substituer à celle que son compagnon lui proposait de sacrifier, non à l'Être suprême, mais au Moloch de leur ambition.

En ce moment ses regards s'arrêtèrent sur la bannière royale d'Angleterre, agitée par le souffle de la brise, et se montrant encore au milieu de l'obscurité qui augmentait à chaque instant. Elle était arborée sur une hauteur qui était évidemment l'ouvrage de la main des hommes, située presque au milieu du camp, et que peut-être un chef ou un champion hébreu avait élevée en commémoration du repos qu'il avait trouvé en ce lieu. Quoi qu'il en soit, le nom en était tombé en oubli, et les croisés l'avaient appelée le mont Saint-George, parce que de cette élévation qui commandait tout le camp, l'étendard d'Angleterre, comme un emblème de souveraineté, dominait toutes les bannières des chefs, des princes et même des rois qu'on voyait flotter dans des situations inférieures.

L'inspiration d'un instant suffit pour éveiller de nouvelles idées dans un esprit aussi prompt que l'était celui de Conrad. Un seul coup d'œil jeté sur cet étendard sembla dissiper tout à coup l'incertitude qui régnait dans ses résolutions. Il se remit en marche pour retourner à son pavillon, du pas rapide et déterminé d'un homme qui vient d'adopter un plan et ne pense plus qu'à l'exécuter. En y arrivant, il congédia tous les serviteurs qui l'attendaient et qui lui formaient une suite presque digne d'un roi ; et en se mettant au lit il se dit à lui-même que sa résolution amendée était la meilleure : savoir, d'essayer des moyens plus doux avant de recourir à des voies désespérées.

— Demain, dit-il, je dînerai à la table de l'archiduc d'Autriche. Je verrai ce qu'il est possible de faire pour assurer l'exécution de nos projets avant de suivre les conseils du sombre Templier.

CHAPITRE XI.

« Notre climat du nord a ce rare avantage
« Qu'il montre bien souvent dans un seul possesseur
« La fortune et l'esprit, le rang et la valeur.
« Mais l'Envie aux traits noirs, poursuivant le mérite
« Comme l'ardent limier suit le daim qui palpite,
« Jalouse du haut point auquel il est placé,
« Ne respirera pas sans l'avoir renversé. »
Sir David Lindsay.

Léopold, archiduc d'Autriche, fut le premier des chefs de ce beau pays qui ait joui du rang de prince. Il avait été élevé à la dignité ducale dans l'empire germanique, parce qu'il était proche parent de l'empereur Henri-le-Cruel, et tenait sous son gouvernement les plus belles provinces qu'arrose le Danube. L'histoire a flétri sa mémoire à cause d'un acte de violence et de perfidie qui prit sa source dans les événemens des croisades ; et cependant la honte d'avoir fait Richard prisonnier tandis qu'il traversait ses domaines sans suite et déguisé n'était pas un acte du caractère naturel de Léopold. C'était un prince vain et faible plutôt qu'un tyran ambitieux et cruel. On remarquait une grande analogie entre son caractère moral et ses formes extérieures : il était de grande taille, robuste et bien fait. La blancheur de son teint faisait un contraste avec la rougeur de ses joues, et une longue chevelure blonde couvrait sa tête ; mais il y avait quelque chose de gauche dans sa démarche, et l'on aurait dit que son corps n'était pas animé d'une énergie proportionnée à sa dimension colossale. De même il portait toujours le plus riche costume ; mais on aurait cru qu'il n'avait pas été fait pour lui. Comme prince, il semblait trop peu familier avec sa propre dignité ; et embarrassé pour prendre un air d'autorité quand l'occasion l'exigeait, il se croyait fréquemment obligé d'avoir recours à des expressions et à des actes de violence pour regagner le terrain qu'il aurait maintenu avec plus de grace en montrant d'abord un peu plus de présence d'esprit.

Non-seulement ces défauts étaient visibles pour les autres, mais l'archiduc lui-même ne pouvait s'empêcher d'éprouver quelquefois la conviction pénible qu'il n'était pas tout-à-fait en état de soutenir et de faire respecter son rang, et soupçonnait avec raison les autres d'avoir la même opinion de lui.

Lorsqu'il joignit les croisés à la tête d'une troupe digne d'un prince, il avait beaucoup désiré gagner l'amitié de Richard, et il avait fait de telles avances pour l'obtenir que le roi d'Angleterre en bon politique aurait dû y répondre. Mais l'archiduc, sans manquer de courage, était fort inférieur à Cœur-de-Lion en bravoure, et n'était pas enflammé comme lui de cette ardeur qui lui faisait rechercher les dangers comme on courtise une maîtresse ; aussi le roi le regarda-t-il bientôt avec une espèce de mépris. D'ailleurs Richard était un prince normand, peuple pour qui la tempérance était une habitude, et il méprisait le penchant de l'Allemand pour les plaisirs de la table, et surtout son ivrognerie. Ces motifs joints à quelques autres entièrement personnels, firent que le roi d'Angleterre cessa bientôt de se contraindre pour cacher son dédain pour le prince autrichien ; et le soupçonneux Léopold l'ayant bientôt remarqué, l'en paya par une haine profonde. La discorde fut fomentée entre eux par les artifices secrets du politique Philippe, roi de France, un des monarques de son siècle qui avait le plus de sagacité. Philippe craignant le caractère fier et impétueux de Richard comme son rival naturel, et se trouvant offensé de l'air dictatorial avec lequel un prince vassal de la couronne de France pour les domaines qu'il possédait sur le continent se conduisait envers son seigneur suzerain, cherchait à fortifier son parti et à affaiblir celui de Richard en excitant les princes croisés d'un rang inférieur à se réunir pour résister à ce qu'il appelait l'autorité usurpatrice du roi d'Angleterre.

Telles étaient les opinions de l'archiduc d'Autriche lorsque Conrad de Montserrat résolut de se servir de la haine de ce prince contre Richard comme d'un instrument pour dissoudre la ligue des croisés, ou du moins pour relâcher les nœuds qui les unissaient.

Il choisit l'heure de midi pour lui rendre visite, et le prétexte fut de lui présenter du vin de Chypre de première qualité qui lui était récemment tombé entre les mains, afin de lui faire faire la comparaison avec ceux du Rhin et de Hongrie. Une pareille offre valait bien une invitation à dîner; l'archiduc la lui fit de la manière la plus courtoise, et rien ne fut épargné pour que le repas fût digne de la splendeur d'un prince souverain. Cependant le goût délicat du marquis italien vit plus de profusion que d'élégance dans les mets substantiels sous lesquels la table gémissait.

Les Allemands, quoique doués encore du caractère franc et martial de leurs ancêtres qui subjuguèrent l'empire romain, avaient pourtant conservé une teinte assez prononcée de leur barbarie. Ils ne portaient pas les principes de chevalerie au même point de délicatesse que les chevaliers français et anglais, et ils n'observaient pas les règles prescrites par la société que ces deux nations regardaient comme l'indice de la plus haute civilisation. Assis à la table de l'archiduc, Conrad fut étourdi et amusé en même temps par le bruit allemand dont les oreilles furent assaillies de toutes parts malgré la solennité d'un banquet donné par un prince. Le costume lui parut également fantasque; les nobles autrichiens conservaient leurs longues barbes et de courts pourpoints de différentes couleurs, tailladés, brodés et garnis de plus de franges qu'on n'en portait dans l'occident de l'Europe.

Beaucoup de serviteurs, jeunes et vieux, étaient debout dans le pavillon, prenaient part de temps en temps à la conversation, et recevaient de leurs maîtres les restes du banquet, qu'ils dévoraient derrière les convives. On voyait des bouffons, des nains et des ménestrels en nombre plus qu'ordinaire, et ils faisaient plus de bruit et se permettaient plus de licence qu'on ne l'aurait souffert dans une société mieux réglée. Comme le vin ne leur manquait pas, le tumulte, qui semblait leur être permis, n'en était que plus expressif.

Au milieu de cette confusion et de ces clameurs qui auraient mieux convenu à une taverne allemande qu'à la tente d'un prince souverain, l'archiduc était servi avec toutes les formalités d'un respect minutieux qui montrait combien il attachait d'importance à maintenir son rang et à exiger tout ce qui lui était dû. Des pages de sang noble le servaient à genoux; il mangeait sur de la vaisselle d'argent, et buvait ses vins du Rhin et de Tokai dans une coupe d'or. Son manteau ducal était orné d'hermine; sa couronne de duc pouvait égaler par le prix celle d'un roi, et ses pieds, enfermés dans des souliers de velours dont la longueur en y comprenant la pointe pouvait être de deux pieds, reposaient sur un tabouret d'argent massif. Mais ce qui servait en partie à indiquer le caractère du prince, c'était que tout en désirant de montrer des égards au marquis de Montserrat qu'il avait poliment placé à sa droite, il accordait beaucoup plus d'attention à son *spruch-sprecher*, ou diseur privilégié de bons mots, qui se tenait derrière l'épaule droite de l'archiduc.

Ce personnage était richement costumé, portant un manteau et un pourpoint de velours noir décoré de diverses pièces d'or et d'argent qu'il y avait attachées en mémoire de la munificence des princes qui lui en avaient fait présent;

il avait un petit bâton auquel étaient suspendues par des anneaux des pièces d'argent qu'il faisait sonner quand il allait dire quelque chose digne d'attention. Son rang dans la maison de l'archiduc tenait le milieu entre ceux de ménestrel et de conseiller ; il était tour à tour flatteur, poète et orateur ; tous ceux qui désiraient obtenir les bonnes graces du prince cherchaient en général à gagner celles de son *spruch-sprecher*.

De peur qu'une trop forte dose de la sagesse de cet officier ne devînt fatigante, on voyait à gauche de l'archiduc son *hoff-narr* ou bouffon de cour, nommé Jonas Schwanker, qui faisait presque autant de bruit avec les clochettes attachées à son bonnet et à sa marotte que le *spruch-sprecher* avec son bâton garni de pièces d'argent.

Ces deux personnages alternaient pour faire entendre des balivernes graves ou comiques, tandis que leur maître, riant et applaudissant, examinait pourtant avec soin la physionomie de son hôte pour voir quelle impression faisaient sur un cavalier si accompli tous ces frais d'éloquence et d'esprit autrichien. Il serait difficile de dire lequel du champion de la sagesse ou de celui de la folie contribuait le plus à l'amusement de la compagnie, ou avait la plus grande part dans la faveur du prince leur maître ; l'un et l'autre semblaient parfaitement accueillis. Quelquefois ils se disputaient la parole, et faisaient sonner à l'envi l'un de l'autre, celui-ci ses clochettes, celui-là ses pièces d'argent ; mais en général ils paraissaient en bonne intelligence, et ils étaient si accoutumés à se faire valoir l'un l'autre, que le *spruch-sprecher* avait quelquefois la condescendance d'ajouter une explication aux traits d'esprit du bouffon pour les mettre plus à la portée des auditeurs, de sorte que la sagesse de l'un devenait une sorte de commentaire sur la folie de l'autre. Pour s'acquitter envers son collègue, le *hoff-narr* faisait souvent suivre d'une plaisanterie la conclusion d'une harangue ennuyeuse de l'orateur.

Quels que pussent être ses véritables sentimens, Conrad eut grand soin que sa physionomie n'exprimât qu'une satisfaction complète de tout ce qu'il entendait. Il souriait et applaudissait avec autant d'enthousiasme en apparence que l'archiduc lui-même à la folie solennelle du *spruch-sprecher*, à l'esprit imperceptible du fou.

Le politique italien épiait l'instant où l'un ou l'autre introduirait dans la conversation un sujet favorable à l'objet dont il était principalement occupé.

Il ne se passa pas long-temps sans que le roi d'Angleterre fût mis sur le tapis par le bouffon, qui était accoutumé à regarder Dick-au-Genêt[1] comme un sujet agréable et inépuisable de plaisanteries. L'orateur garda le silence, et ce ne fut que lorsque le marquis lui eut demandé l'explication de ces mots, qu'il lui dit que le genêt était un emblème d'humilité, et qu'il serait à propos que ceux qui s'en paraient se rappelassent cette espèce d'avis.

Ce peu de mots expliquèrent suffisamment l'allusion au symbole de l'illustre maison de Plantagenet, et Jonas Schwanker fit observer que ceux qui s'étaient humiliés n'en avaient été que plus élevés.

— Honorez ceux à qui l'honneur est dû, dit le marquis de Montserrat; nous avons tous eu quelque part à ces marches et à ces batailles, et il me semble que les autres princes pourraient réclamer une faible partie du renom que les ménestrels et les *minne-singers* attribuent exclusivement à Richard d'Angleterre. Aucun des maîtres de la gaie science n'a-t-il une chanson en l'honneur de notre hôte illustre, l'archiduc royal d'Autriche ?

Trois *minne-singers* s'avancèrent et commencèrent en même temps à chanter en s'accompagnant de leur harpe. Le silence fut imposé à deux d'entre eux non sans difficulté par le *spruch-sprecher*, qui semblait remplir les fonctions

---

(1) Abréviation familière de Richard Plantagenet. — Éd.

d'intendant des menus-plaisirs, et l'on écouta le poète préféré qui chanta en allemand des stances que l'on peut traduire ainsi qu'il suit :

> Quel brave chef nous conduira
> Au champ d'honneur où la croix nous appelle ?
> C'est celui qui rassemblera
> De cavaliers la troupe la plus belle,
> Qui montrera le plus de zèle,
> Et qui plus haut la tête portera.

Ici l'orateur remuant son bâton pour faire sonner ses pièces d'argent, expliqua à la compagnie ce qu'on n'aurait peut-être pas compris d'après cette description poétique, que le chef dont il était question dans cette strophe n'était autre que l'illustre prince leur hôte, et tous les convives, se versant une rasade, burent en portant l'acclamation : *Hoc lebe der Herzog Léopold* [1] *!*

Le poète continua :

> Ne me demandez pas pourquoi
> La fière Autriche élève sa bannière
> Plus haut que le plus puissant roi ;
> Ou demandez pourquoi, quittant la terre,
> L'aigle, d'une aile téméraire,
> Vers le soleil s'élève sans effroi.

L'orateur chargé d'expliquer tout ce qui pouvait paraître obscur dit alors : — L'aigle orne l'écu de notre noble seigneur l'archiduc, de Sa Grâce royale, devrais-je dire : et l'aigle est de tous les oiseaux celui qui vole le plus haut et qui s'approche le plus du soleil.

— Le lion ici a pourtant pris les devants sur l'aigle, dit Conrad négligemment.

L'archiduc rougit, et fixa les yeux sur le marquis de Montserrat, tandis que le *spruch-sprecher* lui répondait, après un moment de silence : — Le noble marquis me pardonnera ;

---

[1] Longue vie à l'archiduc Léopold ! — Éd.

un lion ne peut voler par-dessus un aigle, parce qu'il n'a pas d'ailes.

— Excepté le lion de Saint-Marc, dit le bouffon.

— C'est la bannière des Vénitiens, dit l'archiduc; mais bien certainement cette race amphibie, moitié nobles, moitié marchands, n'oserait mettre son rang en comparaison avec le nôtre.

— Ce n'était pas du lion de Venise que je parlais, dit le marquis de Montserrat; c'était des trois lions d'Angleterre. Jadis ils n'étaient, dit-on, que léopards; mais ils sont devenus de vrais lions, et il faut qu'ils aient la préséance sur tous les quadrupèdes, tous les oiseaux et tous les poissons, ou malheur à qui leur résistera.

— Parlez-vous sérieusement, marquis? demanda l'Autrichien, dont la tête était échauffée par le vin. Croyez-vous que Richard d'Angleterre prétende avoir quelque supériorité sur les souverains libres qui ont été volontairement ses alliés dans cette croisade?

— Je n'en juge que sur les apparences, répondit Conrad. Voilà sa bannière déployée seule au milieu de notre camp, comme s'il était roi et généralissime de toute l'armée chrétienne.

— Et vous endurez cela si patiemment! et vous en parlez d'un ton si froid! dit l'archiduc.

— Il ne peut appartenir au pauvre marquis de Montserrat, répliqua Conrad, de réclamer contre une injure à laquelle se soumettent avec tant de patience des princes aussi puissans que Philippe de France et Léopold d'Autriche : l'ignominie qu'il vous plaît de supporter ne peut être un déshonneur pour moi.

Léopold serra le poing, et en donna un grand coup sur la table.

— J'ai dit cela à Philippe, s'écria-t-il; je l'ai souvent averti qu'il était de notre devoir de protéger les princes inférieurs contre l'esprit usurpateur de cet insulaire. Mais il me répond toujours en faisant valoir froidement les relations qui existent entre eux comme suzerain et vassal, et prétend qu'il serait impolitique à lui d'en venir à une rupture ouverte dans un moment comme celui-ci.

— Le monde sait que Philippe est prudent, dit le marquis, et il attribuera sa soumission à la politique. Quant à celle de l'archiduc d'Autriche, lui seul peut en rendre compte ; mais je ne doute pas qu'il n'ait d'excellentes raisons pour se soumettre à la domination anglaise.

— Moi, me soumettre! s'écria Léopold avec indignation. Moi, archiduc d'Autriche, membre si important du saint empire romain, me soumettre à ce roi de la moitié d'une île, à ce petit-fils d'un bâtard normand! Non, de par le ciel! Le camp et toute la chrétienté verront si je sais me rendre justice à moi-même, et si je cède un pouce de terrain à ce boule-dogue anglais. Levez-vous, messieurs, levez-vous, et suivez-moi. Nous-même, de notre propre main, et sans perdre un moment, nous planterons l'aigle d'Autriche dans une situation où cette bannière flottera aussi haut qu'on a jamais vu flotter l'étendard d'aucun roi ou d'aucun César.

A ces mots il se leva de table, et au milieu des acclamations tumultueuses de ses convives et de toute sa suite, il sortit de son pavillon, et saisit sa bannière arborée devant la porte.

— Ne craignez-vous pas, dit Conrad feignant d'intervenir, que ce ne soit une tache pour votre sagesse que de faire un semblable coup à une pareille heure? Peut-être vaudrait-il mieux vous soumettre un peu plus long-temps à la domination de l'Angleterre, que de...

— Pas une heure, pas un moment de plus! cria l'archiduc; et portant lui-même sa bannière, il marcha à grands pas à la tête d'un nombreux cortège, vers la hauteur formant le point central du camp : dès qu'il y fut arrivé, il y porta la main pour l'arracher.

— Mon maître, mon cher maître! s'écria Jonas Schwanker

en lui entourant le corps de ses bras, prenez bien garde; les lions ont des dents.

— Et les aigles ont des serres, répondit l'archiduc ayant toujours la main autour de la pique qui soutenait la bannière d'Angleterre, mais paraissant hésiter à l'arracher.

L'orateur, qui malgré son occupation ordinaire avait cependant quelques intervalles de bon sens, agita vivement son bâton sonore, et Léopold, comme par habitude, tourna la tête vers son conseiller.

— L'aigle est le roi des oiseaux de l'air, dit le *spruchsprecher*, comme le lion est le monarque des animaux. Chacun d'eux a son domaine, aussi séparé de celui de l'autre que l'Angleterre l'est de l'Allemagne. Noble aigle, ne déshonorez pas le lion, et laissez les deux bannières flotter en paix l'une à côté de l'autre.

Léopold retira à lui la main qui avait saisi la pique, et se retourna pour chercher Conrad de Montserrat; mais il ne l'aperçut pas, car dès que le marquis avait vu qu'il avait réussi dans ses projets, il s'était retiré de la foule, après avoir eu soin d'exprimer devant plusieurs spectateurs neutres son regret que Léopold eût choisi l'instant où il sortait de table pour se venger d'une injure. Ne voyant pas celui auquel il aurait désiré particulièrement s'adresser, il dit tout haut que ne voulant pas répandre la dissension dans l'armée de la croix, il se bornerait à faire valoir ses priviléges et le droit qu'il avait d'être sur le pied de l'égalité avec le roi d'Angleterre, sans désirer, comme il aurait pu le faire, d'élever sa bannière, qu'il tenait des empereurs ses ancêtres, au-dessus de celle d'un simple descendant des comtes d'Anjou; et il finit par ordonner qu'on apportât un tonneau de vin et qu'on le mît en perce pour régaler les spectateurs qui, au bruit du tambour et au son de la musique, se mirent à faire une orgie autour de l'étendard d'Autriche.

Cette scène de désordre ne se passa pas sans tumulte, et l'alarme se répandit dans tout le camp.

Cependant le moment critique était arrivé où El Hakim avait déclaré, d'après les règles de son art, que son malade royal pouvait être éveillé sans danger. Le médecin n'eut pas besoin de réfléchir long-temps pour assurer le baron de Gilsland que la fièvre avait entièrement quitté son souverain, et que telle était la force naturelle de sa constitution, qu'il ne serait pas nécessaire de lui donner une seconde dose de ce breuvage puissant, comme il fallait le faire dans certains cas. Richard parut être du même avis; car se mettant sur son séant et se frottant les yeux, il demanda à De Vaux quelle somme d'argent se trouvait alors dans la cassette royale.

Le baron répondit qu'il ne pouvait le dire très précisément.

— N'importe, dit le roi; qu'elle soit modique ou considérable, donnez-la tout entière à ce savant médecin, qui m'a rendu, je crois, au service de la croisade; et s'il s'y trouve moins de mille besans, complétez cette somme en lui donnant des bijoux.

— Je ne vends pas la science qu'il a plu à Allah de m'accorder, répondit le médecin maure, et sachez, grand prince, que le breuvage divin que vous avez pris perdrait toute sa vertu dans mes mains indignes si je l'échangeais pour de l'or ou des diamans.

— Il refuse un salaire! pensa De Vaux. Ce refus est encore plus extraordinaire en lui que son âge de cent ans.

— Thomas de Vaux, dit Richard, tu ne connais de courage que celui du glaive, de vertus que celles de la chevalerie. — Je te dis que ce Maure, dans son indépendance, pourrait servir d'exemple à ceux qui se regardent comme la fleur des chevaliers.

— C'est une récompense assez grande pour moi, dit El Hakim en croisant les bras sur sa poitrine dans une attitude qui annonçait autant de respect qu'elle était pleine de dignité, que d'entendre un aussi grand roi que Melec Ric parler ainsi de son serviteur. — Mais permettez-moi de vous prier de vous tranquilliser encore quelque temps; car quoique je croie qu'il est inutile de vous administrer une seconde dose de cette divine potion, il pourrait être dangereux de vous exposer trop tôt à la fatigue avant que vous ayez entièrement recouvré vos forces.

— Il faut que je t'obéisse, Hakim, répondit le roi. Cependant, crois-moi, mon cœur se sent si complètement délivré de ce feu dévorant qui le consumait depuis tant de jours, que je me sentirais en état de résister à la lance du plus brave champion. Mais écoutez! Que signifient ces cris et cette musique qu'on entend de loin dans le camp? Thomas de Vaux, allez aux informations.

De Vaux obéit, et revint après une minute d'absence.

— C'est l'archiduc Léopold, dit-il, qui fait une promenade dans le camp avec ses compagnons de bouteille.

— Le fou! l'ivrogne! s'écria Richard; ne peut-il cacher son ivrognerie brutale dans l'intérieur de son pavillon, sans faire parade de sa honte en face de toute la chrétienté? Eh bien! qu'avez-vous à nous dire, sire marquis? dit-il à Conrad de Montserrat qui entrait en ce moment dans sa tente.

— Que je me félicite, très honoré prince, répondit le marquis, de voir Votre Majesté en convalescence et presque rendue à la santé; et c'est là un long discours pour quelqu'un qui vient de quitter la table de l'archiduc d'Autriche.

— Quoi! vous avez dîné avec le sac-à-vin allemand! s'écria le monarque anglais. Et quelle nouvelle folie le porte donc à faire tant de tapage? En vérité, sire Conrad, je vous avais regardé jusqu'ici comme un ami de la joie, et je suis surpris que vous ayez quitté une pareille fête.

De Vaux, qui était un peu derrière le roi, se mit à la torture pour faire entendre au marquis, en clignant les yeux et en lui faisant différens signes, qu'il ne fallait pas apprendre à Richard ce qui se passait dans le camp; mais Conrad ne le comprit pas ou ne voulut pas le comprendre.

— Ce que fait l'archiduc, répondit-il, n'a d'importance

pour personne, et en a encore moins pour lui-même, car très probablement il ne sait pas ce qu'il fait. Cependant, pour dire la vérité, il prend un amusement que je ne me soucierais pas de partager, car il abat la bannière d'Angleterre qui est arborée sur le mont Saint-George, au milieu du camp, pour y planter la sienne en place.

— Que dis-tu? s'écria le roi d'un ton qui aurait éveillé un mort.

— Sire, répondit le marquis, il ne faut pas que Votre Majesté se mette en courroux parce qu'il plaît à un fou de faire des folies.

— Qu'on ne me parle pas, s'écria Richard sautant à bas de son lit et s'habillant avec une célérité qui semblait merveilleuse. Ne parlez pas, marquis de Montserrat. Pas un seul mot, De Multon, je te le défends. Celui qui prononcera une syllabe n'est pas l'ami de Richard Plantagenet. Silence! Hakim, je te l'ordonne.

Pendant ce temps, le roi mettait à la hâte ses vêtemens, et en prononçant le dernier mot, il saisit son épée suspendue à un des piliers de sa tente, et sans autres armes, sans ordonner à personne de le suivre, il se précipita hors du pavillon. Conrad, levant les bras comme dans le plus grand étonnement, paraissait disposé à entrer en conversation avec De Vaux; mais sir Thomas, le repoussant rudement, sortit de la tente, et appelant un des écuyers du roi, lui dit à la hâte : — Cours au quartier de lord Salisbury, dis-lui de faire prendre les armes à sa troupe et de me suivre sur-le-champ au mont Saint-George. Dis-lui que la fièvre du roi a quitté son sang, et s'est fixée dans son cerveau.

Surpris de la précipitation avec laquelle lord de Vaux lui parlait, l'ayant à peine entendu et le comprenant encore moins, l'écuyer exécuta les ordres qu'il venait de recevoir; ses compagnons, quittant le pavillon du roi, coururent aux tentes des nobles qui en étaient voisines, et répandirent dans tout le quartier anglais une alarme aussi générale que la cause en paraissait vague.

Les soldats, éveillés en sursaut du sommeil dont la chaleur du climat leur avait appris à connaître le prix dans l'instant de la journée où les rayons du soleil ont le plus d'ardeur, se demandaient les uns aux autres quelle pouvait être la cause de ce tumulte soudain ; et sans attendre de réponse, suppléaient par leur imagination aux informations qui leur manquaient. Les uns disaient que les Sarrasins étaient dans le camp; les autres, qu'on avait voulu assassiner le roi ; plusieurs, qu'il était mort de la fièvre la nuit précédente; un grand nombre, qu'il avait été tué par l'archiduc d'Autriche. Les nobles et les officiers, aussi embarrassés que les soldats pour deviner la véritable cause de ce désordre, ne songeaient qu'à mettre leurs troupes sous les armes et en bon ordre, de crainte que leur témérité n'attirât quelque grand malheur sur l'armée croisée. Les trompettes anglaises sonnaient le boute-selle. Les cris d'alarmes : — Archers et hommes d'armes! hommes d'armes et archers! étaient continuellement répétés autour de chaque tente, et les soldats en arrivant y répondaient par leur cri national : — Saint George et l'Angleterre!

L'alarme se répandit de proche en proche, et les soldats de toutes les nations, réunis dans un camp où l'on pouvait dire que tous les peuples de la chrétienté avaient leurs représentans, coururent aux armes au milieu d'une confusion générale dont ils ne connaissaient ni la cause ni l'objet. Néanmoins, pendant une scène dont l'aspect était si menaçant, le comte de Salisbury, avant de partir à la tête d'un petit nombre d'hommes d'armes d'élite pour le rendez-vous que lui avait fait donner Thomas de Vaux, ordonna heureusement que le reste de l'armée anglaise restât dans ses quartiers, qu'on la fît mettre sous les armes, et qu'on la tînt prête à marcher au secours de Richard si la nécessité l'exigeait, mais en bon ordre, avec discipline, et non avec cette précipitation tumultueuse que le zèle et les alarmes pour la sûreté du roi auraient pu inspirer.

Cependant, sans s'inquiéter un seul instant des cris, des exclamations et du tumulte qui commençaient à redoubler autour de lui, Richard, avec des vêtemens en désordre et son épée dans son fourreau, se dirigeait en courant vers le mont Saint-George, n'ayant à sa suite que Thomas de Vaux et deux officiers de sa maison.

Il devança même l'alarme que son impétuosité avait excitée, et il traversa le quartier où étaient campées ses braves troupes d'Anjou, de Normandie, de Poitou et de Gascogne avant qu'elle s'y fût répandue, quoiqu'un grand nombre de soldats eussent été éveillés par le bruit que faisaient les ivrognes allemands, et se fussent levés par curiosité. Mais le chevalier du Léopard, ayant reconnu la personne du roi et remarqué la hâte avec laquelle il courait, convaincu qu'on était menacé de quelque danger, saisit à la hâte son épée et son bouclier, afin de le partager, et se joignit à De Vaux, qui pouvait à peine suivre les pas de son maître impatient. De Vaux ne put répondre à un regard de curiosité que lui jeta le chevalier écossais qu'en levant les épaules.

Le roi fut bientôt au pied du mont Saint-George, dont la rampe et la plate-forme étaient couvertes par un rassemblement considérable de soldats : c'étaient les gens de la suite de l'archiduc d'Autriche qui célébraient, en poussant de grands cris de joie, ce qu'ils regardaient comme un acte de justice envers leur honneur national. Le reste de cette foule se composait de spectateurs de différentes nations, que la haine de l'Angleterre ou la curiosité avaient attirés pour voir quelle serait la fin de cette scène extraordinaire. Richard se fraya un chemin à travers cette multitude en désordre, comme un navire s'ouvre un passage au milieu des vagues écumantes, sans s'inquiéter si elles se joignent derrière lui en mugissant.

Sur la plate-forme supérieure du mont Saint-George on

voyait flotter les deux bannières rivales, autour desquelles étaient encore assemblés les amis et les partisans de l'archiduc. Au milieu de ce cercle, on voyait Léopold lui-même contemplant avec satisfaction le résultat de l'exploit par lequel il venait de s'illustrer, et écoutant les acclamations et les applaudissemens. Tandis qu'il était dans cet état de contentement de lui-même, Richard se jeta au milieu de cette troupe, n'étant suivi que de deux hommes à la vérité, mais ayant une armée irrésistible dans son énergie impétueuse.

— Qui a osé, sécria-t-il en portant la main sur l'étendard autrichien, et parlant d'une voix semblable au son qui précède un tremblement de terre; qui a osé placer ce misérable haillon à côté de la bannière d'Angleterre?

L'archiduc ne manquait pas de courage personnel, et il était impossible qu'il entendît une semblable question sans y répondre. Cependant il fut tellement surpris et troublé par l'arrivée inattendue de Richard, et frappé du respect involontaire qu'inspirait le caractère ardent et redoutable de ce monarque, que la même question fut répétée une seconde fois avant qu'il répondît avec une apparence de résolution :

— C'est moi, moi Léopold d'Autriche.

— Eh bien! répliqua Richard, Léopold d'Autriche verra donc le cas que fait Richard d'Angleterre de sa bannière et de ses prétentions.

A ces mots il arracha de terre la pique qui soutenait l'étendard, la brisa en morceaux, et foula aux pieds la bannière.

— C'est ainsi que je traite la bannière d'Autriche, ajouta-t-il. Parmi vos chevaliers teutoniques, y en a-t-il un qui ose le trouver mauvais?

Il y eut un moment de silence, mais il n'y a pas d'hommes plus braves que les Allemands.

— Moi! moi! moi! s'écrièrent plusieurs chevaliers de la

suite de l'archiduc, et lui-même ajouta sa voix à celles qui répondaient au défi du roi d'Angleterre.

— Pourquoi tant de délais ? s'écria le comte de Wallenrode, guerrier d'une taille gigantesque, venu des frontières de la Hongrie. Frères, nobles compatriotes, cet homme foule aux pieds l'honneur de notre pays. Vengeons-nous de cette insulte, et à bas l'orgueil de l'Angleterre !

A ces mots il tira son épée, et en porta à Richard un coup qui aurait été fatal si le chevalier écossais ne se fût précipité en avant et ne l'eût reçu sur son bouclier.

— J'ai fait serment, dit Richard dont la voix se fit entendre au-dessus du tumulte qui était alors à son comble, de ne jamais frapper un homme dont l'épaule porte la croix. Vis donc, Wallenrode, mais vis pour te souvenir de Richard d'Angleterre.

En parlant ainsi il entoura de ses bras la taille du géant hongrois, et n'ayant son égal ni à la lutte ni dans aucun des autres exercices militaires, il le jeta en arrière avec une telle violence, que son corps, comme s'il eût été lancé par une des machines de guerre de ce temps-là, traversa le cercle des spectateurs jusqu'au bord de la plate-forme, et roula le long de la rampe jusqu'au pied de la hauteur où le comte resta comme mort, avec une épaule disloquée.

Cette preuve d'une force presque surnaturelle n'engagea ni l'archiduc, ni aucun de ceux qui étaient à sa suite à renouveler une lutte commencée sous de si fâcheux auspices. A la vérité ceux qui étaient dans les rangs les plus éloignés agitaient leurs épées en l'air et s'écriaient : — Taillez en pièces ce boule-dogue insulaire ! Mais ceux qui en étaient plus près couvraient peut-être leurs craintes personnelles d'un respect affecté pour le bon ordre, et s'écriaient pour la plupart : — Paix ! paix ! la paix de la croix ; la paix de la sainte Église ; la paix de notre saint père le pape !

Ces cris divers des assaillans montraient leur irrésolution, tandis que Richard tenait le pied toujours appuyé sur la bannière archiducale ; ses regards semblaient chercher un ennemi, et faisaient baisser les yeux aux nobles autrichiens qui l'entouraient, mais à quelque distance, comme s'ils eussent redouté la griffe menaçante d'un lion. De Vaux et le chevalier du Léopard étaient à ses côtés ; et quoique leurs épées fussent encore dans le fourreau, il était aisé de voir qu'ils étaient prêts à défendre Richard jusqu'à la dernière goutte de leur sang, et leur taille et leur force remarquables prouvaient que la défense serait désespérée.

Salisbury approchait aussi avec sa troupe, les lances et les pertuisanes en avant, et les arcs déjà bandés.

En ce moment Philippe, roi de France, accompagné de deux de ses nobles, arriva sur la plate-forme pour s'informer de la cause de ce tumulte, et il fit un geste de surprise en voyant le roi d'Angleterre hors du lit où la maladie l'avait retenu si long-temps, et faisant face à leur allié commun l'archiduc d'Autriche avec un air de menace et d'outrage. Richard lui-même rougit d'être trouvé par Philippe, dont il respectait la prudence autant qu'il aimait peu sa personne, dans une attitude qui ne convenait ni à sa dignité comme monarque, ni à son caractère comme croisé. On remarqua que son pied se retirant en arrière comme par hasard, cessa d'appuyer sur la bannière déshonorée, et ses traits qui annonçaient une violente émotion prirent une expression affectée d'indifférence et de sang-froid. Léopold fit aussi des efforts pour montrer un certain calme, quelque mortifié qu'il fût d'avoir un nouveau témoin de sa soumission aux insultes de l'impétueux roi d'Angleterre.

Doué de ces grandes qualités qui lui firent donner par ses sujets le surnom d'Auguste, Philippe aurait pu être appelé l'Ulysse de la croisade, comme Richard en était l'Achille. Le roi de France était sage, prudent, réfléchi dans le conseil, ferme et calme lorsqu'il s'agissait d'agir ; il savait trouver les mesures les plus convenables aux intérêts de son royaume, et il les suivait avec constance ; enfin il avait un

port plein de dignité et vraiment royal, et ne manquait pas
de bravoure. Plus politique que guerrier, il n'aurait pas
pris part à la croisade par choix ; mais l'esprit du siècle était
contagieux, et il avait été conduit à cette expédition tant
par les instances de l'Église que par les désirs unanimes de
toute sa noblesse. Dans toute autre situation et dans un
siècle plus éclairé sa renommée se serait élevée plus haut
que celle du téméraire Cœur-de-Lion. Mais dans la croisade, entreprise tout-à-fait déraisonnable en elle-même,
une raison saine était de toutes les qualités celle dont on
faisait le moins de cas, et l'on croyait que la valeur chevaleresque unie à la sagesse était presque dégradée par cette
alliance. Ainsi le mérite de Philippe comparé à celui de son
hautain rival était comme la lueur claire mais faible d'une
lampe placée près du vif éclat d'une torche qui, sans être à
moitié aussi utile, agit de plus loin sur les yeux.

Philippe savait que l'opinion publique le plaçait à un rang
inférieur, et il en éprouvait le dépit naturel à un prince
d'un esprit élevé. On ne peut donc être surpris qu'il saisît
toutes les occasions qui se présentaient de mettre son caractère en contraste avec celui de son rival sous le jour le
plus avantageux. Celle qui s'offrait en paraissait une dans
laquelle le calme et la prudence pourraient raisonnable-
ment se promettre de l'emporter sur la violence et l'obstination.

— Que signifie cette querelle malséante, demanda-t-il,
entre deux princes qui se sont juré fraternité en prenant la
croix? Qu'est-il survenu entre Sa Majesté le roi d'Angleterre et Son Altesse l'archiduc d'Autriche? Comment peut-il
se faire que ceux qui sont les chefs et les piliers de cette
sainte expédition.....

— Trêve de remontrances, Philippe! s'écria Richard ou-
tré au fond du cœur de se voir placé sur une espèce de
niveau avec Léopold, et ne sachant trop comment en montrer son ressentiment. Cette altesse, cet archiduc, ce pilier

si vous le voulez a fait l'insolent, et je l'en ai châtié : voilà toute l'affaire. Il ne faut pas tant de bruit parce qu'on corrige un chien hargneux.

— Roi de France, dit l'archiduc, j'en appelle à vous et à tous les princes souverains, de l'indignité avec laquelle je viens d'être traité. Ce roi d'Angleterre a abattu ma bannière, il l'a déchirée, il l'a foulée aux pieds.

— Parce qu'il avait eu l'audace de la planter à côté de la mienne, dit Richard.

— Mon rang, égal au tien, m'en donnait le droit, répondit l'archiduc enhardi par la présence de Philippe.

— Parle-moi d'égalité, s'écria Richard, et par saint George! je traiterai ta personne comme j'ai traité ton mouchoir brodé que voilà, et qui n'est bon qu'à être employé à l'usage le plus vil.

— Un peu de patience, mon frère d'Angleterre, dit le roi Philippe ; et dans un instant je ferai comprendre à l'archiduc qu'il est dans l'erreur sur ce point. Ne croyez pas, noble Léopold, continua-t-il, qu'en permettant que la bannière d'Angleterre occupe le point le plus élevé de notre camp, nous ayons, nous souverains indépendans des croisés, reconnu aucune supériorité dans le roi Richard. Ce serait une inconséquence de le croire, puisque l'oriflamme même, la grande bannière de France, dont le roi Richard en ce qui concerne ses possessions françaises n'est que le vassal, occupe en ce moment une situation inférieure aux Lions d'Angleterre. Mais nous étant juré fraternité sur la croix, étant des pèlerins militaires qui laissant de côté la pompe, l'orgueil de ce monde, nous frayons un chemin le glaive à la main vers le saint sépulcre, moi et les autres princes, par respect pour le renom et les glorieux faits d'armes du roi Richard, nous lui avons cédé cette préséance que partout ailleurs et sans ce motif nous ne lui aurions pas accordée. Je suis convaincu que lorsque vous aurez réfléchi à ce que je viens de vous dire, vous exprimerez votre regret d'avoir élevé votre bannière en ce lieu, et qu'alors Sa Majesté le roi d'Angleterre vous fera satisfaction de l'insulte dont vous vous plaignez.

Le *spruch-sprecher* et le *hoff-narr* s'étaient retirés à une distance respectueuse quand il paraissait y avoir à craindre qu'on en vînt aux coups; mais ils se rapprochèrent en voyant qu'on avait recours aux paroles ; ce qui remettait en honneur leurs fonctions pacifiques.

L'homme à sentences fut si enchanté du discours politique de Philippe, que lorsque le roi eut cessé de parler il secoua son bâton avec force; et oubliant en présence de qui il se trouvait, il s'écria avec emphase : — De toute ma vie je n'ai jamais rien dit de plus sage.

— Cela peut être, lui dit Jonas Schwanker à demi-voix; mais nous serons fustigés si vous parlez si haut.

L'archiduc répondit avec humeur qu'il référerait de cette querelle au conseil général de la croisade. Philippe applaudit à cette résolution qui semblait devoir mettre fin à un scandale capable de devenir funeste à toute la chrétienté.

Richard, conservant toujours la même attitude d'insouciance, écouta Philippe jusqu'à ce que la source de son éloquence parût tarie, et dit ensuite à haute voix : — Je me sens assoupi; je crois que j'ai encore un reste de cette maudite fièvre. Mon frère de France, tu connais mon humeur ; tu sais que dans aucun cas je n'ai beaucoup de mots à dire. Apprends donc une fois pour toutes que je ne soumettrai une affaire qui touche l'honneur de l'Angleterre, ni à aucun prince, ni à un conseil, ni au pape même. Voici ma bannière; si l'on en arbore une autre à une distance de trois traits d'arbalète, fût-ce même l'oriflamme dont je crois que vous parliez il n'y a qu'un instant, elle sera traitée aussi ignominieusement que vient de l'être cette guenille. Je n'accorderai d'autre satisfaction que celle que peuvent rendre ces membres malades dans la lice, si on osait m'y appeler ; oui, s'y trouvât-il cinq champions contre moi.

— Maintenant, dit le bouffon à l'oreille de son compagnon, voilà des paroles aussi folles que si je les avais prononcées moi-même ; et je crois pourtant qu'il pourrait se trouver dans cette affaire encore un plus grand fou que Richard.

— Et qui donc? demanda l'homme sentencieux.

— Philippe ou Léopold, répondit le *hoff-narr*, si l'un d'eux acceptait le défi. Mais, sage *spruch-sprecher*, quels excellens roi, toi et moi, nous aurions été, puisque ceux sur la tête de qui il est tombé des couronnes jouent le rôle de fou et de diseur d'apophthegmes tout aussi bien que nous-mêmes!

Tandis que ces dignes collègues remplissaient entre eux et à part leurs fonctions ordinaires, Philippe répondit avec sang-froid au défi presque injurieux de Richard.

— Je ne suis pas venu ici, dit-il, pour éveiller de nouvelles querelles aussi contraires à nos sermens qu'à la sainte cause que nous avons embrassée. Je quitte mon frère d'Angleterre comme des frères doivent se quitter ; et il n'y aura de querelle entre les lions d'Angleterre et les lis de France que pour savoir qui pénétrera le plus avant dans les rangs des infidèles.

— C'est un marché conclu, mon frère, s'écria Richard en lui tendant la main avec toute la franchise de son caractère généreux dans son impétuosité ; puissions-nous trouver bientôt l'occasion de vider cette noble querelle!

— Que le noble archiduc partage aussi notre amitié en cet heureux moment! dit Philippe ; et Léopold s'approcha d'un air sombre comme pour entrer en conciliation, moitié de gré, moitié par contrainte.

— Je ne songe ni aux fous, ni à leur folie, dit Richard d'un ton insouciant ; et l'archiduc lui tournant le dos se retira avec sa suite.

Richard le suivit des yeux quelques instans.

— Il y a une sorte de courage, dit-il ensuite, qui comme le ver-luisant ne se montre que la nuit. Pendant le jour l'œil du lion suffit pour protéger cette bannière ; mais il ne faut pas que je la laisse sans défense pendant les ténèbres. Thomas de Gilsland, je te confie la garde de cet étendard ; veille sur l'honneur de l'Angleterre.

— Le salut de l'Angleterre m'est encore plus cher, répondit Thomas de Vaux, et la vie de Richard est le salut de l'Angleterre. Il faut que je reconduise Votre Majesté à son pavillon, et cela sans plus de délai.

— Tu es un garde-malade opiniâtre, dit le roi à De Vaux en souriant ; et se tournant ensuite vers sir Kenneth, il ajouta : — Brave Écossais, je te dois une récompense, et je te la paierai richement. Tu vois la bannière d'Angleterre, veille sur elle comme un novice veille sur ses armes la nuit qui précède le jour où il doit être armé chevalier ; ne t'en éloigne pas de la longueur de trois lances, et défends-la contre toute insulte et toute injure. Si tu es attaqué par plus de trois personnes à la fois, sonne de ton cor. Te charges-tu de cette mission ?

— Très volontiers, sire, répondit Kenneth, et je m'en acquitterai à peine de perdre la tête. Je vais seulement chercher mes armes et je reviens.

Les rois de France et d'Angleterre prirent alors cérémonieusement congé l'un de l'autre, cachant sous une apparence de courtoisie les sujets de plainte qu'ils avaient l'un contre l'autre ; Richard contre Philippe, à cause de ce qu'il regardait comme une intervention trop officieuse entre l'Autrichien et lui ; Philippe contre Cœur-de-Lion, à cause de la manière peu respectueuse dont celui-ci avait reçu sa médiation.

Les curieux que ce tumulte avait attirés s'éloignèrent alors de côté et d'autre, laissant l'éminence de Saint-George dans la même solitude qui y avait régné avant la bravade de l'archiduc. Chacun jugea les événemens du jour d'après les sentimens qui l'animaient ; et tandis que les Anglais accusaient l'Autrichien d'avoir lui seul occasionné la querelle, les autres nations s'accordaient à jeter le plus grand blâme sur l'orgueil insulaire et le caractère arrogant de Richard.

— Tu vois, dit le marquis de Montserrat au grand-maître des Templiers, que l'adresse est une voie plus sûre que la violence : j'ai relâché les nœuds qui unissaient ce faisceau de sceptres et de lances ; tu les verras bientôt se séparer en tombant.

— J'aurais regardé ton plan comme excellent, répondit le Templier, s'il se fût trouvé parmi ces Autrichiens à sang glacé un seul homme qui eût assez de courage pour couper d'un coup d'épée les nœuds dont tu parles. Le nœud qui n'est que relâché peut être resserré ; mais il n'en est pas de même quand la corde est coupée en morceaux.

CHAPITRE XII.

« Mais où trouver citadelle assez forte,
« Cœur de mortel armé de telle sorte,
« Pour qu'on ne puisse enfin s'en emparer,
« Ou par la ruse un jour y pénétrer ?
« Rien n'est certain ni stable sur la terre :
« Le bras qu'armaient les foudres de la guerre
« Cède à l'adresse et se voit désarmé :
« Et le cœur froid, qui n'a jamais aimé,
« A la beauté, dont il brave les charmes,
« Cède à son tour et rend aussi les armes. »

SPENCER.

Dans les siècles de la chevalerie, un poste dangereux ou une aventure périlleuse étaient souvent une récompense accordée à la bravoure militaire comme une compensation pour ses premières épreuves. Il était minuit, et la lune brillait de tout son éclat quand le chevalier du Léopard était à son poste sur le mont Saint-George, près de la bannière d'Angleterre, sentinelle solitaire chargée de protéger l'emblème de cette nation contre les milliers d'ennemis que s'était faits l'orgueil de Richard.

De grandes pensées se succédaient l'une à l'autre dans l'esprit du guerrier écossais. Il lui semblait qu'il avait gagné quelque faveur aux yeux de ce monarque chevaleresque, qui jusqu'alors ne l'avait pas distingué parmi la foule de braves que sa renommée avait rangés sous sa bannière. Il s'inquiétait peu que la preuve qu'il venait de recevoir de l'estime du roi consistât à lui assigner un poste si périlleux : le dévouement de son amour ambitieux enflammait aussi son enthousiasme militaire. Quelque peu d'espoir que lui offrît cet attachement dans aucune circonstance, il lui semblait que ce qui venait de se passer diminuait quelque chose de la distance qui le séparait de celle qu'il aimait. Celui à qui Richard venait d'accorder une telle marque de confiance et de distinction n'était plus un aventurier de peu d'importance, mais un homme digne d'obtenir un regard d'une princesse, quoique encore bien loin de se trouver à son niveau. Son destin ne pouvait plus être maintenant ni obscur ni inconnu. S'il était surpris au poste qui lui était assigné, s'il perdait la vie en le défendant, son trépas, car il était déterminé à le rendre glorieux, mériterait les éloges de Cœur-de-Lion, appellerait la vengeance de ce prince, et serait suivi des regrets et même des larmes des beautés du sang le plus illustre de la cour d'Angleterre. Il n'avait plus lieu de craindre de mourir sans que sa mort excitât plus de sensation que celle d'un fou.

Sir Kenneth avait tout le loisir de se livrer à ces nobles idées et à d'autres du même genre que faisait naître dans son imagination cet esprit romanesque de la chevalerie qui, au milieu de ses écarts les plus extravagans, était du moins pur de tout alliage d'égoïsme, généreux, fidèle, et peut-être seulement blâmable de se proposer un but incompatible avec les imperfections et la fragilité de notre nature. Autour de lui tout semblait livré au sommeil dans le calme du clair de lune ou dans la profondeur de l'ombre. Les rangs de tentes et de pavillons que faisaient briller les rayons de l'astre de la nuit ou que cachaient en partie les ténèbres, étaient silencieux comme les rues d'une cité déserte.

Près de la pique au haut de laquelle flottait la bannière royale était couché le grand lévrier dont nous avons déjà parlé, seul compagnon qu'eût Kenneth en montant sa garde, et sur la vigilance duquel il comptait pour l'avertir de bonne heure de l'approche de tout ennemi. Le noble animal semblait comprendre la faction de son maître, car il levait la tête de temps en temps pour regarder la bannière dont les riches replis se déployaient au gré du vent. Quand la voix des sentinelles placées aux défenses extérieures du camp se faisait entendre dans le lointain, il y répondait par un seul aboiement, comme pour annoncer qu'il veillait aussi à son poste; quelquefois il baissait la tête et remuait la queue quand le chevalier passait et repassait près de lui en se promenant près de la bannière; et quand sir Kenneth s'arrêtait, distrait et silencieux, appuyé sur sa lance et les yeux levés vers le ciel, son fidèle compagnon se hasardait quelquefois *à troubler ses pensées*, pour employer une phrase de roman, en poussant son museau sur sa main couverte d'un gantelet, pour en solliciter une caresse passagère : tout à coup cependant il se mit à aboyer avec fureur, et parut sur le point de s'élancer du côté où les ténèbres étaient le plus épaisses; mais il attendit le signal de son maître, comme s'il eût été en lesse.

— Qui va là? s'écria Kenneth, convaincu que quelqu'un s'avançait dans l'obscurité.

— Au nom de Merlin et de Mangis, répondit une voix aigre

et désagréable, retenez votre démon à quatre pattes, ou je n'approcherai pas de vous.

— Et qui es-tu pour vouloir approcher de mon poste? demanda le chevalier en fixant les yeux avec attention sur un objet qu'il voyait se mouvoir, mais dont il ne pouvait encore distinguer la forme; prends-y bien garde; il y va de la vie et de la mort.

— Je vous dis de retenir ce Satan à longues dents, ou je le conjurerai avec un trait de mon arbalète.

Et en même temps sir Kenneth entendit le bruit que fait cette arme quand on la bande.

— Débande ton arbalète, et montre-toi au clair de lune, s'écria l'Ecossais, ou par saint André! je te clouerai contre la terre, qui que tu sois.

A ces mots il saisit sa longue pique, et fixant les yeux sur l'objet qui paraissait se mouvoir, il la brandit en l'air comme pour se préparer à l'usage qu'on faisait quelquefois de cette arme, quoique rarement, quand on n'avait pas d'autre trait à employer. Il fut pourtant presque honteux de sa précipitation lorsqu'il vit sortir de l'obscurité, comme un acteur qui arrive sur le théâtre, un être difforme qu'à sa taille et à son costume il reconnut même à quelque distance pour le nain de la chapelle d'Engaddi. Se rappelant en même temps les autres visions d'un genre bien différent qu'il avait eues en cette nuit mémorable, il fit à son chien un signe aussitôt compris, et l'animal revint se coucher au pied de la bannière en grondant sourdement.

Ce diminutif difforme de l'humanité, ne redoutant plus un ennemi si formidable, commença à monter la rampe assez escarpée du mont Saint-George, tâche que le peu de longueur de ses jambes rendait pénible, et arriva tout essoufflé sur la plate-forme du sommet. Alors faisant passer dans sa main gauche sa petite arbalète, qui n'était qu'un de ces jouets qu'on donnait alors aux enfans pour tirer sur des moineaux, et prenant une attitude de grande dignité, il étendait la main droite vers sir Kenneth, comme s'il se fût attendu à recevoir de lui un salut d'armes. Se trouvant trompé dans son attente, il s'écria d'une voix aigre et courroucée :

— Soldat, pourquoi ne rends-tu pas à Nebectamus les honneurs qui sont dus à sa dignité ? Serait-il possible que tu l'eusses oublié ?

— Grand Nebectamus, répondit le chevalier voulant flatter l'humeur du nain, un pareil oubli serait difficile pour quiconque t'a vu une fois. Pardonne-moi cependant si, étant un soldat à son poste les armes à la main, je n'accorde pas à un être aussi formidable que toi l'avantage de pouvoir me prendre hors de garde, et de s'emparer de mes armes. Qu'il te suffise que je respecte ta dignité avec toute la soumission et l'humilité que peut montrer un homme d'armes en faction.

— Cela suffit, dit Nebectamus, pourvu que vous me suiviez sur-le-champ pour vous rendre en présence de ceux qui m'ont envoyé ici pour vous en donner l'ordre.

— Sire Nebectamus, répliqua le chevalier, je ne puis te satisfaire sur ce point, car je dois rester près de cette bannière jusqu'au lever du soleil. Je te prie donc de m'excuser à cet égard.

A ces mots il se mit à se promener sur la plate-forme ; mais le nain ne le laissa pas échapper si aisément à son importunité.

— Écoutez-moi, sire chevalier, lui dit-il en se plaçant devant lui de manière à l'empêcher de marcher ; il faut que tu m'obéisses comme ton devoir l'exige, ou je te donnerai des ordres au nom de celle dont la beauté pourrait évoquer les génies de leur sphère, et dont la grandeur pourrait commander à la race immortelle dont ils sont descendus.

Une conjecture étrange et invraisemblable se présentait à l'esprit de sir Kenneth ; mais il la repoussa sur-le-champ. Il est impossible, pensa-t-il, que la dame de mes pensées ait employé un tel messager pour porter un pareil ordre !

Cependant le chevalier ne répondit que d'une voix tremblante en affectant de sourire avec dédain.

— Ne plaisante pas, Nebectamus, et dis-moi sur-le-champ avec sincérité si la dame illustre dont tu parles n'est pas la houri que j'ai vue t'aider à balayer la chapelle d'Engaddi.

— Présomptueux chevalier! s'écria le nain, penses-tu que la maîtresse de nos affections royales, celle qui partage notre grandeur et notre beauté, voudrait s'abaisser jusqu'à envoyer un message à un vassal tel que toi? Non; quelque insigne honneur qui te soit accordé, tu n'as pas encore mérité l'attention de celle à qui du haut de son élévation les princes mêmes ne semblent que des pygmées. Regarde ceci, et suivant que tu ne reconnaîtras ou ne reconnaîtras pas ce bijou, obéis ou refuse d'obéir.

En parlant ainsi, le nain remit au chevalier une bague ornée d'un superbe rubis, que même au clair de lune sir Kenneth reconnut sans peine pour celle que portait ordinairement au doigt la noble dame au service de laquelle il s'était consacré. S'il avait pu en conserver quelque doute, il aurait été convaincu par le petit nœud de ruban incarnat qui était attaché à la bague. C'était la couleur favorite de sa dame; il l'avait lui-même portée bien des fois sur le champ de bataille et dans les tournois, et il avait fait triompher l'incarnat sur toutes les autres couleurs.

— L'étonnement le rendit muet et immobile en voyant dans de pareilles mains cette preuve incontestable d'une mission. Le nain prenant alors un air de triomphe, poussa un grand éclat de rire, et s'écria en branlant sa grosse tête :

— Osez maintenant refuser de me suivre; osez désobéir à mes ordres; osez douter que je sois Arthur de Tintagel, ayant le droit de commander à toute la chevalerie anglaise!

— Au nom de tout ce qu'il y a de plus sacré, s'écria le chevalier, dis-moi qui t'a donné cette bague; tâche de fixer une minute ou deux ta raison errante, et apprends-moi qui t'a envoyé et quel est le véritable but de ton message;

prends bien garde à ce que tu diras, car c'est un sujet qui n'admet pas la bouffonnerie.

— Chevalier téméraire et insensé, que veux-tu savoir de plus, si ce n'est que tu es honoré des ordres d'une princesse qui a fait choix d'un roi pour te les apporter? — Nous ne daignerons point parlementer plus long-temps avec toi. Nous t'ordonnons, au nom et par le pouvoir de cette bague, de nous suivre sur-le-champ et de te rendre près de celle à qui elle appartient. Chaque minute de retard est un crime contre ton allégeance.

— Bon Nebectamus, réfléchis-y bien. Cette dame sait-elle où je suis, et quel devoir j'ai à remplir cette nuit? Sait-elle que ma vie.... mais à quoi bon parler de ma vie? sait-elle que mon honneur dépend de mon exactitude à garder cette bannière jusqu'au point du jour? Peut-elle désirer que je le perde, même pour la voir? impossible! La princesse a voulu s'amuser aux dépens de son serviteur en lui envoyant un tel message; et le choix du messager qu'elle m'envoie doit me le faire croire encore davantage.

— Conservez votre croyance, dit Nebectamus en se détournant comme pour quitter la plate-forme; il m'importe peu que vous soyez rebelle ou fidèle à cette illustre dame. Adieu.

— Un instant! s'écria le chevalier; attends un instant! Réponds seulement à une question : la dame qui t'a envoyé est-elle près d'ici?

— Qu'importe? répondit le nain : la fidélité doit-elle compter les quarts de mille, les milles, et les lieues, comme le pauvre courrier qui est payé de ses travaux en raison de la distance qu'il parcourt! Quoi qu'il en soit, esprit soupçonneux, je te dirai que la belle main qui porte ordinairement la bague envoyée à un si indigne vassal n'est qu'à la distance qu'un trait lancé de mon arbalète pourrait franchir.

Sir Kenneth jeta un nouveau regard sur la bague, comme pour bien s'assurer qu'il ne se trompait pas.

— Dis-moi, demanda-t-il au nain, ma présence est-elle requise pour un long espace de temps?

— Un long espace de temps! répéta Nebectamus de ce ton qui annonçait la légèreté de son cerveau; qu'appelez-vous le temps? Je ne le vois pas; je ne le sens pas; ce n'est que l'ombre d'un mot, une suite d'instans mesurés la nuit par le son d'une cloche, et le jour par l'ombre qui s'avance sur un cadran solaire. Apprends que le temps d'un vrai chevalier ne doit se compter que par ses prouesses en l'honneur de Dieu et de sa dame.

— Ce sont des paroles de vérité, dit le chevalier, quoiqu'elles sortent de la bouche de la folie. Et cette dame me mande-t-elle réellement pour m'imposer quelque devoir à remplir pour elle et en son nom? L'obéissance à ses ordres ne pourrait-elle se différer jusqu'au lever du soleil?

— Elle requiert ta présence à l'instant même, répondit le nain, sans perdre autant de temps qu'il en faudrait pour que dix grains de sable tombassent dans le sablier. Écoute, froid et méfiant chevalier, voici ses propres paroles : — Dites-lui que la main qui a laissé tomber des roses peut accorder des lauriers.

Cette allusion à ce qui s'était passé dans la chapelle d'Engaddi fit naître mille souvenirs dans l'esprit de sir Kenneth, et le convainquit que le nain avait été véritablement chargé d'un message pour lui. Les boutons de roses, tout flétris qu'ils étaient, occupaient encore une place sous sa cuirasse, près de son cœur, comme son trésor le plus précieux. Il hésita, et ne put se résoudre à laisser échapper cette occasion, la seule qui s'offrirait peut-être jamais, d'obtenir un regard favorable de celle qu'il avait reconnue comme souveraine de ses pensées. Cependant le nain augmentait sa confusion en insistant pour qu'il lui remît la bague ou qu'il le suivît sur-le-champ.

— Un instant! encore un instant! dit le chevalier; et il ajouta en se parlant à lui-même : — Suis-je l'esclave ou le sujet du roi Richard? ne suis-je pas un chevalier libre dévoué au service de la croisade? qui suis-je venu servir ici de la lance et de l'épée? — Notre sainte cause et ma dame.

— La bague! la bague! s'écria le nain avec un ton d'impatience. Déloyal et nonchalant chevalier, rends-moi cette bague que tu es indigne de toucher ou de regarder.

— Un moment, bon Nebectamus, un moment; ne me trouble pas dans mes réflexions. — Quoi! si les Sarrasins venaient en cet instant attaquer nos lignes, resterais-je ici, en vassal soumis à l'Angleterre, occupé à veiller à ce que son orgueil ne souffrît pas d'humiliation, ou courrais-je sur la brèche pour combattre pour la croix? Mais après la cause de Dieu viennent les ordres de ma dame. Et cependant ceux de Cœur-de-Lion, ma promesse..... Nebectamus, je t'en conjure, dis-moi si tu dois me conduire bien loin d'ici.

— A ce pavillon que tu vas voir là-bas, répondit Nebectamus; et puisque tu as besoin de le savoir, la lumière du matin frappe déjà la sphère d'or qui en couronne le faîte, et qui vaut la rançon d'un roi.

— Je puis être de retour dans un instant, dit le chevalier fermant les yeux avec une sorte de désespoir à toutes les conséquences que pouvait avoir sa résolution. Si quelqu'un approche de la bannière, je puis entendre de là les aboiemens de mon chien. Je me jetterai aux pieds de ma dame, et je la supplierai de me permettre d'achever ma faction. Ici, Roswall, s'écria-t-il en appelant son chien et en jetant son manteau sous la bannière royale d'Angleterre : — Veille bien à ceci, et ne laisse approcher personne.

Le chien majestueux regarda son maître comme pour l'assurer qu'il le comprenait bien, et se coucha ensuite sur le manteau, la tête levée et les oreilles droites, comme s'il eût parfaitement entendu pourquoi on le plaçait là.

— Allons, Nebectamus, dit alors sir Kenneth, hâtons-nous d'obéir aux ordres que tu m'as apportés.

— Se hâtera qui voudra, dit le nain avec un ton d'humeur ; tu ne t'es pas hâté d'obéir à mes ordres, et je ne puis suivre tes pas. Tu ne marches pas comme un homme, tu cours comme une autruche du désert.

Il n'y avait que deux moyens de vaincre l'obstination de Nebectamus, qui tout en parlant ainsi avait pris un pas de limaçon : les présens, Kenneth n'avait pas le moyen de lui en faire ; la flatterie, il n'en avait pas le temps. Dans son impatience il enleva le nain de terre, le porta dans ses bras, et arriva bientôt au pavillon qui lui avait été indiqué. Cependant en approchant il remarqua un petit détachement de soldats qui étaient assis par terre, et que des tentes placées en avant l'avaient empêché d'apercevoir plus tôt. Surpris que le bruit de son armure n'eût pas excité leur attention, et supposant qu'il était possible que dans une circonstance semblable le secret devait protéger ses moindres mouvemens, il remit par terre son petit guide tout essoufflé, pour qu'il reprît haleine, et qu'il lui indiquât ce qu'il avait à faire. Nebectamus était effrayé et courroucé ; mais il s'était senti dans les bras nerveux du chevalier aussi complètement en son pouvoir qu'un hibou dans les serres d'un aigle, et il ne se souciait pas de l'exciter à lui donner de nouvelles preuves de sa vigueur.

Il ne se plaignait donc pas de la manière dont il avait été traité ; mais faisant un détour dans ce labyrinthe de tentes, il conduisit en silence le chevalier de l'autre côté du pavillon, pour le dérober aux regards des gardes qui semblaient ou trop négligens ou trop accablés par le sommeil pour s'acquitter de leur devoir avec beaucoup d'exactitude. En y arrivant le nain souleva de terre le bout de la toile de la tente, et fit signe à sir Kenneth de se baisser pour y entrer. Le chevalier hésita ; il lui paraissait peu convenable de s'introduire furtivement dans un pavillon qui servait sans doute d'habitation à de nobles dames ; mais il se rappela le gage indubitable de sa mission que le nain lui avait remis, et il finit par conclure qu'il ne lui appartenait pas de discuter le bon plaisir de sa dame.

Il se baissa donc pour entrer dans la tente, et dès qu'il fut dans l'intérieur le nain lui dit : — Restez là jusqu'à ce que je vous appelle.

CHAPITRE XIII.

> « Quoi? vous nommez ensemble Innocence et Gaîté!
> « A peine au fruit fatal Adam avait goûté,
> « On vit naître soudain leur mésintelligence,
> « Et les deux sœurs se dire un éternel adieu!
> « De l'Innocence donc la Malice tient lieu,
> « Depuis les jeux cruels de la première enfance,
> « Qui tue, en folâtrant, un pauvre papillon,
> « Jusqu'au dernier plaisir que goûte un moribond,
> « Qui sur son lit de mort trouve un dernier sourire
> « S'il apprend qu'un voisin dans la misère expire. »
> *Ancienne comédie.*

Sir Kenneth resta quelques instants seul et dans une obscurité complète. La nécessité d'attendre ainsi prolongeait son absence de son poste, et il commença presque à se repentir de la facilité avec laquelle il s'était laissé déterminer à le quitter. Mais y retourner sans avoir vu lady Edith, c'était à quoi il ne pouvait plus songer. Il avait manqué à la discipline militaire, et il avait résolu à voir se réaliser l'attente qui l'avait séduit. Cependant sa situation n'était nullement agréable; il n'y avait pas de clarté pour lui montrer dans quel appartement il s'était introduit, lady Edith formait partie de la suite de la reine, et la découverte de son entrée furtive dans le pavillon royal pouvait occasionner de très dangereux soupçons.

Tandis qu'il s'occupait de ces réflexions peu satisfaisantes, et qu'il désirait presque de pouvoir faire sa retraite sans être aperçu, il reconnut des voix de femmes et entendit rire et causer dans un appartement voisin dont il n'était séparé que par une toile, autant qu'il en pouvait juger. On y alluma des lampes, comme il put s'en apercevoir par la lumière qui frappa sur la toile servant de cloison, et il vit comme autant d'ombres différentes personnes assises ou marchant dans ce second appartement. Dans la situation où était sir Kenneth, il serait sévère de le blâmer d'avoir écouté une conversation dans laquelle il se trouvait profondément intéressé.

— Appelez-la! appelez-la, pour l'amour de Notre-Dame! dit une de ces invisibles en riant. Nebectamus, tu seras envoyé en ambassade à la cour du Prêtre-Jean pour lui montrer comme tu sais t'acquitter d'une mission.

Le son aigre de la voix du nain se fit entendre; mais il parlait si bas que sir Kenneth ne put comprendre ce qu'il disait.

— Mais comment nous débarrasser de l'esprit que Nebectamus vient d'évoquer? dit une autre voix.

— Daignez m'écouter, madame, dit une troisième : si le sage roi Nebectamus n'est pas trop jaloux de sa royale et attrayante épouse, chargeons-la d'aller congédier cet insolent chevalier, qui se laisse si aisément persuader que de hautes dames peuvent avoir besoin de son arrogante valeur.

— Il me semble, reprit la voix qui venait de parler, qu'il serait juste que la courtoisie de la reine Génièvre renvoyât celui que la sagesse de son digne époux a réussi à amener ici.

Saisi de honte et de ressentiment de ce qu'il entendait, sir Kenneth allait chercher à s'évader de la tente à tout hasard quand ce qui suivit l'arrêta.

— En vérité, dit cette seconde voix, il faut que notre cousine Edith apprenne de quelle manière s'est conduit ce chevalier si vanté. Il faut nous réserver les moyens de prouver à ses propres yeux qu'il a manqué à son devoir. Ce sera une leçon qui pourra lui être utile; car croyez-moi, Caliste, j'ai quelquefois pensé qu'elle portait le souvenir de cet aventurier écossais trop profondément gravé dans son cœur.

Caliste murmura quelques mots pour faire l'éloge de la sagesse et de la prudence de lady Edith.

— Prudence ! reprit une autre, ce n'est que de l'orgueil et le désir de passer pour plus scrupuleuse qu'aucune de nous. Non, je ne renoncerai pas à mon petit avantage. Vous savez fort bien que quand elle vous prend en défaut, personne ne peut vous mettre votre erreur sous les yeux mieux que lady Edith, quoique ce soit d'une manière civile. Mais la voici elle-même.

L'entrée d'une autre personne dans l'appartement fut annoncée par une ombre qui se peignit sur la toile, et qui y glissa jusqu'à ce qu'elle se fût confondue avec les autres. En dépit du désappointement amer qu'il éprouvait, et de l'insulte qu'il avait reçue par suite, à ce qu'il paraissait, de la malice ou d'une folle fantaisie de la reine Bérengère, car il avait déjà conclu que celle qui avait parlé le plus haut et avec un ton d'autorité était l'épouse de Richard, le chevalier trouvait quelque chose de si consolant à penser qu'Edith n'avait pas été complice du tour indigne qu'on venait de lui jouer, et la scène qui allait se passer était si intéressante pour sa curiosité, qu'au lieu de suivre le projet plus prudent de faire retraite à l'instant même, il chercha au contraire quelque fente par où ses yeux pussent comme son oreille prendre part à ce qui allait arriver.

— Sûrement, se dit-il à lui-même, la reine, a qui il a plu de s'amuser de mettre en danger ma réputation et peut-être ma vie, n'a pas droit de se plaindre si je profite de l'occasion que me fournit le hasard pour connaître ses intentions ultérieures.

Cependant il semblait qu'Edith attendait les ordres de la reine, et que Sa Majesté n'osait parler de crainte de ne pouvoir ni s'empêcher de rire ni contenir la gaîté des dames de sa suite ; car sir Kenneth entendait qu'on ne parlait qu'à voix basse, et avec un rire étouffé.

— Votre Majesté, dit enfin Edith, paraît dans une humeur joyeuse, quoiqu'à une pareille heure elle dût plutôt avoir des dispositions à dormir. Je dormais moi-même quand j'ai appris que Votre Majesté me demandait.

— Je ne retarderai pas long-temps votre repos, cousine, répondit la reine. Je crains pourtant que vous ne dormiez moins paisiblement quand je vous aurai dit que vous avez perdu votre gageure.

— C'est trop appuyer sur une plaisanterie qui doit être usée, madame. Je n'ai point fait de gageure, quoiqu'il ait plu à Votre Majesté de supposer et de prétendre que j'en avais fait une.

— En dépit de notre pèlerinage, belle cousine, Satan a de l'empire sur vous, et il vous inspire un mensonge. Pouvez-vous nier que vous n'ayez gagné votre bague de rubis contre mon bracelet d'or que ce chevalier du *Libbart*[1], ou n'importe quel est son nom, ne se laisserait pas déterminer à quitter son poste ?

— J'ai trop de respect pour Votre Majesté pour la contredire ; mais ces dames peuvent, si elles le veulent, me rendre témoignage que c'est Votre Majesté elle-même qui a proposé une telle gageure, et qui a retiré ma bague de mon doigt, tandis que je persistais à déclarer que je ne croyais convenable ni à mon âge ni à mon sexe de rien parier sur un tel sujet.

— Mais vous ne pouvez disconvenir, lady Edith, dit une des femmes de la reine, que vous n'ayez montré beaucoup de confiance en la valeur de ce chevalier du Léopard.

— Et quand cela serait, répondit Edith avec vivacité, est-ce une raison pour que vous placiez ici votre mot, afin de flatter le caprice de Sa Majesté ? J'ai parlé de lui comme en parlent tous les hommes qui l'ont vu combattre, et je n'avais

(1) Léopard. — Éd.

pas plus d'intérêt à le défendre que vous n'en avez à l'attaquer. De quoi peuvent parler les femmes dans un camp, si ce n'est de guerriers et de faits d'armes?

— La noble lady Edith, dit une autre, ne nous a jamais pardonné, à Caliste et à moi, depuis que nous avons dit à Votre Majesté qu'elle avait laissé tomber deux boutons de rose dans la chapelle d'Engaddi.

— Si Votre Majesté, dit Edith d'un ton qui parut à sir Kenneth celui d'une respectueuse remontrance, n'a pas d'autres ordres à me donner, je lui demanderai la permission de me retirer.

— Silence, Florise, dit la reine, et que notre indulgence ne vous fasse pas oublier la distance qui existe entre vous et la parente du roi d'Angleterre. Mais vous, belle cousine, ajouta-t-elle en reprenant le ton de la plaisanterie, comment pouvez-vous, bonne comme vous êtes, reprocher quelques instants de gaîté à de pauvres dames qui ont passé tant de jours dans les pleurs et les grincemens de dents?

— Puisse la gaîté de Votre Majesté être de longue durée! répondit Edith; quant à moi, je consentirais à ne plus sourire pendant tout le reste de ma vie plutôt que de...

Elle n'en dit pas davantage, probablement par respect; mais le son de sa voix fit connaître à Kenneth qu'elle était fort agitée.

— Pardonnez à une princesse inconsidérée, mais enjouée, de la maison impériale, dit Bérengère. Mais où est le grand mal après tout? Un jeune chevalier a été attiré ici par la ruse; il s'est dérobé, ou l'on l'a dérobé à son poste, que personne n'attaquera en son absence, pour l'amour d'une belle dame, car pour rendre justice à votre champion, Edith, il n'a fallu à Nebectamus rien de moins que votre nom pour le conjurer efficacement.

— Justice du ciel! s'écria Edith d'une voix qui annonçait plus d'alarme qu'elle n'en avait encore montré; Votre Majesté ne parle pas sérieusement; vous ne pouvez parler ainsi, par égard pour votre propre honneur et pour celui de la parente de votre époux. Dites que vous plaisantiez, madame, et pardonnez-moi d'avoir pu en douter un instant.

— Lady Edith, dit la reine d'un ton de mécontentement, est fâchée d'avoir perdu la bague que nous lui avons gagnée. Nous vous rendrons votre gage, belle cousine; mais ne nous reprochez pas un petit triomphe que nous avons remporté sur une prudence qui nous a protégée souvent comme la bannière qui couvre une armée de son ombre.

— Un triomphe! madame, s'écria Edith avec indignation; un triomphe! le triomphe sera pour les infidèles, quand ils sauront que la reine d'Angleterre peut faire de la réputation de la parente de son époux le sujet d'une plaisanterie.

— Vous regrettez la perte de votre bague favorite, belle cousine, dit la reine; mais allons, puisqu'il vous en coûte tant de payer votre gageure, nous renoncerons à notre droit. C'est votre nom, c'est votre bague, qui ont amené ici ce chevalier, et nous nous inquiétons peu de l'appât une fois que le poisson est pris.

— Madame, répliqua Edith avec impatience, vous savez fort bien que tout ce qui m'appartient est à Votre Majesté dès qu'elle en montre le moindre désir; mais je donnerais un boisseau de rubis pour qu'on ne se fût servi ni de ma bague ni de mon nom pour faire commettre à un brave chevalier une faute qui peut attirer sur lui la honte et le châtiment.

— Oh! c'est pour la sûreté de notre féal chevalier que nous craignons, dit la reine. Vous estimez trop peu notre pouvoir, belle cousine, si vous vous imaginez qu'une fantaisie que nous nous sommes permise puisse coûter la vie à quelqu'un. D'autres que lady Edith peuvent avoir de l'influence sur des guerriers revêtus de fer. Le cœur même d'un lion est de chair et non de marbre; et croyez-moi, j'ai assez de crédit auprès de Richard pour éviter au chevalier auquel lady Edith prend un tel intérêt le châtiment auquel pourrait l'exposer sa désobéissance aux ordres du roi.

— Au nom de la sainte croix, madame, s'écria Edith ; et sir Kenneth avec une émotion qu'il serait impossible de décrire, l'entendit se prosterner aux pieds de la reine, — pour l'amour de la bienheureuse Vierge et de tous les saints du calendrier, prenez bien garde à ce que vous allez faire ! vous ne connaissez pas encore le roi Richard ; il n'y a que peu de temps que vous êtes son épouse : votre souffle pourrait aussi facilement combattre toute la fureur du vent d'ouest que vos paroles persuader à votre époux de pardonner une faute contre la discipline militaire. Pour l'amour du ciel, renvoyez ce chevalier si vous l'avez réellement attiré ici. Je consentirais presque à rester chargée de la honte de l'avoir invité à y venir si je savais qu'il est de retour où son devoir exige sa présence.

— Relevez-vous, cousine, relevez-vous, dit la reine ; et soyez assurée que tout se terminera mieux que vous ne le pensez. Relevez-vous, vous dis-je, ma chère Edith : je suis fâchée d'avoir fait la folie de jouer un pareil tour à un chevalier auquel vous vous intéressez si vivement. Ne vous tordez pas ainsi les mains ; je veux bien croire que vous n'y prenez aucun intérêt. Je croirai tout ce que vous voudrez plutôt que de vous voir un air si désolé. — Je vous dis que je prendrai tout le blâme sur moi ; que je justifierai près de Richard votre bel ami du Nord, — ou votre connaissance, puisque vous ne voulez pas l'avouer pour votre ami. — Ne me regardez pas avec cet air de reproche, nous allons charger Nebectamus de renvoyer à son poste ce chevalier de la bannière. Il est sans doute caché dans quelque tente voisine.

— Par ma couronne de lis et mon sceptre de belle eau, dit Nebectamus, Votre Majesté se trompe. Il est plus près que vous ne le pensez ; il est caché là derrière cette toile.

— Et à portée d'avoir entendu tout ce que nous venons

de dire! s'écria la reine, surprise à son tour. Sors d'ici, monstre de sottise et de malignité!

A peine avait-elle prononcé ces mots, que Nebectamus s'enfuit en poussant un cri si perçant qu'il est permis de douter que la reine se fût bornée à des reproches et n'y eût pas joint quelque marque plus sensible de son courroux.

— Et que faire maintenant? demanda la reine à Edith à demi-voix et avec une inquiétude marquée.

— Ce que la circonstance exige, répondit Edith avec fermeté; il faut voir ce chevalier, et nous mettre à sa merci.

Et sans tarder un instant elle s'avança pour tirer un rideau qui couvrait une entrée servant de communication d'une pièce à l'autre.

— Pour l'amour du ciel, n'en faites rien, s'écria la reine. Songez donc... Mon appartement... L'heure, notre costume... Mon honneur...

Mais avant qu'elle eut achevé sa remontrance le rideau était tiré, et rien ne séparait plus les dames du chevalier. La chaleur d'une nuit d'Orient avait engagé la reine et ses dames à se vêtir plus à la légère et plus simplement que leur rang et surtout la présence d'un chevalier ne l'exigeaient. La reine se le rappela, et poussant un grand cri, sortit de l'appartement dans lequel sir Kenneth se trouvait alors, et passa dans une autre division du pavillon, où ses femmes la suivirent, à l'exception d'Edith; car l'amertume de sa douleur, son extrême agitation, son violent désir d'avoir une prompte explication avec le chevalier écossais, lui firent peut-être oublier que ses cheveux étaient plus en désordre et que sa personne était moins couverte qu'il ne convenait à des demoiselles de haute naissance dans un siècle qui, après tout, n'était pas l'époque de l'ancien temps où les dames avaient le plus de pruderie. Une robe lâche et légère de soie couleur d'incarnat était presque son seul vêtement; elle avait placé à la hâte ses pieds nus dans des babouches orientales, et une riche écharpe était jetée négligemment sur ses épaules.

Sa tête n'était couverte que du voile de ses beaux cheveux qui, tombant en désordre de tous côtés, cachaient en partie des traits qu'un mélange de confusion, de ressentiment et d'émotions plus douces couvrait d'une vive rougeur.

Mais quoiqu'elle sentît sa situation avec cette délicatesse qui est le plus grand charme de son sexe, elle ne parut pas mettre un instant sa timidité en balance avec ce qu'elle devait à celui qui avait été induit en erreur et mis en danger à cause d'elle. Elle se borna à poser sur une table une lampe qu'elle tenait à la main, et qui jetait sur elle trop de clarté; elle serra davantage son écharpe sur son cou et sur son sein; puis, tandis que sir Kenneth restait immobile à l'endroit même où il se trouvait quand le rideau avait été ouvert, bien loin de se retirer elle fit un pas vers lui et s'écria :

— Hâtez-vous de retourner à votre poste, vaillant chevalier. On vous a trompé pour vous attirer ici. Ne faites aucune question.

— Je n'ai besoin d'en faire aucune, répondit Kenneth en fléchissant le genou devant elle avec la dévotion respectueuse d'un saint au pied d'un autel, et les yeux fixés sur la terre de peur que ses regards n'ajoutassent à l'embarras d'Édith.

— Avez-vous tout entendu? s'écria Édith avec impatience. Pourquoi donc rester ici quand chaque minute qui se passe vous menace du déshonneur ?

— Je sais que je suis déshonoré, dit le chevalier, et c'est de votre voix que je l'ai entendu. Que m'importe le châtiment? Je n'ai qu'une demande à vous faire; je vais me jeter au milieu des cimeterres infidèles, et voir si le déshonneur peut se laver dans le sang.

— N'en faites rien, ne restez pas ici plus long-temps, soyez prudent; tout ira bien si vous retournez promptement à votre poste.

— Je n'attends que votre pardon pour la présomption dont je me suis rendu coupable en croyant que mes humbles services pourraient vous être utiles et mériter quelque estime.

— Je vous pardonne : mais non, je n'ai rien à vous pardonner ; c'est moi qui suis cause de votre malheur. Partez, partez ; oui, je vous pardonnerai, je vous estimerai comme j'estime tout brave croisé, si vous partez à l'instant.

— Recevez d'abord ce gage précieux et fatal, dit le chevalier toujours à genoux, en présentant à Édith, qui fit de nouveaux gestes d'impatience, la bague qu'il avait reçue de Nebectamus.

— Non, non ! s'écria-t-elle en refusant de la prendre ; conservez-la, conservez-la comme une marque de mon estime, de mes regrets je voulais dire ; mais partez ; si ce n'est pas pour vous, que ce soit pour moi.

L'intérêt que sa dame semblait prendre à sa sûreté dédommageait presque sir Kenneth de la perte de son honneur, que sa voix lui avait annoncée ; il se releva, et fixant un instant les yeux sur Édith, la salua profondément et se retira. Au même instant cette réserve timide dont une émotion violente avait triomphé jusqu'alors triompha à son tour, et la belle Edith sortit de l'appartement en éteignant la lampe, laissant l'esprit et le corps du chevalier dans des ténèbres également profondes.

La première pensée qui le tira de sa rêverie fut qu'il fallait lui obéir, et il se hâta de regagner l'endroit par où il était entré dans le pavillon. Chercher le lieu où il était possible de soulever la toile pour passer par-dessous était une opération qui exigeait du temps et de l'attention : il l'abrégea en se faisant une ouverture avec son poignard. En se retrouvant en plein air, il se sentit accablé par un tel conflit de sentimens opposés, qu'il lui aurait été impossible de les analyser, et qu'il était comme frappé de stupeur : il eut besoin de se rappeler que lady Édith lui avait ordonné de se hâter ; mais engagé au milieu des cordes et des pieux qui servaient à attacher les tentes, et la crainte d'éveiller les sentinelles placées devant le pavillon de la reine l'obligeant à marcher avec précaution jusqu'à ce qu'il eût regagné l'avenue par laquelle le nain l'avait conduit, il fallait qu'il avançât à pas lents, de peur de donner l'alarme soit en tombant, soit par le bruit de ses armes.

Un léger nuage avait couvert la lune au moment où il sortait du pavillon, et ce fut un nouvel obstacle qu'il eut à combattre dans un instant où sa tête éprouvait des vertiges et où son cœur était si ému qu'il ne lui restait guère de présence d'esprit. Mais enfin il arriva à ses oreilles des sons qui lui rendirent tout à coup l'usage de toutes ses facultés. Ils partaient du mont Saint-George. Dabord ce fut un seul aboiement, fier, exprimant la menace et le courroux ; mais il fut suivi presque au même instant d'un hurlement d'agonie.

Jamais daim ne partit d'une course plus rapide en entendant la voix de Roswall que ne le fit sir Kenneth lorsqu'il reconnut ce qu'il regarda comme le cri de mort de ce noble animal, trop fier pour qu'une blessure ordinaire lui eût arraché la moindre plainte ; il franchit en un instant l'espace qui le séparait encore de l'avenue, courut vers la hauteur, quoique armé de toutes pièces, plus vite que n'aurait pu le faire maint chevalier qui n'eût pas été comme lui chargé de ses armes ; il gravit la montée sans ralentir le pas, et en quelques minutes arriva sur la plate-forme.

La lune entr'ouvrait alors le nuage qui l'avait couverte, et elle lui fit voir que la bannière d'Angleterre avait disparu : la lance qui la soutenait était par terre, brisée en morceaux ; son chien fidèle, étendu à côté, semblait dans l'agonie de la mort.

CHAPITRE XIV.

« J'ai donc perdu l'honneur, trésor que ma jeunesse
« Avec un si grand soin gardait pour ma vieillesse !
« Ce n'est plus qu'un ruisseau dont le cours desséché
« Laisse voir les cailloux dont son lit est jonché,
« Et qu'à pied sec sans peine un jeune enfant traverse. »
DRYDEN. *Don Sébastien.*

D'ABORD presque étourdi et confondu, la première pensée de sir Kenneth fut de chercher les auteurs de l'insulte faite à la bannière d'Angleterre ; mais de quelque côté qu'il tournât ses regards, il ne put en apercevoir la moindre trace. La seconde, qui pourra paraître étrange à quelques personnes, mais non à celles qui ont réellement aimé la race canine, fut de chercher à s'assurer de l'état dans lequel se trouvait son fidèle Roswall, mortellement blessé, à ce qu'il paraissait, en s'acquittant du devoir que la séduction avait fait abandonner à son maître ; il caressa l'animal mourant, qui fidèle jusqu'à la fin semblait oublier ses propres douleurs pour témoigner la satisfaction que lui causait la présence de sir Kenneth ; il continuait à remuer la queue et à lui lécher la main, même en annonçant par ses gémissemens que le chevalier irritait sa blessure en essayant de retirer un fragment de lance ou de javeline qui y était resté enfoncé ; il renouvelait alors ses faibles caresses, comme s'il eût craint d'avoir offensé son maître en lui laissant voir que ses soins ne faisaient qu'aggraver sa souffrance. Les preuves d'attachement que lui prodiguait ce noble animal répandaient une nouvelle amertume sur le sentiment de honte et de désespoir qui anéantissait toutes les facultés de sir Kenneth. Son unique ami semblait lui être enlevé à l'instant même où il avait encouru le mépris et l'indignation de tout ce qui l'entourait. La force d'ame du chevalier céda à cette angoisse ; il poussa de profonds gémissemens, et ne put même retenir ses larmes.

Tandis qu'il se livrait ainsi à son chagrin, les mots suivans furent prononcés en langue franque près de lui par une voix sonore et solennelle comme celle d'un iman faisant une lecture dans une mosquée :

— L'adversité est comme l'époque des premières et des dernières pluies : froides, pénibles, désagréables pour l'homme et les animaux, et cependant ce sont elles qui produisent les fleurs et les fruits, qui font naître la rose, la datte et la grenade.

Le chevalier du Léopard se tourna vers celui qui lui parlait ainsi dans une langue également comprise des chrétiens et des Sarrasins, et vit le médecin maure qui s'étant approché de lui sans avoir été entendu, s'était assis un peu derrière lui, les jambes croisées, et débitait avec gravité mais d'un accent plein d'intérêt les sentences morales de consolation que lui fournissaient le Coran et ses commentateurs ; car dans l'Orient on trouve que la sagesse consiste, non à déployer ses propres inventions, mais à montrer une mémoire fertile, et à faire à propos l'application heureuse de ce qui est écrit.

Honteux d'avoir été surpris tandis qu'il exprimait son chagrin comme l'aurait fait une femme, sir Kenneth essuya ses larmes avec indignation, et s'occupa de nouveau de son favori mourant.

— Le poète a dit, continua El Hakim sans paraître faire attention à l'air désespéré et aux regards baissés du chevalier ; — Le bœuf pour la plaine et le chameau pour le désert.

La main du médecin ne serait-elle pas plus convenable que celle du soldat pour guérir les blessures, quoiqu'elle soit moins capable d'en faire?

— Ce malade, Hakim, n'est plus en état de profiter de tes secours, répondit sir Kenneth. D'ailleurs d'après ta loi c'est un animal immonde.

— Quand Allah a daigné accorder à des créatures la vie et le sentiment de la peine et du plaisir, dit le médecin, ce serait un orgueil coupable pour le sage qu'il a éclairé de se refuser à prolonger leur existence ou d'adoucir leurs souffrances. La guérison d'un écuyer obscur, d'un pauvre chien ou d'un monarque conquérant, sont des événemens entre lesquels le sage ne fait guère de distinction. Laisse-moi examiner la blessure de cet animal.

Sir Kenneth y consentit en silence, et le médecin examina l'épaule blessée de Roswall avec le même soin et la même attention que s'il eût appartenu à la race humaine. Il prit alors une boîte d'instrumens de chirurgie, et s'en servant avec adresse, il fit l'extraction du fragment de l'arme, et arrêta par une lotion styptique et par des bandages l'effusion du sang qui s'ensuivit. Le pauvre animal se soumit à cette opération avec la même patience que s'il eût connu les intentions bienfaisantes de celui qui la lui faisait souffrir.

— Cet animal peut guérir, dit El Hakim en s'adressant à sir Kenneth, si vous trouvez bon que je le fasse porter sous ma tente et que je le traite avec le soin que mérite la noblesse de sa nature; car il est bon que vous sachiez que votre serviteur Adonebec n'est pas moins instruit dans la distinction des races et des qualités des bons chiens et des nobles coursiers que dans l'art de guérir les maladies auxquelles la race humaine est exposée.

— Emportez-le, répondit le chevalier; je vous le donne de bon cœur si vous lui rendez la vie. D'ailleurs je vous dois une récompense pour les soins que vous avez pris de mon écuyer, et je n'ai pas autre chose pour m'acquitter. Quant à moi, je ne sonnerai plus du cor pour exciter un chien à la chasse.

Le Maure ne répondit rien, mais il fit un signal en frappant des mains, et deux esclaves noirs parurent à l'instant. Il leur donna ses ordres en arabe, et en reçut pour réponse :

— Entendre, c'est obéir. — Ils prirent aussitôt l'animal entre leurs bras, et l'emportèrent sans qu'il fît beaucoup de résistance ; car quoique ses yeux se tournassent vers son maître, il était trop faible pour se défendre.

— Adieu donc, Roswall, dit sir Kinneth ; adieu, mon dernier et mon unique ami ; tu es un bien trop noble pour appartenir à un être aussi dégradé que je vais le devenir. Je voudrais, ajouta-t-il pendant que les esclaves s'éloignaient, pouvoir changer de situation avec ce noble animal, tout mourant qu'il est.

— Il est écrit, dit le médecin, quoique cette exclamation ne lui eût pas été adressée, que toutes les créatures sont faites pour le service de l'homme, et le maître de la terre parle follement lorsque dans son impatience il voudrait changer ses espérances présentes et futures pour la condition servile d'un être inférieur.

— Un chien qui meurt en s'acquittant de ses devoirs, répondit le chevalier avec force, vaut mieux que l'homme qui les oublie. Laisse-moi, Hakim ; tu possèdes presque jusqu'au miracle la science la plus merveilleuse dont l'homme ait jamais été doué ; mais les blessures de l'esprit sont au-dessus de ton pouvoir.

— Non, répondit Adonebec, pourvu que le malade veuille faire connaître ses souffrances et se laisser guider par les avis du médecin.

— Sache donc, puisque tu es si importun, dit sir Kenneth, que cette nuit la bannière d'Angleterre était déployée sur cette hauteur, j'étais chargé de la garder ; la lumière du matin commence à paraître ; tu vois cette pique brisée, la bannière a disparu, et me voici, me voici vivant encore !

— Comment ! dit El Hakim en l'examinant, ton armure est entière ; tes armes ne sont pas teintes de sang, et la renommée assure que tu n'es pas homme à revenir ainsi du combat. Tu t'es laissé entraîner loin de ton poste, entraîner par les joues de rose et les yeux noirs d'une de ces houris à qui, vous autres Nazaréens, vous faites vœu d'une obéissance telle qu'on n'en doit qu'à Allah, d'un amour tel qu'il est à peine permis d'en accorder à une argile semblable à la nôtre : je ne me trompe pas, car c'est ainsi que l'homme a toujours succombé depuis le temps du sultan Adam.

— Et quand cela serait, médecin, dit le chevalier d'un air sombre, où est le remède ?

— La science est la mère du pouvoir, répondit El Hakim, comme la valeur supplée à la force. Écoute-moi : l'homme n'est pas un arbre enchaîné par la racine : il n'a pas été formé pour s'attacher à un rocher comme le coquillage qui mérite à peine un rang parmi les créatures animées. Tes propres écritures chrétiennes ordonnent à celui qui est persécuté dans une ville de fuir dans une autre ; et nous autres musulmans, nous savons aussi que Mahomet, le prophète d'Allah, chassé de la sainte cité de la Mecque, trouva dans celle de Médine un refuge pour lui et pour ses compagnons.

— Et en quoi tout cela me concerne-t-il ? demanda l'Écossais.

— Vous allez le savoir, répondit le médecin. Le sage même fuit la tempête qu'il ne peut maîtriser. Faites donc diligence ; fuyez la vengeance de Richard, et mettez-vous à l'ombre sous la bannière victorieuse de Saladin.

— Il est vrai, dit Kenneth avec ironie, que je pourrais cacher mon déshonneur dans un camp de païens infidèles où ce mot est inconnu. Mais ne ferais-je pas mieux de m'assimiler à eux plus complètement ? Ton avis n'irait-il pas jusqu'à me recommander de prendre le turban ? Il me semble qu'il ne manque que l'apostasie pour consommer mon infamie.

— Ne blasphème pas, Nazaréen ! s'écria El Hakim avec force. Saladin ne cherche à convertir à la loi du Prophète que ceux qui ont été convaincus par ses préceptes. Ouvre les yeux à la lumière, et le grand soudan, dont la libéralité est sans bornes comme son pouvoir, peut te donner un royaume ; reste dans ton aveuglement si tu le veux ; et étant du nombre de ceux dont la seconde vie est vouée à la misère, tu n'en seras pas moins rendu riche et heureux pendant celle-ci par Saladin. Mais ne crains pas que ton front soit jamais entouré du turban, si ce n'est volontairement et de ton propre choix.

— Mon choix serait plutôt, dit le chevalier, le supplice qui m'attend avant le coucher du soleil.

— Tu n'es pas sage de refuser cette belle offre, Nazaréen, dit El Hakim ; car j'ai du crédit près de Saladin, et je pourrais t'élever bien haut dans ses bonnes graces. Fais-y bien attention, mon fils. Cette croisade, comme vous nommez votre folle entreprise, est comme un grand dromond[1] qui vient à se briser au milieu des vagues. Tu as toi-même été porteur de propositions de paix au puissant Saladin de la part des rois et des princes dont les forces sont réunies ici ; mais tu ne sais peut-être pas exactement en quoi elles consistent.

— Je ne le sais pas et je m'en inquiète peu, répondit Kenneth avec impatience. Que m'importe d'avoir été l'envoyé de princes, quand avant la nuit je serai un cadavre déshonoré et suspendu à un gibet?

— Ce que je te dis tend à prévenir ce malheur, répliqua Adonebec. Saladin est courtisé de tous côtés ; les princes qui composent cette ligue formée contre lui ont fait des propositions d'arrangement et de paix, qu'en toute autre circonstance son honneur lui aurait peut-être permis d'accorder. Quelques-uns lui ont même fait séparément des

---

(1) Ou dromadaire. C'était le nom qu'on donnait alors aux plus grands vaisseaux.
(*Note de l'Auteur anglais.*)

offres particulières, et lui ont proposé de retirer leurs forces du camp des rois de Frangistan, et même de les joindre aux siennes pour défendre l'étendard du Prophète. Mais Saladin ne veut pas profiter d'une telle trahison, d'une défection si intéressée. Le roi des rois ne traitera qu'avec le roi Lion. Saladin ne conclura d'arrangement définitif qu'avec Melec Ric; et il traitera avec lui en prince, ou le combattra en valeureux champion. Il accordera la liberté du pèlerinage à Jérusalem et à tous les lieux que les Nazaréens ont en vénération. Il ira même jusqu'à partager son empire avec son frère Richard, au point de lui permettre de placer une garnison chrétienne dans les six plus fortes places de la Palestine ainsi que dans Jérusalem, et elles seront sous le commandement immédiat des officiers du roi Richard, à qui Saladin consent d'accorder le titre de roi gardien de Jérusalem. Quelque étrange et quelque incroyable que tout cela puisse vous paraître, sire chevalier, je vous dirai une chose qui vous le paraîtra encore davantage, car je sais qu'on peut confier à votre honneur le secret le plus important. Sachez que Saladin, pour mettre un sceau sacré à cette heureuse union des deux princes les plus nobles et les plus braves du Frangistan et de l'Asie, élèvera au rang de son épouse une demoiselle chrétienne du sang du roi Richard, connue sous le nom de lady Edith Plantagenet [1].

—Ah! que dis-tu? s'écria sir Kenneth, qui avait écouté avec indifférence tout ce qu'El Hakim lui avait dit jusque là, mais que cette dernière phrase avait touché au vif, comme un nerf blessé excite une sensation de douleur, même au

---

[1] Cette proposition peut paraître si extraordinaire et si invraisemblable, qu'il est à propos de dire qu'elle eut véritablement lieu. Cependant, au lieu d'Edith, les historiens parlent de la reine douairière de Naples, sœur de Richard, et substituent à ce prince un de ses frères. Ils paraissaient avoir ignoré l'existence d'Edith Plantagenet. Voir l'*Histoire des Croisades*, par MILL, tom. II, page 61.

(*Note de l'Auteur anglais.*)

L'ouvrage de M. Mill étant encore peu connu en France, l'Éditeur croit devoir renvoyer les lecteurs français à l'excellent ouvrage de M. Michaud sur le même sujet. — Éd.

milieu de la torpeur qui glaçait un paralytique. Cependant par un grand effort sur lui-même il parvint à se modérer, réprima son indignation; et la voilant sous l'apparence d'un doute méprisant, il continua l'entretien, afin d'obtenir autant de détails qu'il pourrait sur un complot, car tel lui paraissait ce projet, contre l'honneur et le bonheur de celle qu'il n'en aimait pas moins depuis que cette passion semblait avoir été l'écueil de sa fortune et de son honneur.

— Quel chrétien, dit-il, voudrait sanctionner une union contre nature telle que celle d'une fille chrétienne avec un mécréant sarrasin?

— Tu n'es qu'un Nazaréen ignorant et superstitieux, répondit Adonebec. Ne vois-tu pas tous les jours des princes musulmans épouser en Espagne de nobles filles chrétiennes, sans que les Maures ni les chrétiens en soient scandalisés? D'ailleurs, plein de confiance dans le sang de Richard, Saladin accordera à la jeune fille anglaise la même liberté que les usages du Frangistan accordent aux femmes. Il lui permettra le libre exercice de sa religion, attendu qu'au fond il n'importe guère quelle foi professent les femmes. Il l'élèvera en rang et en autorité au-dessus de toutes les femmes de son zénana; en un mot elle sera sous tous les rapports reine absolue et sa seule épouse.

— Quoi! s'écria sir Kenneth, oses-tu croire, musulman, que Richard consente que sa parente, une princesse vertueuse et de haut rang, devienne tout au plus la première concubine du harem d'un infidèle? Apprends, Hakim, que le dernier des nobles libres de la chrétienté se révolterait à la seule idée d'assurer à sa fille cette splendeur ignominieuse.

— Tu te trompes, répondit le médecin: Philippe de France et Henri de Champagne, et d'autres alliés de Richard ont entendu cette proposition sans en frémir, et ont promis, autant qu'ils le pourraient, de favoriser une alliance qui mettrait fin à ces guerres désastreuses. Le sage archiprêtre de Tyr s'est chargé d'en faire l'ouverture au roi d'Angleterre, et il ne doute pas qu'il ne parvienne à lui faire goûter ce plan. La sagesse du soudan fait encore mystère de ce projet à d'autres princes, tels que le marquis de Montserrat et le grand-maître des Templiers, parce qu'il sait que leurs plans ambitieux n'ont pour but que la mort et l'ignominie de Richard. Levez-vous donc, sire chevalier, et montez à cheval. Je vous remettrai une lettre qui vous rendra le soudan favorable. Et ne croyez pas que vous trahissiez votre pays, sa cause ou sa religion, puisque l'intérêt des deux monarques sera bientôt le même. Saladin sera charmé d'entendre vos conseils, parce que vous pouvez l'informer de bien des choses concernant les mariages des chrétiens, la manière dont ils traitent leurs femmes, et d'autres points de leurs lois et de leurs usages qu'il est important qu'il connaisse à l'instant de conclure un pareil traité. La main droite du soudan, qui tient tous les trésors de l'Orient, est une source vive de générosité ; ou si tu le désires, Saladin une fois allié avec l'Angleterre, n'aura guère de difficulté à obtenir de Richard non-seulement qu'il te pardonne et qu'il te rende ses bonnes graces, mais qu'il te confie un commandement honorable parmi les troupes qu'il pourra laisser ici pour le maintien de son gouvernement et de celui de Saladin en Palestine. Lève-toi donc, et à cheval ; le chemin est uni devant toi.

— Hakim, répondit le chevalier écossais, tu es un homme de paix, tu as sauvé la vie de Richard d'Angleterre et celle de mon pauvre écuyer, Stranchan. J'ai donc entendu jusqu'à la fin un récit que, s'il m'eût été fait par tout autre musulman que toi, j'aurais terminé par un coup de poignard. Hakim, en retour de ta bienveillance, je te conseille d'avoir soin que le Sarrasin qui viendra proposer à Richard une alliance entre le sang des Plantagenet et celui de sa race maudite ait la tête couverte d'un casque en état de supporter un coup de hache d'armes semblable à celui qui fit tomber la porte d'Acre. Sans cette précaution, certes, il serait hors d'état d'avoir recours à ton art.

— Tu es donc opiniâtrément décidé à ne pas chercher un asile au milieu de l'armée des Sarrasins? demanda Adonebec. Souviens-toi pourtant que rester ici c'est courir à ta perte; et ta loi comme la nôtre défend à l'homme de détruire le tabernacle de sa vie.

— A Dieu ne plaise que je l'oublie! dit l'Écossais en faisant un signe de croix; mais il nous est aussi défendu de fuir le châtiment que nos crimes ont mérité; et puisque tu n'as que des idées si erronées de la fidélité, Hakim, je regrette de t'avoir donné mon bon chien, car s'il vient à guérir, il aura un maître qui ne connaîtra pas toute sa valeur.

— Un présent qu'on se repent d'avoir fait est déjà révoqué, dit El Hakim. Nous autres médecins, nous nous faisons une loi de ne pas renvoyer un malade avant de l'avoir guéri; mais si votre chien ne meurt pas, il est encore à vous.

— Il suffit, il suffit, Hakim, répondit sir Kenneth; on ne doit parler ni de chiens ni de faucons lorsqu'on n'a peut-être qu'une heure de jour entre soi et la mort. Laisse-moi me rappeler mes péchés et me réconcilier avec le ciel.

— Je te laisse dans ton obstination, dit le médecin; un brouillard cache le précipice aux yeux de ceux qui sont prédestinés à y tomber.

Il se retira à pas lents, tournant la tête de temps en temps comme pour voir si un mot ou un signe ne pourrait ébranler la résolution du chevalier qui s'abandonnait à son sort. Enfin son turban disparut au milieu du labyrinthe de tentes qui s'étendaient bien au-delà du mont Saint-George, et que blanchissait la pâle lueur du matin, confondue encore avec celle des rayons de la lune.

Quoique les conseils d'Adonebec n'eussent pas fait sur Kenneth l'impression que ce sage aurait désiré, ses paroles lui avaient suggéré un motif pour désirer de vivre, et quelque déshonoré qu'il fût à ses propres yeux, il n'avait plus envie de quitter la vie comme on quitte un vêtement souillé. Le souvenir de tout ce qui s'était passé entre l'ermite et lui à Engaddi, ou entre l'anachorète et Ilderim, lui confirma ce que le médecin maure venait de lui dire de l'article secret du traité proposé.

— Le révérend imposteur! s'écria-t-il; l'hypocrite à cheveux blancs! il parlait du mari infidèle converti par la femme chrétienne. Et que sais-je si le traître n'a pas exposé aux yeux du Sarrasin maudit de Dieu les attraits d'Edith Plantagenet, afin que le chien pût juger si elle était digne d'entrer dans le sérail d'un mécréant? Si je tenais une seconde fois ce païen, comme je l'ai tenu il y a quelques jours, ce ne serait pas lui du moins qui viendrait chargé d'une mission si honteuse pour l'honneur d'un roi chrétien et pour celui d'une fille noble et vertueuse. Mais que peut faire celui dont les heures ne sont plus que des minutes! N'importe, tant que je vis, tant que je respire, il est possible de faire quelque chose, et il faut le faire sans délai.

Il réfléchit quelques instants, et jetant son casque loin de lui, il prit le chemin du pavillon du roi Richard.

fit faire une distribution de vin à ses soldats pour qu'ils célébrassent sa guérison et qu'ils bussent en l'honneur de la bannière de Saint-George. Il en serait résulté qu'il n'aurait plus régné dans le quartier que ses troupes occupaient dans le camp, ni vigilance ni précautions militaires, si le comte de Salisbury, sir Thomas de Vaux et d'autres nobles n'avaient pris les mesures nécessaires pour y maintenir l'ordre et la discipline au milieu de la joie générale.

Le médecin maure resta près du roi depuis l'instant où il se mit au lit jusqu'à minuit; et pendant cet intervalle il lui fit prendre deux fois une potion qu'il prépara, ayant toujours soin préalablement d'observer dans quel quartier du ciel se trouvait la pleine lune, dont il disait que les influences pouvaient aider ou contrarier l'effet de ses remèdes. Il était près de trois heures du matin quand il sortit de la tente de Richard pour se retirer dans celle qui avait été dressée pour lui et pour sa suite. En s'y rendant, il entra sous la tente du chevalier du Léopard, afin de voir comment se trouvait son premier malade dans le camp chrétien, Stranchan, nom de l'écuyer de sir Kenneth. Ayant demandé où était le chevalier, il apprit le devoir dont il avait été chargé, et cette information le conduisit probablement au mont Saint-George où il trouva celui qu'il cherchait dans la situation désastreuse dont nous avons rendu compte dans le chapitre précédent.

Le soleil se levait quand on entendit un homme armé s'approcher à pas lents du pavillon du roi; et De Vaux, qui dormait, assis près du lit de son maître, d'un sommeil aussi léger que celui qui ferme les yeux d'un chien aux aguets, n'avait eu que le temps de se lever, et de s'écrier: — Qui va là? quand le chevalier du Léopard entra dans la tente: ses traits mâles étaient couverts d'un sombre nuage.

— Comment êtes-vous assez hardi pour entrer ainsi dans l'appartement du roi, sire chevalier? s'écria De Vaux d'un ton sévère, mais de manière à respecter le repos de son maître.

CHAPITRE XV.

> « Le chantre du matin annonçait au village
> « De la lumière le retour ;
> « Édouard vit la nuit s'enfuir sur son nuage
> « Pour faire place au nouveau jour :
> « Du corbeau croassant la voix épouvantable
> « Semblait un présage fatal.
> « Je t'entends, dit le prince, et ton cri lamentable
> « A mon courroux donne un signal.
> « J'en jure par le trône éclatant de lumière
> « Du Dieu de force et de vertu :
> « Avant que le soleil ait fini sa carrière
> « Charles Baudouin aura vécu. »
>
> CHATTERTON.

RICHARD, ayant laissé sir Kenneth auprès de sa bannière royale, était rentré sous son pavillon avec cette pleine confiance que lui inspiraient son courage et la supériorité dont il avait fait preuve en présence de toute l'armée chrétienne et d'un grand nombre de ses chefs, parmi lesquels il savait qu'il s'en trouvait beaucoup qui regardaient en secret la défaite de l'archiduc d'Autriche comme un triomphe remporté sur eux-mêmes. Son orgueil jouissait donc de la satisfaction d'avoir mortifié cent ennemis dans la personne d'un seul.

Un autre monarque aurait doublé ses gardes pendant la nuit qui suivit une pareille scène, et aurait du moins fait rester une partie de ses troupes sous les armes. Cœur-de-Lion, au contraire, congédia même sa garde ordinaire, et

—Paix! De Vaux, dit Richard qui s'éveilla en ce moment; sir Kenneth vient en bon soldat nous rendre compte de sa garde, et la tente du général est toujours ouverte à des hommes comme lui. Se soulevant alors et s'appuyant sur le coude, il fixa sur le chevalier ses grands yeux brillans. Parlez, sire Écossais, dit-il; vous venez me dire que vous vous êtes acquitté de votre devoir avec vigilance, honorablement, que tout va bien, n'est-ce pas? Le bruit des plis de la bannière royale d'Angleterre, agitée par le vent, aurait suffi pour la garder sans qu'elle fût protégée par un chevalier tel qu'on te répute.

— Tel qu'on ne me réputera plus, sire, répondit Kenneth. Je ne me suis conduit ni honorablement ni avec vigilance, et il s'en faut de beaucoup que tout aille bien. La bannière d'Angleterre a été enlevée.

— Et tu vis pour me l'apprendre! s'écria Richard d'un ton moqueur d'incrédulité. Impossible! Je n'en crois rien. Tu n'as pas même une égratignure sur le visage. Pourquoi restes-tu muet? dis la vérité: on ne doit pas se permettre de plaisanter avec un roi. Parle, je te pardonne si tu as menti.

— Menti! sire, répliqua l'infortuné chevalier avec un retour passager de fierté et un regard de feu semblable à l'étincelle qui jaillit d'un froid caillou; mais il n'est rien que je ne doive endurer. Je vous ai dit la vérité.

— De par Dieu et de par Saint-George! s'écria le roi avec fureur; mais il réprima ce mouvement de colère. De Vaux, dit-il, va vérifier le fait. La fièvre lui a troublé l'esprit. La chose est impossible. Cet homme a fait ses preuves de courage. Impossible! dis-je; allons, pars donc, ou envoie quelqu'un en ta place si tu ne veux pas y aller.

Le roi fut interrompu par l'arrivée de sir Henry Neville, qui accourait hors d'haleine, pour lui apprendre que la bannière avait disparu, et que le chevalier chargé de la garder avait été probablement attaqué par une force supérieure, attendu qu'il y avait des taches de sang à l'endroit où la bannière était arborée.

— Mais que vois-je ici? ajouta Neville, ses yeux s'arrêtant tout à coup sur sir Kenneth.

— Un traître, s'écria le roi sautant à bas de son lit, et que tu vas voir mourir de la mort d'un traître. Et saisissant la masse d'armes qui était toujours à sa portée, il la leva comme pour l'en frapper.

Pâle, mais immobile comme une statue de marbre, l'Écossais resta debout devant le roi, la tête nue et sans défense, les yeux baissés vers la terre, et les lèvres un peu agitées, probablement parce qu'il murmurait une prière. En face de lui, et à la distance nécessaire pour frapper, était Richard, le corps enveloppé de sa *camescia*, espèce de grande robe de toile qui le couvrait tout entier, si ce n'est que l'attitude qu'il avait prise laissait à nu son bras droit, son épaule et une partie de sa poitrine. Il déployait des signes d'une vigueur qui aurait pu lui valoir le surnom de Bras-de-fer, qu'avait porté un de ses prédécesseurs saxons; mais après être resté un instant comme sur le point de frapper, tout à coup il baissa son arme vers la terre et s'écria:

— Mais il y avait du sang, Neville; tu as vu du sang sur le monticule. Ecoute-moi, sire Ecossais, tu as été brave autrefois, car je t'ai vu combattre. Dis-moi que tu as tué deux des chiens qui ont attaqué ma bannière... ou seulement un. Dis que tu as porté un bon coup pour la défendre, et va traîner hors de mon camp ta vie et ton ignominie.

— Vous m'avez appelé menteur, sire, répondit Kenneth avec fermeté, et en cela du moins vous m'avez fait une injure. Apprenez que le sang répandu pour la défense de l'étendard d'Angleterre est celui d'un chien qui, plus fidèle que son maître, a combattu au poste que celui-ci avait abandonné.

— De par saint George! s'écria Richard en levant le bras une seconde fois, c'est à présent que tu vas...

Mais De Vaux, se jetant entre le roi et l'objet de son courroux, lui dit avec la franchise brusque qui lui était habituelle :

— Sire, ce ne doit pas être ici, ce ne doit pas être de votre main. C'est assez de folies pour vingt-quatre heures que d'avoir confié la garde de votre bannière à un Écossais. Ne vous avais-je pas dit qu'ils faisaient toujours bonne mine à mauvais jeu ?

— Tu me l'avais dit, De Vaux, répondit le roi, et tu avais raison, j'en conviens. J'aurais dû le mieux connaître ; j'aurais dû me souvenir comment ce renard de William m'a trompé dans notre présente croisade.

— Sire, dit Kenneth, William d'Écosse n'a jamais trompé personne ; ce sont les circonstances qui l'ont empêché de réunir ses forces.

— Paix, effronté ! s'écria le roi ; tu souilles le nom d'un prince seulement en le prononçant. — Eh bien ! De Vaux, il est étrange de voir comme cet homme fait bonne contenance. Il faut que ce soit un lâche ou un traître, et cependant il a attendu le coup de Richard Plantagenet quand notre bras était levé pour lui donner sur le crâne l'ordre de la chevalerie. S'il avait montré le moindre signe de crainte, si un de ses membres avait tremblé, si sa paupière avait seulement remué, je lui aurais brisé la tête comme un gobelet de cristal. Mais je ne puis frapper quand je ne trouve ni crainte ni résistance.

Il y eut un instant de silence.

— Sire, dit Kenneth...

— Ah ! s'écria Richard en l'interrompant, as-tu retrouvé la parole ? Demande grace au ciel, mais n'en attends pas de moi, car l'Angleterre est déshonorée par ta faute ; et quand tu serais mon frère, mon frère unique, il n'y aurait pas de pardon pour un tel crime.

— Je ne parle pas pour demander grace à un homme, répondit l'Ecossais. Il dépend du bon plaisir de Votre Majesté de m'accorder ou de me refuser le temps nécessaire pour obtenir les secours de la religion. Si l'homme me les refuse, puisse Dieu m'accorder l'absolution que je voudrais demander à son Église! Mais que je meure à l'instant ou dans une demi-heure, je n'en supplie pas moins Votre Majesté de m'accorder un instant d'audience pour lui apprendre une chose qui touche de très près à sa renommée comme monarque chrétien.

— Parle, dit le roi, ne doutant pas qu'il n'allât entendre quelque aveu relatif à l'enlèvement de la bannière.

— Ce que j'ai à vous dire, répliqua sir Kenneth, concerne personnellement le roi d'Angleterre, et ne doit être entendu que par l'oreille de Votre Majesté.

— Retirez-vous, messieurs, dit le roi à Neville et à De Vaux.

Le premier obéit sur-le-champ ; le second refusa de s'éloigner de la présence du roi.

— Puisque vous avez reconnu que j'avais raison, dit De Vaux à son souverain, je veux être traité en homme qui a eu raison. Je ferai ma volonté en ceci ; je ne vous laisserai pas seul avec ce traître écossais.

— Comment, De Vaux, s'écria Richard en frappant du pied avec un léger mouvement de colère, oses-tu craindre pour notre personne en face d'un traître ?

— Vous avez beau froncer le sourcil et frapper du pied, sire, répondit De Vaux, je ne laisserai pas un malade avec un homme qui se porte bien ; un homme nu avec un soldat armé de toutes pièces.

— Peu importe, dit le chevalier écossais ; je ne cherche pas à gagner du temps, je parlerai en présence du lord de Gilsland. Il est aussi fidèle que brave.

— J'en aurais dit autant de toi il n'y a qu'une demi-heure, dit De Vaux en soupirant d'un ton qui annonçait un mélange de chagrin et de dépit.

— Vous êtes environné de trahison, roi d'Angleterre, continua Kenneth.

— Cela peut être comme tu le dis, répliqua Richard ; je viens d'en avoir une bonne preuve.

— Je parle d'une trahison, ajouta Kenneth, qui vous serait plus funeste que la perte de cent bannières sur le champ de bataille. Il hésita un instant, et continua en baissant la voix : — Lady, lady Edith...

— Ah ! s'écria le roi en prenant tout à coup une attitude de hauteur et d'attention, et fixant les yeux avec fermeté sur le criminel supposé, qu'as-tu à me dire d'elle, qu'as-tu à m'en dire ? qu'a-t-elle de commun avec cette affaire ?

— Sire, reprit l'Écossais, on a tramé un complot pour déshonorer votre race royale, en vous déterminant à accorder la main de lady Edith au soudan sarrasin, afin d'acheter ainsi une paix ignominieuse pour toute la chrétienté et honteuse pour l'Angleterre.

Cette annonce produisit un effet diamétralement opposé à celui que sir Kenneth en attendait. Richard Plantagenet était un de ces hommes qui, pour emprunter les termes d'Iago[1], ne veulent pas servir Dieu quand c'est le diable qui l'ordonne : les avis et les renseignemens qu'il recevait l'affectaient moins en proportion de leur véritable importance que d'après la teinte que leur donnait dans son esprit le caractère de ceux qui les lui communiquaient et les vues qu'il leur supposait. Le nom de sa parente rappela à son souvenir ce qu'il avait regardé comme le comble de la présomption dans le chevalier du Léopard, même quand il jouissait d'une haute renommée parmi ses égaux, et ce qui paraissait au monarque impétueux dans l'état de dégradation où était alors sir Kenneth, une insulte suffisante pour l'enflammer d'un nouveau courroux.

— Silence ! s'écria-t-il, homme infâme et audacieux ! De par le ciel, je te ferai arracher la langue avec des tenailles

(1) *Othello*, acte 1ᵉʳ. — Éᴅ.

rouges si tu oses prononcer le nom d'une noble damoiselle chrétienne! Apprends, traître dégénéré, que je savais déjà jusqu'à quelle hauteur tu avais osé lever les yeux, et que je l'avais enduré, quoique ce fût une insolence, même quand tu nous trompais, car tu es tout cousu de fourberie en nous faisant croire que tu méritais quelque renom. Mais à présent qu'avec des lèvres flétries par l'aveu de ton déshonneur tu oses nommer notre noble parente comme prenant part et intérêt à son destin, que t'importe qu'elle épouse un Sarrasin ou un chrétien? que t'importe si dans un camp où des princes sont des lâches le jour et des brigands la nuit, dans un camp où de braves chevaliers deviennent des déserteurs et des traîtres; que t'importe, à toi ou à qui que ce soit, s'il me plaît de faire alliance avec la franchise et la valeur réunies en la personne de Saladin?

— Il est vrai, répondit sir Kenneth, que cela n'importe guère à un homme devant lequel le monde entier va bientôt disparaître ; mais quand vous me feriez mettre à la torture, je vous répéterais que ce que je viens de vous dire est important pour votre conscience et votre renommée. Je vous dis, sire, que si vous avez seulement la pensée de donner pour épouse votre parente lady Edith...

— Ne prononce pas son nom! ne pense pas à elle un instant! s'écria Richard en saisissant de nouveau sa masse d'armes et en la serrant avec tant de force que ses muscles se dessinaient sur son bras, comme les cordes dont le lierre entoure le tronc du chêne.

— Ne pas la nommer! ne pas penser à elle! répondit sir Kenneth, qui naguère étourdi et accablé commençait à recouvrer son énergie dans cette espèce de controverse ; de par la croix sur laquelle je fonde mes espérances, son nom sera le dernier mot qui sortira de ma bouche, son image la dernière pensée qui occupera mon esprit. Essayez votre force si vantée sur ce front découvert, et voyez si vous pouvez ébranler ma détermination.

— Il me rendra fou, dit Richard à Thomas de Vaux avec dépit ; mais en voyant l'air de résolution du criminel, son arme lui tomba des mains.

Avant que le lord de Gilsland eût pu lui répondre, on entendit quelque bruit hors de la tente, et l'on vint annoncer que la reine arrivait.

— Retiens-la, retiens-la, Neville ! s'écria le roi ; ce spectacle n'est pas fait pour les yeux d'une femme. Faut-il que je me sois laissé enflammer la bile à ce point par un misérable traître ! De Vaux, dit-il à voix basse au lord Gilsland, emmène-le par la sortie de derrière. Enferme-le bien ; tu me réponds de lui corps pour corps. Et écoute-moi : il va mourir ; qu'il ait un père spirituel : nous ne voulons pas tuer l'ame et le corps. — Attends, nous ne voulons pas qu'il soit déshonoré. Qu'il meure en chevalier, avec son baudrier et ses éperons ; car si sa trahison est aussi noire que l'enfer, son intrépidité égale celle du diable.

De Vaux fut charmé, si on peut conjecturer la vérité, que Richard terminât cette scène sans se dégrader en donnant de sa propre main la mort à un prisonnier qui ne faisait aucune résistance ; il se hâta de faire sortir Kenneth, et l'emmena dans une autre tente où on le désarma pour lui mettre les fers aux pieds et aux mains par mesure de sûreté. De Vaux regarda avec un air d'attention mélancolique les officiers du grand prévôt, à la garde duquel le prisonnier était alors confié, prendre ces précautions sévères.

Lorsqu'ils eurent fini, il dit au malheureux criminel avec une voix solennelle : — La volonté du roi Richard est que vous mouriez sans être dégradé, sans mutilation de votre corps, sans honte pour vos armes : votre tête sera séparée de votre corps par le glaive.

— C'est une preuve de bonté, dit le chevalier d'un ton bas et soumis, comme un homme qui reçoit une faveur inattendue ; le coup le plus cruel sera épargné à ma famille. O mon père ! mon père !

Cette invocation, quoique faite à voix basse, n'échappa pas à l'oreille de l'Anglais, dont le caractère était bon, quoique brusque, et il eut besoin de passer sa large main sur ses yeux avant de pouvoir reprendre la parole.

— Le bon plaisir de Richard d'Angleterre, dit-il enfin, est aussi que vous puissiez converser avec un saint homme. J'ai rencontré en entrant ici un frère carme qui peut vous préparer à votre long voyage. Il attend en dehors que vous soyez dans une disposition propre à le recevoir.

— Que ce soit sur-le-champ, répondit le chevalier. C'est une nouvelle bonté de Richard. Je ne puis être en aucun temps mieux disposé à voir le bon père que je ne le suis en ce moment, car la vie et moi nous nous sommes fait nos adieux, comme des voyageurs arrivant à un carrefour où leurs routes tournent de différens côtés.

— C'est bien, dit De Vaux avec une lenteur solennelle. J'éprouve quelque peine à vous faire part du reste de ma mission. La volonté du roi Richard est que vous vous prépariez à recevoir la mort sur-le-champ.

— Que la volonté de Dieu et du roi s'accomplisse! dit sir Kenneth avec patience ; je ne conteste pas la justice de sa sentence, et je ne demande pas que l'exécution en soit retardée.

De Vaux fit quelques pas pour sortir de la tente, mais très lentement. Il s'arrêta à la porte, et se retourna pour regarder l'Écossais, dont la physionomie annonçait qu'il avait banni toutes pensées mondaines, et qu'il se recueillait dans une profonde dévotion. Le vaillant baron anglais n'était pas doué d'une sensibilité très vive; mais en ce moment il se sentit ému d'une compassion plus qu'ordinaire. Il se rapprocha de la botte de roseaux sur laquelle le prisonnier était assis, prit une de ses mains chargées de fers, et lui dit avec autant de douceur que sa voix brusque pouvait en exprimer :

— Sir Kenneth, tu es encore jeune, tu as un père. Mon

Ralph, que j'ai laissé exerçant son petit cheval de Galloway sur les bords de l'Irthing, arrivera peut-être un jour à ton âge ; et fasse le ciel que je voie sa jeunesse promettre tout ce que promettait la tienne avant cette malheureuse nuit ! Ne puis-je rien dire ou faire en ta faveur?

— Rien, répondit l'Écossais d'un ton mélancolique. J'ai abandonné mon poste ; la bannière confiée à ma garde a été enlevée : quand le bloc et le glaive seront prêts, la tête et le tronc le seront aussi.

— Que Dieu ait donc pitié de toi ! dit De Vaux. Et cependant je voudrais qu'il m'en eût coûté mon meilleur coursier, et que je me fusse chargé moi-même de garder ce poste. Il y a du mystère dans cette histoire, jeune homme ; il ne faut pas être bien clairvoyant pour s'en apercevoir, quoique je ne puisse l'expliquer. De la lâcheté? Allons donc, jamais lâche n'a combattu comme je t'ai vu combattre. De la trahison ? Je ne crois pas que les traîtres meurent avec tant de calme. Tu as été détourné de ton poste par quelque ruse, par quelque stratagème bien ourdi ; les cris de quelque fille en détresse ont frappé ton oreille, ou le sourire de quelque joyeuse créature t'a séduit les yeux. N'en rougis pas, nous cédons tous à de pareilles tentations. Allons, je t'en prie, allège le poids de ta conscience en t'adressant à moi. Que je te serve de prêtre. Richard est indulgent quand sa colère est passée. Eh bien ! n'as-tu rien à me confier?

— Rien, répondit l'infortuné chevalier en se détournant du guerrier compatissant qui l'interrogeait.

De Vaux, qui avait épuisé ses moyens de persuasion, se leva, et sortit de la tente les bras croisés et avec plus de mélancolie qu'il ne lui semblait que l'occasion ne l'exigeait. Il se reprochait même qu'un événement aussi simple que la mort d'un Écossais pût l'affecter si profondément.

— Cependant, se dit-il à lui-même, quoique ces drôles soient nos ennemis dans le Cumberland, on les regarde presque comme des frères en Palestine.

CHAPITRE XVI.

« Quelque bon sens, à ce qu'on dit,
« Sens commun distinguait la dame :
« Elle avait, comme une autre femme,
« Du babillage au lieu d'esprit. »
Chanson.

La reine Bérengère, fille de Don Sanche, roi de Navarre, et épouse du valeureux Richard, passait pour une des plus belles femmes de son siècle. Sa taille était légère et de proportions admirables. Elle avait une beauté de teint peu commune dans son pays, une abondance de cheveux blonds, un si grand air de jeunesse, qu'on lui aurait donné quelques années de moins qu'elle n'en avait, quoiqu'elle ne comptât encore que vingt-un ans. Peut-être était-ce pour cela qu'elle prenait, ou du moins qu'elle affectait des manières un peu enfantines et une humeur volontaire, qu'elle pouvait supposer n'être pas messéante à une jeune épouse à qui son âge et son rang donnaient le droit d'avoir des fantaisies auxquelles c'était un devoir pour chacun de se prêter ; du reste d'une humeur facile et gaie si on lui accordait la part d'hommages et d'admiration qu'elle se croyait due, personne n'avait une bonté plus aimable. Mais de même que tous les despotes, plus on lui accordait volontairement de pouvoir, plus elle désirait étendre son autorité.

Quelquefois, quand tous les désirs de son ambition étaient satisfaits, il lui plaisait d'avoir une petite indisposition et ce qu'on a depuis appelé des vapeurs. Les médecins ne cessaient d'inventer des noms pour ses maladies imaginaires, tandis que ses dames mettaient leur imagination à la torture pour lui trouver de nouveaux divertissemens, de nouvelles parures et de nouvelles médisances de cour, afin de passer ces heures désagréables pendant lesquelles leur situation n'était pas très digne d'envie. Leur ressource la plus ordinaire était quelque espièglerie, quelque tour qu'elles se jouaient les unes aux autres; et la bonne reine, dans la vivacité de sa gaîté renaissante, n'examinait pas trop, pour dire la vérité, si de semblables passe-temps convenaient parfaitement à sa dignité, et si la peine qu'ils faisaient souffrir à celles qui servaient de jouet aux autres n'était pas hors de proportion avec le plaisir qu'elle en tirait elle-même. Elle avait la plus grande confiance dans son crédit sur son époux et dans le pouvoir qu'elle se supposait d'indemniser grandement les autres de tout ce que ses plaisanteries pouvaient leur coûter. On aurait pu la comparer à une jeune lionne jouant en toute liberté sans savoir combien ses griffes sont perçantes pour ceux sur qui elle les appuie.

La reine Bérengère aimait passionnément son époux, mais elle craignait son caractère brusque et hautain; et comme elle sentait qu'elle n'était pas douée d'une intelligence égale à la sienne, elle n'était pas très charmée de voir qu'il préférait souvent causer avec Edith Plantagenet, uniquement parce qu'il trouvait en elle une conversation plus agréable, un jugement plus solide, des idées et des sentimens plus nobles que dans sa belle moitié. Cette sorte de préférence n'avait pas inspiré de haine à Bérengère contre Edith; il s'en fallait même de beaucoup qu'elle désirât lui nuire; car en lui passant un peu d'égoïsme, elle était après tout, avons-nous dit, bonne et généreuse; mais les dames de la cour dont les yeux sont toujours clairvoyans en pareil cas découvrirent bientôt qu'une raillerie piquante dirigée contre lady Edith était un spécifique assuré contre les vapeurs de la reine d'Angleterre, et cette découverte épargna beaucoup de travail à leur imagination.

Cette conduite n'était pourtant pas très généreuse, car lady Edith passait pour orpheline ; et quoiqu'on l'appelât Plantagenet et la belle Angevine, et que Richard lui eût accordé certains priviléges dont les membres de la famille royale jouissaient seuls, et qui faisaient qu'elle tenait sa place en conséquence dans le cercle de la cour, cependant peu de personnes savaient, et personne de la cour d'Angleterre n'avait osé demander quel était exactement le degré de sa parenté avec Cœur-de-Lion. Elle était venue avec Eléonore, la célèbre reine-mère d'Angleterre, et avait joint Richard à Messine, comme une des dames destinées à être attachées à Bérengère, qu'il était alors sur le point d'épouser. Richard traitait toujours sa parente avec beaucoup de respect ; la reine en avait fait sa compagne la plus assidue ; et en dépit de la petite jalousie dont nous venons de parler, elle lui témoignait en général les égards convenables.

Pendant assez long-temps les dames de la maison de la reine n'avaient obtenu d'autre avantage sur Edith que de trouver quelquefois l'occasion de critiquer une parure de tête arrangée avec trop peu d'art, ou une robe qui ne lui allait pas, mystères dans la connaissance desquels il était reconnu qu'elle leur était inférieure. Le dévouement silencieux du chevalier écossais n'avait point passé sans être remarqué, et ses couleurs, sa devise, ses faits d'armes avaient excité l'attention et fourni matière à plus d'une plaisanterie. Vint ensuite le pèlerinage à Engaddi, pèlerinage que la reine avait entrepris avec quelques dames de sa maison par suite d'un vœu qu'elle avait fait pour obtenir la guérison de son époux, et que l'archevêque de Tyr l'avait excitée à faire par des motifs politiques. Ce fut alors et dans la chapelle de ce saint lieu, communiquant par un étage supérieur à un couvent de carmélites, et par un souterrain à la cellule de l'anachorète, qu'une des dames de la suite de la reine remarqua la preuve secrète d'intelligence qu'Edith avait donnée à son amant, et elle ne manqua pas d'en faire part sur-le-champ à Sa Majesté. La reine revint de son pèlerinage enrichie de cette admirable recette contre l'ennui et les vapeurs, et son cortége fut augmenté en même temps de deux misérables nains dont lui fit présent la reine détrônée de Jérusalem, et qui étaient aussi difformes et aussi fous qu'aucune reine aurait pu le désirer, puisque c'était là le mérite de cette race dégradée. Bérengère avait voulu se procurer un amusement en voyant quel effet produirait sur le chevalier l'apparition subite de ces deux êtres peu ordinaires et presque effrayans, tandis qu'il était resté seul dans la chapelle ; mais le sang-froid de l'Ecossais et l'intervention de l'ermite l'avaient privée du plaisir qu'elle s'était promis. La seconde plaisanterie qu'elle s'était permise à son retour dans le camp menaçait d'avoir des suites plus sérieuses.

Lorsque sir Kenneth se fut retiré de la tente, les dames se réunirent encore, et la reine, d'abord peu émue par les reproches que lui fit Edith avec assez de vivacité, ne lui répondit qu'en la plaisantant sur sa pruderie, et en lançant des sarcasmes sur le costume, la nation, et surtout la pauvreté du chevalier du Léopard ; elle déployait une malice enjouée, quoique toujours avec bonne humeur ; et enfin Edith fut obligée de se retirer avec son inquiétude dans son appartement.

Mais lorsque dans la matinée une femme qu'elle avait chargée de prendre des renseignemens sur ce qui s'était passé pendant la nuit vint lui annoncer que la bannière avait disparu, ainsi que le champion chargé de la garder, Edith courut à l'appartement de la reine, et la supplia de se lever, de se rendre sur-le-champ dans la tente du roi, et d'employer sa médiation puissante pour prévenir les suites funestes de sa plaisanterie.

La reine, effrayée à son tour, rejeta suivant l'usage la faute de sa folie sur celles qui l'entouraient, et s'efforça d'adoucir le chagrin d'Edith et d'apaiser son mécontentement par mille raisonnemens contradictoires. Elle était sûre qu'il n'avait pu arriver aucun accident, le chevalier dormait sans doute après sa faction nocturne; quand même il se serait enfui avec la bannière de crainte du déplaisir du roi, la bannière n'était qu'un morceau de soie, et il n'était lui-même qu'un pauvre aventurier; s'il était mis en prison, ce ne serait qu'une punition momentanée; elle obtiendrait bientôt sa grace; il ne fallait que donner à la colère de Richard le temps de se calmer.

Elle continua ainsi à parler à tort et à travers, et à entasser inconséquences sur inconséquences, dans le vain projet de convaincre Edith et de se persuader à elle-même qu'il ne pouvait résulter aucun malheur d'une plaisanterie dont au fond du cœur elle se repentait amèrement. Mais tandis qu'Edith cherchait à arrêter ce torrent de vaines paroles, ses yeux rencontrèrent ceux d'une dame de la reine qui entrait en ce moment dans l'appartement : la mort était dans ses regards glacés d'horreur et d'effroi, et Edith, au premier coup d'œil qu'elle jeta sur elle, serait tombée évanouie si le soin de sa dignité et l'élévation naturelle de son caractère ne l'eussent mise en état de conserver du moins une sorte de calme extérieur.

— Madame, dit-elle à la reine, ne perdez pas un instant de plus en paroles; mais sauvez-lui la vie, si toutefois, ajouta-t-elle d'une voix entrecoupée d'émotion, il est encore temps de la lui sauver.

— Oui, oui, il en est encore temps, s'écria lady Caliste. Je viens d'apprendre qu'il a été conduit devant le roi. Non, il n'est pas encore trop tard; mais, ajouta-t-elle en versant un torrent de larmes arrachées en partie par quelques appréhensions personnelles, tout est perdu si l'on ne prend promptement un parti.

— Je fais vœu, dit la reine poussée à l'extrémité, de donner un chandelier d'or au saint sépulcre, une châsse d'argent à Notre-Dame d'Engaddi, une pièce de brocart de cent besans à saint Thomas d'Orthez.

— Levez-vous, madame, levez-vous, dit Edith ; appelez tous les saints à votre aide, si bon vous semble, mais soyez vous-même votre première sainte.

— En vérité, madame, dit Caliste effrayée, lady Edith a raison. Levez-vous, allons à la tente du roi Richard, et demandons-lui la vie de ce pauvre chevalier.

— J'irai, je vais y aller, dit la reine en se levant toute tremblante, tandis que ses femmes, en proie à une confusion égale à la sienne, étaient hors d'état de lui rendre les services qui lui étaient indispensables à son lever. Calme et tranquille en apparence, mais pâle comme la mort, Edith servit elle-même la reine, et suppléa elle seule à l'inaction de toutes les autres.

— Vous remplissez bien votre service ! mesdames, dit la reine, incapable même en ce moment de perdre de vue des distinctions frivoles. Est-ce ainsi que vous souffrez que lady Edith s'acquitte de vos devoirs ? Vous le voyez, Edith, elles ne sont bonnes à rien. Je ne serai jamais prête à temps ; je vais envoyer chercher l'archevêque de Tyr, et le charger de remplir les fonctions de médiateur.

— Oh, non, non ! s'écria Edith ; allez-y vous-même, madame ; vous avez fait le mal, c'est à vous de le réparer.

— Eh bien ! j'irai, j'irai, dit la reine ; mais si Richard est en colère, je n'oserai lui parler ; il me tuerait.

— Allez-y et ne craignez rien, madame, dit lady Caliste qui connaissait mieux l'humeur de sa maîtresse ; un lion courroucé qui jeterait un seul regard sur une taille et des traits semblables perdrait à l'instant toute idée de colère ; à plus forte raison un vrai chevalier, un roi qui vous aime, Richard, pour qui votre moindre désir serait un ordre.

— Le crois-tu, Caliste ? répondit la reine. Ah ! tu ne sais guère..... J'irai cependant. Mais voyez donc ! que veut dire ceci ? Vous m'avez mis une robe verte, et c'est une couleur qu'il déteste ; donnez-m'en une bleue, et cherchez le collier de rubis qui faisait partie de la rançon du roi de Chypre ; il doit être dans le coffret d'acier, ou quelque part ailleurs.

— Et tout cela quand il y va de la vie d'un homme ! s'écria Edith avec indignation ; c'est mettre à bout la patience humaine ! Ne vous dérangez pas, madame, j'irai moi-même trouver le roi Richard. Je suis partie intéressée dans cette affaire ; je saurai si l'on doit se faire un jeu de l'honneur d'une pauvre fille de son sang, s'il est permis d'abuser de son nom pour détourner un brave guerrier de son devoir, le conduire à la mort et à l'ignominie, et faire en même temps de l'honneur de l'Angleterre la risée de toute l'armée chrétienne.

A cet élan d'un emportement inattendu, Bérengère parut comme stupéfaite par la crainte et l'étonnement. Mais voyant qu'Edith allait sortir de la tente, elle s'écria d'une voix faible : — Retenez-la ! retenez-la !

— Arrêtez, noble lady Edith, dit Caliste en la retenant doucement par le bras ; et vous, madame, je suis sûre que vous allez partir sans tarder davantage. Si lady Edith va seule trouver le roi, il sera plus courroucé que jamais, et une mort ne suffira pas à sa colère.

— Je vais partir, je pars, dit la reine, cédant à la nécessité. Et Edith s'arrêta, quoiqu'à contre-cœur, pour attendre son départ.

On fit alors autant de diligence qu'elle aurait pu le désirer. La reine s'enveloppa à la hâte d'une grande mante qui cachait toutes les irrégularités de sa toilette, et accompagnée d'Edith et de ses dames, précédée et suivie de quelques hommes d'armes et de leurs officiers, elle se rendit à la tente de Cœur-de-Lion, son époux.

CHAPITRE XVII.

> « Chacun de ses cheveux contiendrait une vie,
> « Autant de fois dix fois qu'il compte de cheveux
> « On me conjurerait d'épargner l'un d'entre eux,
> « Qu'avant la fin du jour il perdrait la dernière.
> « Chaque vie immolée à ma juste colère
> « S'éteindrait tour à tour, comme, quand le jour luit,
> « On éteint les flambeaux allumés pour la nuit. »
> *Ancienne comédie.*

Lorsque la reine Bérengère arriva devant la tente de Richard, les officiers du roi qui étaient dans l'appartement d'entrée du pavillon s'opposèrent à ce qu'elle y entrât, à la vérité avec tout le respect et tous les égards qui lui étaient dus, mais enfin ils s'y opposèrent; elle put entendre elle-même la voix sévère du roi leur en donner l'ordre.

— Vous le voyez, dit-elle à Edith comme si elle eût épuisé tous les moyens d'intercession qui étaient en son pouvoir; je le savais, le roi ne veut pas nous recevoir.

En même temps elles entendirent Richard parler à quelqu'un dans son appartement.

— Va-t'en, drôle, disait-il, et remplis tes fonctions avec célérité, car c'est en cela que consiste ta merci. Dix besans pour toi si tu l'expédies d'un seul coup. Et écoute-moi, drôle; remarque bien si ses joues perdent leurs couleurs, si ses paupières sont agitées, si son œil se ternit; fais attention au moindre tressaillement de ses traits. J'aime à savoir comment le brave fait face à la mort.

— S'il voit mon glaive levé sans tressaillir, il sera le premier, répondit une voix dure qu'un sentiment de respect extraordinaire semblait abaisser au-dessous du ton grossier qui lui était habituel.

Edith ne put garder plus long-temps le silence.

— Si Votre Majesté ne veut pas se faire faire place, dit-elle à la reine, je lui ouvrirai moi-même le chemin, ou si ce n'est pas pour Votre Majesté, ce sera du moins pour moi. Officiers, la reine veut parler au roi Richard; l'épouse demande à voir son mari.

— Noble dame, répondit le chef des officiers en baissant la baguette, signe officiel de sa dignité, je suis fâché de vous refuser; mais Sa Majesté est occupée d'affaires de vie et de mort.

— Et nous voulons aussi lui parler d'affaires où il y va de la vie et de la mort, répliqua Edith. Suivez-moi, madame; j'ouvrirai passage à Votre Majesté.

Et repoussant d'une main l'officier, elle ouvrit de l'autre le rideau qui fermait la porte.

— Je n'ose m'opposer aux désirs de Votre Majesté, dit l'officier en cédant à la violence d'Edith; et s'étant écarté, la reine se trouva obligée d'entrer dans l'appartement du roi.

Le monarque était étendu sur son lit; et à quelque distance, comme attendant ses derniers ordres, était debout un homme dont il n'était pas difficile de deviner la profession. Il portait une jaquette de drap rouge, dont les manches ne descendaient qu'à deux pouces des épaules, laissant nu le reste du bras. Pour vêtement de dessus il avait, lorsqu'il était sur le point comme en ce moment de remplir ses horribles fonctions, une espèce d'habit sans manches ou de tabard, à peu près semblable à celui d'un héraut, en cuir de bœuf tanné, et teint par-devant de plusieurs larges taches d'un cramoisi foncé. La jaquette et le tabard descendaient jusqu'aux genoux, et ses vêtemens inférieurs étaient du même cuir que le tabard. Un grossier bonnet de poil couvrait la partie supérieure d'un visage que, comme le hibou, il semblait désirer dérober à la lumière, et sur son menton croissait une barbe rousse, épaisse, qui allait rejoindre des cheveux de même couleur. Tout ce qu'on voyait de ses traits avait un air dur et sauvage. Il était de petite taille, mais fortement constitué, ayant un cou comme un taureau, de larges épaules, des bras d'une longueur disproportionnée, et de grosses jambes tortues. Ce personnage officiel, à mine farouche, était appuyé sur un glaive dont la lame avait plus de quatre pieds de longueur, et dont la poignée, d'environ vingt pouces, entourée d'un cercle de plomb qu'on nommait alors un *plomet,* pour former un contrepoids à la lourdeur d'une telle lame, s'élevait au-dessus de sa tête ; il avait un bras appuyé sur la poignée, et attendait les dernières paroles du roi Richard.

En voyant entrer tout à coup la reine et ses dames, Richard étendu sur son lit, le visage tourné vers la porte, et appuyé sur le coude en parlant à l'horrible ministre de ses volontés, parut surpris et mécontent, et fit un mouvement subit de l'autre côté pour leur tourner le dos, en ramenant sur lui sa couverture qui, soit par son propre choix, soit plus probablement par la flatterie des officiers de sa chambre, consistait en deux grandes peaux de lion tannées à Venise avec tant de perfection qu'elles semblaient plus douces que la peau du daim.

Bérengère, telle que nous l'avons décrite, savait fort bien (et quelle femme l'ignore ?) ce qu'elle avait à faire pour s'assurer la victoire. Après avoir jeté un regard de terreur sans affectation sur l'effrayant compagnon des conseils secrets de son époux, elle se précipita vers la couche de Richard, se jeta à genoux ; sa mante, qui abandonna ses épaules, y laissa flotter les belles tresses de ses cheveux dorés. Un poëte aurait pu comparer son visage à un soleil qui perce un nuage, mais dont la pâleur porte encore des marques qui prouvent que sa splendeur a été naguère obscurcie. Elle saisit la main droite du roi qui venait de s'en servir pour remonter sa couverture, et la tirant à elle peu à peu avec une force à laquelle Richard ne résistait que faiblement, elle s'empara de ce bras, l'appui de la chrétienté et l'effroi du paganisme, et l'emprisonnant dans ses charmantes petites mains, elle le plia sur son front et l'approcha de ses lèvres.

— Que signifie cela, Bérengère? demanda Richard sans tourner la tête vers elle, mais sans chercher à retirer sa main.

— Renvoyez cet homme! son regard me tue, murmura la reine.

— Va-t'en, drôle, dit Richard sans encore changer de posture. Es-tu fait pour te montrer devant ces dames? Qu'attends-tu?

— Le bon plaisir de Votre Majesté touchant la tête....

— Retire-toi, chien.... La sépulture chrétienne.

Le sauvage disparut après avoir jeté sur la belle reine que sa parure en désordre semblait rendre encore plus belle, un regard accompagné d'un sourire d'admiration dont l'expression était encore plus hideuse, s'il est possible, que l'air féroce de son espèce de misanthropie cynique.

— Et maintenant, jeune folle, que me veux-tu? dit Richard en se tournant lentement et comme à regret vers son épouse suppliante.

Mais il n'était pas dans la nature qu'aucun homme, que Richard surtout, qui admirait la gloire seule plus que la beauté, pût voir sans émotion la frayeur d'une femme aussi charmante que Bérengère, et sentir sans un mouvement de sympathie des lèvres si douces s'appuyer sur sa main, et des yeux si brillans la mouiller de larmes. Peu à peu il tourna vers elle ses traits mâles, adoucissant autant que possible l'expression de ses grands yeux bleus, dont il était quelquefois difficile de soutenir l'éclat. Caressant la jolie tête de son épouse, et entrelaçant ses longs doigts dans les tresses de ses beaux cheveux, il la releva, et embrassa tendrement le visage céleste qui semblait vouloir se cacher dans sa main. Les formes robustes du roi, son front noble et élevé, son air majestueux, les peaux de lion qui le couvraient, et la charmante et faible créature agenouillée à son côté auraient pu servir de modèle pour représenter une réconciliation d'Hercule avec son épouse Déjanire.

— Et encore une fois, demanda Richard, que vient chercher la souveraine de mon cœur dans le pavillon de son chevalier, à une heure si matinale et si peu ordinaire?

— Pardon, mon gracieux souverain, pardon, dit la reine, que ses craintes commençaient de nouveau à rendre peu capable de remplir les fonctions de médiatrice.

— Pardon! et de quoi? demanda le roi.

— D'abord, dit la reine, d'avoir été trop hardie et trop malavisée en me présentant en votre présence royale, et....
Elle se tut.

— Toi, trop hardie! dit le roi. Autant vaudrait que le soleil cherchât à s'excuser de ce que ses rayons entrent par la fenêtre du donjon qu'habite un pauvre misérable. Mais j'étais occupé d'une affaire à laquelle ta présence n'était pas convenable, ma bonne Bérengère. D'ailleurs je ne voulais pas que tu risquasses une santé qui m'est si précieuse en entrant dans un lieu naguère habité par la maladie.

— Mais vous vous portez bien maintenant? dit la reine, cherchant à éloigner l'instant où il faudrait qu'elle expliquât le motif de sa visite.

— Assez bien, répondit Richard, pour rompre une lance contre le champion audacieux qui refuserait de te reconnaître pour la plus belle de toute la chrétienté.

— Vous ne me refuserez donc pas, ajouta la reine, de m'octroyer un don, rien qu'un seul, rien qu'une pauvre vie?

— Ah! s'écria Richard en fronçant les sourcils; continue.

— Ce malheureux chevalier écossais, dit Bérengère...

— Ne me parlez pas de lui, madame, dit le roi en l'interrompant. Il mourra! son arrêt est irrévocable.

— Sire, mon cher époux, continua la reine, après tout, ce n'est qu'une bannière de soie qui a été négligée. Bérengère vous en brodera une autre de sa propre main, aussi riche qu'aucune de celles que le vent ait jamais agitées; je l'ornerai de toutes les perles que je possède, et chaque perle sera accompagnée d'une larme de reconnaissance pour mon généreux époux.

— Tu ne sais ce que tu dis, s'écria le roi d'un ton courroucé. Des perles! crois-tu que toutes les perles de l'Orient puissent réparer l'offense faite à l'honneur de l'Angleterre? que toutes les larmes que l'œil d'une femme puisse verser soient capables d'effacer une tache faite à la renommée de Richard? Retirez-vous, madame; apprenez à mieux connaître les temps et les lieux, et à vous renfermer dans votre sphère. Je ne suis occupé en ce moment d'aucun soin que je puisse partager avec vous.

— Vous voyez, dit la reine à Edith à demi-voix, que nous ne faisons que l'irriter davantage.

— Eh bien! dit Edith en s'avançant, sire, c'est moi, votre parente, qui implore votre justice plutôt que votre merci; et dans tous les temps, dans tous les lieux, dans toutes les circonstances, l'oreille d'un souverain doit être ouverte au cri qui demande justice.

— Ah! notre cousine Edith! dit Richard en se mettant sur son séant, couvert de sa longue *camescia*; elle parle toujours en roi, et c'est en roi que je lui répondrai, pourvu qu'elle ne me fasse pas de requête indigne d'elle ou de moi.

La beauté d'Edith avait un air plus noble, quoique moins voluptueux que celle de la reine; mais l'impatience et l'inquiétude avaient donné à ses joues un coloris qui leur manquait quelquefois, et il y avait dans sa physionomie un caractère d'énergie et de dignité qui imposa silence quelques instans à Richard même, qu'on voyait contenir difficilement son impétuosité naturelle.

— Sire, dit-elle, le brave chevalier dont vous allez répandre le sang a rendu plus d'un service à la chrétienté. Il a manqué à son devoir par suite d'un piége qui lui a été tendu par la folie et l'inconséquence. Un message lui a été envoyé au nom d'une personne qui...., et pourquoi ne le dirais-je pas? un message envoyé en mon nom, sire, l'a engagé à quitter un instant son poste. Et quel chevalier dans tout le camp chrétien n'aurait pas commis la même faute d'après l'ordre d'une damoiselle qui, quelque pauvre qu'elle soit à tous autres égards, a pourtant dans ses veines le sang des Plantagenet?

— Et vous l'avez donc vu? demanda le roi en se mordant les lèvres pour maîtriser sa colère.

— Je l'ai vu, sire. Il est inutile d'expliquer pourquoi : je ne suis ici ni pour me disculper ni pour accuser personne.

— Et où lui avez-vous fait un tel honneur?

— Sous le pavillon de Sa Majesté la reine.

— De notre royale épouse! s'écria Richard. Par le ciel, par saint George d'Angleterre, par tous les saints qui marchent sur le cristal du firmament, cela est trop audacieux! J'avais remarqué et j'ai négligé de punir l'insolente admiration de ce guerrier pour une femme d'un rang si supérieur au sien; je n'ai pas trouvé mauvais qu'une personne issue de mon sang répandît sur lui du haut de sa sphère la même influence qu'exerce le soleil sur la terre placée si au-dessous de lui; mais, ciel et terre! que vous lui ayez accordé une entrevue pendant la nuit et dans la tente de notre royale épouse, et que vous osiez faire valoir cette circonstance comme une excuse de sa désobéissance et de sa désertion! Par l'ame de mon père, Edith, tu expieras cette faute toute ta vie dans un monastère!

— Sire, répondit Edith, votre rang vous donne le privilége de la tyrannie. Mon honneur est aussi intact que le vôtre, et Sa Majesté la reine peut le prouver si elle le juge convenable. Mais j'ai déjà dit que je n'étais ici ni pour m'excuser, ni pour accuser personne ; je ne vous demande que d'accorder à un homme qui n'a commis une faute que par suite d'une forte tentation cette merci que vous-même, sire, vous aurez à implorer un jour devant un tribunal plus élevé, et peut-être pour des fautes moins vénielles.

— Est-ce bien là Edith Plantagenet ? dit le roi avec amertume ; est-ce la sage et noble Edith Plantagenet, ou n'est-ce pas plutôt une femme à qui l'amour a fait perdre la raison, et qui préfère à sa réputation la vie de son indigne amant ? Par l'ame du roi Henry ! je ne sais à quoi il tient que je n'ordonne qu'on apporte de l'échafaud le crâne de ton galant, et qu'on en fasse un ornement pour le crucifix que tu auras dans ta cellule.

— Et si vous le retirez de l'échafaud pour le placer à jamais sous mes yeux, dit Edith, je dirai que c'est une relique d'un brave chevalier cruellement et indignement mis à mort par ordre d'un.... par ordre d'un prince dont je dirai seulement qu'il aurait dû mieux savoir récompenser la vertu chevaleresque. — Vous l'appelez mon amant, continua-t-elle avec une véhémence toujours croissante ; oui sans doute, il était mon amant, et mon amant fidèle ; mais jamais il ne rechercha mes bonnes graces par une seule parole ou par un seul regard, se contentant de me rendre l'hommage respectueux qu'on accorde aux saints. Et voilà pourquoi il faut que périsse un chevalier vertueux, vaillant, fidèle.

— Silence ! silence ! par compassion ! lui dit la reine à voix basse ; vous ajoutez encore à sa colère.

— Peu m'importe, répliqua Edith ; la vierge sans tache ne craint pas le lion rugissant. Qu'il fasse ce qu'il voudra de ce digne chevalier : Edith, pour qui il meurt, saura comment pleurer sa mémoire. Qu'on ne me parle plus d'alliances politiques à sanctionner par le don de cette pauvre main ; je n'aurais pas pu, je n'aurais pas voulu être son épouse pendant sa vie, la différence de nos rangs était trop grande ; mais la mort nivelle tous les rangs : dorénavant je suis l'épouse d'un mort.

Le roi allait se livrer à son emportement quand un carme entra précipitamment dans son appartement. Sa tête et toute sa personne étaient cachées sous le froc et le capuchon du tissu de laine le plus grossier qui distinguait son ordre. Se jetant à genoux devant Richard, il le conjura au nom de tout ce qu'il y avait de plus saint, tant de vive voix que par ses gestes expressifs, d'accorder un sursis à l'exécution.

— Par le glaive et le sceptre ! s'écria le roi, tout le monde est ligué pour me faire perdre l'esprit. Les fous, les femmes, les moines, me contrecarrent à chaque pas. Comment se fait-il qu'il vive encore?

— Sire, j'ai supplié le lord de Gilsland de surseoir à l'exécution jusqu'à ce que je me fusse jeté à vos pieds.

— Et il a pris sur lui de t'accorder ta requête ! mais c'est un trait de son obstination ordinaire. Et qu'as-tu à me dire? parle, au nom du diable !

— Sire, il y a un secret important ; mais il m'a été confié sous le sceau de la confession, je n'oserais le révéler ; mais je vous jure par mon saint ordre, par l'habit que je porte, par le bienheureux Élie notre fondateur, qui fut transféré de cette vie à l'autre sans souffrir les dernières douleurs auxquelles l'humanité est condamnée, que ce jeune homme m'a confié un secret qui, si je pouvais le divulguer, vous ferait révoquer la sentence sanguinaire que vous avez portée contre lui.

— Bon père, les armes que je porte pour l'Église sont une preuve du respect que j'ai pour elle. Faites-moi connaître ce secret, et je ferai ensuite ce que je jugerai convenable ; mais je ne suis pas l'aveugle coursier Bayard, pour sauter dans les ténèbres sous le coup d'éperon d'un prêtre.

— Sire, répondit le saint homme relevant son capuchon, entr'ouvrant son froc et laissant voir un corps couvert de peaux de chèvres, et un visage tellement maigri par le climat, le jeûne et les austérités, qu'il ressemblait à un squelette plutôt qu'à un être animé, il y a vingt ans que je châtie ce misérable corps dans les cavernes d'Engaddi, faisant pénitence d'un grand crime. Pensez-vous que moi, qui suis mort au monde, je voulusse inventer un mensonge pour mettre mon ame en danger ; ou qu'un homme lié par les vœux les plus solennels, qui n'a qu'un désir sur la terre, celui d'être témoin de la reconstruction de notre Sion chrétienne, voulût trahir les secrets du confessionnal ? Cette double bassesse me ferait également horreur.

— Ainsi donc tu es cet ermite dont on parle tant. J'avoue que tu ressembles assez à ces esprits qui hantent les lieux arides ; mais Richard ne craint pas les esprits. Tu es aussi, à ce que je crois, celui à qui les princes chrétiens ont envoyé ce chevalier criminel pour entamer une négociation avec le soudan, tandis que moi, qui aurais dû être consulté le premier, j'étais malade, étendu sur cette couche. Sois en paix et qu'ils y soient aussi ; je ne mettrai point mon cou dans le nœud coulant formé par le cordon d'un carme. Quant à votre envoyé, il mourra, et d'autant plus tôt et d'autant plus sûrement que tu interviens en sa faveur.

— Que la grace du ciel vous éclaire, sire, dit l'ermite avec la plus vive émotion ; vous allez ordonner un crime que vous regretterez ensuite de n'avoir pas empêché, eût-il dû vous en coûter un membre. Homme aveugle et téméraire ! arrête pendant qu'il est encore temps.

— Retire-toi ! s'écria Richard en frappant du pied ; le soleil a éclairé le déshonneur de l'Angleterre, et la vengeance n'a pas encore éclaté. Femmes et prêtre, retirez-vous si vous ne voulez pas entendre des ordres qui ne sont pas faits pour votre oreille, car par saint George, je jure...

— Ne jurez pas, s'écria la voix de quelqu'un qui entrait dans ce moment dans le pavillon.

— Ah! c'est le savant Hakim, dit le roi. Vous venez, j'espère, pour mettre à l'épreuve notre générosité.

— Je viens vous demander une audience sur-le-champ, et pour une affaire du plus grand intérêt.

— Regardez d'abord ma femme, Hakim, et qu'elle connaisse en vous le sauveur de son mari.

— Il ne m'appartient pas, répondit le médecin en croisant les bras avec un air de modestie et de respect oriental, et en baissant les yeux vers la terre; il ne m'appartient pas de regarder la beauté sans voile et armée de toute sa splendeur.

— Retirez-vous donc, Bérengère, dit le monarque; et vous aussi, Edith. Ne renouvelez pas vos importunités; tout ce que je puis vous accorder, c'est que l'exécution n'aura lieu qu'à midi. Que cela vous satisfasse. Allez, ma chère Bérengère. — Edith, ajouta-t-il avec un regard qui porta la terreur même dans l'ame courageuse de sa parente, retirez-vous aussi si vous êtes sage.

Les dames sortirent de la tente en confusion, oubliant totalement le rang et le cérémonial, à peu près comme une troupe d'oiseaux sauvages au milieu de laquelle le faucon vient fondre.

Elles retournèrent dans le pavillon de la reine, où elles se livrèrent à des regrets et à des récriminations inutiles. Edith fut la seule qui parût dédaigner ces moyens vulgaires d'exhaler son chagrin. Sans pousser un soupir, sans verser une larme, sans un seul mot de reproche, elle prodigua ses soins à la reine, dont le caractère faible montra son affliction par des pleurs, des lamentations et des attaques de nerfs, crise qu'Edith chercha à adoucir avec bienveillance et même avec affection.

— Il est impossible qu'elle ait aimé ce chevalier, dit Florise à Caliste, qui avait un grade au-dessus du sien dans la maison de la reine; nous nous sommes trompées; elle ne s'intéresse à lui que comme à un étranger, et uniquement parce qu'elle a été la cause involontaire du malheur qui lui arrive.

— Chut! chut! répondit sa compagne qui avait de meilleurs yeux et plus d'expérience; elle est de la fière maison des Plantagenet, qui ne conviennent jamais qu'une blessure leur fait mal. On en a vu qui, baignés dans leur sang après avoir reçu un coup mortel, bandaient les égratignures de leurs camarades doués d'une ame moins forte. Florise, nous avons eu bien grand tort; et quant à moi je donnerais jusqu'au dernier de mes joyaux pour n'avoir jamais songé à cette fatale plaisanterie.

CHAPITRE XVIII.

> « Pour opérer cette œuvre il nous faut le concours
> « Des astres gouvernant nos destins dans leur cours,
> « Il faut que le soleil, d'accord avec Mercure,
> « Soit en conjonction puissante autant que sûre.
> « Ce sont de grands esprits, fantasques, orgueilleux.
> « Pour qu'ils daignent parfois veiller du haut des cieux
> « Sur le sort des mortels qui rampent sur la terre,
> « Il faut de grands motifs. »
>
> Albumazar.

L'ermite suivit les dames qui sortaient du pavillon de Richard, comme l'ombre suit un rayon lumineux lorsque le vent pousse un nuage devant le disque du soleil. Mais il s'arrêta sur le seuil de la porte, et se retournant vers le roi, il lui dit, le bras étendu, d'un ton prophétique et dans une attitude presque menaçante :

— Malheur à celui qui rejette les conseils de l'Église, et

qui a recours au divan immonde des infidèles ! Roi Richard, je ne secoue pas encore la poussière de mes pieds pour sortir de ton camp. L'épée ne tombe pas encore ; mais elle n'est suspendue qu'à un cheveu. — Monarque hautain, nous nous reverrons.

Richard lui répondit en le voyant sortir :

— Eh bien soit ! orgueilleux prêtre, plus orgueilleux sous tes peaux de chèvre que les princes sous la pourpre et le tissu de lin.

Quand l'ermite fut hors de la tente, le roi continua en s'adressant au médecin.

— Sage Hakim, lui dit-il, les derviches de l'Orient parlent-ils aussi familièrement à leurs princes ?

— Un derviche, répondit Adonebec, doit être un sage ou un fou ; il n'y a pas de milieu pour celui qui porte le kirkhah[1], qui veille la nuit et qui jeûne le jour. Il en résulte donc qu'il a assez de prudence pour se comporter avec discrétion en présence des princes, ou que n'ayant pas reçu le don de la raison, il n'est pas responsable de ses actions.

— Il me semble que nos moines ont principalement adopté ce dernier caractère, dit Richard. Mais venons-en au fait. Que puis-je faire pour vous, mon digne médecin ?

— Grand roi, dit El Hakim en le saluant à la manière orientale, permettez que votre serviteur vous adresse la parole avec sécurité. Je voudrais vous rappeler que vous devez, non à moi, qui ne suis que leur humble instrument, mais aux intelligences qui se servent de moi pour répandre leurs bienfaits sur les mortels, une vie...

— Que tu voudrais que je te payasse en t'en accordant une autre, n'est-ce pas ?

— Telle est l'humble prière que j'adresse au grand Melec Ric ; je lui demande la vie du bon chevalier qui est condamné

---

(1) Littéralement *la robe déchirée*, nom qu'on donne à la robe que portent les derviches. — Éd.

à mort pour une faute semblable à celle que commit le sultan Adam, surnommé Aboul Beschar, c'est-à-dire le père de tous les hommes.

— Et ta sagesse, Hakim, aurait pu te rappeler que ce fut pour cette faute qu'Adam fut condamné à la mort, dit Richard d'un ton grave, mais avec quelque émotion ; et il se mit à parcourir l'espace étroit contenu dans son appartement, en se parlant à lui-même. Merci de Dieu ! j'ai deviné ce qu'il venait faire ici dès qu'il est entré dans mon pavillon. Voici une pauvre vie que j'ai justement condamnée, et moi roi, moi soldat, par l'ordre de qui la mort a été donnée à des milliers d'hommes, moi dont la main en a immolé par vingtaines, je ne pourrai pas en être le maître, quoique l'honneur de mes armes, de ma maison et même de mon épouse, ait été entaché par le coupable ! Par saint George, cette idée me ferait rire ! Par saint Louis ! cette aventure me rappelle le fabliau de Blondel, qui parle d'un château enchanté où un chevalier voulait entrer, et au projet duquel des êtres revêtus de différentes formes s'opposaient successivement ; dès que l'un s'évanouissait un autre prenait sa place. Femme, parente, ermite, médecin, à peine ai-je triomphé de l'un, qu'un autre paraît dans la lice ; c'est un chevalier seul forcé à combattre contre toute la mêlée dans un tournoi ! ha ! ha ! ha !

Et Richard se mit à rire de tout son cœur, car il commençait à s'apaiser, son courroux étant ordinairement trop violent pour pouvoir être de longue durée.

Pendant ce temps, El Hakim le regardait avec un air de surprise qui n'était pas sans quelque mélange de mépris, car les Orientaux ne pardonnent pas ces changemens subits qui surviennent dans le caractère, et regardent le rire presque en toute occasion comme dérogatoire à la dignité de l'homme et ne convenant qu'aux femmes et aux enfans. Enfin le sage adressa de nouveau la parole au roi quand il le vit un peu plus calme.

— Une sentence de mort ne peut sortir de lèvres qui sourient, dit-il; permets à ton serviteur d'espérer que tu lui as accordé la vie de cet homme.

— Reçois la liberté de mille captifs, répondit Richard; rends un millier de tes concitoyens à leurs tentes et à leurs familles; je vais t'en signer l'ordre à l'instant. La vie de cet homme ne peut te servir à rien, et il est condamné à mort.

— Nous sommes tous condamnés à mourir, dit Hakim en portant la main à son turban; mais notre grand créancier est miséricordieux, et il n'exige le paiement de la dette ni avec un excès de rigueur ni avant le temps.

— Tu ne peux me prouver que tu aies un intérêt spécial à intercéder auprès de moi pour empêcher un acte de justice, justice que je suis tenu de faire exécuter comme roi couronné.

— Vous êtes tenu de pratiquer des actes de merci comme de justice, grand roi; mais c'est votre volonté que vous voulez faire exécuter. Quant à l'intérêt spécial que j'ai à vous faire cette demande, sachez que la vie de bien des hommes dépend du succès qu'il obtiendra.

— Explique tes paroles, et ne crois pas m'en imposer par de faux prétextes.

— Votre serviteur est bien loin d'avoir un tel projet, sire. Sachez donc que le breuvage auquel vous devez votre guérison, ainsi que beaucoup d'autres, est un talisman composé sous certains aspects du firmament dans les instans où les divines intelligences sont le plus propices. Je ne suis que le pauvre administrateur de ses vertus. Je le trempe dans une coupe d'eau; j'observe l'heure convenable pour l'administrer au malade, et l'efficacité de la potion opère la guérison.

— C'est un remède aussi précieux qu'il est commode, dit Richard; et comme le médecin peut le porter dans sa bourse, il épargnerait la caravane des chameaux qu'on est obligé d'entretenir pour le transport des drogues. Je suis surpris que l'art de la médecine emploie d'autres moyens.

— Il est écrit, répondit El Hakim avec une gravité imperturbable : — N'insulte pas le coursier qui t'a ramené de la bataille! sachez donc qu'il est possible à la vérité de faire de pareils talismans; mais bien faible est le nombre des adeptes qui ont osé entreprendre d'en appliquer les vertus. De sévères restrictions, des pratiques pénibles, des jeûnes et des pénitences, sont indispensables au sage qui emploie ce moyen de guérir; et si en négligeant ces précautions solennelles, en se livrant à l'amour du repos ou en s'abandonnant aux plaisirs sensuels, il omet de guérir au moins douze malades par lune, toutes les vertus du don divin abandonnent l'amulette; il est exposé aux plus grands malheurs ainsi que son dernier malade, et tous descendent dans la tombe avant la fin de la révolution de l'année. Il faut que je sauve encore une vie pour compléter le nombre exigé.

— Va faire un tour dans le camp, bon Hakim, et tu n'y manqueras pas de malades à guérir. Cependant ne dérobe pas ceux de nos médecins, car il ne convient pas à un savant comme toi d'aller sur les brisées des autres. D'ailleurs je ne vois pas comment, en arrachant un criminel à la mort qu'il a méritée, tu pourrais compléter le compte de tes cures miraculeuses.

— Quand vous pourrez expliquer pourquoi un verre d'eau froide vous a guéri, tandis que les drogues les plus précieuses n'avaient pu y réussir, vous pourrez raisonner sur de semblables mystères. Quant à moi, je suis incapable d'opérer aujourd'hui cette grande œuvre, ayant touché ce matin un animal immonde. Ne me faites donc plus de questions à ce sujet, grand roi, et qu'il vous suffise de savoir qu'en épargnant à ma requête la vie de cet homme, vous délivrerez d'un grand danger votre serviteur et votre propre personne.

— Écoute, Adonebec, je n'ai pas d'objection à ce que les médecins enveloppent leurs paroles d'obscurité, et prétendent tirer des astres leurs connaissances; mais quand tu dis à Richard Plantagenet de craindre un danger pour lui-même à cause de l'omission de quelque cérémonie ou par suite de quelque vain présage, apprends que tu ne parles pas à un Saxon ignorant ou à une vieille radoteuse qui renonce à ce qu'elle voulait faire parce qu'un lièvre traverse son chemin, qu'un corbeau croasse ou qu'un chat éternue.

— Je ne puis faire que vous ne doutiez pas de mes paroles, sire; mais pourtant que Votre Majesté accorde un instant que la vérité est sur les lèvres de son serviteur; croirez-vous juste de priver des vertus de ce précieux talisman le monde entier et tous les infortunés gisant sur le lit de douleur sur lequel vous étiez étendu vous-même il y a si peu de temps, plutôt que d'accorder le pardon d'un pauvre criminel? Songez, grand roi, que quoique vous puissiez donner la mort à des milliers d'hommes, vous ne pouvez rendre la santé à un seul. Les rois ont le pouvoir de Satan pour détruire, — et les sages celui d'Allah pour guérir; songez donc que vous allez ravir à l'humanité un bienfait que vous ne pouvez lui accorder; vous pouvez faire tomber une tête, mais vous ne pouvez guérir un mal de dents.

— C'est être trop insolent, dit le roi commençant à retrouver sa colère à mesure qu'El Hakim prenait un ton plus élevé et presque impérieux; nous t'avons pris pour médecin, mais non pour conseiller ni pour directeur de notre conscience.

— Et est-ce ainsi que le prince le plus renommé du Frangistan paie un service rendu à sa personne royale? dit Adonebec quittant son attitude jusqu'alors humble et respectueuse pour prendre un air imposant et presque menaçant. Sache donc que dans toutes les cours de l'Europe et de l'Asie, aux musulmans et aux nazaréens, aux chevaliers et aux dames, partout où l'on entend une harpe et où l'on ceint un glaive, partout où l'on respecte l'honneur et où l'on déteste l'infamie, dans toutes les parties du monde, je te dénoncerai, Melec Ric, comme n'ayant ni reconnaissance ni générosité: même les pays, s'il en existe, qui n'ont jamais entendu parler de ta gloire retentiront du bruit de ta honte.

— Est-ce ainsi que tu oses me parler, vil infidèle! s'écria Richard en s'avançant vers lui avec fureur; es-tu las de la vie?

— Frappe! répondit El Hakim; tes propres œuvres alors te peindront encore mieux que ne pourraient le faire mes paroles, quand chacune d'elles serait armée de l'aiguillon d'une guêpe.

Richard se détourna de lui brusquement, se remit à marcher dans sa tente les bras croisés, et s'écria ensuite : — Ni reconnaissance ni générosité! autant vaudrait être appelé lâche et infidèle! — Hakim, tu as choisi ta récompense; et quoique j'aimasse mieux que tu m'eusses demandé ma couronne de joyaux, je n'agirais pas en roi si je te refusais. Prends donc cet Écossais sous ta garde; je vais te donner un ordre pour que le grand prévôt te le remette.

Il traça à la hâte deux ou trois lignes, et les remit au médecin.

— Fais-en ton esclave; dispose de lui comme bon te semblera. Seulement qu'il prenne garde de se présenter jamais devant les yeux de Richard. Écoute-moi : tu es sage; il a été trop audacieux parmi celles aux doux regards et au faible jugement de qui nous confions notre honneur dans l'occident, comme vous autres Orientaux vous placez vos trésors dans des coffrets de fils d'argent aussi déliés et aussi fragiles que ceux que file le ver-à-soie.

— Votre serviteur comprend les paroles du grand roi, répondit le sage en reprenant l'air et le ton respectueux qu'il avait au commencement de cet entretien; quand le riche tapis est souillé, le fou montre la tache : le sage la couvre de son manteau. J'ai entendu le bon plaisir de Votre Majesté, et *entendre c'est obéir*[1].

— Il suffit; qu'il veille à sa sûreté en ne se présentant jamais devant moi. Y a-t-il quelque autre chose que je puisse faire pour toi?

— La bonté du roi a rempli ma coupe jusqu'au bord; oui,

---

(1) Formule orientale. — Éd.

avec la même libéralité que la source qui jaillit au milieu du camp des descendans d'Israël quand le rocher fut frappé par la verge de Moussa ben Amran[1].

— Oui, dit le roi en souriant, mais il fallait ici, comme dans le Désert, un coup terrible sur le rocher pour qu'il prodiguât ses trésors. Je voudrais pouvoir pour toi quelque chose qui coulât aussi librement que la fontaine qui accorde naturellement ses eaux.

— Permettez-moi de toucher cette main victorieuse, répondit le sage, en signe que si Adonebec El Hakim a par la suite une faveur à demander à Richard d'Angleterre il puisse le faire et s'y dire autorisé.

— Tu as pour cela ma main et mon gant, dit Richard; seulement, si tu pouvais compléter à l'avenir ton compte de malades guéris sans venir me demander d'exempter du châtiment ceux que j'ai si justement condamnés, je m'acquitterais plus volontiers de ma dette de toute autre manière.

— Puissent vos jours se multiplier! répondit El Hakim; et il se retira en lui faisant le salut usité dans l'Orient.

Pendant qu'il sortait, Richard le suivit des yeux en homme qui n'était qu'à demi content de ce qui venait de se passer.

— Étrange obstination de cet El Hakim! se dit-il à lui-même; singulier hasard qui arrache cet audacieux Écossais au châtiment qu'il a si justement mérité! Qu'il vive, au surplus, il y aura un brave de plus dans le monde. Maintenant songeons à l'Autrichien. Holà! le baron de Gilsland est-il là?

Sir Thomas de Vaux, appelé ainsi, montra bientôt sa taille épaisse à l'entrée de l'appartement du roi. Derrière lui se glissa comme un spectre, sans être annoncé, sans que personne s'opposât à son passage, le maigre ermite d'Engaddi, couvert d'un manteau de peau de chèvre.

[1] Moïse, fils d'Amran. — Éd.

Richard, sans faire aucune attention à la présence de ce dernier, dit à haute voix au baron :

— Sir Thomas Multon de Vaux, baron de Lanercott et de Gilsland, prenez un trompette et un héraut, et rendez-vous à l'instant à la tente de celui qu'on nomme archiduc d'Autriche, et que ce soit au moment où il aura autour de lui le plus grand nombre de ses chevaliers et de ses vassaux, ce qui arrivera probablement à cette heure du jour, car le sanglier allemand déjeune avant d'entendre la messe. Présentez-vous devant lui avec aussi peu de respect que vous le pourrez, et accusez-le de la part de Richard d'Angleterre d'avoir cette nuit, de sa propre main, ou en employant celle des autres, arraché de sa pique notre bannière royale. Pour ce vous lui direz que notre bon plaisir est que dans l'espace d'une heure, à compter de l'instant où je vous parle, il fasse replacer ladite bannière avec tout honneur, lui et ses principaux barons y assistant la tête découverte, et sans porter les marques de leurs dignités. Qu'en outre il arbore à côté, d'une part, la bannière d'Autriche renversée, comme ayant été déshonorée par le vol et la félonie; et de l'autre, une lance portant la tête de celui qui a été son principal conseiller ou son aide pour cette trahison. Vous ajouterez que, ces ordres que nous lui donnons étant ponctuellement exécutés, nous consentons, à cause de notre vœu et pour le bien de la Terre-Sainte, à lui pardonner ses autres méfaits.

— Et si l'archiduc d'Autriche nie qu'il ait eu aucune part à cet acte d'injustice et de félonie? demanda Thomas de Vaux.

— Dites-lui que nous prouverons cette accusation contre lui les armes à la main, répliqua Richard; oui, quand même il serait soutenu de ses deux plus braves champions. Nous la prouverons en chevaliers, à pied ou à cheval, dans le Désert ou dans le camp; nous lui laissons le choix du lieu, du temps et des armes.

— Songez-vous, sire, dit le baron de Gilsland, à la paix

de Dieu et de l'Église qui doit être maintenue parmi les princes engagés dans cette sainte croisade?

— Songez-vous que vous devez exécuter mes ordres, vassal? s'écria Richard avec impatience. Il semble qu'on s'imagine qu'il ne faut qu'un souffle pour changer nos projets, comme les enfans font voltiger une plume en l'air à droite et à gauche! la paix de l'Église! dis-moi qui y songe à présent? La paix de l'Église parmi les croisés comprend la guerre aux Sarrasins, avec lesquels les princes ont conclu une trêve; le commencement de l'une est la fin de l'autre. D'ailleurs ne vois-tu pas que chacun de ces princes ne cherche que son intérêt particulier? Je veux songer au mien aussi, et mon intérêt c'est mon honneur; c'est pour l'honneur que je suis venu ici, et si je puis en acquérir en combattant contre les Sarrasins, du moins je ne veux en rien perdre vis-à-vis de ce misérable archiduc, quand même tous les princes de la croisade lui serviraient de rempart.

De Vaux se disposait à obéir aux ordres du roi en faisant un léger mouvement d'épaule, sa brusque franchise ne pouvant cacher que ces ordres n'étaient pas d'accord avec son jugement. Mais l'ermite d'Engaddi s'avança en prenant l'air inspiré d'un homme chargé d'ordres plus élevés que ceux que peut donner aucun potentat de la terre. Dans le fait, ses vêtemens de peau de chèvre, sa barbe et ses cheveux en désordre, ses rides, sa maigreur, ses traits défigurés, ses épais sourcils, le feu extraordinaire de ses regards; tout offrait en lui le portrait que nous pouvons nous figurer de ces prophètes des Écritures qui, chargés d'une mission céleste pour les rois pécheurs d'Israël ou de Juda, descendaient des rochers, et sortaient des cavernes où ils demeuraient dans une solitude profonde pour confondre les tyrans de la terre au milieu de leur orgueil, en fulminant contre eux les menaces terribles de la majesté divine, semblables au nuage qui lance les éclairs qu'il porte dans son sein sur les pinacles et les tours des châteaux et des palais.

Au milieu de ses plus grands accès de colère, Richard respectait l'Église et ses ministres, et quoique mécontent de voir l'ermite entrer dans sa tente avec si peu de cérémonie, il le salua avec un air de bonté, et fit signe en même temps à sir Thomas De Vaux de se hâter de remplir sa mission.

Mais l'ermite par ses gestes, par ses regards et par ses paroles, défendit au baron de faire un seul pas pour s'acquitter d'un tel message, et levant son bras nu avec une véhémence qui rejeta son manteau en arrière et montra une épaule maigrie par l'abstinence et couverte des marques des coups de discipline qu'il s'infligeait, il se tourna vers le roi.

— Au nom de Dieu et du très saint père, vice-roi sur la terre de l'Église chrétienne, dit-il, je défends ce cartel profane, brutal et sanguinaire entre deux princes chrétiens dont l'épaule porte la bienheureuse marque par laquelle ils se sont juré fraternité. Malheur à celui qui brisera ce lien! Richard d'Angleterre, révoque les ordres impies que tu viens de donner à ce baron. Le danger et la mort sont près de toi. Le poignard brille près de ta gorge, et...

— Le danger et la mort sont les compagnons de Richard, répondit le monarque ; et il a trop souvent bravé le glaive pour redouter le poignard.

— Le danger et la mort sont près de toi ! répéta l'anachorète d'une voix creuse dont le son ne paraissait pas appartenir à la terre ; et après la mort le jugement !

— Bon père, je respecte votre personne et votre sainteté; mais...

— Ne me respecte pas! respecte plutôt le plus vil insecte qui rampe sur les rives de la mer Morte, et qui se nourrit de son maudit limon ; mais respecte celui au nom de qui je te parle ; respecte celui dont tu as fait vœu de reconquérir le sépulcre ; respecte le serment de concorde que vous avez tous prêté, et ne romps pas le lien argenté d'union et de fidélité qui réunit tous les princes confédérés.

— Bon père, vous autres gens d'église, vous me paraissez avoir un peu de présomption, s'il est permis à un laïque de parler ainsi, et vous comptez trop sur la dignité de votre saint caractère. Sans révoquer en doute le droit que vous avez de prendre soin de notre conscience, je crois que vous pourriez nous laisser celui de veiller à notre honneur.

— De la présomption, roi Richard! Est-ce à moi à avoir de la présomption, quand je ne suis que l'humble sonnette qui obéit à la main du sacristain, le vil et insensible clairon qui transmet les ordres de celui qui en sonne? Vois, je me prosterne à tes pieds pour te conjurer d'avoir pitié de la chrétienté, de l'Angleterre et de toi-même.

— Levez-vous, levez-vous, dit Richard en le relevant lui-même; il ne convient pas que le genou qui fléchit si souvent devant la Divinité presse la terre en l'honneur d'un homme. Quel danger nous menace, révérend père? Depuis quand le pouvoir de l'Angleterre est-il assez déchu pour que l'insolence bruyante de cet archiduc de nouvelle fabrique doive l'alarmer, elle et son monarque?

— J'ai levé les yeux du haut de ma montagne sur l'armée des cieux, tandis que les astres dans leur course nocturne se communiquaient leur sagesse les uns aux autres, et répandaient des connaissances sur le petit nombre de ceux qui savent entendre leur langage. Un ennemi siége dans ta Maison-de-Vie, fier monarque; un ennemi dangereux pour ta renommée et pour ta prospérité; une émanation de Saturne te menaçant d'un péril prochain et sanglant, et qui, à moins que tu ne courbes ta volonté hautaine sous le joug de ton devoir, t'écrasera tout à l'heure au milieu même de ton orgueil.

— Tais-toi! tais-toi! c'est une science païenne; les chrétiens ne la pratiquent pas; les hommes sages n'y croient point; tu es fou, vieillard.

— Je ne suis pas fou, Richard; je ne suis pas assez heureux pour l'être. Je connais ma situation, et je sais qu'une portion de raison m'est encore accordée, non pour moi, mais pour l'avantage de l'Église et les intérêts de la croix; je suis l'aveugle qui tient une torche pour les autres, quoiqu'il n'en voie pas la lumière. Questionne-moi sur ce qui concerne le bien de la chrétienté et celui de cette croisade, et je te répondrai comme le plus sage conseiller de la bouche duquel la persuasion ait jamais découlé. Parle-moi de ce qui a rapport à mon misérable individu, et mes paroles seront celles du méprisable insensé que je suis.

— Je ne voudrais pas rompre les nœuds qui unissent les princes de la croisade, dit Richard d'un ton un peu adouci; mais quelle réparation peuvent-ils me faire pour l'insulte et l'injustice que je viens de souffrir?

— C'est une question à laquelle je suis prêt à répondre, et je suis même autorisé à le faire par le conseil qui, convoqué par Philippe de France, s'est assemblé à la hâte et a déjà pris des mesures à cet effet.

— Il est étrange que d'autres prennent sur eux de déterminer ce qui est dû à la majesté outragée de l'Angleterre!

— Les princes croisés sont disposés à prévenir, s'il est possible, toutes vos demandes à ce sujet. Ils consentent unanimement que la bannière d'Angleterre soit replacée sur le mont Saint-George; ils mettent à leur ban l'auteur ou les auteurs audacieux de cet outrage; ils promettront une récompense royale à quiconque dénoncera le coupable, et sa chair servira de pâture aux loups et aux corbeaux.

— Et l'Autrichien, que de si fortes présomptions accusent d'avoir été l'auteur de cette insulte?

— Pour prévenir la discorde dans l'armée, l'archiduc se justifiera des soupçons qui planent sur lui, en se soumettant à telle épreuve qu'il plaira au patriarche de Jérusalem d'indiquer.

— Se justifiera-t-il par l'épreuve du combat?

— Son serment le lui défend. D'ailleurs le conseil des princes...

— Ne veut autoriser le combat ni contre les Sarrasins ni contre aucun autre, s'écria Richard avec impétuosité. Mais c'en est assez, mon père; vous m'avez démontré la folie d'agir en cette affaire comme j'en avais conçu le dessein. Il vous serait plus facile d'allumer votre torche dans une mare d'eau de pluie que de tirer une étincelle d'un cœur froid et lâche. Il n'y a nul honneur à gagner contre l'Autrichien; ne songeons pas à lui. Je veux qu'il se parjure pourtant; j'insisterai pour qu'il se soumette à l'épreuve. Comme je rirai quand j'entendrai ses gros doigts frémir en saisissant le globe de fer rouge, ou lorsqu'il ouvrira sa large bouche en étouffant pour avaler le pain consacré !

— Paix, Richard ! dit l'ermite; paix, par honte, si ce n'est par charité ! Qui louera et honorera des princes qui s'insultent et se calomnient les uns les autres? Hélas ! au courage et à la dignité du lion pourquoi mêler sa fureur sauvage, ô toi dont l'ame est si élevée, les œuvres si grandes; toi qui, lorsque ta colère ne t'emporte pas, pourrais être à la fois le flambeau et l'honneur de la chrétienté par ta sagesse et tes exploits !

L'ermite resta un moment comme en méditation, les yeux baissés vers la terre, et ajouta ensuite :

— Mais le ciel qui connaît les imperfections de notre nature accepte ton obéissance imparfaite, et sans révoquer la sentence contre toi, il en ajourne l'exécution. L'ange exterminateur s'est arrêté comme il le fit autrefois sur le seuil de la porte d'Araunah le Jébuséen; mais il tient en main le glaive qui dans un temps peu éloigné abaissera Richard, ce Cœur-de-Lion, au niveau du plus humble paysan.

— Sera-ce donc si promptement? dit Richard. Eh bien, soit ! que ma vie soit brillante si elle doit être courte.

— Hélas, noble roi ! dit le solitaire, et il sembla qu'une larme roulait dans ses yeux, qui depuis long-temps étaient privés du don des larmes. — Ta vie sera courte, triste, remplie de mortifications, et troublée par la captivité. Tel sera l'espace qui te sépare encore du tombeau qui s'entr'ouvre pour te recevoir; tombeau dans lequel tu seras placé sans laisser de lignage, sans y être suivi par les larmes d'un peuple que tu auras épuisé par tes guerres sans fin, sans avoir augmenté les connaissances de tes sujets, sans avoir rien fait pour leur bonheur.

— Mais non sans renommée, moine, non sans les larmes de la dame que j'aime. Ces consolations, que tu ne peux ni connaître ni apprécier, suivront Richard au tombeau.

— Crois-tu que je ne connaisse pas, que je ne puisse apprécier la valeur des éloges d'un ménestrel et de l'amour d'une dame? s'écria l'ermite, qui sembla un instant rivaliser d'enthousiasme avec Richard lui-même. Roi d'Angleterre! continua-t-il en étendant son bras décharné, le sang qui bout dans tes veines n'est pas plus noble que celui qui est stagnant dans les miennes. Quelque froides que soient les gouttes qui s'y trouvent encore, elles appartiennent au sang royal de Lusignan, du héros, du saint Godefroi. Je suis, c'est-à-dire j'étais lorsque je vivais dans le monde, Albéric de Mortemar...

— Dont les exploits ont si souvent fait résonner les trompettes de la renommée! s'écria Richard. Est-il bien vrai! se peut-il qu'un astre semblable ait disparu de l'horizon de la chevalerie, sans qu'on ait même su où reposaient ses cendres?

— Cherche une étoile tombée, répondit l'ermite, et tu ne trouveras qu'un peu d'eau croupie qui, en traversant l'atmosphère, a revêtu un moment une apparence de splendeur. Richard, si je pensais qu'en levant le voile sanglant qui couvre mon horrible destin je pusse rendre ton cœur orgueilleux soumis à la discipline de l'Eglise, je crois que je trouverais assez de courage pour te faire le récit de faits que j'ai tenus jusqu'ici soigneusement cachés dans mon sein, quoiqu'ils le déchirassent comme le renard du jeune Spartiate. Écoute donc, Richard, et puissent le chagrin, le désespoir qui ne peuvent être d'aucune utilité au misérable reste de ce qui fut jadis un homme, devenir un exemple puissant pour un être aussi noble, mais aussi impétueux que toi! Oui, oui, je rouvrirai ces blessures tenues si long-temps secrètes, dussent-elles, en se rouvrant, saigner au point de me donner la mort en ta présence.

Le roi Richard, sur qui l'histoire d'Albéric de Mortemar avait fait une profonde impression dans sa jeunesse quand des ménestrels chantaient dans le palais de son père les légendes de la Terre-Sainte, écouta avec attention ce récit abrégé qui, quoique obscur et imparfait, suffisait pour indiquer la cause de la démence incomplète de cet homme aussi singulier que malheureux.

— Je n'ai pas besoin de t'apprendre, dit l'anachorète, que j'étais noble par ma naissance, élevé par ma fortune, brave en portant les armes, sage dans les conseils. J'étais tout cela; mais tandis que les plus nobles dames en Palestine se disputaient à qui ferait des guirlandes pour mon casque, mon cœur était attaché passionnément à une fille de bas degré. Son père, ancien soldat de la croix, s'aperçut de notre amour, et redoutant la différence de rang qui nous séparait, il ne vit de refuge pour l'honneur de sa fille que dans l'ombre d'un cloître. Je revins d'une expédition lointaine, riche de gloire et de dépouilles; mais mon bonheur se trouvant détruit à jamais, je m'enfermai aussi dans un cloître. Ce fut là que Satan, qui m'avait marqué comme sa proie, souffla dans mon cœur une vapeur d'orgueil spirituel qui ne pouvait avoir sa source que dans les régions infernales. Je m'étais élevé dans l'Eglise aussi haut qu'auparavant dans l'état. On me surnommait le sage, le juste, l'impeccable; j'étais le conseiller des conciles, et le directeur des évêques. Comment aurais-je fait un faux pas? comment aurais-je pu craindre la tentation? Hélas! je devins le confesseur d'un couvent, et dans ce couvent je trouvai celle que j'aimais depuis si long-temps, que j'avais depuis si long-temps perdue. Epargnez-moi de plus amples aveux. Une religieuse coupable, qui s'est punie de son crime par le suicide, repose sous les voûtes des cavernes d'Engaddi, tandis que sur sa sépulture pleure, gémit et se désespère un être à qui il ne reste qu'assez de raison pour sentir l'étendue de son malheur et de son crime.

— Infortuné, dit Richard, je ne m'étonne plus de tes chagrins. Mais comment as-tu échappé aux châtimens que prononcent les canons de l'Église contre un tel crime ?

— Demande-le à celui qui est encore plongé dans le fiel de l'amertume mondaine, répondit l'ermite, et il te parlera d'une vie épargnée par des égards personnels et par des considérations pour un haut rang. Mais moi, Richard, je te dirai que la Providence m'a conservé pour faire de moi un phare allumé sous un promontoire, et dont les cendres, quand son feu terrestre sera éteint, pourront être jetées au vent. Quelque exténué que soit le pauvre corps que tu vois, deux esprits l'animent encore : l'un actif, entreprenant, puissant pour soutenir la cause de l'Église de Jérusalem ; l'autre vil, abject, flottant entre la folie et le désespoir, pour déplorer ma misère et garder de saintes reliques sur lesquelles je ne pourrais lever les yeux sans crime. N'aie pas pitié de moi, mais profite de mon exemple. Tu es placé sur le pinacle le plus élevé et par conséquent le plus dangereux qu'occupe aucun prince chrétien ; ton cœur se nourrit d'orgueil, ta vie se passe dans la luxure, ta main est teinte de sang. Écarte de toi les péchés qui sont tes filles, et quelque chères qu'elles soient au pécheur Adam, chasse ces furies que ton cœur a adoptées, ta superbe, ta luxure, ta soif du sang.

— Il est dans le délire, dit Richard en se détournant du solitaire pour s'adresser à De Vaux avec l'air d'un homme blessé par un sarcasme, mais à qui il est défendu de montrer du ressentiment. Regardant alors l'anachorète avec un calme qui approchait du mépris, il lui dit :

— Tu m'as trouvé une jolie couvée de filles, révérend père, quoique je ne sois marié que depuis quelques mois ; mais puisqu'il faut que je les chasse du toit paternel, il convient qu'en bon père je leur procure des établissemens sortables. Je donne donc ma superbe aux nobles princes de l'Eglise, ma luxure aux moines de ton ordre, et ma soif de sang aux chevaliers du Temple.

— Cœur d'acier, main de fer pour qui les exemples et les avis sont également perdus ! s'écria l'anachorète. Tu seras pourtant épargné pour un temps, afin que tu puisses changer de vie, et faire ce qui est agréable au ciel. Quant à moi, il faut que je retourne dans ma grotte. *Kyrie eleison.* Je suis celui par qui les rayons de la grace céleste se dardent comme ceux du soleil sur un miroir ardent qui les concentre sur d'autres objets au point de les brûler et de les incendier, tandis que le verre demeure froid et intact. *Kyrie eleison.* Il faut appeler le pauvre car le riche a refusé d'assister au banquet. *Kyrie eleison.*

Et à ces mots il sortit de la tente en poussant de grands cris.

— Ce prêtre est fou, s'écria Richard, les exclamations fanatiques de l'ermite ayant effacé en partie l'impression qu'avait faite sur lui le détail de l'histoire et des fautes de cet infortuné ; suis-le, De Vaux, et veille à ce qu'il ne lui arrive pas d'accident ; car tout croisés que nous sommes, un jongleur obtient plus de respect parmi nos soldats qu'un moine ou un saint, et ils pourraient lui jouer quelque mauvais tour.

De Vaux obéit, et Richard s'abandonna aux pensées que lui inspiraient les prophéties étranges de l'ermite.

— Mourir jeune, sans lignage, sans laisser de regrets, c'est une sentence sévère, et il est heureux qu'elle n'ait pas été prononcée par un juge plus compétent. Cependant les Sarrasins, qui sont versés dans les sciences mystiques, prétendent que celui aux yeux duquel la sagesse du sage n'est que folie accorde le don de sagesse et de prophétie à l'être frappé de démence. On dit aussi que cet anachorète sait lire dans les astres, art généralement cultivé dans ce pays, où l'armée céleste était autrefois un objet d'idolâtrie. Je voudrais lui avoir fait quelques questions sur la perte de ma bannière; car le bienheureux fondateur de son ordre ne pouvait paraître plus complètement transporté hors de lui-même, ni avoir une langue plus semblable à celle d'un prophète. Eh bien! De Vaux, quelles nouvelles de ce fou de prêtre?

— Vous l'appelez fou, sire, répondit De Vaux; je crois qu'il ressemble plutôt au bienheureux Jean-Baptiste lui-même sortant du Désert. Il est monté sur une de nos machines de guerre, et de là il prêche les soldats; et jamais homme ne prêcha comme lui depuis le temps de Pierre-l'Ermite. Tout le camp attiré par ses cris, s'attroupe en foule autour de lui; interrompant de temps en temps le fil principal de son discours, il s'adresse successivement aux différentes nations, chacune en sa langue, et fait valoir tour à tour les argumens les plus propres à déterminer chacune d'elles à persister dans la sainte entreprise de délivrer la Palestine.

— Par le jour qui nous éclaire! c'est un noble ermite, dit le roi. Mais pouvait-on attendre autre chose du sang de Godefroi? Il désespère de son salut parce qu'il a autrefois cédé à l'amour. Je lui obtiendra du pape une bonne absolution, quand sa belle amie aurait été une abbesse.

Comme il parlait ainsi, on l'avertit que l'archevêque de Tyr demandait une audience pour inviter Richard à assister, si sa santé le permettait, à un conseil secret des chefs de la croisade, où on lui ferait part des incidens militaires et politiques qui avaient eu lieu pendant sa maladie.

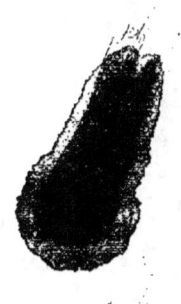

CHAPITRE XIX.

« Faut-il donc replacer dans leurs fourreaux honteux
« Nos glaives jusqu'ici toujours victorieux ?
« Lorsque tant d'ennemis ont mordu la poussière,
« Allons-nous lâchement retourner en arrière ?
« Jeter le bouclier qu'en face des autels
« Nous prîmes en faisant des sermens solennels ?
« Nos vœux sacrés sont-ils la promesse éphémère
« Qu'afin de l'apaiser fait à l'enfant sa mère,
« Et qu'emporte le vent sans qu'il en reste rien ? »
La Croisade, tragédie.

L'ARCHEVÊQUE de Tyr était un émissaire parfaitement choisi pour communiquer à Richard des nouvelles que nulle autre voix n'aurait pu lui annoncer sans provoquer les plus terribles explosions de son ressentiment. Ce révérend prélat, malgré toute sa sagacité, trouva même quelque difficulté à le disposer à écouter des paroles qui détruisaient tout son espoir de reconquérir le saint sépulcre par la force des armes, et d'acquérir le renom que toute la chrétienté était prête à lui accorder avec une exclamation générale comme au champion de la croix.

D'après le rapport que lui fit l'archevêque, il paraissait que Saladin assemblait toutes les forces de ses cent tribus, et que les monarques de l'Europe, que différens motifs dégoûtaient déjà d'une expédition qui s'était trouvée si hasardeuse et qui le devenait tous les jours encore davantage,

av[...]lu de renoncer à leur projet. Ils étaient soutenus
da[...] ésolution par l'exemple de Philippe de France,
qui a[...] maintes assurances d'amitié et en protestant qu'il
voulait voir d'abord son frère d'Angleterre en sûreté,
avait déclaré son intention de retourner en Europe. Son
grand vassal, le comte de Champagne, avait adopté la même
détermination, et l'on ne sera pas surpris que Léopold, insulté comme il l'avait été par Richard, eût saisi avec plaisir
l'occasion d'abandonner une cause dont son orgueilleux
adversaire était considéré comme le chef. D'autres annonçaient le même projet, de sorte qu'il était évident que si le
roi d'Angleterre s'obstinait à rester en Palestine, il ne serait
plus soutenu que par les volontaires, qui dans des circonstances si peu encourageantes pourraient se joindre à l'armée anglaise, et par les secours fort douteux de Conrad de
Montserrat et des chevaliers des ordres militaires du Temple
et de Saint-Jean, qui quoique obligés par leurs vœux à faire
la guerre aux Sarrasins, ne désiraient pourtant pas qu'aucun
monarque européen fît la conquête de la Palestine, où avec
les vues étroites d'une politique égoïste, ils se proposaient
de former une souveraineté indépendante.

Richard ne tarda pas à comprendre quelle était sa véritable situation. Après son premier élan d'indignation il
s'assit tranquillement et écouta d'un air sombre, la tête
baissée et les bras croisés sur sa poitrine, les argumens de
l'archevêque sur l'impossibilité où il se trouvait de persister
dans la croisade quand ses compagnons l'auraient abandonné.
Il s'abstint même de l'interrompre quand le prélat, en termes
mesurés, se hasarda à faire sentir que le caractère impétueux de Richard avait été une des principales causes qui
avaient dégoûté les princes de cette expédition.

— *Confiteor*, répondit Richard d'un air abattu et avec un
sourire de tristesse; j'avoue, respectable prélat, que sous
certains rapports je voudrais dire *meâ culpâ*. Mais n'est-il
pas bien dur de punir d'une telle pénitence la fragilité de
mon caractère? Quoi! pour quelques accès d'emportement

bien naturels, je serai condamné à voir se faner sous mes yeux cette riche moisson de gloire pour Dieu, et d'honneur pour la chevalerie? Mais elle ne se fanera pas. Par l'ame du conquérant, je planterai la croix sur les tours de Jérusalem, ou on la plantera sur la tombe de Richard!

— Vous pouvez le faire, dit l'archevêque, sans verser dans cette querelle une autre goutte de sang chrétien.

— Vous voulez parler d'un traité; mais alors il faut que le sang de ces chiens infidèles cesse aussi de couler.

— Il y aura assez de gloire à avoir arraché de Saladin, par la force des armes et par le respect qu'inspire votre renommée, des conditions qui nous rendront le saint sépulcre, qui ouvriront l'entrée de la Terre-Sainte aux pèlerins, qui garantiront leur sûreté en nous accordant des places fortes, et qui, ce qui est encore plus, assureront celle de la sainte cité en conférant à Richard le titre de roi gardien de Jérusalem.

— Comment! s'écria Richard, les yeux étincelans d'un éclat plus qu'ordinaire, moi! moi! moi roi gardien de la sainte cité! La victoire, si ce n'est qu'elle est victoire, ne pourrait obtenir davantage; à peine pourrait-elle en espérer autant, étant due à des forces désunies et de mauvaises volontés. Mais Saladin se propose-t-il de conserver quelque pouvoir dans la Terre-Sainte?

— Oui, mais à de tels titres qu'il en serait conjointement souverain avec le puissant Richard son allié, et si cela lui est permis, son parent par mariage.

— Par mariage! répéta Richard surpris, mais moins que le prélat ne s'y attendait. Ah! oui! Edith Plantagenet. L'ai-je rêvé? ou quelqu'un m'en a-t-il parlé? Ma tête se ressent encore de cette fièvre, et j'ai eu l'esprit si agité..... Est-ce l'Écossais, Hakim ou l'ermite qui m'a parlé de cet étrange projet?

— C'est vraisemblablement l'ermite d'Engaddi, dit l'archevêque, car il a beaucoup travaillé à cette négociation; et depuis que le mécontentement des princes est devenu évident, et que la séparation de leurs forces paraît inévitable, il a tenu beaucoup de consultations tant avec les chrétiens qu'avec les païens, pour préparer une paix qui puisse assurer à la chrétienté une partie au moins des avantages qu'on se proposait d'obtenir par cette sainte guerre.

— Ma parente à un infidèle ! s'écria Richard, dont les yeux commençaient à s'enflammer.

Le prélat se hâta de détourner sa colère.

— Sans contredit, il faut d'abord obtenir le consentement du pape, dit-il, et le saint ermite qui est bien connu à Rome traitera avec le Saint-Père.

— Quoi ! sans notre consentement préalable ! s'écria Richard.

— Certainement non, répondit l'archevêque d'un ton doux et insinuant, seulement avec votre sanction spéciale.

— Ma sanction pour donner ma parente en mariage à un infidèle ! dit Richard. Cependant il parlait plutôt avec l'air d'un homme qui hésite sur ce qu'il doit faire qu'avec un ton annonçant qu'il réprouvait absolument une telle proposition. Aurais-je pu rêver à un pareil arrangement, ajouta-t-il, quand de la proue de ma galère je sautai sur le rivage de la Syrie comme un lion s'élance sur sa proie ! et maintenant.... Mais continuez, je vous écouterai patiemment.

Aussi enchanté que surpris de trouver sa tâche beaucoup plus facile qu'il ne l'avait espéré, l'archevêque se hâta de citer à Richard de nombreux exemples de semblables alliances qui avaient eu lieu en Espagne, non sans l'approbation du saint-siége ; il lui fit valoir les avantages incalculables que retirerait toute la chrétienté de l'union que Richard et Saladin contracteraient par le moyen d'une telle alliance; et surtout il parla avec beaucoup de chaleur et d'onction de la probabilité que Saladin, par suite du mariage proposé, renoncerait à sa foi erronée pour embrasser la véritable.

— Le soudan a-t-il montré quelque disposition à se faire

chrétien? demanda Richard. Si cela était, il n'existe sur la terre aucun roi à qui j'accordasse la main d'une parente, et même d'une sœur, avec plus de plaisir qu'au noble Saladin. Oui, quand même il n'aurait à lui offrir que son bon cimeterre et son cœur encore meilleur, et qu'un autre mettrait à ses pieds des sceptres et des couronnes.

— Saladin a entendu nos professeurs du christianisme, répondit l'archevêque cherchant à éluder la question, et il est permis d'espérer qu'il pourra devenir un tison arraché aux flammes. *Magna est veritas, et prævalebit*[1]. D'ailleurs l'ermite d'Engaddi, dont les paroles tombent rarement sur la terre sans produire des fruits, est pleinement convaincu que le moment approche où les Sarrasins et les autres païens seront appelés à la connaissance de la vérité, et que ce mariage pourra l'accélérer. Il sait lire dans le cours des astres; et demeurant, en se mortifiant la chair, dans ces lieux consacrés que les saints ont habités autrefois, il reçoit l'esprit d'Élie, comme le reçut autrefois le prophète Élisée, fils de Saphat, quand il lui laissa son manteau.

Le roi Richard écouta les raisonnemens du prélat les yeux baissés et avec un air de trouble évident.

— Je ne me reconnais plus, dit-il; il me semble que les froids conseils des princes de la chrétienté m'ont frappé aussi d'une léthargie d'esprit. Il fut un temps où, si un laïque m'eût proposé une telle alliance je lui aurais brisé le crâne contre la terre, et si c'eût été un homme d'église je lui aurais craché au visage comme à un renégat et à un prêtre de Baal. Et cependant à présent cette proposition ne sonne pas à mes oreilles d'une manière si étrange. Pourquoi n'accepterais-je pas la fraternité et l'alliance d'un Sarrasin brave, juste et généreux, qui sait aimer et honorer un ennemi digne de lui comme s'il en était l'ami, tandis que les princes chrétiens abandonnent lâchement leurs alliés, la cause du ciel et l'honneur de la chevalerie? Mais je m'ar-

(1) La vérité est grande, elle prévaudra. — Tr.

merai de patience, et je ne songerai point à eux. Seulement je ferai encore une tentative pour resserrer les liens qui unissent ensemble toute cette brave armée. Si je n'y réussis pas, nous reviendrons sur votre proposition : quant à présent, je ne l'accepte ni ne la rejette. Rendons-nous au conseil, révérend archevêque; l'heure en est arrivée. Vous reprochez à Richard d'être fier et impétueux; vous l'allez voir humble et pliant comme le genêt qui a donné son nom à sa race.

A l'aide des officiers de la chambre, le roi mit à la hâte un pourpoint et un manteau d'une couleur brune, et sans autre marque de la dignité royale qu'un cercle d'or sur sa tête, il se rendit avec l'archevêque de Tyr au conseil des princes, où l'on n'attendait que son arrivée pour ouvrir la séance.

Le pavillon du conseil était une grande tente, devant laquelle étaient déployées la bannière de la croix et une autre sur laquelle on voyait l'image d'une femme à genoux, les cheveux et les vêtemens en désordre; cette image représentait l'Église éplorée de Jérusalem, et avait pour devise : *Afflictæ sponsæ ne obliviscaris* [1]. Des gardes choisis avec soin ne permettaient à personne d'approcher du voisinage de cette tente, afin que les discussions souvent tumultueuses et quelquefois même orageuses qui y avaient lieu ne pussent arriver à d'autres oreilles que celles qui devaient les entendre.

C'était là que les chefs de la croisade étaient assemblés, attendant l'arrivée de Richard; et le bref délai que souffrirent leurs délibérations fut tourné à son désavantage par ses ennemis, qui l'employèrent à raconter divers traits de son orgueil, et à insinuer que son désir était de s'arroger la supériorité sur les autres, ce dont on allégua même pour preuve la manière dont il se faisait attendre en ce moment. Chacun cherchait à se fortifier dans sa mauvaise opinion, et

---

(1) N'oubliez pas l'épouse affligée. — Tr.

s'en justifiait à ses propres yeux en interprétant le plus défavorablement possible les circonstances les plus favorables, et tout cela peut-être parce que chacun sentait qu'il avait un respect d'instinct pour le roi d'Angleterre, et qu'il lui faudrait des efforts plus qu'ordinaires pour le surmonter.

En conséquence, il avait été convenu qu'on le recevrait à son arrivée sans beaucoup d'attention, et qu'on ne lui témoignerait que les égards strictement nécessaires pour observer les formes d'un froid cérémonial. Mais quand on vit cette noble taille, ce visage vraiment royal, pâli par sa dernière maladie, cet œil que les ménestrels avaient appelé l'astre brillant des batailles et de la victoire; quand on se rappela ses exploits surpassant toutes les idées qu'on pouvait se former de la valeur humaine, chacun se leva; le jaloux monarque de la France et le sombre et mécontent archiduc d'Autriche se levèrent même comme les autres, et tous ces princes assemblés poussèrent le cri unanime:

— Vive le roi Richard d'Angleterre! Longue vie au vaillant Cœur-de-Lion!

Avec une physionomie qu'un poète d'Orient aurait comparée à l'astre des cieux quand il écarte les vapeurs du midi, Richard distribua ses remerciemens à la ronde, et se félicita de se retrouver de nouveau parmi les princes croisés.

— Il désirait, dit-il, adresser quelques mots à l'assemblée, quoique sur un sujet indigne de l'occuper puisqu'il s'agissait de lui-même, même au risque de retarder de quelques minutes leurs délibérations pour le bien de la chrétienté et le succès de la croisade.

Les princes reprirent leur place sur leurs siéges, et il se fit un profond silence.

— Ce jour est une grande fête pour l'Église, continua le roi d'Angleterre, et il convient à des chrétiens, à une pareille époque, de se réconcilier les uns avec autres, et de se confesser leurs fautes. Nobles princes, près de cette sainte expédition, Richard est un soldat ; son bras agit mieux que sa langue ne parle, et sa langue n'est que trop habituée au brusque langage de son métier. Mais que quelques discours bouillans ou quelques actions inconsidérées de Plantagenet ne vous fassent pas abandonner la noble cause de la délivrance de la Palestine. Ne renoncez pas au renom terrestre et au salut éternel que vous pouvez mériter ici, si l'homme peut jamais les mériter, parce que la conduite d'un soldat a été trop impétueuse, parce que ses discours ont eu la rudesse de ce fer dont il a été couvert depuis son enfance. Si Richard est coupable à l'égard d'aucun de vous, Richard est prêt à lui en faire satisfaction par ses paroles et par ses actions. Mon noble frère de France, ai-je été assez malheureux pour vous offenser ?

— Le roi de France n'a aucune réparation à demander au roi d'Angleterre, répondit Philippe avec une dignité vraiment royale, en acceptant la main que Richard lui offrait. Quelque parti que je puisse prendre relativement à la poursuite de cette entreprise, il me sera suggéré par des considérations tirées de l'intérêt de mes propres états, et non certainement par aucune jalousie contre mon digne et très valeureux frère.

— L'archiduc d'Autriche, dit Richard en s'avançant avec un mélange de franchise et de dignité vers Léopold, qui se leva comme involontairement, et en automate dont les mouvemens dépendent de la pression de quelque ressort extérieur ; — l'archiduc d'Autriche croit avoir droit de se regarder comme offensé par le roi d'Angleterre ; le roi d'Angleterre croit avoir sujet de se plaindre de l'archiduc d'Autriche ; qu'ils se pardonnent mutuellement pour maintenir la paix de l'Europe et entretenir la concorde dans cette armée. Nous sommes tous aujourd'hui les défenseurs d'une plus noble bannière qu'aucune de celles qu'ait jamais fait arborer aucun monarque de la terre, — la bannière du salut. Qu'il n'y ait donc point de querelle entre nous pour le symbole de nos dignités mondaines ; mais que Léopold rétablisse en sa place la bannière d'Angleterre si elle est en son pouvoir, et Richard dira, sans autre motif que par respect pour la sainte Eglise, qu'il se repent de la manière précipitée avec laquelle il a insulté l'étendard d'Autriche.

Léopold resta silencieux, l'air morne et sombre, les yeux baissés et tous ses traits annonçant un mécontentement étouffé qu'une crainte respectueuse, mêlée de gaucherie, l'empêchait d'exhaler en paroles.

Le patriarche de Jérusalem se hâta de rompre ce silence embarrassant en déclarant que l'archiduc d'Autriche s'était disculpé par serment solennel de toute connaissance directe ou indirecte de l'acte d'agression qui avait été commis contre la bannière d'Angleterre.

— En ce cas, dit Richard, nous avons été souverainement injuste envers le noble archiduc ; nous lui demandons pardon de l'avoir accusé d'un outrage aussi lâche, et nous lui offrons la main en signe de renouvellement de paix et d'amitié. — Que veut dire ceci ? Léopold refuse de toucher notre main nue, comme il a refusé auparavant de toucher notre gantelet ! quoi ! nous ne pouvons donc être ni son compagnon en paix ni son antagoniste en champ clos ! Eh bien ! soit ; nous prendrons le peu d'estime qu'il nous accorde comme une pénitence de la faute que nous avons commise contre lui dans un moment d'effervescence, et en conséquence nous regarderons ce compte comme soldé.

A ces mots il se détourna de l'archiduc avec un air de dignité plutôt que de mépris. Léopold en le voyant s'éloigner semblait respirer plus librement, comme un écolier en faute lorsque le regard sévère de son pédagogue cesse de se fixer sur lui.

— Noble comte de Champagne, continua Richard, — Prince marquis de Montserrat, vaillant grand-maître des Templiers, je suis ici un pénitent dans le confessionnal : quelqu'un de vous a-t-il une accusation à porter contre moi, une réparation à me demander?

— Je ne sais quel pourrait en être le motif, répondit Conrad à la langue dorée, si ce n'est que le roi d'Angleterre accapare toute la gloire que ses pauvres frères d'armes espéraient remporter de cette expédition.

— Mon accusation, si je suis appelé à en faire une, dit le grand-maître des Templiers, est plus grave et plus importante que celle du marquis de Montserrat. On peut trouver qu'il convient mal à un religieux militaire tel que moi d'élever la voix quand tant de nobles princes gardent le silence; mais il y va de l'honneur de toute l'armée, et même de celui de ce noble roi d'Angleterre, qu'il entende quelqu'un lui dire en face ce dont tant d'autres sont disposés à se plaindre en son absence. Nous louons et nous estimons le courage et les hauts faits du roi d'Angleterre; mais nous sommes fâchés de le voir en toute occasion prendre et soutenir une préséance sur nous que des princes indépendans ne peuvent tolérer sans se dégrader. Nous pourrions faire de notre plein gré de grandes concessions à sa bravoure, à son zèle, à sa richesse, à son pouvoir; mais celui qui s'empare de tout comme de droit, qui ne laisse rien à notre devoir, à notre courtoisie et à notre valeur, nous traite moins comme ses alliés que comme ses vassaux, et souille aux yeux de nos soldats et de nos sujets le lustre d'une autorité qui n'est plus indépendante. Puisque le roi Richard nous a demandé la vérité, il ne doit être ni surpris ni courroucé de s'entendre répondre avec franchise par un homme à qui les pompes du monde sont interdites, pour qui l'autorité séculière n'est rien quand elle ne peut contribuer à la prospérité du temple de Dieu et à la chute du lion qui rôde sans cesse cherchant une proie à dévorer. Ces vérités que j'ose dire, à l'instant même où je parle sont confirmées par le témoignage du cœur de tous ceux qui m'entendent, quoique le respect leur ferme la bouche.

Les joues de Richard se couvrirent d'une vive rougeur pendant que le grand-maître faisait cette attaque précise et directe contre sa conduite ; et le murmure sourd qui se fit entendre dans l'assemblée à la fin de ce discours lui prouva évidemment que la justice de l'accusation était admise par tous ceux qui étaient présens. Irrité et mortifié en même temps, il sentit pourtant que s'il s'abandonnait à l'impétuosité de son ressentiment, il donnerait au sang-froid de son accusateur l'avantage qu'il ambitionnait. Faisant donc un violent effort sur lui-même, il garda le silence jusqu'à ce qu'il eût récité mentalement un *pater noster,* ce que son confesseur lui avait enjoint de faire toutes les fois qu'il se sentirait prêt à céder à un mouvement de colère. Prenant ensuite la parole, il s'exprima avec calme, quoique non sans un mélange d'amertume, surtout au commencement de son discours.

— Est-il donc bien vrai ? nos frères ont-ils pris tant de peine pour découvrir les infirmités de notre nature et la brusque précipitation de notre zèle, qui nous a quelquefois porté à donner des ordres quand le temps ne permettait guère de délibérer ? Je n'aurais pas cru que des offenses faites par hasard et sans préméditation comme les miennes eussent pu faire une impression aussi profonde sur le cœur de mes alliés dans cette sainte cause. Non, je n'aurais pu croire qu'ils voulussent, à cause de moi, retirer leur main de la charrue quand le sillon est presque entièrement tracé ; qu'ils songeassent, à cause de moi, à tourner le dos au chemin qui conduit à Jérusalem, chemin ouvert par leur glaive. Je me suis vainement flatté que mes faibles services pourraient couvrir les erreurs de mon impétuosité ; j'ai vainement espéré que si l'on se souvenait que je pressais d'aller en avant dans un assaut, on n'oublierait pas que j'étais toujours le dernier dans une retraite. Oui, si j'élevais ma bannière sur le champ de bataille abandonné par l'ennemi, c'était le seul avantage que je cherchais, tandis que les autres se partageaient les dépouilles. Je puis avoir donné mon nom à une ville conquise, mais j'en cédais la souveraineté aux autres. Si j'ai donné des conseils téméraires et audacieux, je n'ai, je crois, épargné ni mon sang ni celui de mes soldats quand il s'agissait de les exécuter. Si j'ai dans la précipitation d'une marche ou la confusion d'une bataille pris quelque autorité sur les soldats des autres, je les ai toujours traités comme les miens en leur faisant distribuer les provisions et les remèdes que leurs propres chefs ne pouvaient leur procurer. Mais je rougis de vous rappeler ce que vous paraissez tous avoir oublié; occupons-nous plutôt des mesures que nous avons à prendre; et croyez-moi, mes nobles frères, ajouta-t-il le visage enflammé d'ardeur, ni l'orgueil, ni la colère, ni l'ambition de Richard ne seront pour vous des pierres d'achoppement sur le chemin où la religion et la gloire vous appellent comme avec la trompette d'un archange. Oh! non, non, jamais je ne survivrais à la pensée que mes faiblesses et ma fragilité eussent tranché le nœud qui réunit cette sainte assemblée de princes. Ma main droite s'armerait pour trancher ma main gauche si je pouvais par là vous donner une preuve de ma sincérité. Je céderai volontairement tout droit de commander dans l'armée, même à mes propres sujets; ils seront sous les ordres de tel chef que vous voudrez leur donner; et leur roi, qui n'est que trop disposé à changer le bâton de commandant contre la lance de l'aventurier, combattra sous la bannière de Beau-Séant parmi les Templiers, même sous celle de l'archiduc d'Autriche, si l'archiduc veut nommer un homme brave pour commander ses forces. Ou, si vous êtes las de cette guerre, si votre armure vous paraît trop pesante, laissez à Richard dix ou quinze mille de vos soldats pour l'accomplissement de votre vœu, et quand Sion sera à nous, s'écria-t-il en secouant le bras comme s'il eût déployé l'étendard de la croix sur les murs de Jérusalem; quand Sion sera à nous, nous inscrirons sur ses portes, non pas le nom de Richard Plantagenet, mais celui des généreux princes qui lui auront fourni les moyens de s'en emparer.

L'éloquence sans apprêt du monarque guerrier, et son air d'audace et de résolution, relevèrent l'esprit abattu des croisés, ranimèrent leur dévotion ; et en fixant leur attention sur le principal objet de leur entreprise, firent que la plupart des princes qui étaient présens au conseil rougirent d'avoir cédé à l'influence de motifs de plaintes aussi frivoles que ceux qui les avaient occupés auparavant. Le feu des yeux de Richard se communiqua aux autres ; et sa voix rendit à d'autres voix le courage de se faire entendre. Le cri de guerre qui avait répondu aux sermons de Pierre l'Ermite retentit sous la tente, et l'on s'écria de toutes parts : — Conduisez-nous, brave Cœur-de-Lion ; personne n'est plus digne de guider les braves prêts à vous suivre. Conduisez-nous ! — A Jérusalem ! à Jérusalem ! c'est la volonté de Dieu ! bienheureux celui dont le bras pourra coopérer à l'exécuter !

Ces cris soudains se firent entendre au-delà du cercle des sentinelles qui gardaient le pavillon dans lequel le conseil était assemblé ; ils furent unanimement répétés parmi les soldats dont l'inaction, les maladies et l'influence du climat avaient commencé à abattre le courage ; la vue de Richard rendu à la santé et la voix bien connue des autres chefs rallumèrent l'enthousiasme des croisés : au loin retentirent ces cris de la bravoure et de l'exaltation religieuse : — Sion ! Sion ! guerre ! guerre aux infidèles, à l'instant ! Dieu le veut ! Dieu le veut !

Ces acclamations du dehors réagirent sur le courage renaissant de ceux qui étaient sous la tente du conseil. Ceux que la flamme n'avait pas atteints craignirent, du moins pour le moment, de paraître plus froids que les autres. Il ne fut plus question que de marcher hardiment sur Jérusalem dès que la trêve serait expirée, et en attendant de prendre les mesures nécessaires pour approvisionner et recruter l'armée. Le conseil se sépara. Tous ceux qui y avaient assisté paraissaient enflammés d'une même ardeur; mais elle s'éteignit bientôt dans le cœur des uns, et elle n'avait jamais réellement existé dans celui des autres.

Parmi cette dernière classe étaient le marquis de Montserrat et le grand-maître des Templiers, qui se retirèrent ensemble fort mal à l'aise, et mécontens des événemens de la journée.

— Je te l'ai dit toujours, répéta le dernier avec l'expression de froideur sardonique qui lui était particulière, — je te l'ai dit toujours, que Richard se tirerait de tes misérables piéges aussi facilement qu'un lion passerait à travers une toile d'araignée. Tu vois qu'il n'a qu'à parler, et son souffle agite ces fous inconstans aussi aisément que le tourbillon disperse les brins de paille ou les balaie dans la même direction.

— Mais quand le tourbillon a passé, répondit Conrad, les brins de paille retombent à terre.

— Mais ne vois-tu pas d'ailleurs, reprit le Templier, que si ce projet renouvelé de conquêtes est abandonné, que si chacun de ces puissans princes se trouve libre d'agir comme son étroit cerveau le lui suggérera, Richard n'en deviendra pas moins roi de Jérusalem en vertu d'un traité avec le soudan en acceptant précisément les conditions que tu croyais devoir le révolter?

— Par Mahomet et par Termagant, s'écria Conrad, — car les sermens chrétiens sont hors de mode, — oses-tu dire que l'orgueilleux roi d'Angleterre consentira à allier son sang à celui d'un sultan païen? Ma politique a jeté cet ingrédient dans la coupe, afin que le breuvage qu'elle contient lui occasionnât des nausées; il serait aussi fâcheux pour nous qu'il devînt notre maître par un traité que par une victoire.

— Ta politique a fait un faux calcul, et n'a pas su juger celle de Richard; je connais ses intentions, d'après un mot que l'archevêque m'a dit à l'oreille. — Et ton coup de maître relativement à la bannière? il n'a pas fait plus de bruit que n'en méritaient quelques aunes de soie brodée. Marquis de Montserrat, ton esprit commence à ne plus être d'aplomb. Je ne me fierai plus à tes mesures de finesse ; j'essaierai les miennes. Connais-tu ces gens que les Sarrasins nomment Charegites?

— Sans doute, ce sont des enthousiastes, des fanatiques désespérés qui dévouent leur vie au maintien de leur religion, des espèces de Templiers musulmans; si ce n'est que rien ne les arrête dans l'exécution de leurs vœux.

— Ne plaisante pas; sache qu'un de ces hommes a fait vœu d'immoler ce monarque insulaire, comme le principal ennemi de la foi musulmane.

— C'est un païen judicieux; puisse Mahomet lui accorder son paradis pour récompense!

— Il a été arrêté dans le camp par un de mes écuyers; et dans son interrogatoire secret il m'a franchement avoué son vœu et sa détermination.

— Que le ciel pardonne à ceux qui ont empêché l'exécution des desseins de ce judicieux Charegite!

— Il est mon prisonnier ; il ne peut avoir de communication avec personne, comme tu peux bien le supposer; mais plus d'un captif s'est évadé de prison.

— Sans doute : une chaîne est mal assurée, et le prisonnier s'échappe. C'est une ancienne maxime qu'il n'y a de prison sûre que le tombeau.

— Une fois en liberté, il reprendra son projet; car il est dans la nature de cette espèce de chiens de ne jamais perdre la piste de sa proie.

— Ne m'en dis pas davantage, grand maître ; je vois ta politique ; elle est terrible, mais la circonstance est urgente.

— Je ne t'en parle que pour que tu te tiennes sur tes gardes, car l'explosion sera effrayante, et l'on ne peut savoir sur qui les Anglais feront tomber leur rage. Il y a même un autre risque. Un de mes pages connaît les projets du Charegite : un drôle impertinent et volontaire dont je voudrais être débarrassé, parce qu'il se donne les airs de voir par ses propres yeux au lieu de s'en rapporter aux miens. Heureusement notre saint ordre me donne les moyens de remédier à cet inconvénient. Ou bien... un moment ! oui, le Charegite peut trouver un bon poignard dans son cachot, et je garantis qu'il en fera bon usage la première fois que le page lui portera sa nourriture.

— Cela donnera une couleur à l'affaire, dit Conrad. Cependant...

— *Cependant* et *mais*, répliqua le Templier, sont des mots à l'usage du fou. Le sage n'hésite ni ne se rétracte ; il prend une résolution, et il l'exécute.

CHAPITRE XX.

> « La Béatrix du Dante et l'Eve de Milton
> « N'étaient pas, voyez-vous, peintes d'après leurs femmes. »
> Lord Byron. *Don Juan.*

Richard, bien éloigné de soupçonner la noire trahison méditée contre lui, avait remporté un triomphe en rétablissant, pour le moment du moins, l'union entre les princes croisés et en leur inspirant la résolution de continuer la guerre avec vigueur. Il n'eut rien de plus à cœur ensuite que de rétablir la paix dans sa propre famille. Maintenant qu'il pouvait juger des choses avec plus de sang-froid, il lui tardait de faire une enquête directe sur les causes qui avaient occasionné la perte de sa bannière, et de s'assurer de la nature et de l'étendue de la liaison qui existait entre sa parente Edith et l'aventurier écossais qu'il venait de bannir.

En conséquence, la reine et toutes les dames de sa maison furent fort surprises de voir arriver sir Thomas de Vaux, apportant à lady Caliste de Montgaillard, première dame d'atours de Bérengère, l'ordre de se rendre sur-le-champ en présence du roi.

— Que lui dirai-je madame? demanda Caliste à la reine en tremblant. Il nous tuera toutes.

— Ne craignez rien, madame, dit De Vaux ; le roi a épargné la vie du chevalier écossais, qui était le principal coupable, et l'a donné au médecin maure : il ne punira donc pas avec sévérité les fautes d'une dame.

— Imagine quelque conte bien adroit, Caliste, dit la reine; Richard n'a pas le temps de s'informer bien exactement de la vérité.

— Racontez-lui fidèlement tout ce qui s'est passé, dit lady Edith, de peur que je ne m'en charge moi-même.

— Avec la permission de Votre Majesté, dit le baron de Gilsland, je crois que lady Edith donne un bon conseil ; car quoique le roi soit disposé à croire tout ce qu'il plaît à Votre Majesté de lui dire, je doute qu'il ait la même déférence pour lady Caliste, et surtout dans cette affaire.

— Le lord de Gilsland a raison dit lady Caliste, fort agitée en songeant à l'interrogatoire qu'elle allait subir. D'ailleurs quand j'aurais assez de présence d'esprit pour inventer une histoire plausible, je crois que je n'aurais jamais le courage de la raconter au roi.

Ce fut dans ces dispositions favorables à la vérité que lady Caliste fut conduite par De Vaux devant le roi. Comme elle se l'était proposé, elle fit un aveu complet de la ruse qu'on avait employée pour déterminer sir Kenneth à quitter son poste ; elle justifia entièrement lady Edith, sachant fort bien qu'elle n'aurait pas manqué de se disculper elle-même, et rejeta la plus grande partie du blâme sur la reine sa maîtresse dont elle n'ignorait pas que les fautes paraîtraient plus vénielles aux yeux de Cœur-de-Lion. Dans le fait, Richard était un mari plein de bonté, et même un mari faible. Son accès de colère était passé depuis long-temps, et il n'était pas disposé à blâmer sévèrement une faute qui était irréparable.

La rusée dame d'atours, accoutumée dès sa première enfance à creuser dans les intrigues de la cour et à épier les plus légers indices de la volonté du souverain, retourna près de la reine avec la rapidité d'un vanneau, et lui annonça de la part du roi qu'elle recevrait sa visite dans quelques instans; nouvelle à laquelle elle ajouta un commentaire basé sur ses propres observations, tendant à démontrer que Richard n'avait dessein de conserver que la sévérité nécessaire pour inspirer à son épouse le repentir de sa folie, et qu'il accorderait ensuite un gracieux pardon, tant à la reine qu'à toutes celles qui avaient partagé sa faute.

— Le vent vient-il de là, Caliste? dit Bérengère, se trouvant soulagée en apprenant les intentions du roi; crois-moi, ma fille, Richard, tout grand guerrier qu'il est, trouvera difficile de l'emporter sur nous dans cette affaire. Comme le disent les bergers des Pyrénées dans ma Navarre: — Tel qui vient chercher de la laine s'en retourne souvent tondu.

S'étant fait donner tous les renseignemens que Caliste pouvait lui communiquer, la reine se mit sous les armes en se parant de la manière qu'elle crut la plus séduisante, et attendit avec confiance l'arrivée du héros son époux.

Il arriva, et se trouva dans la situation d'un prince entrant dans une province qui l'a offensé, et qui, croyant qu'il n'aura que des réprimandes à distribuer et des marques de soumission à recevoir, la trouve, contre son attente, dans un état d'insurrection complète.

Bérengère connaissait parfaitement le pouvoir de ses

charmes et toute l'affection de Richard; elle se sentait assurée qu'elle pourrait faire ses conditions, maintenant que la première explosion toujours redoutable de sa colère avait eu lieu sans accident. Loin d'écouter les reproches que lui fit le roi, et qu'avait justement mérités la légèreté de sa conduite, elle défendit, comme une plaisanterie innocente, le fait dont elle était accusée. Elle nia, avec toute la grace possible, qu'elle eût chargé Nebectamus de conduire le chevalier plus loin qu'au bas du mont Saint-George, où il était de garde. Peut-être en effet n'avait-elle pas eu l'intention de le faire venir jusque dans son pavillon.

Mais si elle avait fait preuve d'éloquence pour se défendre, elle en montra encore davantage en accusant à son tour Richard d'avoir agi avec cruauté en lui refusant une faveur aussi simple que la vie d'un infortuné chevalier qui, par suite d'une plaisanterie innocente, avait été sur le point de perdre la vie avec toute la promptitude et la sévérité des lois militaires. Elle pleura et sanglota en insistant sur la dureté de son époux, qui avait pensé la rendre malheureuse toute sa vie, puisqu'elle n'aurait jamais pu oublier qu'elle avait été la cause bien involontaire d'une scène si tragique. Ses rêves lui auraient sans cesse présenté l'image de la victime sacrifiée. Qui savait même, puisque de pareilles choses arrivaient souvent, si son spectre ne lui aurait point apparu? Voilà pourtant à quels tourmens d'esprit elle avait été exposée par la sévérité de celui qui prétendait être l'esclave de son moindre regard, et qui cependant n'avait pas voulu renoncer à un seul acte de vengeance, au risque de la rendre si misérable.

Cette tirade d'éloquence féminine fut accompagnée des argumens ordinaires, les pleurs et les soupirs. Ces plaintes furent débitées d'un ton et avec des gestes qui semblaient prouver que le ressentiment de la reine ne prenait sa source ni dans l'orgueil ni dans l'humeur, mais dans une sensibilité blessée par la crainte de voir que son époux lui accordait moins d'influence sur lui qu'elle ne l'avait supposé.

Le bon roi Richard était dans un grand embarras. Il essaya en vain de raisonner avec une femme jalouse de posséder toute son affection, et qui par cette raison même était incapable d'écouter ses raisons ; il ne pouvait se résoudre à prendre le ton d'autorité envers une créature qui lui paraissait si belle au milieu de son mécontentement déraisonnable; il se tint donc sur la défensive, chercha à bannir les doutes qu'elle semblait avoir de sa tendresse, et à apaiser son déplaisir. Enfin il lui rappela qu'elle pouvait songer au passé sans remords et sans crainte de voir paraître un spectre à ses yeux, puisqu'il avait fait grace de la vie à sir Kenneth, et qu'il l'avait donné au grand médecin maure, qui de tous les hommes était sans contredit celui qui saurait le mieux le maintenir en bonne santé.

Mais ces derniers mots furent le trait le plus piquant pour la reine. Tous ses chagrins se réveillèrent à l'idée qu'un Sarrasin, qu'un médecin avait obtenu une grace qu'elle avait inutilement demandée à genoux.

A cette nouvelle plainte la patience commençait à échapper à Richard, et il répondit d'un ton grave et sérieux :

— Bérengère, ce médecin m'a sauvé la vie, et si vous y attachiez quelque prix, vous ne lui reprocheriez pas une récompense, la seule que j'aie pu lui faire accepter.

La reine sentit alors que, dans son esprit de coquetterie, elle s'était avancée aussi loin qu'elle pouvait aller sans risque.

— Et pourquoi mon Richard ne m'a-t-il pas amené ce sage, s'écria-t-elle, afin que la reine d'Angleterre pût lui montrer tout le cas qu'elle faisait de celui qui a conservé le soleil de la chevalerie, la gloire de l'Angleterre, le flambeau de la vie et des espérances de la pauvre Bérengère ?

Enfin la querelle matrimoniale se termina, et pour qu'un juste châtiment pût tomber sur quelqu'un, le roi et la reine s'accordèrent à rejeter tout le blâme de cette affaire sur Nebectamus. Bérengère étant déjà lasse de la sottise et de la difformité de ce nain, il fut condamné à être banni de la cour, avec son épouse royale dame Genièvre ; et s'il évita en outre le châtiment des verges, ce fut parce que la reine assura qu'il avait déjà subi une correction corporelle. Richard se proposant de dépêcher incessamment un ambassadeur à Saladin pour l'informer de la résolution que le conseil avait prise de recommencer les hostilités aussitôt après l'expiration de la trêve, et voulant lui envoyer en même temps un magnifique présent en reconnaissance des services que lui avait rendus El Hakim, il fut décidé que les deux malheureuses créatures y seraient ajoutées, comme de rares objets de curiosité, et dignes, par leur figure grotesque et leur tête détraquée, d'être offerts par un souverain à un autre.

Richard avait encore à s'exposer le même jour à une rencontre avec une autre femme; mais en comparaison de la première joute, celle-ci était presque indifférente. Quoique Edith fût belle, quoique le roi l'estimât, quoique ses soupçons lui eussent véritablement fait l'injustice dont Bérengère affectait de se plaindre, cependant elle n'était ni sa femme ni sa maîtresse; et quoique les reproches qu'elle pourrait lui faire dussent être mieux fondés que ceux de la reine, il les craignait moins que les plaintes injustes et capricieuses de son épouse.

Ayant demandé à lui parler en particulier, on le fit entrer dans l'appartement d'Edith, qui était voisin de celui de la reine, et deux esclaves cophtes, à genoux dans le coin le plus éloigné de la chambre, furent présentes à l'entrevue. Un grand voile noir couvrait de ses longs plis la jolie tête et la taille pleine de graces de la noble fille des Plantagenet, qui ne portait sur sa personne aucun autre ornement. Elle se leva et fit une profonde révérence à Richard quand il entra, s'assit de nouveau quand il le lui ordonna, et lorsqu'il eut pris place auprès d'elle, elle attendit, sans ouvrir la bouche, qu'il lui fît connaître son bon plaisir.

Richard habitué à agir avec Edith avec cette familiarité que leur parenté autorisait, trouva cet accueil glacial, et entama la conversation avec quelque embarras.

— Notre belle cousine est en colère contre nous, dit-il enfin, et nous avouons que de graves circonstances nous ont porté mal à propos à la soupçonner d'une conduite contraire à tout ce que nous avons jamais vu d'elle. Mais tant que nous sommes dans cette sombre vallée de la vie, nous sommes sujets à prendre des ombres pour des réalités. Ma belle cousine peut-elle pardonner à Richard son parent un peu impétueux ?

— Qui pourrait refuser de pardonner à Richard, répondit Edith, si Richard peut obtenir son pardon du roi d'Angleterre ?

— Allons, allons, belle cousine, répliqua Richard, c'est prendre un ton beaucoup trop solennel. De par Notre-Dame ! quel extérieux mélancolique ! Avec ce grand voile noir on pourrait croire que vous êtes veuve depuis hier, ou du moins que vous venez de perdre un amant chéri. Reprenez votre gaîté. Vous avez sans doute appris qu'il n'existe aucune cause réelle de chagrin ; pourquoi donc conserver ce lugubre vêtement de deuil ?

— Pour l'honneur perdu des Plantagenet, dit Edith, pour la gloire éclipsée de la maison de mon père.

— Honneur perdu ! gloire éclipsée ! répéta Richard en fronçant le sourcil et d'un ton de mécontentement ; — mais ma cousine Edith a des priviléges. Je l'avais jugée trop à la hâte, et elle a le droit d'en conserver quelque rancune. Apprenez-moi du moins en quoi j'ai failli.

— Plantagenet devait pardonner une faute ou la punir, répondit Edith. Il ne lui convient pas de livrer des hommes libres, des chrétiens, de braves chevaliers aux fers des infidèles. Il est indigne de lui de faire un marché, un compromis, d'accorder la vie en privant de la liberté. Condamner l'infortuné à mort était un acte de sévérité qui avait du moins une apparence de justice, le vouer à l'exil et à l'esclavage en est un de tyrannie manifeste.

— Je vois, dit Richard, que ma cousine Edith est une de

ces belles qui pensent qu'un amant absent n'est plus rien, ou qu'il est comme mort. Prenez patience! une vingtaine de cavaliers légèrement armés peuvent encore le suivre et réparer mon erreur, si votre amant est dépositaire de quelque secret qui rende sa mort plus désirable que son bannissement.

— Ne vous abaissez pas à d'indignes plaisanteries, sire, répliqua Edith dont le front se couvrit d'une vive rougeur; — songez plutôt que pour satisfaire votre courroux, vous avez privé votre grande entreprise d'un de ses meilleurs champions, ravi à la croix un de ses plus fermes soutiens, livré un serviteur du vrai Dieu entre les mains des païens, et donné aux esprits aussi soupçonneux que le vôtre se l'est montré dans cette affaire quelque droit de dire que Richard a banni le plus brave guerrier de son camp, de crainte qu'il ne pût acquérir un renom égal au sien.

— Moi! moi! s'écria Richard vivement ému, suis-je donc homme à être jaloux du renom des autres? Je voudrais qu'il fût ici pour prétendre à cette égalité! J'oublierais mon rang, je déposerais ma couronne pour entrer en lice contre lui, afin qu'on vît si Richard Plantagenet avait lieu d'envier la prouesse de qui que ce soit! Allons, Edith, vous ne pensez pas ce que vous dites. Que le chagrin ou le mécontentement de l'absence de votre amant ne vous rende pas injuste envers votre parent, qui malgré toute votre humeur fait autant de cas de votre estime que de celle de personne au monde.

— L'absence de mon amant! répéta lady Edith. Mais oui, on peut justement nommer mon amant celui qui a payé ce titre si cher. Quelque indigne que je puisse être d'un tel hommage, j'étais pour lui comme une lumière qui guidait ses pas dans le noble sentier de la chevalerie; mais que j'aie oublié mon rang ou qu'il ait eu la présomption de sortir du sien, c'est un mensonge, fût-ce un roi qui le prononçât.

— Ne mettez pas dans ma bouche des paroles qu'elle n'a

pu prononcer, belle cousine. Je ne vous ai pas dit que vous ayez accordé à cet Écossais d'autres faveurs que celles qu'un bon chevalier peut obtenir, même d'une princesse, quel que soit son rang. Mais, par Notre-Dame ! je me connais un peu en ce jeu d'amour ; il commence par un respect muet, par des égards lointains ; puis, quand les occasions se présentent, la familiarité s'accroît, et peu à peu... ; mais il est inutile de parler ainsi à une femme qui se croit plus de sagesse qu'il n'en existe dans le monde entier.

— J'écoute bien volontiers les conseils de mon parent, quand ils sont de nature à ne pas faire injure à mon rang et à mon caractère.

— Les rois ne donnent pas de conseils, belle cousine, ils intiment des ordres.

— Les soudans intiment des ordres, mais c'est parce qu'ils règnent sur des esclaves.

— Patience ! vous pourriez apprendre à mépriser moins les soudans, quand vous avez une si haute estime pour un Écossais. Je regarde Saladin comme plus fidèle à sa parole que ce William d'Écosse, qui se fait appeler le Lion, sur ma foi ! Il m'a indignement trompé en manquant à m'envoyer les troupes auxiliaires qu'il m'avait promises. Je vous dis, Edith, qu'il est possible que vous viviez assez pour préférer un Turc plein de franchise à un Écossais de mauvaise foi.

— Non, jamais ! quand même Richard embrasserait la fausse religion qu'il est venu pour extirper de la Palestine sous la bannière de la croix.

— Vous voulez avoir le dernier mot, dit Richard en se levant ; il faut vous le laisser. Pensez de moi ce qu'il vous plaira, belle Edith ; je n'oublierai pas que votre père était mon frère.

A ces mots il se retira de bonne humeur en apparence, mais au fond très peu satisfait du résultat de sa visite.

Le quatrième jour après que sir Kenneth avait quitté le camp, Richard était assis dans son pavillon, jouissant d'une brise du soir qui semblait arriver tout exprès de l'horizon occidental et même de l'Angleterre, afin d'aider par sa douce fraîcheur le monarque vaillant à recouvrer peu à peu toute la force qui lui était nécessaire pour exécuter ses projets gigantesques. Il était seul, De Vaux ayant été envoyé à Ascalon pour en ramener des renforts d'hommes et de munitions, et ses autres officiers étant occupés, chacun dans leur département, à des préparatifs pour la reprise des hostilités, et pour une grande revue de l'armée des croisés qui devait avoir lieu le lendemain. Cœur-de-Lion écoutait le bruit sourd et confus que faisaient les forgerons se disposant à ferrer les chevaux, les armuriers qui réparaient des armes, et les soldats passant et repassant devant sa tente, et dont la voix, exprimant une ardeur martiale, semblait un présage de victoire. L'oreille de Richard s'enivrait avec délices de ces sons mélangés, et tandis qu'il se livrait lui-même aux visions de conquête et de gloire qu'ils lui suggéraient, un écuyer vint lui dire qu'un messager de Saladin venait d'arriver.

— Faites-le entrer dans le camp, Jocelyn, dit le roi, et avec tous les honneurs convenables.

L'écuyer anglais fit entrer alors un homme dont l'extérieur n'annonçait qu'un esclave de Nubie, mais qui inspirait plus d'intérêt qu'un esclave ordinaire. Il était d'une belle taille, parfaitement formé, et ses traits imposans, quoique d'un noir de jais, n'offraient rien qui appartînt à la race des nègres. Il portait sur ses cheveux, noirs comme le charbon, un turban de toile fine d'un blanc de lait; ses épaules étaient couvertes d'un manteau court de même couleur, ouvert par-devant et sur les manches; et l'on voyait par-dessous un pourpoint de peau de léopard qui descendait à trois pouces du genou. Ses jambes et ses bras nerveux étaient nus, si ce n'est qu'il avait des sandales aux pieds et un collier et des bracelets d'argent. Une dague à lame droite et à poignée de buis dans une gaîne couverte d'une peau de serpent était suspendue à sa ceinture. Sa main droite tenait une petite javeline, dont la pointe était garnie d'un acier large et brillant d'une palme de longueur, et de la gauche il conduisait, par le moyen d'une lesse de fil de soie et d'argent entrelacés, un grand et magnifique lévrier.

Le messager se prosterna, découvrant en partie ses épaules en signe d'humilité; et ayant touché la terre du front, il se releva en restant appuyé sur un genou, et dans cette attitude il présenta au roi une pièce de soie qui en contenait une de drap d'or dans lequel était une lettre de Saladin écrite en arabe, avec une traduction en anglo-normand, et qui, rendue en langue moderne, contenait ce qui suit :

« Saladin roi des rois, à Melec Ric, le Lion d'Angleterre.

« Attendu que nous avons été informé par ton dernier message, que tu as préféré la guerre à la paix et notre inimitié à notre amitié, nous te regardons comme un homme aveugle en cette affaire, et nous espérons bientôt te convaincre de ton erreur, à l'aide des forces invincibles de nos mille tribus, quand Mahomet le prophète de Dieu, et Allah le Dieu du prophète, jugeront la querelle entre toi et moi. Quant au surplus, nous faisons grand compte de toi et des présens que tu nous a envoyés, notamment des deux nains aussi difformes qu'Ysop[1] et aussi divertissans que le luth d'Isaac. Et en retour de ces présens tirés du trésor de ta générosité, nous t'envoyons un esclave de Nubie, nommé Zoank, dont il ne faut pas que tu juges par sa couleur, comme font les fous de la terre, attendu que le fruit à écorce noire a la saveur la plus exquise. Sache qu'il est fidèle à exécuter les ordres de son maître, comme le fut Rustan de Zablestan. Tu ne le trouveras pas moins prudent conseiller quand tu auras appris à entrer en communication avec lui, car la parole a été condamnée au silence entre les murs d'ivoire de son palais. Nous le recommandons à tes soins, espérant que l'heure n'est pas éloignée où il pourra te rendre de bons services. Et nous te disons adieu, espérant que notre très

---

(1) Ésope. — Éd.

saint Prophète pourra encore t'appeler à la connaissance de la vérité; mais si cette lumière te manque, notre désir est que la santé te soit promptement rendue, afin qu'Allah soit juge entre toi et moi sur le champ de bataille. »

Cette missive était sanctionnée par la signature et le sceau du soudan.

Richard regarda en silence le Nubien, qui était debout devant lui, les yeux fixés sur la terre, les bras croisés sur sa poitrine, semblable à une statue de marbre noir du travail le plus exquis, n'attendant pour s'animer qu'un attouchement de Prométhée. Le roi d'Angleterre qui, comme on l'a dit d'un de ses successeurs Henry VIII, aimait à voir ce qu'on peut appeler par excellence un homme, était charmé de la force des muscles et de la symétrie parfaite de tous les membres de celui qu'il examinait ; il lui adressa la parole en langue franque :

— Es-tu païen? lui demanda-t-il.

L'esclave secoua la tête, porta un doigt à son front, fit le signe de la croix pour prouver qu'il était chrétien, et reprit humblement son attitude immobile.

— Un chrétien de Nubie sans doute, dit Richard, et à qui ces chiens d'infidèles ont coupé l'organe de la parole.

Le Nubien fit encore un signe de tête négatif, leva l'index vers le ciel, et le plaça ensuite sur ses lèvres.

— Je te comprends, dit Richard ; tu souffres cette privation par la volonté de Dieu, et non par la cruauté de l'homme. Sais-tu nettoyer un baudrier et les armes, placer au besoin une armure sur le corps d'un chevalier ?

Le muet fit un geste affirmatif, et s'avançant vers une cotte de mailles qui était suspendue avec le casque et le bouclier du monarque chevaleresque à l'un des piliers qui soutenaient la tente, il la mania avec une adresse suffisante pour prouver qu'il entendait parfaitement le service d'un écuyer.

— Tu es un drôle adroit, et je ne doute pas que tu puisses

te rendre utile, dit le roi. Je t'attache à ma personne : tu seras de service dans ma chambre, afin de prouver le cas que je fais du présent du noble soudan. Puisque tu ne parles pas, il s'ensuit que tu ne peux rien rapporter de ce que tu pourras voir et entendre, et que tu ne provoqueras pas ma colère par quelque réplique déplacée.

Le Nubien se prosterna de nouveau jusqu'à toucher la terre de son front; et s'étant relevé il s'éloigna de quelques pas, comme pour attendre les ordres de son maître.

— Tu vas entrer en fonctions sur-le-champ, dit Richard. J'aperçois une tache de rouille sur ce bouclier; et quand je le secouerai en face de Saladin, je veux qu'il soit aussi clair et aussi brillant que l'honneur du soudan.

On entendit le son d'un cor hors du pavillon, et presque au même instant sir Henry Neville entra avec un paquet de dépêches.

— C'est d'Angleterre, sire, dit-il en le remettant au roi.

— D'Angleterre! de notre chère Angleterre! s'écria Richard avec un ton d'enthousiasme mélancolique! hélas! ils ne songent guère combien leur souverain a été tourmenté par la tristesse et la maladie; combien il a trouvé d'amis faibles et d'ennemis actifs! Ayant ouvert les dépêches, il ajouta après y avoir jeté un coup d'œil à la hâte : — Ces lettres ne viennent pas d'un pays en paix; il est aussi agité par des divisions. Retire-toi, Neville, il faut que je les lise ces lettres, seul et à loisir.

Neville sortit de la tente; et Richard fut bientôt entièrement absorbé dans les détails fâcheux qu'on lui envoyait d'Angleterre, relativement aux factions qui déchiraient ses domaines héréditaires. On lui apprenait la désunion de ses frères Jean et Geoffroi; les querelles de ces deux princes avec le grand justicier Longchamp, évêque d'Ely; l'oppression sous laquelle les nobles faisaient gémir les paysans, enfin la rébellion de ceux-ci contre leurs seigneurs, rébellion qui avait produit partout des scènes de discorde, et qui avait été, en quelques endroits, suivie d'effusion de sang. A ce récit d'événemens mortifians pour son orgueil et attentatoires à son autorité succédaient les vives prières que lui faisaient ses conseillers les plus sages et les plus dévoués pour qu'il retournât sur-le-champ en Angleterre, où sa présence seule pouvait prévenir une guerre intestine dont la France et l'Écosse ne manqueraient probablement pas de profiter.

Rempli de l'inquiétude la plus pénible, Richard lut et relut ces lettres de mauvais augure, compara les nouvelles que les unes contenaient avec les mêmes faits rapportés dans d'autres en termes différens, et devint bientôt totalement insensible à tout ce qui se passait autour de lui, quoique pour jouir de la fraîcheur il se fût assis près de l'entrée de sa tente, et que les rideaux en fussent ouverts de manière qu'il pouvait voir les sentinelles et tous ceux qui se trouvaient devant la porte, comme il pouvait en être vu.

Plus enfoncé dans l'ombre du pavillon, et occupé de la tâche que son nouveau maître lui avait donnée, l'esclave nubien était assis le dos un peu tourné du côté du roi. Il avait fini de nettoyer et de fourbir un haubert et une brigandine, et il rendait en ce moment le même service à un pavois ou bouclier d'une taille extraordinaire garni de plaques d'acier, dont Richard se servait souvent pour faire des reconnaissances ou pour donner l'assaut aux places fortifiées, comme étant une protection plus efficace contre les traits que l'étroit bouclier triangulaire dont se servaient les cavaliers. Ce pavois ne portait ni les lions d'Angleterre, ni aucune devise qui aurait pu attirer l'attention des ennemis qu'attaquait celui qui en était couvert. Le travail du Nubien se bornait donc à en rendre la surface brillante comme du cristal, et il semblait y réussir complètement. Derrière lui était le beau chien, qu'on aurait pu appeler son frère d'esclavage, et qui, comme s'il eût été saisi de respect en se voyant un roi pour nouveau maître, était couché près du muet, sa tête appuyée sur la terre, sa queue et ses pattes repliées sous son corps.

Tandis que le monarque et son nouveau serviteur étaient ainsi occupés, un autre acteur arriva doucement sur la scène, et se mêla au groupe de soldats anglais dont une vingtaine, de garde devant la tente de leur souverain, témoignaient par un silence inaccoutumé leur respect pour son air pensif et les réflexions auxquelles il se livrait évidemment. Ils ne montraient pourtant pas plus de diligence que de coutume. Les uns jouaient à des jeux de hasard avec de petits cailloux; les autres causaient à voix basse de la reprise prochaine des hostilités; plusieurs étaient étendus par terre, et dormaient couverts de leur grand manteau vert.

Au milieu de ces gardes indolens se glissa un vieux Turc de petite taille, vêtu en marabout ou santon du Désert, espèce d'enthousiastes qui se hasardaient quelquefois dans le camp des croisés, quoiqu'ils y fussent toujours regardés avec mépris et souvent même exposés à de mauvais traitemens. La vie dissolue de la plupart des chefs chrétiens attirait dans leurs tentes une foule de musiciens, de courtisanes, de marchands juifs, de Cophtes, de Turcs, et de tout le rebut des diverses nations de l'Orient; de sorte que le cafetan et le turban qu'on était venu pour chasser de la Terre-Sainte se montraient journellement au milieu des croisés et n'excitaient aucune alarme.

Quand l'être insignifiant que nous venons de décrire fut assez près des soldats pour en être remarqué, il jeta par terre son mauvais turban vert, et fit voir que sa barbe et ses sourcils étaient rasés comme c'était la coutume des bouffons de profession, et que l'expression de ses traits ridés et bizarres et de ses petits yeux noirs et brillans comme du jais annonçait en lui un cerveau dérangé.

— Danse, marabout, s'écrièrent les soldats, qui connaissaient les manières de ces enthousiastes; danse, ou nous te caresserons avec les cordes de nos arcs de manière à te faire tourner comme jamais toupie ne tourna sous le fouet d'un écolier.

Ainsi parlaient ces gardes inconsidérés, aussi enchantés

d'avoir un musulman à tourmenter qu'un enfant qui attrape un papillon, ou un écolier qui découvre un nid d'oiseau.

Le marabout, comme s'il se fût trouvé trop heureux de pouvoir les amuser, se mit à bondir sur-le-champ au milieu d'eux avec une agilité singulière qui, contrastant avec sa petite taille et sa figure ridée, le faisait ressembler à une feuille sèche tournant au gré d'un tourbillon. Sur le haut de sa tête, chauve par-devant et rasée par-derrière, s'élevait une seule touffe de cheveux droite comme si elle eût servi à quelque génie invisible pour le soutenir; et dans le fait on aurait dit qu'il lui fallait des moyens surnaturels pour exécuter une danse capable de donner des vertiges, et pendant laquelle on voyait à peine le bout des pieds du danseur toucher la terre. Cependant tout en décrivant des cercles irréguliers en passant d'un endroit à l'autre, il s'approchait toujours, quoique presque insensiblement, de la tente, et enfin après deux ou trois bonds plus merveilleux que tous ceux qui les avaient précédés, il se laissa tomber comme épuisé, à environ quarante pas de la personne du roi.

— Donnez-lui de l'eau, dit un des soldats; ces chiens ont toujours soif après leur danse joyeuse.

— De l'eau, dis-tu, Long Allen? répliqua un autre; comment te trouverais-tu d'un tel breuvage après une pareille danse?

— Du diable s'il y a ici une goutte d'eau, dit un troisième; il faut faire un chrétien de ce vieux païen à pied léger, en lui faisant boire du vin de Chypre.

— Oui, oui, ajouta un autre; et s'il est rétif, apporte la corne dont se sert Dick Hunter pour faire avaler des médecines à sa jument.

Un cercle se forma sur-le-champ autour du santon étendu par terre et épuisé, et tandis qu'un des soldats le soutenait sur son séant, un autre approcha de ses lèvres un flacon de vin. Hors d'état de parler, le vieillard secoua la tête et fit un geste de la main pour repousser la liqueur défendue par les lois du Prophète. Mais ceux qui le tourmentaient ne voulaient pas le tenir quitte à si bon marché.

— La corne! la corne! s'écria un d'eux; il n'y a pas grande différence entre un Turc et un cheval de Turquie ; et il faut le traiter en conséquence.

— Par saint George, vous l'étoufferez! dit Long Allen; et d'ailleurs ce serait un péché que de faire avaler à un chien de païen une quantité de vin qui suffirait pour trois jours à un bon chrétien.

— Tu ne connais pas la nature de ces Turcs et de ces païens, Long Allen, répondit Henry Woodstall. Je te dis que ce flacon de vin de Chypre lui fera tourner l'esprit en sens inverse de la danse, et par conséquent le remettra dans son état naturel. L'étouffer! ce vin ne l'étouffera pas plus qu'une livre de beurre n'étoufferait la chienne noire de Ben.

— Et quant à le lui reprocher, ajouta Tomalin Blacklees, pourquoi reprocherais-tu à ce pauvre diable de païen un flacon de bon vin sur la terre, quand tu sais que pendant toute l'éternité il n'aura pas une goutte d'eau pour se rafraîchir le bout de la langue?

— C'est dur, dit Long Allen; car voyez-vous, il est Turc, parce que son père était Turc avant lui. Si c'était un chrétien qui se fût fait païen, je conviens avec vous que l'endroit le plus chaud de l'enfer serait le quartier d'hiver qui lui conviendrait.

— Tais-toi, Long Allen, dit Henry Woodstall; je te dis que ta langue n'est pas le plus court de tes membres, et je te prédis qu'elle t'occasionnera une querelle avec le père Francis comme il t'en a déjà fait une à cause de cette petite Syrienne aux yeux noirs. Mais voici la corne. Allons, quelqu'un! de l'agilité! qu'on lui ouvre les dents de force avec le manche d'un poignard.

— Un instant! un instant! le voilà qui prend son parti, s'écria Tomalin. Voyez, il fait signe qu'on lui donne le flacon.

Place, place, camarades! *Oop sey es,* comme disent les Hollandais, cela descend comme la rosée du ciel! ce sont, ma foi, de vrais biberons quand ils s'y mettent une fois; jamais Turc ne tousse en buvant et ne baisse le coude trop tôt.

Dans le fait, le santon, ou qui que fût cet homme, vida ou parut vider le flacon jusqu'au fond, et d'un seul trait. Lorsqu'il le retira de ses lèvres, après en avoir épuisé le contenu, il prononça seulement en poussant un profond soupir, les mots : — Allah kerim, ou Dieu est miséricordieux. Les soldats, témoins de cet exploit bachique, poussèrent alors des éclats de rire si bruyans que le roi fut troublé dans ses réflexions; et étendant les bras vers eux, il s'écria d'un ton courroucé : — Comment, drôles, point de respect, point d'égards!

Tous gardèrent le silence à l'instant, connaissant parfaitement le caractère de Richard, qui tantôt permettait la familiarité à ses soldats, tantôt, quoique moins fréquemment, en exigeait le respect le plus profond; se hâtant de se retirer à une distance plus respectueuse du monarque, ils voulurent emmener avec eux le marabout; mais celui-ci, paraissant épuisé par la fatigue ou cédant à l'influence du vin qu'il avait bu, résista à tous leurs efforts, et poussa même quelques cris.

— Laissez-le tranquille, fous que vous êtes, dit Long Allen à voix basse à ses compagnons. Par saint Christophe! vous mettrez notre Dickon[1] hors de lui, et il fera sentir la pointe de son poignard à la doublure de nos pourpoints. Laissez-le tranquille, vous dis-je; dans moins d'une minute il dormira comme un loir.

En ce moment le monarque jeta sur eux un autre regard d'impatience, et tous les soldats se retirèrent à la hâte, laissant le santon, qui, étendu par terre, semblait hors d'état de remuer un membre ou une articulation. Un instant après le même silence et la même tranquillité régnaient comme avant l'arrivée du musulman.

(1) Abréviation familière du nom Richard, — Ed.

CHAPITRE XXI.

―――

« Le meurtre aux traits flétris,
« Éveillé par le loup, sa noire sentinelle,
« Dont les sourds hurlemens prouvent qu'il est fidèle,
« S'avance à pas furtifs, comme marchait Tarquin
« Pour aller accomplir son criminel dessein. »
SHAKSPEARE. *Macbeth.*

Pendant un quart d'heure, et même plus long-temps après l'incident que nous venons de rapporter, tout resta parfaitement tranquille en face du pavillon du roi. Richard lisait et réfléchissait tour à tour près de l'entrée de sa tente. Par derrière, et le dos tourné vers la porte, l'esclave nubien finissait de fourbir le grand pavois. En face, à une centaine de pas de distance, les gardes debout, assis ou étendus par terre, s'amusaient à différens jeux en silence, et entre eux et la tente on voyait le marabout, en apparence privé de tout sentiment, et qu'on aurait pu prendre pour un tas de haillons.

Mais le Nubien avait l'avantage de trouver un miroir dans le bouclier qu'il venait de polir, et dont la surface devenue brillante réfléchissait tout ce qui se passait derrière lui. Il fut aussi surpris qu'alarmé en voyant par ce moyen le marabout soulever doucement la tête, et tout examiner autour de lui en faisant tous ses mouvemens avec un degré d'attention qui ne paraissait nullement compatible avec un état d'ivresse. Il appuya de nouveau sa tête sur la terre, et comme s'il se fût convaincu que personne ne l'observait, il commença à se traîner lentement, et sans avoir l'air de faire des efforts volontaires, comme par suite de ces mouvemens qu'on fait quelquefois en dormant, de manière à s'approcher de plus en plus de la personne du roi. Il s'arrêtait pourtant de temps en temps, et reprenait son état d'immobilité, comme l'araignée, en s'avançant vers sa proie, tombe tout à coup dans une sorte d'anéantissement si elle s'aperçoit qu'on l'observe. Cette espèce de mouvement progressif parut suspect au Nubien, qui de son côté se prépara tranquillement à intervenir dans cette affaire, du moment que les circonstances pourraient l'exiger.

Cependant le marabout se glissait graduellement comme un serpent ou plutôt comme un limaçon, et il arriva enfin à douze pas du roi. Se relevant alors tout à coup, il s'élança avec le bond d'un tigre; en moins d'un instant, il se trouva derrière Richard, et leva contre lui un cangiar ou poignard qu'il avait caché dans sa manche.

La présence de toute son armée n'aurait pu alors sauver le monarque; mais les mouvemens du Nubien avaient été aussi bien calculés que ceux du fanatique, et avant que celui-ci pût frapper, le premier lui saisit le bras. Tournant sa rage contre celui qui se plaçait si inopinément entre lui et sa victime, le charegite, car tel était le prétendu marabout, lui porta un coup de poignard qui ne fit qu'effleurer le bras, tandis que la force supérieure du Nubien le terrassa facilement. Voyant ce qui se passait, Richard se leva, et sans montrer plus de surprise, de colère, et même d'intérêt qu'un homme qui chasse une guêpe hargneuse et qui l'écrase, il saisit le tabouret sur lequel il était assis, et s'écriant seulement : — Ah! chien! il en brisa le crâne de l'assassin, qui répétant deux fois d'abord à haute voix et ensuite d'un ton presque inintelligible : *Allah ackbar!* c'est-à-dire, Dieu est victorieux! tomba mort aux pieds du roi.

— Vous êtes des sentinelles bien vigilantes! dit Richard d'un ton de reproche méprisant à ses gardes, qui, frappés de terreur en entendant le bruit de ce qui venait de se passer dans la tente, y étaient accourus en tumulte ; voilà de braves gens, qui me laissent faire de ma propre main la besogne du bourreau ! Silence, taisez-vous tous ! Que signifient toutes vos clameurs ? n'avez-vous pas encore vu un Turc mort ? Emportez cette charogne hors du camp ; séparez la tête du tronc ; mettez-la sur une pique, et ayez soin d'en tourner le visage du côté de la Mecque, pour qu'il puisse plus aisément dire à l'infâme imposteur dont l'inspiration l'a amené ici comment il a réussi dans sa mission. — Quant à toi, mon ami basané et silencieux, ajouta-t-il en se tournant vers le Nubien... Mais quoi ! tu es blessé, et par une arme empoisonnée, j'en suis sûr, car un si chétif animal ne pouvait espérer par la force de son bras que d'égratigner le cuir du lion. Vite qu'un de vous suce sa blessure ; le poison est sans danger pour les lèvres, quoiqu'il soit mortel quand il se mêle au sang.

Les soldats se regardèrent l'un l'autre et parurent hésiter, car la crainte d'un danger de cette nature faisait trembler ceux qui n'en auraient redouté aucun autre.

— Eh bien ! drôles ! continua le roi ; vos lèvres sont donc bien délicates ? Craignez-vous la mort, pour hésiter ainsi ?

— Aucun de nous ne craint de mourir en homme, répondit Long Allen, que le roi regardait en parlant ainsi ; mais on ne se soucierait pas de mourir en rat empoisonné pour l'amour d'un pareil bétail noir, qu'on vend et qu'on achète sur le marché comme un bœuf à la Saint-Martin.

— Le roi parle de sucer du poison, comme d'avaler une groseille, dit un autre à demi-voix.

— Apprenez, dit Richard, que je n'ai jamais ordonné à personne que ce que je serais disposé à faire moi-même.

Et sans plus de cérémonie, en dépit des remontrances de tous ceux qui l'entouraient et de la résistance respectueuse que lui opposa le Nubien, le roi, méprisant les représentations et surmontant toute opposition, appliqua lui-même sa bouche sur la blessure de l'esclave noir. Dès qu'il interrompit cette opération singulière pour un roi, le Nubien s'écarta de lui à la hâte, couvrit son bras d'une écharpe, et annonça par des gestes aussi fermes que respectueux sa détermination de ne pas souffrir que le roi continuât des soins si dégradans. Long Allen ajouta que si cela était nécessaire pour empêcher le roi de s'acquitter d'une pareille fonction, ses lèvres, sa langue et ses dents étaient au service du moricaud, comme il appela le Nubien, et qu'il l'avalerait tout entier plutôt que de souffrir que la bouche du roi Richard y touchât davantage.

Neville et d'autres officiers qui arrivaient en ce moment joignirent leurs remontrances à celles des soldats.

— Allons, allons, dit Richard, ne faites pas tant de bruit sans raison pour un cerf dont les chiens ont perdu la voie, ou pour un danger qui est passé. Cette blessure ne peut avoir de suites, à peine en sort-il une goutte de sang; un chat en colère aurait fait une égratignure plus profonde, et quant à moi, j'en serai quitte pour prendre une dragme d'orviétan par forme de précaution, quoique cela soit inutile.

Ainsi parla Richard, peut-être un peu honteux lui-même de sa condescendance, quoiqu'elle eût été inspirée par la reconnaissance et l'humanité. Mais Neville, continuant à faire des représentations sur le danger auquel il avait exposé sa personne royale, il lui imposa silence d'un ton absolu.

— Silence, Neville! Qu'il n'en soit plus question! j'ai agi ainsi pour montrer à ces ignorans pleins de préjugés comment ils peuvent se secourir les uns les autres, quand ces lâches coquins viennent nous attaquer avec des sarbacanes lançant des traits empoisonnés. Mais emmène ce Nubien dans ton quartier, Neville; j'ai changé d'avis à son égard; qu'on ait grand soin de lui. Mais écoute, un mot à l'oreille: il est autre chose que ce qu'il paraît; veille à ce qu'il ne s'échappe point, qu'il ait toute liberté dans le camp, mais qu'il ne puisse en sortir; et vous, mangeurs de bœufs, buveurs de vin, chiens de basse-cour anglais, retournez à votre poste, et songez à y être plus vigilans. Ne croyez pas que vous soyez ici dans votre pays de franc jeu, où l'on parle avant de frapper, où l'on se donne la main avant de se couper la gorge. Chez nous le danger marche le front levé ; le glaive hors du fourreau, il défie l'ennemi qu'il veut attaquer ; mais ici, il vous appelle au combat avec un gant de soie au lieu d'un gantelet d'acier, vous coupe le cou avec la plume d'une tourterelle, vous poignarde avec une épingle, et vous étrangle avec la dentelle du corset d'une femme. Retirez-vous, ayez les yeux ouverts et la bouche fermée ; buvez moins et regardez mieux autour de vous ; ou je mettrai vos estomacs voraces à une telle diète, que la patience d'un Ecossais n'y tiendrait pas.

Les soldats, honteux et mortifiés, retournèrent à leur poste, et Neville commença à faire des remontrances au roi sur le danger qu'il y avait à passer si légèrement sur une telle négligence, et sur la nécessité de faire un exemple de ceux qui avaient oublié leur devoir au point de permettre à un homme suspect, comme ce marabout, d'approcher de sa personne à portée du poignard.

Richard l'interrompit. — Ne m'en parle pas, Neville. Voudrais-tu que je punisse le risque qu'a couru ma personne plus sévèrement que je n'ai puni la perte de la bannière d'Angleterre? Elle a disparu, elle a été enlevée par un brigand, ou livrée par un traître ; et pas une goutte de sang n'a coulé pour ce crime. — Mon ami noir, tu es bon conseiller, à ce que dit l'illustre soudan ; je te donnerai ton poids en or si, en évoquant un être encore plus noir que toi, ou de quelque autre manière que ce fût, tu pouvais m'indiquer le moyen de découvrir le scélérat qui a entaché mon honneur. Qu'en dis-tu?

Le muet sembla désirer de parler, mais sa bouche ne put exprimer que ces sons imparfaits que font entendre ceux qui se trouvent dans cette malheureuse situation. Croisant alors les bras sur sa poitrine, il fixa sur le roi des yeux pleins d'intelligence, et lui fit de la tête un signe affirmatif.

— Comment! s'écria le roi avec un mouvement de joie et d'impatience, tu entreprendrais de faire une pareille découverte?

Le Nubien répéta le même geste.

— Donne-lui une écritoire, dit Richard à Neville. Il était plus facile d'en trouver une sous la tente de mon père que dans la mienne; mais il doit y en avoir une ici quelque part, pourvu que la chaleur de ce climat brûlant n'en ait pas desséché l'encre! Sais-tu que ce drôle est un vrai joyau, Neville, un diamant noir?

— Si vous me permettez, sire, de vous dire humblement ce que je pense, dit Neville, il serait dangereux de trafiquer de cette marchandise. Il faut que cet homme soit un sorcier, et les sorciers sont ligués avec le grand ennemi de la race humaine, qui a intérêt à semer de l'ivraie parmi le bon grain, à introduire la dissension dans nos conseils; à...

— Silence, Neville! s'écria le roi. Rappelle ton chien du nord quand il est sur le point d'atteindre le daim, et tu pourras espérer qu'il t'écoute; mais ne cherche pas à arrêter Plantagenet quand il a quelque espoir de recouvrer son honneur.

L'esclave qui avait écrit pendant cette discussion et qui paraissait habile dans l'art de communiquer ses idées par la plume, se leva en ce moment, porta à son front le parchemin sur lequel il venait d'écrire, et après s'être prosterné suivant l'usage de l'Orient, il le présenta à Richard. C'était en français qu'il avait écrit, quoique Richard lui eût toujours parlé jusqu'alors en langue franque.

Richard lut ce qui suit:

— A Richard le conquérant, l'invincible roi d'Angleterre, le plus humble de ses esclaves adresse ces paroles. Les mystères sont des cassettes sur lesquelles le ciel a opposé son sceau; mais il permet à la sagesse humaine de trouver des moyens pour en ouvrir la serrure. Si votre esclave était placé dans un endroit où les chefs de l'armée passeraient en ordre devant lui, ne doutez pas que si celui qui a fait à mon roi l'injure dont il se plaint se trouvait parmi eux, son iniquité ne fût rendue manifeste, serait-elle couverte de sept voiles.

— Par saint Georges! s'écria Richard, tu as parlé fort à propos. Neville, tu sais que lorsque nous passerons demain nos troupes en revue les princes sont convenus que pour expier l'insulte faite à l'étendard d'Angleterre, tous les chefs défileraient devant notre nouvelle bannière arborée sur le mont Saint-George, et lui feraient un salut. Crois-moi, le traître inconnu n'osera ne pas prendre part à cette justification solennelle, de peur que son absence même ne l'exposât aux soupçons. Tu veilleras à ce que notre conseiller noir s'y trouve, et si son art peut découvrir le traître, laisse-moi le soin du reste.

— Sire, dit Neville avec la franchise d'un baron anglais, prenez garde à ce que vous allez entreprendre. Voici, contre toute attente, la concorde rétablie dans notre sainte ligue; voulez-vous, sur des soupçons tels que ceux que peut vous inspirer un esclave noir, rouvrir des blessures si récemment fermées? Voulez-vous faire d'une cérémonie solennelle dont le but est la réparation de votre honneur l'occasion d'exciter de nouveaux ressentimens, ou de faire revivre d'anciennes querelles? Je ne sais même si je m'exprimerais en termes trop forts en disant que ce serait violer la déclaration que Votre Majesté a faite en présence du conseil des princes croisés.

— Neville, dit le roi d'un ton sévère en l'interrompant, ton zèle t'inspire trop de hardiesse et de présomption. Jamais je n'ai promis de m'abstenir de prendre tous les moyens pour découvrir l'infâme auteur de l'insulte faite à notre honneur. Avant de faire cette promesse, j'aurais renoncé à mon royaume et à a vie. Toutes mes déclarations ont été faites sous cette réserve absolue et indispensable. Si l'Autrichien se fût avancé et eût avoué en homme qu'il était l'auteur de cette injure, je la lui aurais pardonnée pour le bien de la chrétienté, et je le lui ai même proposé.

— Mais, continua Neville avec un ton d'inquiétude, quelle garantie avez-vous que cet adroit esclave de Saladin n'en imposera point à Votre Majesté?

— Paix! Neville, dit Richard; tu te crois bien sage et tu n'es qu'un fou. Songe à bien exécuter les ordres que je t'ai donnés relativement à ce drôle. Je vois en lui plus que ton esprit du Westmoreland ne peut pénétrer. Et toi, mon ami noir et muet, prépare-toi à exécuter ce que tu viens de me promettre; et, par la parole d'un roi, tu choisiras toi-même ta récompense. Ah! le voilà encore à écrire.

Le muet, après avoir écrit, remit au roi avec le même cérémonial que la première fois un morceau de parchemin sur lequel était écrit :

— La volonté du roi est une loi pour son esclave; il ne lui convient pas de demander un guerdon pour s'être acquitté de son devoir.

— *Guerdon* et *devoir*, répéta Richard en s'interrompant dans sa lecture, et en parlant à Neville en anglais, comme il l'avait fait jusqu'alors. Ces orientaux profiteront des croisades; ils apprennent déjà à employer le langage de la chevalerie. Examine bien la figure de ce drôle, Neville : sans sa couleur il rougirait. Je ne serais pas surpris qu'il entendît ce que je te dis : ces coquins sont savans dans la connaissance des langues.

— Le pauvre esclave ne peut supporter le feu des yeux de Votre Majesté, répondit Neville; ce n'est pas autre chose.

— Fort bien, dit le roi en frappant d'un doigt sur le parchemin dont il venait d'achever la lecture ; mais cet écrit audacieux nous apprend que notre fidèle muet est chargé d'un message de Saladin pour lady Edith Plantagenet, et il demande l'occasion et les moyens de s'en acquitter. Que penses-tu de cette requête modeste, Neville?

— Je ne puis dire quel jugement Votre Majesté porte d'une telle liberté, répondit Neville ; mais j'aurais de grandes craintes pour le cou du messager qui porterait de votre part une pareille demande au soudan.

— Oh! s'écria Richard, je rends graces au ciel de ce que je ne lui envie aucune de ces beautés brunies par le soleil. Mais quant à punir ce drôle d'avoir exécuté les ordres de son maître, et à l'instant où il vient de me sauver la vie, il me semble que ce serait une marche un peu trop sommaire. Je te dirai un secret, Neville ; car quand même notre ministre noir et muet nous comprendrait par hasard, tu sais qu'il n'en pourrait rien révéler ; je te dirai donc que depuis une quinzaine de jours je suis frappé comme d'un sort, et je voudrais bien être désenchanté. Quelqu'un ne m'a pas plus tôt rendu un bon office qu'il en perd tout le mérite en me faisant quelque injure ; et d'un autre côté, celui qui mériterait que je le condamnasse à mort pour quelque insulte ou quelque trahison est précisément celui qui, en me rendant un service, me force par honneur à révoquer ma sentence. Tu vois donc que je suis privé de la meilleure partie de mes fonctions royales, puisque je ne puis ni punir ni récompenser. Jusqu'à ce que l'influence de cette planète malfaisante soit passée, je ne veux rien dire de la requête de notre serviteur noir, si ce n'est qu'elle est extrêmement audacieuse, et que la meilleure chance qu'il ait pour trouver grace à nos yeux, c'est de faire la découverte qu'il nous a promise. En attendant veille bien sur lui, et qu'il soit honorablement traité. Écoute encore un mot. Cherche l'ermite d'Engaddi, ajouta-t-il en baissant la voix, et amène-le-moi; qu'il soit saint ou sauvage, privé de raison ou dans son bon sens, je veux lui parler en particulier.

Neville faisant signe au Nubien de le suivre, sortit de la tente de Richard très surpris de tout ce qu'il venait de voir et d'entendre, et surtout de la conduite peu ordinaire du roi. En général on avait peu de peine à découvrir sur-le-champ les idées et les sentimens de Richard, quoiqu'il pût être plus difficile d'en calculer la durée ; car nulle girouette n'obéit plus aisément aux changemens de vent que le roi ne cédait à ses accès d'emportement ; mais en cette occasion ses manières semblaient, contre son usage, contraintes et mystérieuses, et il était impossible de décider si la satisfaction où le mécontentement dominait dans sa conduite à l'égard de ce nouveau membre de sa maison. Le service que le roi avait rendu au Nubien en arrêtant le fatal effet que pouvait avoir la blessure que lui avait faite le marabout semblait l'avoir acquitté de celui qu'il en avait reçu lui-même quand il avait été dérobé par lui au fer d'un assassin ; mais il semblait qu'un compte beaucoup plus long restait à régler entre eux, que le monarque doutait encore si le résultat en serait de le rendre débiteur ou créancier, et qu'en conséquence il maintenait une sorte de neutralité qui pouvait convenir dans les deux cas.

Quant au Nubien, quels que fussent les moyens par lesquels il avait appris à écrire les langues d'Europe, le baron fut bientôt convaincu que du moins celle de l'Angleterre lui était inconnue ; car, l'ayant surveillé de près pendant la dernière partie de cette conversation, il jugea qu'il aurait été impossible à un homme qui aurait compris un entretien dont il était lui-même le sujet d'y prendre aussi peu d'intérêt qu'il avait l'air de le faire.

CHAPITRE XXII.

> « Qui va là?... C'est, ma foi, mon savant médecin.
> « Approchez.... D'un ami je reconnais la main. »
>
> CRABBE. *Sir Eustache Gray.*

Notre histoire va maintenant remonter à une époque un peu antérieure aux derniers incidens que nous venons de rapporter ; c'est-à-dire elle va rétrograder jusqu'à l'instant où le malheureux chevalier du Léopard, donné par Richard au médecin maure plutôt comme esclave qu'en toute autre qualité, fut exilé du camp des croisés, dans les rangs desquels il s'était souvent distingué avec éclat. Il suivit son nouveau maître, car c'était ainsi qu'il devait alors nommer El Hakim, sous les tentes mauresques qu'il avait fait transporter pour loger son cortége et tout ce qui lui appartenait. Sir Kenneth éprouvait l'espèce de stupéfaction d'un homme qui est tombé dans un précipice, et qui, en sortant par un heureux hasard, n'est encore capable que de s'éloigner de l'endroit fatal, sans être en état de bien apprécier toute l'étendue du danger qu'il a couru.

En entrant dans la tente d'Adonebec, l'Écossais se jeta, sans prononcer un seul mot, sur une couche de peaux de buffle que son conducteur lui montra ; et se cachant le visage des deux mains, il poussa de profonds gémissemens, comme si son cœur eût été sur le point de se briser. Le médecin l'entendit pendant qu'il donnait des ordres à ses nombreux esclaves pour qu'ils se préparassent à partir le lendemain avant le lever du soleil ; et touché de compassion, il interrompit ses occupations pour aller s'asseoir près du chevalier, croisant les jambes à la manière orientale, et il commença à lui offrir des consolations.

— Ami, lui dit-il, prenez courage ; car que dit le poète ?
— Il vaut mieux être le serviteur d'un bon maître que l'esclave de ses passions fougueuses ! Je vous le répète donc, prenez courage, puisque Ysouf ben Yagoub[1] a été vendu par ses frères à un roi, à Pharaon roi d'Égypte, tandis que votre souverain vous a donné à un homme qui vous traitera comme un frère.

Sir Kenneth essaya de remercier El Hakim ; mais son cœur était trop plein, et ses vains efforts pour répondre engagèrent le bon médecin à suspendre ses consolations prématurées : il laissa son nouvel esclave ou son hôte se livrer en repos à son chagrin ; et ayant donné tous les ordres nécessaires pour les préparatifs du départ, il s'assit sur le tapis qui était étendu sous la tente, et fit un repas frugal. Quand il l'eut terminé, on en offrit un semblable au chevalier écossais ; mais quoique les esclaves lui fissent comprendre que la journée du lendemain serait bien avancée avant qu'ils fissent halte pour prendre des rafraîchissemens, sir Kenneth ne put surmonter le dégoût que lui inspirait toute nourriture solide, et l'on ne put le déterminer qu'à prendre un verre d'eau.

Il était encore éveillé long-temps après que son hôte, ayant terminé ses dévotions ordinaires, s'était endormi. Le sommeil ne l'avait pas même encore visité à minuit quand il remarqua un mouvement parmi les esclaves qui, quoique sans parler et avec le moins de bruit possible, s'apprêtaient déjà à charger les chameaux. A l'exception du médecin lui-même, le chevalier écossais fut le dernier individu qui fut troublé dans le cours de ces préparatifs ; mais vers trois

(1) Joseph, fils de Jacob. — Éd.

heures du matin, une espèce de majordome ou d'intendant de la maison vint l'avertir qu'il était temps qu'il se levât. Il obéit sur-le-champ, et le suivit au clair de lune dans un endroit où étaient les chameaux, les uns déjà chargés, les autres ayant encore les genoux pliés en attendant que leur charge fût complète.

A quelque distance des chameaux étaient des chevaux sellés et bridés. El Hakim, qui ne tarda pas à arriver, en monta un avec autant d'agilité que le permettait le grave décorum de son caractère, et en désigna un autre qu'il ordonna qu'on amenât à sir Kenneth. Un officier anglais était présent pour les escorter dans le camp, et veiller à ce qu'ils le quittassent en sûreté et que tout fût prêt pour le départ. Le pavillon qu'ils venaient de quitter fut plié avec une promptitude presque merveilleuse, et tout ce qui le composait forma la charge du dernier chameau. Le médecin alors, prononçant d'un ton solennel le verset du Koran, — qu'Allah soit notre guide et Mahomet notre protecteur dans le désert comme dans la plaine arrosée, — toute la cavalcade se mit sur-le-champ en marche.

Tandis qu'ils traversaient le camp, les diverses sentinelles qui étaient de garde leur crièrent : Qui va la? et les laissèrent ensuite passer les unes en silence, et les autres, plus zélées, en murmurant une malédiction contre le Prophète. Enfin ils franchirent les barrières du camp, et ils commencèrent alors à marcher avec toutes les précautions militaires. Deux ou trois cavaliers servant d'avant-garde précédaient les autres à quelque distance ; pareil nombre restait en arrière à la portée d'un trait d'arbalète, et toutes les fois que le terrain le permettait, d'autres étaient détachés sur les flancs. Tandis qu'ils s'avançaient dans cet ordre, sir Kenneth, jetant un regard en arrière sur le camp qu'il apercevait au clair de la lune, sentait qu'il n'était plus alors à ses propres yeux qu'un banni, un homme à qui l'on avait ravi en même temps l'honneur et la liberté ; il était devenu étranger à ces bannières brillantes sous lesquelles il avait espéré acquérir un glorieux renom; il s'éloignait à jamais de ces tentes qui couvraient en ce moment la fleur de la chevalerie chrétienne et Edith Plantagenet.

El Hakim, qui était à son côté, lui dit avec son ton ordinaire de consolation solennelle: — Il n'est pas sage de regarder en arrière quand le but du voyage est en avant. Tandis qu'il parlait ainsi, le cheval de sir Kenneth fit un faux pas si périlleux, qu'il manqua d'ajouter une morale pratique à celle de l'axiome.

Ce fut pour le chevalier un avertissement de faire plus d'attention à sa monture; c'était une cavale qui eut besoin plus d'une fois d'être retenue par la bride, quoique d'ailleurs aucun palefroi n'eût un pas d'amble plus doux et plus agréable.

— Cet animal peut se comparer à la fortune humaine, dit le médecin sentencieux; même quand il marche du pas le plus doux et le plus assuré, celui qui le monte doit prendre garde de faire une chute. Ainsi quand la prospérité est arrivée au dernier degré de son élévation, la prudence doit s'éveiller et ouvrir les yeux pour éviter l'infortune.

Le miel même n'est qu'un objet de dégoût pour un estomac malade. Le chevalier, mortifié de sa disgrace et accablé sous le poids de ses malheurs, commençait à s'impatienter un peu d'entendre à chaque instant ses calamités devenir un sujet de proverbes et d'apophthegmes, quelque justes et bien appliqués qu'ils fussent.

— Il me semble, dit-il avec un peu d'humeur, que je n'ai pas besoin de nouvelles preuves de l'instabilité de la fortune. Je vous remercierais pourtant, Hakim, de m'avoir choisi ce coursier s'il pouvait trébucher une bonne fois de manière à me rompre le cou aux dépens du sien.

— Mon frère, répondit le sage maure avec une gravité imperturbable, tu parles comme ceux qui sont privés de raison. Tu dis dans ton cœur qu'un homme sage aurait donné à son hôte le plus jeune et le meilleur cheval, et aurait gardé pour lui le plus vieux. Mais apprends que les défauts du vieux coursier peuvent se compenser par l'énergie du jeune cavalier, et que l'impétuosité du jeune cheval a besoin d'être modérée par le sang-froid du vieillard.

Ainsi parla El Hakim ; mais à cette observation sir Kenneth ne répondit rien qui pût fournir les moyens de continuer l'entretien. Le médecin alors, fatigué peut-être d'offrir des consolations à quelqu'un qui ne voulait pas en recevoir, fit un signe à un homme de sa suite.

— Hassan, lui dit-il, n'as-tu rien à nous raconter pour nous faire paraître le chemin moins long?

A cet appel Hassan, conteur d'histoires et poète de profession, piqua des deux pour approcher de son maître et s'acquitter de ses fonctions.

— Seigneur du palais de la vie, dit-il en s'adressant au médecin, toi devant qui l'ange Azrael déploie ses ailes pour s'enfuir, toi plus sage que Soliman ben Daoud [1], sur le sceau duquel était inscrit le VÉRITABLE NOM qui commande aux esprits des élémens, au ciel ne plaise que tandis que tu voyages sur le sentier de la bienveillance, portant l'espérance et la santé partout où tu vas, ta course soit attristée faute d'histoires et de chansons ! Voici ton serviteur à ton côté, et il va puiser dans les trésors de sa mémoire comme dans un ruisseau dont les eaux coulent près du chemin pour le rafraîchissement du voyageur.

Après cette exorde Hassan leva la voix, et commença un conte d'amour et de magie, entremêlé de faits belliqueux et orné de nombreuses citations des poètes persans. Tout le cortége d'El Hakim, à l'exception de ceux qui étaient nécessaires pour conduire les chameaux, se pressa autour du conteur aussi près que le permettait le respect qu'inspirait la présence du maître, pour jouir de ce qui a toujours été un des plus doux passe-temps des habitans de l'Orient,

---

(1) Salomon, fils de David. — Éd.

Dans une autre circonstance, et quoiqu'il ne connût qu'imparfaitement la langue des musulmans, sir Kenneth aurait pu prendre quelque intérêt à cette histoire qui, quoique inspirée par une imagination plus extravagante et exprimée dans un style plus ampoulé et plus métaphorique, avait pourtant beaucoup d'analogie avec les romans de chevalerie alors si à la mode en Europe. Mais dans les circonstances où il se trouvait, à peine s'aperçut-il qu'un homme placé au centre de la cavalcade déclamait et chantait tour à tour, ayant soin de donner aux intonations de la voix l'accent des diverses passions qu'il avait à peindre, et recevant en retour, tantôt des murmures d'approbation, tantôt des expressions de surprise, tantôt des soupirs et des larmes, et quelquefois même, ce qui était plus difficile à arracher à un tel auditoire, des sourires et des éclats de rire bruyans.

Pendant ce récit l'attention de l'exilé, occupée de ses propres chagrins, en fut quelquefois distraite par le grondement plaintif d'un chien enfermé dans un panier d'osier placé sur le dos d'un des chameaux. En chasseur expérimenté, il n'eut pas de peine à reconnaître la voix de son fidèle lévrier, et d'après ses murmures plaintifs, il ne douta pas qu'il ne sentît que son maître était près de lui, et qu'il n'implorât son assistance pour lui rendre la liberté.

— Hélas ! pauvre Roswall, pensa-t-il, tu appelles à ton aide un homme dont l'esclavage est plus cruel que le tien. Je n'aurai pas l'air de faire attention à toi, ni de répondre à ton affection, car notre séparation n'en aurait que plus d'amertume.

Ainsi se passèrent les heures de la nuit et de cette lueur douteuse qui forme le crépuscule du matin en Syrie. Mais quand la première ligne du disque du soleil commença à se montrer à l'horizon ; quand son premier rayon vint frapper obliquement les sables du Désert, dans lequel les voyageurs étaient alors entrés, la voix sonore d'El Hakim se fit entendre au-dessus de celle du conteur, et l'interrompit dans son récit pour répéter la proclamation solennelle que font les muezzins chaque matin du haut des minarets.

— A la prière ! à la prière ! il n'y a d'autre Dieu que Dieu. A la prière ! à la prière ! Mahomet est le prophète de Dieu ! A la prière ! à la prière ! le temps fuit loin de vous. A la prière ! à la prière ! le jugement approche de vous.

En un instant chaque musulman se jeta à bas de cheval, tourna le visage vers la Mecque, et fit avec le sable une imitation de ces ablutions qui en tout autre lieu doivent se faire avec de l'eau, tandis que, par quelques courtes mais ferventes exclamations, il invoquait la protection de Dieu et du Prophète et le pardon de ses péchés.

Sir Kenneth lui-même, dont la raison et les préjugés se révoltèrent en voyant ses compagnons de voyage occupés à ce qu'il regardait comme un acte d'idolâtrie, ne pût s'empêcher de respecter la sincérité de leur dévotion ; et il fut excité par leur ferveur à offrir des supplications au ciel. Cependant il avait peine à concevoir qu'un sentiment tout nouveau pour lui le portât à joindre ses prières, quoique sous une invocation différente, à celle de ces mêmes Sarrasins dont le culte profane lui avait paru déshonorer un pays dans lequel de si grands miracles s'étaient opérés, et où s'était levé l'astre de la rédemption.

Cependant cet acte d'une dévotion pure, quoique fait dans une compagnie si étrange, partait du sentiment naturel à l'homme de ses devoirs religieux, et il produisit son effet ordinaire sur le chevalier écossais, en portant le calme dans son esprit harassé par tant de calamités successives. Les prières sincères et ferventes que le chrétien adresse au trône du Tout-Puissant lui donnent la meilleure leçon de patience dans l'affliction ; car pourquoi adresserions-nous à la Divinité des prières outrageantes, quand nous l'insultons en murmurant contre ses décrets ? Comment, lorsque la voix de nos prières vient d'avouer le néant et la vanité des choses temporelles, espérerions-nous tromper le scrutateur des cœurs, en permettant au monde et aux passions mondaines de reprendre sur nous leur empire tumultueux dès que le moment de notre dévotion est passé? Il y a eu, il y a peut-être encore des personnes assez inconséquentes pour permettre aux passions terrestres de reprendre les rênes de leur esprit, même immédiatement après une invocation solennelle adressée au ciel; mais sir Kenneth n'était pas de ce nombre; il se sentit consolé, fortifié, et mieux préparé à faire tout ce que sa destinée exigerait de lui, et à se soumettre à tout ce qu'elle pourrait l'appeler à souffrir.

Cependant les Sarrasins remontèrent à cheval, et Hassan avait repris le fil interrompu de sa narration ; mais il ne s'adressait plus à des auditeurs attentifs. Un cavalier qui avait gravi une hauteur à quelque distance sur la droite de la petite troupe en était revenu au grand galop, et avait dit quelques mots à voix basse à El Hakim; celui-ci avait dépêché quatre ou cinq autres cavaliers vers le même endroit, et toute la caravane, qui pouvait consister en une trentaine de personnes, les suivait des yeux, comme des hommes dont les gestes et la marche devaient leur annoncer de bonnes ou de mauvaises nouvelles. Hassan voyant que son auditoire ne l'écoutait plus, ou occupé lui-même de ce qui se passait sur le flanc droit, interrompit de nouveau son récit, et la marche devint silencieuse, si ce n'est quand un chamelier adressait la parole à l'animal patient qu'il conduisait, pour l'encourager, ou qu'un homme de la troupe disait à son voisin d'un air inquiet quelques mots à voix basse.

Cet état d'incertitude dura jusqu'à ce qu'ils eussent tourné une chaîne de monticules de sable cachant à la caravane la hauteur d'où leurs vedettes avaient aperçu l'objet qui avait donné l'alarme. Sir Kenneth vit alors, à la distance de plus d'un mille, un corps noir qui semblait se mouvoir au milieu du Désert avec rapidité; son œil exercé reconnut bientôt que c'était une troupe de cavalerie bien supérieure en nombre à celle dont il faisait partie; et aux éclairs fréquens que les rayons du soleil en faisaient jaillir, il ne put douter que ce ne fussent des Européens armés de toutes pièces.

Les regards d'inquiétude que les cavaliers d'El Hakim jetaient alors sur leur chef semblaient indiquer de grandes craintes; mais celui-ci, d'un air aussi tranquille que lorsqu'il avait appelé sa suite à la prière, détacha deux de ses gens les mieux montés, auxquels il donna ordre d'approcher autant que la prudence le permettrait de ces voyageurs du Désert, et de reconnaître plus exactement leur nombre, leur nation, et s'il était possible, leurs intentions.

L'approche du danger, ou du moins de ce qu'on paraissait redouter comme tel, fut pour sir Kenneth ce qu'est un breuvage stimulant pour un homme plongé dans l'apathie, et le rappela à lui-même.

— Ces cavaliers me semblent chrétiens, dit-il à El Hakim; que pouvez-vous en avoir à craindre?

— A craindre! répéta Adonebec. Le sage ne craint que le ciel; mais il attend des méchans tout le mal qu'ils peuvent faire.

— Ce sont des chrétiens, répliqua Kenneth; la trêve dure encore; pourquoi craignez-vous qu'ils la violent?

— Ce sont les prêtres-soldats du Temple, répondit El Hakim, et ils ont fait vœu de ne connaître ni paix ni trêve avec les adorateurs d'Allah. Puisse le Prophète faire tomber la foudre du ciel sur l'arbre, les branches et les rejetons! leur paix est la guerre, et leur foi n'est que mensonge. Les autres ennemis des vrais croyans ont leurs momens de courtoisie. Le lion Richard épargne ceux qu'il a terrassés, l'aigle Philippe ferme ses ailes quand il a frappé sa proie, même le sanglier autrichien s'endort quand il est gorgé; mais cette bande de loups toujours affamés ne connaît ni relâche ni satiété dans ses rapines. Ne voyez-vous pas qu'ils détachent de leur troupe un corps qui s'avance du côté de l'Orient? Ce sont leurs pages et leurs écuyers qu'ils instruisent dans leurs maudits mystères, et ils les envoient comme troupes légères pour nous couper le chemin de la fontaine; mais ils ne nous tiennent pas. Je connais mieux qu'eux la guerre du Désert.

Il dit quelques mots à son principal officier, et ses traits ainsi que tout son extérieur perdant tout à coup l'air de repos solennel d'un sage de l'Orient, plus accoutumé à la contemplation qu'à l'action, prirent l'expression vive et fière d'un brave soldat dont l'énergie est excitée par l'approche d'un danger prochain qu'il prévoit et qu'il méprise.

Aux yeux de sir Kenneth, la crise qui s'avançait avait un aspect tout différent; et lorsque Adonebec lui dit : — Il faut que tu restes à mon côté, il s'y refusa positivement.

— Voilà mes compagnons d'armes, répondit-il, les hommes avec lesquels j'ai fait vœu de combattre, de vaincre ou de périr. Le signe de notre bienheureuse rédemption brille sur leur bannière : je ne fuirai pas la croix pour accompagner le croissant.

— Insensé! dit El Hakim, leur premier soin serait de te mettre à mort, quand ce ne serait que pour cacher leur violation de la trève.

— C'est à quoi il faut que je m'expose, répondit le chevalier; je ne porterai pas un instant de plus les fers des infidèles quand je puis m'y soustraire.

— En ce cas, je saurai te forcer à me suivre, répondit Adonebec.

— Me forcer! s'écria sir Kenneth avec fierté. Si tu n'étais pas mon bienfaiteur, ou du moins un homme qui as montré la volonté de l'être; si je ne devais pas à ta confiance la liberté de ces bras que tu aurais pu charger de fers, je te prouverais, sans armes comme je le suis, qu'il ne serait pas facile de m'y forcer.

— Il suffit, il suffit, dit le médecin maure; nous perdons un temps qui commence à devenir précieux.

A ces mots il leva le bras en l'air, et poussa un cri perçant, servant de signal aux gens de sa suite, qui se dispersèrent à l'instant sur la surface du Désert, tels que les grains d'un chapelet dont le fil est rompu. Sir Kenneth n'eut pas le temps de voir ce qui s'ensuivit, car les rênes de son cheval furent saisies par El Hakim, et il fut comme entraîné par lui avec une rapidité qui lui ôta presque la respiration, et qui l'eût mis hors d'état quand il l'aurait désiré d'arrêter son guide dans sa course. Quelque habile qu'il fût dans l'art de l'équitation depuis sa première jeunesse, le cheval le plus vif qu'il eût monté jusqu'alors n'était qu'une tortue auprès de ceux du médecin maure. Ils faisaient jaillir le sable sous leurs pieds, et semblaient dévorer l'espace du Désert devant eux. On aurait presque pu compter les milles par les minutes qu'ils employaient à les parcourir, et cependant ils ne paraissaient pas plus fatigués, et ils respiraient aussi librement que lorsqu'ils avaient commencé cette course extraordinaire. Leurs mouvemens étaient aussi doux que rapides. Sur ces animaux on aurait cru voler dans l'air, au lieu de courir sur la terre ; et l'on n'éprouvait aucune sensation désagréable, si ce n'est l'espèce de vertige occasionné par une rapidité si extraordinaire et la difficulté de respirer.

Ce ne fut qu'au bout d'une heure, lorsqu'ils eurent tout lieu de croire qu'ils ne pouvaient plus être poursuivis, qu'El Hakim ralentit enfin la course de ses chevaux, et leur permit de prendre un galop ordinaire. Il commença alors d'une voix aussi calme que s'il eût marché au pas pendant toute cette dernière heure, à faire l'éloge de l'excellence de ses coursiers au chevalier écossais qui, étourdi, moitié sourd, moitié aveugle, comprenait à peine les paroles que son compagnon prononçait avec une aisance sans égale.

— Ces chevaux, dit-il, sont de la race de ceux qu'on appelle les ailés, et ils ne le cèdent en rapidité qu'au Borak du Prophète. On les nourrit de l'orge dorée de l'Yemen, mêlée d'épices et d'un peu de chair de mouton séchée. Des rois ont donné des provinces pour en obtenir, et leur vieillesse a autant d'activité que leur jeunesse. Tu es le premier de ta croyance, Nazaréen, qui ait jamais pressé les flancs d'un coursier de cette noble race, don que le Prophète lui-même fit au bienheureux Ali, son parent et son lieutenant, surnommé à juste titre le *Lion de Dieu*. Les pas du temps effleurent si légèrement ces généreux animaux, que la jument que tu montes en ce moment a vu cinq fois cinq ans passer sur sa tête, sans qu'elle ait rien perdu de sa vitesse et de sa vigueur, si ce n'est qu'elle a maintenant besoin d'être soutenue par une bride tenue d'une main plus expérimentée que la tienne. Béni soit le Prophète qui a donné aux vrais croyans les moyens d'avancer et de faire retraite avec le même bonheur, tandis que leurs ennemis, couverts de fer, sont accablés sous le poids de leurs propres armes! Comme les pauvres chevaux de ces chiens de Templiers ont dû souffler et renifler, après être enfoncés jusqu'au fanon dans les sables du désert, en avançant jusqu'à la vingtième partie de l'espace que ces braves coursiers viennent de parcourir, sans être essoufflés, sans qu'un poil sur leur corps soit couvert d'écume!

Le chevalier écossais qui commençait alors à reprendre haleine et à se trouver en état de faire attention au discours de son compagnon, ne put s'empêcher de reconnaître au fond du cœur l'avantage qu'assurait aux guerriers de l'Orient une race d'animaux également propres à l'attaque et à la fuite, et si admirablement adaptés aux déserts sablonneux de l'Arabie et de la Syrie. Mais ne voulant pas augmenter l'orgueil du musulman en convenant de cette supériorité, il laissa tomber la conversation, et jetant les yeux autour de lui, il s'aperçut, grace au pas plus modéré dont il marchait alors, qu'il se trouvait dans une contrée qui ne lui était pas inconnue.

Les bords stériles et les eaux sombres de la mer Morte, la chaîne des montagnes arides et escarpées qui s'élevaient sur la gauche, le groupe de palmiers formant le seul point de verdure qu'on aperçût au sein de ce vaste désert, c'étaient là des objets qu'on ne pouvait oublier quand on les avait vus une seule fois. Sir Kenneth reconnut donc qu'il approchait de la fontaine appelée le Diamant du désert, qui quelque temps auparavant avait été témoin de son entrevue avec l'émir sarrasin Sheerkof ou Ilderim. Au bout de quelques minutes ils s'arrêtèrent près de la source, et El Hakim invita sir Kenneth à descendre de cheval et à se reposer comme en un lieu de sûreté. Ils débridèrent leurs coursiers, et Adonebec dit qu'il était inutile de leur donner d'autres soins, attendu que ceux de ses esclaves qui étaient le mieux montés ne tarderaient pas à les rejoindre, et feraient tout ce qui serait nécessaire.

— En attendant, ajouta-t-il en plaçant quelque nourriture sur le gazon, mangeons, buvons et ne nous décourageons point. La fortune peut élever ou abattre le courage d'un homme ordinaire; mais l'esprit du sage et du soldat doit toujours être au-dessus de ses caprices.

Le chevalier écossais chercha à le remercier en montrant de la docilité; mais quoiqu'il s'efforçât de manger par complaisance, le contraste affligeant qui existait entre sa position actuelle et la situation dans laquelle il s'était trouvé en ce même lieu quand il était l'envoyé des princes et vainqueur dans un combat singulier, était comme un poids accablant pour son esprit; et un long jeûne, la fatigue et l'inquiétude le privaient de l'usage de ses forces. Le médecin remarqua sa respiration gênée, lui tâta le pouls qu'il trouva fort agité, toucha sa main brûlante et examina ses yeux rouges et enflammés.

— L'esprit devient sage par les veilles, lui dit-il; mais le corps son frère, étant composé de matériaux plus grossiers, a besoin de se fortifier par le repos. Il faut que tu dormes pour te rafraîchir; et pour que tu dormes plus facilement, il faut que tu prennes de cet élixir.

A ces mots il tira de son sein une petite fiole de cristal, entourée d'un filigrane d'argent, et remplissant d'eau une petite coupe d'or, il y versa quelques gouttes d'une liqueur de couleur noire.

— C'est une des productions qu'Allah a accordées à la terre pour le bonheur des hommes, dit-il, quoique leur faiblesse et leur corruption en aient quelquefois fait une malédiction. Cette liqueur est aussi puissante que la coupe de vin du Nazaréen pour faire tomber le rideau des paupières sur les yeux qui ne peuvent se fermer, et pour alléger le fardeau d'un cœur oppressé; mais quand on s'en sert pour la débauche et la sensualité, elle relâche les nerfs, détruit les forces, affaiblit l'esprit et dessèche les sources de la vie. Ne crains pas de recourir à ses vertus quand l'occasion l'exige, car le sage se chauffe au même feu dont le fou se sert pour incendier sa tente.

— J'ai eu trop de preuves de ta science, sage Hakim, répondit sir Kenneth, pour hésiter à obéir, et il prit la potion narcotique mêlée à l'eau pure de la fontaine. S'enveloppant alors dans le haik ou manteau arabe qui avait été attaché au pommeau de sa selle, il s'étendit à l'ombre, suivant les ordres du médecin, pour y attendre le repos dont il avait besoin.

Le sommeil n'arriva pas sur-le-champ, mais en place il éprouva une suite de sensations agréables qui ne le tiraient pourtant pas de l'engourdissement qui commençait à s'emparer de lui. Il s'ensuivit un état pendant lequel, tout en gardant la conscience de sa position, il se trouvait capable de contempler toutes ses infortunes non-seulement sans alarmes et sans chagrin, mais aussi tranquillement que s'il en eût vu représenter l'histoire sur un théâtre, ou comme s'il eût été un esprit passant en revue les événemens arrivés à un corps pendant qu'il l'avait animé. De cet état de repos qui allait presque à l'apathie relativement au passé, les pensées de sir Kenneth furent rapidement portées vers l'avenir; et en dépit de toutes les causes qui devaient en rembrunir la perspective, il le vit briller de couleurs que sous de beaucoup plus heureux auspices son imagination privée de ce stimulant n'avait jamais été capable de produire même dans sa plus vive exaltation. La liberté, la gloire, l'amour heureux, paraissaient attendre à une distance peu éloignée l'esclave banni, le chevalier déshonoré, l'amant privé de toute espérance, qui avait placé si haut ses désirs de bonheur que le hasard dans ses plus bizarres combinaisons ne semblait pouvoir jamais l'y faire atteindre.

Peu à peu ces visions joyeuses se dissipèrent et s'évanouirent dans un oubli total, comme les teintes mourantes du soleil couchant. Enfin sir Kenneth resta étendu aux pieds d'El Hakim dans une immobilité si complète que, s'il n'avait respiré, on aurait pu le prendre pour un corps que la vie avait cessé d'animer.

CHAPITRE XXIII.

« La baguette à la main, un prompt enchantement
« D'un sol mystérieux vient changer la surface,
« Et l'on croit, en voyant la scène qui se passe,
« Que la fièvre ou qu'un songe a fait ce changement. »

Astolphe.

Quand le chevalier du Léopard s'éveilla après un repos profond, il se trouva dans une situation si différente de celle où il était avant de s'être endormi, qu'il douta s'il était éveillé, ou si la scène avait été changée par la magie. Au lieu d'être étendu sur la terre, il reposait sur une couche ornée avec un luxe plus qu'oriental. Des mains attentives l'avaient dépouillé pendant son sommeil du justaucorps de chamois qu'il portait sous son armure ; on y avait substitué le linge le plus fin et une grande robe de soie. Au lieu d'avoir la tête abritée par les palmiers du Désert, il était sous un pavillon enrichi des plus brillantes couleurs de la Chine ; et un rideau de gaze, étendu autour de sa couche, était disposé de manière à le garantir pendant son sommeil de ces insectes aux attaques desquels il avait été constamment en proie depuis son arrivée dans ce climat.

Il regarda autour de lui, comme pour se convaincre qu'il était bien éveillé ; mais tout dans ce lieu répondait à la splendeur de son lit. Un bain de cèdre portatif, doublé en argent, avait déjà été rempli pour lui d'une eau tiède? et l'atmosphère était embaumée par l'odeur des parfums dont on avait fait usage en le préparant. Sur une petite table d'ébène était un vase d'argent plein du sorbet le plus exquis, froid comme la neige, et que la soif qui suit l'usage d'un fort narcotique lui fit paraître doublement délicieux. Pour dissiper les restes de l'espèce d'ivresse occasionnée par le breuvage qu'il avait pris, le chevalier entra dans le bain, et il y trouva un rafraîchissement délicieux tant pour son esprit que pour ses membres.

Après s'être essuyé avec des serviettes de laine des Indes, le chevalier aurait volontiers repris ses vêtemens ordinaires pour aller voir ensuite si le monde était aussi changé pour lui au dehors que dans l'endroit où il venait de reposer ; mais il ne put les trouver, et il vit qu'on avait substitué en leur place un riche costume sarrasin avec un cimeterre et un poignard, tels qu'en portaient les émirs. Ne pouvant deviner à quel motif il devait attribuer cet excès d'attention, il ne put s'empêcher de soupçonner qu'il avait pour but de l'ébranler dans sa foi ; car on savait que la haute estime qu'avait le soudan pour les connaissances et le courage des Européens lui inspirait une générosité sans bornes pour ceux qui, étant devenus ses prisonniers, s'étaient laissé déterminer à prendre le turban. Faisant donc le signe de la croix avec dévotion, il résolut de braver de semblables piéges, et pour le faire avec plus de fermeté, il se promit d'user avec modération des objets de luxe qu'on multipliait autour de lui. Cependant il se sentait encore la tête lourde, son besoin de dormir n'était pas encore dissipé; et comme il ne pouvait se montrer en plein air avec sa robe de nuit, il se rejeta sur son lit, et le sommeil ne tarda pas à lui fermer les yeux de nouveau.

Mais pour cette fois son sommeil fut interrompu, car il fut éveillé par la voix du médecin maure qui, à la porte de la tente, lui demanda comment il se portait et s'il avait assez dormi. — Puis-je entrer dans votre pavillon? ajouta-t-il, car le rideau est encore tiré devant la porte.

Déterminé à prouver qu'il n'avait pas oublié l'état auquel il était réduit, sir Kenneth lui répondit: — Le maître n'a pas besoin de permission pour entrer sous la tente de l'esclave.

— Mais si je ne viens pas comme maître? dit El Hakim sans entrer.

— Le médecin, répondit le chevalier, a toujours un libre accès près du lit de son malade.

— Je ne viens pas en ce moment comme médecin, répliqua Adonebec; et c'est pourquoi je te demande ta permission pour entrer sous l'abri de ta tente.

— Quand un ami se présente, et tu m'as prouvé jusqu'ici que tu en avais pour moi les sentimens, répondit sir Kenneth, l'habitation de l'ami est toujours ouverte pour le recevoir.

— Eh bien! dit le sage à la manière des Orientaux qui aiment les circonlocutions, en supposant que je ne vienne pas comme ami?

— Viens comme tu le voudras, s'écria le chevalier écossais, s'impatientant un peu de toutes ces suppositions, sois ce qu'il te plaira; tu sais fort bien que je n'ai ni le pouvoir ni la volonté de te refuser l'entrée de cette tente.

— Je viens donc comme votre ancien ennemi, répondit El Hakim, mais comme un ennemi franc et généreux.

Il entrait en prononçant ces paroles, et lorsqu'il se trouva devant le lit de sir Kenneth, la voix était toujours celle d'Adonebec le médecin maure, mais la taille, le costume et les traits étaient ceux d'Ilderim du Kourdistan, surnommé Sheerkof. Sir Kenneth le regarda comme s'il se fût attendu à voir s'évanouir une vision créée par son imagination.

— Es-tu surpris, toi guerrier éprouvé, dit Ilderim, de voir qu'un soldat connaisse quelque chose à l'art de guérir? Je te dis, Nazaréen, qu'un cavalier accompli doit savoir saigner son coursier aussi bien que le monter; forger son cimeterre sur l'enclume comme en frapper l'ennemi, fourbir ses armes de même que s'en servir, et par-dessus tout être aussi habile dans l'art de guérir les blessures que dans celui de les faire.

Tandis qu'il parlait ainsi, le chevalier chrétien ferma plusieurs fois les yeux; et tant qu'ils étaient fermés, l'idée du médecin maure avec sa longue robe noire, son grand turban tartare et ses gestes pleins de gravité se présentait à son imagination; mais dès qu'il les ouvrait, le turban placé avec grace sur le front de celui qui était devant lui, et orné de pierres précieuses, le léger haubert formé de mailles d'acier et d'argent entrelacées, et qui jetait un éclat brillant en se prêtant aux moindres inflexions de son corps; des traits dépouillés de leur expression solennelle, et moins basanés, enfin des cheveux moins épais et des moustaches noires, annonçaient le soldat plutôt que le sage.

— Es-tu encore aussi surpris? lui demanda l'émir; as-tu vécu dans le monde sans y faire assez d'observations pour savoir que les hommes ne sont pas toujours ce qu'ils semblent être? toi, toi-même, es-tu ce que tu parais?

— Non! non! par saint André! s'écria sir Kenneth; car je parais un traître aux yeux de tout le camp chrétien, et je sais que je suis franc et fidèle, quoique j'aie commis une faute.

— C'est ainsi que je t'ai jugé, dit Ilderim, et comme nous avions mangé du sel[1] ensemble, je me suis cru obligé de te sauver de la mort et de l'ignominie. Mais pourquoi restez-vous encore sur votre couche, quand le soleil est déjà bien haut dans le firmament? Les vêtemens que je vous ai fait préparer sont-ils indignes de vous ?

— Ils n'en sont certainement pas indignes, noble Ilderim ; mais ils ne peuvent me convenir. Donnez-moi l'habit d'un esclave, et je le porterai volontiers ; mais je ne puis me résoudre à porter le vêtement du guerrier libre de l'Orient et le turban du musulman.

— Nazaréen, votre nation se livre si aisément aux soupçons, qu'il n'est pas étonnant qu'elle en inspire. Ne vous ai-je pas dit que Saladin ne désire de convertir que ceux que le saint Prophète dispose à se soumettre à sa loi? La violence et la corruption ne sont pas les moyens qu'il emploie pour étendre la vraie foi. Ecoutez-moi, mon frère : quand la lumière fut miraculeusement rendue à l'aveugle, quand les écailles tombèrent de ses yeux par le bon plaisir d'Allah, croyez-vous qu'aucun médecin de la terre aurait pu lui rendre le même service? non : il aurait tourmenté le patient avec ses instrumens, peut-être aurait-il adouci ses souffrances par des baumes et des cordiaux ; mais l'aveugle serait resté dans les ténèbres dans lesquelles il était plongé. Il en est de même de l'aveuglement d'esprit. S'il est parmi les Francs des hommes qui aient pris le turban du Prophète et embrassé les lois de l'islamisme par l'amour d'un vil lucre, que le blâme en retombe sur leur conscience ! Ils ont eux-mêmes cherché l'appât, ce n'est pas le soudan qui le leur a présenté. Et lorsqu'ils seront condamnés comme hypocrites à habiter le gouffre le plus bas de l'enfer, au-dessous du chrétien et du juif, du magicien et de l'idolâtre,

---

(1) On sait qu'en Orient l'homme avec qui on a mangé du sel devient un ami. — Éd.

et à manger le fruit de l'arbre yacoum, qui est la tête des démons, ce sera à eux et non au soudan qu'il faudra attribuer leur crime et le châtiment dont il sera suivi. Portez donc sans hésiter et sans scrupule les vêtemens qui vous ont été préparés, car si vous allez au camp de Saladin, le costume européen fixerait tous les yeux sur vous d'une manière peu agréable, et vous exposerait peut-être même à des insultes.

— Si je vais au camp de Saladin! répéta sir Kenneth. Hélas! mes volontés sont-elles libres? Ne faut-il pas que j'aille partout où il vous plaira de me conduire?

— Ta propre volonté sera ton guide, et elle te conduira librement de tel côté qu'elle le voudra, comme le vent qui chasse devant lui le sable dans le Désert. Le noble ennemi qui m'a combattu et qui m'a presque vaincu ne peut devenir mon esclave, comme celui qui s'est humilié sous mon cimeterre. Si la richesse et le pouvoir pouvaient te déterminer à te joindre à notre armée, je pourrais te les assurer; mais je crains bien que l'homme qui a dédaigné les faveurs du soudan quand le glaive était levé sur sa tête, ne les accepte pas si je lui laisse la liberté du choix.

— Mettez le comble à votre générosité, noble émir, en me désignant pour m'acquitter envers vous un moyen que ma conscience puisse adopter. Permettez-moi de vous exprimer, comme la courtoisie m'en fait un devoir, ma reconnaissance de votre bonté chevaleresque, de votre générosité si peu méritée.

— Ne dis pas si peu méritée. N'est-ce pas toi qui par ta conversation et par la peinture que tu m'as faite des beautés qui ornent la cour de Melec Ric, m'as inspiré le projet de m'y rendre déguisé, et m'as procuré ainsi la vue du plus beau spectacle dont mes yeux aient joui jusqu'ici, et dont ils puissent jamais jouir jusqu'à ce qu'ils s'ouvrent pour voir briller la gloire du paradis?

— Je ne vous comprends pas, répondit sir Kenneth, rougissant et pâlissant alternativement, car il sentait que l'entretien prenait une tournure délicate.

— Tu ne me comprends pas! s'écria l'émir. Si le spectacle que j'ai vu sous la tente du roi Richard a échappé à tes observations, il faut que ta vue soit plus émoussée que le tranchant du sabre de bois d'un bouffon. Il est vrai que tu étais alors sous le coup d'une sentence de mort; mais moi, quand ma tête eût été à demi séparée de mon tronc, le dernier regard de mes yeux enchantés se serait fixé avec délices sur cette vision ravissante, et ma tête aurait roulé vers cette incomparable houri pour baiser de mes lèvres tremblantes le bas de ses vêtemens. Ah! cette reine d'Angleterre, par ses attraits supérieurs, mérite d'être la reine de l'univers! Que de tendresse dans son œil bleu! que d'éclat dans les tresses de fils d'or qui composent sa chevelure! Par la tombe du Prophète, j'ai peine à croire que la houri qui me présentera la coupe de l'immortalité puisse mériter de si tendres caresses!

— Sarrasin, dit le chevalier d'un ton sévère, tu parles de l'épouse de Richard d'Angleterre, il n'est permis de penser à elle et d'en parler qu'en la considérant non comme une femme qu'on puisse aimer, mais comme une reine qu'on doit respecter.

— Pardon, dit l'émir; j'avais oublié votre vénération superstitieuse pour le sexe. Je ne songeais pas que vous regardez les femmes comme des objets d'admiration et d'adoration, plutôt que d'amour et de jouissance! Mais puisque tu exiges un respect si profond pour cette idole fragile que tous ses gestes, tous les mouvemens, tous ses regards annoncent être une véritable femme, je conviendrai qu'on ne peut accorder rien de moins que de l'adoration à cette autre à chevelure brune, et dont le grand œil est si éloquent. J'avoue qu'elle a dans son port noble et dans son air majestueux quelque chose de pur et d'imposant; mais je te garantis que pressée par l'occasion, elle-même, au fond du cœur, remercierait un amant entreprenant de la traiter comme une mortelle plutôt que comme une déesse.

— Infidèle, s'écria sir Kenneth d'un ton courroucé, respecte la parente de Cœur-de-Lion.

— Que je la respecte ! répéta l'émir avec dédain ; ce serait donc plutôt comme la femme de Saladin.

— Le soudan païen est indigne de baiser la terre qui a été foulée par les pieds d'Edith Plantagenet ! s'écria le chevalier chrétien en sautant à bas de son lit.

— Ah ! que dit le giaour ? s'écria l'émir en portant la main sur son poignard, tandis que son front brillait comme un métal ardent, et que chaque poil de sa barbe se hérissait comme si la colère leur eût donné la vie. Mais le chevalier écossais que n'avait pas épouvanté le courroux de lion de Richard, ne fut pas effrayé par la fureur de tigre du Sarrasin irrité.

— Ce que j'ai dit, répliqua-t-il en croisant les bras et d'un air intrépide, je le soutiendrais à pied et à cheval contre qui que ce soit ; et je ne regarderais pas comme le fait le plus mémorable de ma vie de le maintenir avec ma bonne épée contre une vingtaine de ces faux et de ces épingles.
— Et il montrait en même temps le cimeterre à lame recourbée et le poignard du Sarrasin.

Pendant que sir Kenneth parlait ainsi, le Sarrasin devint assez maître de lui-même pour retirer la main qu'il avait placée sur son poignard, comme si le mouvement qu'il avait fait en y touchant n'eût été que l'effet du hasard ; mais sa colère n'était pas apaisée.

— Par le cimeterre du Prophète, qui est la clef du ciel et de l'enfer, mon frère, s'écria-t-il, c'est faire peu de cas de la vie que de parler comme tu viens de le faire. Crois-moi, si tes bras étaient libres comme tu le disais, un seul vrai croyant leur donnerait tant d'ouvrage, que tu désirerais bientôt qu'ils fussent chargés de fers.

— J'aimerais mieux qu'on me les coupât jusqu'aux épaules, répliqua sir Kenneth.

— Soit! mais tes mains sont liées à présent, dit l'émir d'un ton plus doux ; elles sont liées par le sentiment de la courtoisie, et je n'ai pas dessein de leur rendre la liberté en ce moment. Nous avons déjà fait l'épreuve de notre force et de notre courage ; nous pouvons nous rencontrer encore sur le champ de bataille, et alors honte à celui qui sera le premier à se séparer de son ennemi ! mais maintenant nous sommes amis, et j'attendrais de toi aide et secours plutôt qu'insulte et défi.

— Nous sommes amis! répéta le chevalier.

Il y eut quelques instants de silence pendant lesquels le Sarrasin impétueux se promena dans la tente, comme le lion qui, dit-on, après une violente irritation, prend ce moyen pour rafraîchir l'ardeur de son sang avant de s'étendre dans son antre pour se reposer. Le chrétien, plus calme, conserva le même aspect et la même attitude ; mais il n'en cherchait pas moins à maîtriser le sentiment de colère qui s'était éveillé si inopinément.

— Raisonnons tranquillement, dit enfin l'émir. Je suis médecin, comme tu sais ; et celui qui désire la guérison de sa blessure doit souffrir patiemment qu'on la sonde : je vais donc mettre le doigt dans ta plaie. Tu aimes cette parente de Melec Ric. Soulève le voile qui couvre tes pensées, ou si tu le préfères, ne le soulève pas, car mes yeux peuvent percer à travers ce tissu.

— Je l'ai aimée comme on aime la grace du ciel, répondit sir Kenneth après un moment de silence ; j'ai désiré ses bonnes graces comme on désire le pardon du ciel.

— Et tu ne l'aimes plus? demanda Ilderim.

— Hélas! je ne suis plus digne de l'aimer. Mais terminons cette conversation ; tes paroles sont pour moi des coups de poignard.

— Encore un moment de patience. Quand toi, pauvre

et obscur soldat, tu osas élever si haut ton affection, dis-moi, avais-tu conçu quelque espoir favorable ?

— L'amour n'existe pas sans espérance ; mais le mien tenait davantage du désespoir. J'étais comme le marin qui dispute sa vie aux flots en nageant, et qui, en surmontant la vague, voit briller de temps en temps la lueur d'un phare éloigné qui l'avertit qu'il a la terre en vue, quoique son cœur abattu et ses membres fatigués l'assurent qu'il n'y arrivera jamais.

— Et maintenant cet espoir a fait naufrage ? Cette lueur solitaire s'est éteinte pour toujours ?

— Pour toujours ! répéta sir Kenneth avec un accent sépulcral.

— Il me semble, dit l'émir, que s'il ne faut pour ton bonheur que la lueur éloignée d'un météore, il serait possible que la flamme du phare dont tu viens de parler se rallumât ; que tes espérances sortissent du fond des flots qui les ont englouties, et que tu pusses reprendre l'occupation agréable de nourrir ton amour d'alimens aussi peu substantiels que le clair de la lune ; car si tu jouissais demain, brave chevalier, d'une réputation sans tache, comme par le passé, celle que tu aimes n'en serait pas moins la parente d'un roi, l'épouse destinée à Saladin.

— Je voudrais que cela fût, dit l'Écossais, et alors je....

Il se tut comme un homme qui rougit de faire une menace que les circonstances ne lui permettent pas d'exécuter. Le Sarrasin sourit, et termina la phrase interrompue.

— Tu appellerais le soudan en combat singulier ?

— Et quand cela serait, répondit sir Kenneth avec hauteur, ce ne serait ni le premier ni le meilleur turban contre lequel j'aurais mis ma lance en arrêt.

— Oui ; mais il me semble qu'il pourrait regarder comme trop inégale cette manière de mettre en risque une épouse royale et l'événement d'une guerre importante.

— On peut le rencontrer dans les premiers rangs un jour

de bataille, dit le chevalier, les yeux brillans des idées qu'une telle pensée lui inspirait.

— C'est où on l'a toujours trouvé; et il n'est pas habitué à tourner la bride de son cheval quand un brave ennemi se présente devant lui. Mais ce n'était pas du soudan que j'avais intention de te parler : en un mot, si tu peux te contenter d'acquérir la réputation qu'on peut mériter en découvrant le brigand qui a volé la bannière d'Angleterre, je puis te mettre en bon chemin pour accomplir cette tâche, c'est-à-dire si tu veux te laisser guider; car que dit Lockman? Si l'enfant veut marcher, il faut que la nourrice le conduise; si l'ignorant veut comprendre, il faut que le sage l'instruise.

— Et tu es sage, Ilderim; sage quoique Sarrasin, et généreux quoique infidèle. Les occasions ne m'ont pas manqué pour m'en assurer. Sois donc mon guide en cette affaire, et pourvu que tu ne me demandes rien qui soit contraire à ma loyauté et à ma foi chrétienne, je t'obéirai ponctuellement. Exécute ce que tu viens de me dire, et prends ensuite ma vie quand cette tâche sera terminée.

— Écoute-moi donc. Ton noble chien est guéri maintenant, guéri par la vertu de ce divin remède, aussi salutaire aux animaux qu'il l'est aux hommes. Sa sagacité reconnaîtra celui qui l'a blessé.

— Ah! il me semble que je te comprends. Comment se fait-il que je n'y aie pas songé moi-même?

— Mais, dis-moi, as-tu dans le camp quelques personnes à ta suite qui connaissent cet animal?

— J'ai congédié mon vieil écuyer, celui que tu as guéri, avec un jeune varlet qui le servait, au moment où je n'attendais plus que la mort, et je lui ai donné des lettres pour mes parens en Écosse. Il n'existe aucun autre individu à qui le chien soit connu. Mais moi, je le suis généralement; le son de ma voix suffira seul pour me trahir dans un camp où pendant plusieurs mois je n'ai pas joué le dernier rôle.

— N'importe, le maître et l'animal seront déguisés de manière à tromper les yeux les plus clairvoyans. Je te dis que ton frère d'armes, ton frère par le sang, ne te reconnaîtra pas si tu veux te laisser guider par mes conseils. Tu m'as vu faire des choses plus difficiles. Celui qui peut rappeler le mourant du sein des ombres de la mort peut aisément répandre un brouillard devant les yeux des vivans. Mais fais attention à mes paroles; une condition est attachée à ce service; il faut que tu remettes une lettre de Saladin à cette parente de Melec Ric dont le nom est aussi difficile pour notre langue et nos lèvres orientales que sa beauté est admirable à nos yeux.

Sir Kenneth réfléchit avant de répondre, et le Sarrasin le voyant hésiter, lui demanda s'il craignait de se charger de cette mission.

— Non, quand je devrais mourir en la remplissant, répondit le chevalier; je considère seulement s'il convient à mon honneur d'être porteur d'une lettre du soudan, et si celui de lady Edith lui permet d'en recevoir une d'un prince païen.

— Par la tête de Mahomet et l'honneur d'un soldat, par le tombeau du Prophète et l'ame de mon père, je te jure que la lettre est écrite en tout honneur et respect! Le chant du rossignol flétrira les roses du bosquet qu'il fréquente avant que les paroles du soudan offensent les oreilles de l'aimable parente du roi d'Angleterre.

— En ce cas, dit le chevalier, je remettrai la lettre du soudan aussi fidèlement que si j'étais né son vassal : bien entendu qu'à l'exception de ce simple service, dont je m'acquitterai avec fidélité, il ne doit attendre de moi ni médiation ni intérêt dans cette étrange correspondance d'amour, — et bien moins de moi que de personne au monde.

— Saladin est trop noble et trop généreux pour vouloir forcer un cheval à sauter plus haut qu'il ne peut le faire, répondit l'émir. Viens dans ma tente, et tu seras pourvu d'un déguisement qui te cachera comme les ténèbres de minuit, de sorte que tu puisses te montrer dans tout le camp des Nazaréens comme si tu avais au doigt l'anneau de Giaougi[1].

CHAPITRE XXIV.

> « Qu'il tombe en notre coupe un seul grain de poussière,
> « Et nous rejeterons bien vite avec dédain
> « La liqueur que la bouche enviait à la main.
> « Auprès d'un clou rouillé, la boussole fidèle
> « Egare et fait périr la crédule nacelle.
> « Le plus chétif objet de dépit, de courroux,
> « Rompant des souverains les liens les plus doux,
> « Fait avorter ainsi la plus noble entreprise. »
> *La Croisade*, tragédie.

Nos lecteurs doivent sans doute parfaitement savoir à présent qui était l'esclave noir qui s'était rendu dans le camp de Richard, quel motif l'y avait amené, et dans quel espoir il se trouvait près de la personne de ce monarque, lorsque entouré par ses vaillans pairs d'Angleterre et de Normandie, Cœur-de-Lion, s'étant rendu sur le sommet du mont Saint-George, y restait debout auprès de la bannière d'Angleterre, portée par le plus bel homme de son royaume, son frère naturel, William surnommé Longue-Épée, comte de Salisbury, fils de Henry II et de la célèbre Rosemonde de Woodstock.

D'après quelques expressions échappées au roi pendant sa conversation avec Neville le jour précédent, le prétendu

---

(1) Probablement l'anneau de Gygès. — Éd.

Nubien ne pouvait plus guère douter que son déguisement eût été pénétré, d'autant plus que Richard paraissait savoir de quelle manière le chien devait concourir à la découverte du traître qui avait enlevé la bannière, quoique Richard eût à peine aperçu qu'un semblable animal eût été blessé en cette occasion. Cependant comme le roi continuait à le traiter d'une manière conforme à ce que son extérieur exigeait, ce Nubien prétendu ne put être certain s'il avait été découvert ou non, et il résolut de ne pas se dépouiller volontairement de son déguisement.

Les troupes des différens princes croisés, conduites par leurs chefs respectifs, s'avançaient en bon ordre autour de la base de la petite montagne, et à mesure que celles d'un pays arrivaient, le chef qui marchait à leur tête faisait un pas ou deux sur la rampe de la montagne pour adresser un salut à Richard et à l'étendard d'Angleterre en signe de courtoisie et d'amitié, comme le portait expressément le protocole de la cérémonie, et non à titre de soumission et de vasselage. Les dignitaires spirituels, qui dans ce siècle ne découvraient leur tête que devant les autels, donnaient au roi et au symbole de la puissance une bénédiction au lieu de salut.

De nombreux corps de guerriers défilèrent ainsi, et quoique différentes causes en eussent éclairci les rangs, ils formaient encore une armée de nobles à qui la conquête de la Palestine pouvait paraître une tâche facile. Les soldats, dont cette réunion ranimait la confiance, se redressaient sur leurs selles d'acier, tandis qu'il semblait que les trompettes faisaient entendre des sons plus joyeux, et que les coursiers rafraîchis par le repos rongeaient leur frein et frappaient la terre du pied avec plus de fierté. Les troupes se succédaient les unes aux autres en longue perspective ; toutes les bannières étaient déployées ; le soleil faisait reluire les armes ; les panaches étaient agités au gré du vent ; c'était enfin une armée composée de diverses nations, n'ayant ni le même teint, ni la même langue, ni les mêmes armes, mais enflammées d'un même esprit pour le moment, et réunies par le saint projet de tirer de servitude la fille opprimée de Sion, et de délivrer du joug des infidèles la terre qu'avait consacrée autrefois la présence du fils de l'homme. Il faut convenir ici que si en toute autre circonstance l'espèce d'hommage de courtoisie que rendaient au roi tant de guerriers qui ne lui devaient naturellement aucune allégeance avait quelque chose d'humiliant, cependant la nature et la cause de cette guerre relevaient tellement son caractère chevaleresque et les faits d'armes qui lui avaient acquis son renom, que chacun oubliait les prétentions qu'il aurait pu faire valoir ailleurs; et le brave rendait volontairement hommage au plus brave dans une expédition dont la réussite exigeait la persévérance et l'énergie du plus grand courage.

Richard monté sur son coursier était à peu près à mi-chemin entre la base et le sommet du mont Saint-George, n'ayant sur la tête qu'un morion surmonté d'une couronne, ce qui laissait ses traits mâles exposés à la vue. Il considérait avec calme et intérêt les divers corps qui défilaient devant lui, et rendait le salut à leurs chefs. Il portait une tunique de velours bleu de ciel, et des hauts-de-chausses de soie cramoisie, dont les taillades étaient garnies de drap d'or. A côté de lui était le prétendu esclave nubien, tenant en lesse son noble lévrier comme s'il l'eût conduit à la chasse. Cette circonstance n'excita aucune attention, car beaucoup de princes croisés avaient introduit des esclaves noirs dans leurs maisons, en imitation de la splendeur barbare des Sarrasins. Les longs plis de la bannière flottaient sur la tête du roi qui y portait ses regards de temps en temps. Cette cérémonie qui lui était indifférente quant à lui personnellement, semblait être pour lui d'une grande importance en la considérant comme la réparation d'une insulte faite au royaume qu'il gouvernait. Dans une tour de bois construite tout exprès sur la hauteur, la reine Bérengère était avec les principales dames de la cour. Le roi levait aussi les yeux de ce côté, et il les fixait quelquefois sur l'esclave nubien et sur le chien, mais seulement quand il voyait avancer des chefs que diverses circonstances antérieures le portaient à regarder comme ses ennemis, et que par conséquent il soupçonnait de pouvoir être les auteurs ou les lâches complices de l'enlèvement de sa bannière.

Il ne songea pas à jeter un regard de ce côté quand Philippe-Auguste arriva à la tête d'une troupe brillante de chevaliers français. Au contraire, prévenant les mouvemens de ce prince, il descendit la montagne pendant que le roi de France la gravissait, de sorte qu'ils se rencontrèrent à mi-chemin; ils se saluèrent avec tant de grace et de courtoisie qu'ils semblaient unis par les liens d'une égalité fraternelle. La vue des deux plus grands monarques de l'Europe chrétienne, déclarant publiquement leur concorde, fit partir de tous les rangs de l'armée des acclamations bruyantes comme le tonnerre, qui retentirent à plusieurs milles de distance, au point que les vedettes arabes du Désert allèrent jeter l'alarme dans le camp de Saladin en y portant la nouvelle que l'armée chrétienne se mettait en mouvement. Cependant qui peut lire dans le cœur des monarques, à l'exception du roi des rois? Sous cette apparence extérieure de courtoisie amicale Richard nourrissait un secret mécontentement contre Philippe, et Philippe projetait de se retirer avec ses troupes de l'armée des croisés, pour laisser Richard sans autre assistance que celle de ses propres forces.

La conduite de Richard fut toute différente quand les chevaliers du Temple, couverts de leurs armes noires, s'approchèrent avec leurs écuyers, hommes dont le soleil de la Palestine avait basané le teint comme celui des Asiatiques, et dont les coursiers éclipsaient par leur bonté et par la splendeur de leurs harnais ceux de l'élite de la chevalerie de France et d'Angleterre. Le roi jeta un regard à la dérobée sur l'esclave et le lévrier; mais le Nubien était calme et tranquille, et son chien fidèle, couché à ses pieds, semblait regarder avec satisfaction et intelligence les guerriers qui défilaient. Richard tourna alors ses regards sur les chevaliers Templiers, et le grand-maître, profitant de son caractère mixte, lui donna la bénédiction d'un prêtre au lieu du salut d'un guerrier.

— L'orgueilleux amphibie se permet avec moi des airs de moine, dit Richard au comte de Salisbury; mais laissons passer cela. Longue-Épée, il ne faut pas, pour une vétille, que la chrétienté perde le service de ces bonnes lances, quoique leurs victoires leur aient donné un peu trop d'arrogance. Ah! voici notre vaillant adversaire l'archiduc d'Autriche. Remarque son port et ses manières, Longue-Épée, et toi, Nubien, aie soin que le chien l'ait bien en vue. Par le ciel! il s'est fait accompagner par ses bouffons.

Dans le fait, soit par habitude, soit, ce qui est plus vraisemblable, pour exprimer son mépris du cérémonial auquel il allait se soumettre, Léopold était accompagné de son *spruch-sprecher* et de son *hoff-narr*, et en s'avançant vers Richard, il sifflait pour se donner un air d'indifférence, quoique ses traits eussent une expression d'humeur mêlée d'une sorte de crainte, comme on voit un écolier s'approcher de son maître après avoir fait une faute. Tandis que l'archiduc faisait à contre-cœur et d'un air sombre et décontenancé le salut que l'étiquette exigeait, le *spruch-sprecher* secoua sa baguette, et proclama du ton d'un héraut, que Léopold, archiduc d'Autriche, en agissant ainsi ne devait pas être regardé comme dérogeant au rang et aux priviléges de prince souverain. Le bouffon y répondit par un *amen* prononcé d'une voix sonore, et qui fit éclater de rire tous ceux qui l'entendirent.

Le roi Richard regarda plus d'une fois le Nubien et son chien. L'esclave restait immobile, et l'animal conservait la même attitude. Richard, adressant la parole au premier, lui dit avec mépris: — Mon ami noir, quoique tu aies amené ton chien pour que ta sagacité s'aidât de la sienne, je crois que le succès que tu obtiendras dans cette entreprise ne te placera pas à un rang bien élevé parmi les sorciers, et ne te donnera pas un beaucoup plus grand mérite à nos yeux.

Le prétendu Nubien ne répondit, suivant son usage, que par un salut respectueux.

Les troupes du marquis de Montserrat arrivèrent ensuite en bon ordre. Ce prince puissant et astucieux, pour faire un plus grand étalage de ses forces, les avait divisées en deux corps; il avait mis son frère Enguerrand à la tête du premier, composé de ses vassaux, soldats levés dans ses domaines de Syrie, et il marchait lui-même conduisant le second, qui consistait en douze cents Stradiotes, espèce de cavalerie légère levée par les Vénitiens dans leurs possessions en Dalmatie et qu'ils avaient mise sous les ordres du marquis, avec lequel la république de Venise avait d'étroites liaisons. Leur costume était Européen en partie, mais se ressentait encore davantage des modes orientales. Ils avaient à la vérité des hauberts, mais fort courts, des tuniques de riches étoffes de diverses couleurs, et ils portaient de larges pantalons et des demi-bottes. Ils avaient sur la tête des bonnets pyramidaux semblables à ceux des Grecs, et ils étaient armés de petits boucliers ronds, d'arcs et de flèches, de cimeterres et de poignards. Ils montaient des chevaux d'élite, entretenus aux frais de la république de Venise, et caparaçonnés à la turque, les selles et les étriers étant très élevés. Ces troupes étaient très utiles dans les escarmouches contre les Arabes, quoique peu propres à figurer dans une mêlée comme les hommes d'armes couverts de fer, venus du nord et de l'occident de l'Europe.

A la tête de cette belle troupe marchait Conrad, revêtu du même costume, mais d'une étoffe si riche qu'il semblait étinceler d'or et d'argent. Son panache, composé de plumes blanches comme la neige, et attaché à son bonnet par une agrafe de diamans, semblait vouloir s'élever jusqu'aux nuages. Le noble coursier qu'il montait bondissait, caracolait, et donnait des preuves d'ardeur et de vivacité qui auraient embarrassé un cavalier moins expérimenté ; mais le guidant d'une main avec grace, il tenait de l'autre le bâton de commandement, qui semblait exercer une autorité non moins absolue sur les soldats. Cette autorité avait pourtant plus d'apparence que de réalité ; car on voyait à côté de lui sur un palefroi marchant paisiblement à l'amble, un petit vieillard entièrement vêtu en noir, sans barbe et sans moustaches, dont l'air était sans importance et presque ignoble au milieu de l'éclat et de la splendeur qui l'entouraient. Mais ce vieillard de mauvaise mine était un de ces députés que le gouvernement de Venise envoyait dans les camps pour surveiller la conduite des généraux auxquels il confiait la conduite de ses troupes, et pour maintenir ce système d'espionnage et de domination que suivait depuis long-temps la politique de cette république.

Conrad qui, en se prêtant à l'humeur de Richard, avait acquis un certain degré de faveur près de lui, n'eut pas plus tôt paru au pied du mont Saint-George, que le roi d'Angleterre fit quelques pas à sa rencontre en s'écriant : — Ah ! marquis de Montserrat, vous voilà à la tête des légers Stradiotes, et suivi à l'ordinaire de votre ombre noire, que le soleil brille ou non. Ne pourrait-on pas vous demander si c'est le corps ou l'ombre qui commande ces troupes ?

Le marquis souriait avant de répondre, quand Roswall, poussant un hurlement sauvage, s'élança avec tant de fureur qu'il arracha la lesse des mains du Nubien, sauta sur le noble coursier du marquis, et saisissant Conrad à la gorge, le renversa de cheval. Son bonnet à panache tomba sur le sable, et le cheval épouvanté s'enfuit à travers les rangs.

— Ton chien a trouvé la piste, dit Richard au Nubien ; il ne s'est pas trompé, j'en réponds. Par saint George ! il a lancé un cerf dix cors. Mais rappelle-le de peur qu'il ne l'étrangle,

Le Nubien, non sans difficulté, arracha Conrad à la fureur de Roswall qui, toujours courroucé, faisait des efforts pour briser sa lesse et s'élancer de nouveau sur sa proie. Cependant une foule considérable s'était amassée au pied du mont Saint-George ; elle se composait principalement des officiers des Stradiotes et d'autres partisans du marquis qui, en voyant leur chef renversé, les yeux égarés et le visage tourné vers le ciel, poussèrent des cris tumultueux qu'on entendit répéter de toutes parts : — Taillez en pièces cet esclave et son chien !

Mais la voix sonore de Richard se faisait entendre au-dessus de toutes les autres.

— Mort à quiconque osera toucher ce chien, s'écria-t-il ; il n'a fait que son devoir en se servant de la sagacité dont Dieu et la nature l'ont doué. — Que ce traître s'avance ! Conrad, marquis de Montserrat, je t'accuse de trahison.

Les principaux officiers syriens entouraient alors Conrad qui s'écria d'une voix qui annonçait un mélange de dépit, de honte, de confusion et de colère : — Que veut dire ceci ? de quoi m'accuse-t-on ? pourquoi cet indigne traitement et ces termes injurieux ? sont-ce là les fruits de la concorde dont le roi d'Angleterre a renouvelé le vœu si récemment ?

— Les princes croisés sont-ils devenus des lièvres ou des chevreuils aux yeux du roi Richard, pour qu'il lâche des chiens contre eux ? demanda la voix sépulcrale du grand-maître des Templiers.

— Il faut que ce soit quelque accident imprévu, quelque méprise, dit le roi de France, qui arrivait à l'instant.

— Quelque piége de l'ennemi des hommes, dit l'archevêque de Tyr.

— Quelque stratagème des Sarrasins, ajouta le comte de Champagne. Il faudrait pendre le chien et mettre l'esclave à la torture.

— Que personne ne les touche s'il tient à la vie, s'écria Richard. Conrad, avance, si tu l'oses, et réponds à l'accusation que le noble instinct de cet animal muet vient de porter contre toi d'avoir attenté à sa vie et insulté l'honneur de l'Angleterre.

— Ce n'est pas moi qui ai touché sa bannière, dit le marquis avec précipitation.

— Tu te trahis toi-même, Conrad, s'écria Richard ; comment saurais-tu qu'il est question de l'enlèvement de la bannière si ta conscience ne t'en avertissait?

— N'est-ce pas pour cette seule cause que tu as fait tant de bruit dans tout le camp? répondit le marquis. Oses-tu imputer à un prince, à un allié, un crime qui, après tout, a probablement été commis par quelque obscur fripon pour s'emparer du galon d'or qui ornait l'étendard ? Voudrais-tu accuser un de tes confédérés sur le témoignage d'un chien?

L'alarme et le tumulte commençaient à se répandre dans tous les rangs, et le roi Philippe crut qu'il était temps d'intervenir.

— Princes et nobles chefs, dit-il, vous parlez en présence de gens qui se couperont la gorge dans un instant s'ils vous entendent vous exprimer ainsi. Au nom du ciel ! que chacun de nous conduise ses troupes dans ses quartiers respectifs ; et réunissons-nous dans une heure dans le pavillon du conseil, afin de prendre des mesures pour rétablir l'ordre.

— J'y consens, répondit Richard, quoique j'eusse préféré interroger ce traître pendant que son brillant costume est encore souillé de sable. Mais le bon plaisir de Philippe sera aussi le nôtre en cette occasion.

Les princes se séparèrent aussitôt, comme le roi de France venait de le proposer; chacun d'eux alla se placer à la tête de ses troupes, et l'on entendit retentir de toutes parts le cri de guerre de chaque chef et le son des cors et des trompettes qui rappelaient les soldats sous leurs bannières respectives. Bientôt tous les corps se mirent en mouvement, et on les vit traverser le camp en différentes directions pour se rendre chacun dans son quartier.

Cette mesure prévint tout acte immédiat de violence, mais l'incident qui venait d'arriver occupait tous les esprits : tandis que les Anglais, croyant l'honneur de leur pays intéressé à cette querelle dont il courait plusieurs versions, regardaient les habitans des autres pays comme bassement jaloux de la gloire de l'Angleterre et de la renommée de leur roi, ceux-ci, qui le matin même avaient proclamé Richard comme le guerrier le plus digne d'avoir le commandement général de toute l'armée, reprenaient leurs anciens préjugés, et l'accusaient d'un esprit d'orgueil et de domination. Des bruits de toute espèce se répandirent en cette occasion ; on assura même que la reine Bérengère et les dames de sa suite avaient été effrayées par le tumulte qui avait eu lieu, et qu'une de celles-ci s'était évanouie.

Le conseil s'assembla à l'heure convenue. Conrad avait quitté son costume souillé, et s'était dépouillé en même temps de la honte et de la confusion dont un accident si étrange et une accusation si soudaine l'avaient accablé d'abord, en dépit de ses talens pour la dissimulation et de la promptitude avec laquelle il savait maîtriser toutes ses passions. Il avait pris les vêtemens de prince souverain, et il entra dans le pavillon du conseil accompagné de l'archiduc, des deux grands-maîtres de l'ordre du Temple et de celui de Saint-Jean de Jérusalem, avec plusieurs autres princes qui soutenaient ouvertement sa cause et embrassaient sa défense, les uns par des motifs politiques, les autres parce qu'ils nourrissaient une haine personnelle contre Richard.

Cette apparence d'union en faveur de Conrad ne déconcerta nullement le roi d'Angleterre. Il entra dans la salle du conseil avec son air d'indifférence ordinaire, et avec le même costume qu'il portait une heure auparavant ; il jeta un regard nonchalant et presque dédaigneux sur les princes qui s'étaient rangés avec une affectation étudiée autour du marquis comme pour annoncer qu'ils en épousaient la cause, et accusa dans les termes les plus formels Conrad de Montserrat d'avoir enlevé la bannière royale d'Angleterre, et d'avoir blessé le fidèle animal qui en avait pris la défense.

Conrad se leva avec hardiesse, et répondit qu'en dépit des hommes et des brutes, des rois et des chiens, il était innocent du crime dont on l'accusait.

— Mon frère d'Angleterre, dit le roi Philippe qui prit naturellement le caractère de président de l'assemblée, cette accusation est extraordinaire. Nous ne vous entendons pas déclarer que le fait dont il s'agit soit à votre connaissance personnelle ; votre croyance n'est fondée que sur l'attaque dirigée contre le marquis de Montserrat par un vil animal. Bien certainement la parole d'un chevalier, d'un prince, doit avoir plus de poids que les aboiemens d'un chien.

— Roi mon frère, répondit Richard, souvenez-vous que le Tout-Puissant en nous donnant le chien pour compagnon de nos plaisirs et de nos fatigues, l'a doué d'un naturel noble et incapable de tromper. Cet animal n'oublie ni son ami ni son ennemi. Il se souvient avec exactitude du bienfait comme de l'injure. Il a une portion de l'intelligence de l'homme ; mais il n'a rien de sa fausseté. On corrompra un soldat pour en faire un assassin, un faux témoin pour conduire un innocent à l'échafaud ; mais jamais on n'obtiendra d'un chien qu'il attaque son bienfaiteur. Il est l'ami de l'homme, si ce n'est quand l'homme encourt justement son inimitié. Couvrez ce marquis des vêtemens les plus splendides, déguisez son extérieur, changez son teint par le moyen de drogues et de teintures, cachez-le au milieu de cent hommes, et je gage mon sceptre que ce chien le découvrira, et lui montrera son ressentiment comme vous l'avez déjà vu le faire aujourd'hui. Cet incident n'est pas nouveau, quoiqu'il soit étrange ; des meurtriers et des brigands ont été convaincus et condamnés sur de semblables témoignages, et l'on a dit que l'on y reconnaissait le doigt de Dieu. Dans votre propre pays, mon frère, une affaire semblable a été décidée par un combat solennel entre l'homme et le chien, comme appelant et défendant. Le chien fut victorieux, l'homme confessa son crime, et il fut puni de mort. Croyez-moi, mon frère, les forfaits secrets ont souvent été mis au jour par le témoignage de choses inanimées, pour ne point parler de celui des autres animaux qui, par leur instinct et leur sagacité, sont bien au-dessous du chien, ami et compagnon de notre race.

— Je sais, mon frère, répondit Philippe, qu'un combat semblable a eu lieu sous le règne d'un de nos prédécesseurs, à qui Dieu fasse grace ; mais c'était dans un temps déjà éloigné de nous, et nous ne regardons pas cet exemple comme applicable au cas dont il s'agit. D'ailleurs le défendant n'était alors qu'un particulier d'un rang et d'une naissance obscure ; il n'avait pour armes offensives qu'un bâton, pour armure qu'un justaucorps de cuir. Nous ne pouvons dégrader un prince par un pareil combat et de semblables armes.

— C'est ce que je n'ai jamais demandé, dit Richard ; il serait injuste de hasarder la vie de ce noble chien contre celle d'un traître à double face, tel que ce Conrad. Mais voici notre gant ; nous le défions au combat à outrance en vertu du témoignage porté contre lui. Un roi du moins peut être digne de se mesurer avec un marquis.

Conrad ne s'empressa pas de ramasser le gant que Richard jeta au milieu de l'assemblée, et Philippe eut le temps de répliquer avant que le marquis eût fait un mouvement pour relever le gage du combat.

— Un roi, dit-il, serait un adversaire aussi au-dessus du marquis qu'un chien lui serait inférieur. Roi Richard, nous ne pouvons consentir à ce combat ; vous êtes le chef de notre expédition, le glaive et le bouclier de la chrétienté.

— Je proteste contre un tel combat, dit le provéditeur vénitien, jusqu'à ce que le roi Richard ait remboursé les cinquante mille besans qu'il doit à la république. C'est bien assez que nous soyons en danger de perdre cette somme s'il vient à succomber sous les coups des infidèles, sans que nous courions encore le risque de le voir perdre la vie dans une querelle contre un chrétien pour un chien et une bannière.

— Et moi, dit William Longue-Épée, comte de Salisbury, je proteste à mon tour contre un combat qui mettrait en danger pour une pareille cause une vie qui appartient au peuple anglais. Voici votre gant, mon noble frère; reprenez-le, et supposez que le vent vous l'ait fait tomber des mains. Le mien le remplacera; le fils d'un roi, quoique son écu porte la barre de bâtardise, est au moins l'égal de ce marmouset de marquis.

— Princes et nobles chefs, dit Conrad, je n'accepterai point le défi du roi Richard. Nous l'avons choisi pour chef contre les Sarrasins; et si sa conscience peut répondre à l'accusation d'appeler un allié en champ clos pour une querelle si frivole, la mienne du moins ne peut endurer le reproche d'accepter ce cartel. Mais quant à son frère bâtard William de Woodstock, ou à tout autre qui osera soutenir la vérité de cette fausse accusation et s'en déclarer le champion, je défendrai mon honneur contre lui dans la lice, et je prouverai que quiconque m'attaque est un calomniateur.

— Le marquis de Montserrat, dit l'archevêque de Tyr, a parlé en homme sage et modéré; et il me semble que sans déshonneur pour aucune des deux parties cette affaire peut en rester là.

— Je crois qu'elle pourrait se terminer ainsi, dit Philippe, si le roi Richard veut se dédire de son accusation, comme étant appuyée sur de trop légers indices.

— Roi de France, répondit Cœur-de-Lion, mes paroles ne feront jamais une telle injure à mes pensées. J'ai accusé ce Conrad d'avoir profité, comme un brigand, de l'ombre de la nuit pour attaquer et ravir l'emblème de la dignité de l'Angleterre. Je répète cette accusation que je crois fondée sur la vérité; et puisque Conrad refuse le combat contre moi, je trouverai un champion pour soutenir ma querelle le jour qui sera fixé pour la vider; car ta longue épée, William, ne doit pas voir le jour pour cette cause, sans notre permission spéciale.

— Puisque mon rang me rend arbitre dans cette malheureuse affaire, dit le roi Philippe, je fixe le cinquième jour à compter de celui-ci pour la décider par la voie du combat, suivant les usages de la chevalerie; Richard, roi d'Angleterre, devant paraître comme appelant, par son champion, et Conrad, marquis de Montserrat, en sa propre personne, comme défendant. J'avoue pourtant que je ne sais où trouver un terrain neutre pour vider cette querelle; car le combat ne doit pas avoir lieu dans le voisinage du camp, où les soldats pourraient vouloir prendre parti pour chacun des combattans.

— Eh bien! dit Richard, on peut en appeler à la générosité du brave Saladin. Tout païen qu'il est, je n'ai jamais connu chevalier doué de plus de noblesse et à la bonne foi duquel on puisse se fier plus sûrement. Je parle ainsi pour ceux qui voient des difficultés dans cette affaire; car pour moi, je trouve un champ clos partout où je rencontre mon ennemi.

— Soit! répondit Philippe, nous ferons connaître cette affaire au soudan, quoique ce soit montrer à un ennemi le malheureux esprit de discorde que nous voudrions nous cacher à nous-mêmes, s'il était possible. En attendant je lève la séance, et je vous recommande à tous, comme chrétiens et comme chevaliers, de ne pas souffrir que cette fâcheuse querelle fasse plus de bruit dans le camp, mais de la regarder comme solennellement remise au jugement de Dieu, et de le supplier d'accorder la victoire à celui qui combattra pour la vérité. Que sa volonté soit faite!

— *Amen! amen!* s'écria-t-on de toutes parts.

— Conrad, dit à voix basse le grand-maître des Templiers

au marquis pendant que les princes se retiraient, n'ajouteras-tu pas à ce mot une prière pour être délivré du pouvoir du chien, comme le dit le Psalmiste?

— Tais-toi, répondit Conrad ; il y a dans l'air un démon révélateur qui pourrait rapporter, entre autres choses, jusqu'à quel point tu portes l'esprit de la devise de ton ordre, *Feriatur leo*.

— Tu soutiendras bravement le choc?

— N'en doute pas. Je n'aurais pas été très charmé de rencontrer le bras de fer de Richard, et je ne rougis pas d'avouer que je ne suis pas fâché d'être dispensé de le combattre ; mais parmi tous ceux qui sont sous ses ordres, en y comprenant son bâtard de frère, il n'existe personne que je craigne.

— Je vois ta confiance avec plaisir ; et dans ce cas, les dents d'un chien ont plus fait pour dissoudre cette ligue de princes que toutes tes ruses et le poignard du charegite. Ne vois-tu pas que malgré son front couvert d'un nuage affecté, Philippe ne peut cacher la satisfaction que lui fait éprouver la perspective d'être délivré du joug pesant de cette alliance ? Regarde Henry de Champagne ; un sourire effleure ses lèvres. Et l'archiduc d'Autriche ! il étouffe de joie, en songeant que sa querelle va être vengée sans qu'il coure aucun risque, sans qu'il se donne aucune peine ; mais chut ! il vient à nous. — C'est une chose fâcheuse, noble archiduc, qu'une pareille brèche faite aux murs de notre Sion.

— Si vous parlez de cette croisade, répondit l'archiduc, je voudrais que ce mur tombât en débris, et que nous fussions tous chacun chez nous. Je vous parle ainsi de confiance.

— Mais, dit le marquis de Montserrat, pensez que cette brèche a été pratiquée par les mains du roi Richard, pour le bon plaisir duquel nous avons enduré tant de choses, auquel nous nous sommes soumis comme des esclaves à un maître, dans l'espoir qu'il exercerait sa valeur contre nos ennemis au lieu de l'employer contre nos amis.

— Je ne vois pas qu'il ait plus de valeur qu'un autre, répondit l'archiduc; je crois que si le noble marquis l'eût combattu en champ clos, toutes les chances eussent été pour lui; car quoique ce monarque insulaire ait le bras pesant quand il fait tomber sa masse d'armes, il n'est pas aussi fort dans le maniement de la lance. Je n'aurais nullement craint moi-même de lui faire face en champ clos, lors de notre dernière querelle, si le bien de la chrétienté eût permis le combat entre deux princes souverains. Si vous le désirez, noble marquis, je serai votre parrain dans la lice.

— Et moi aussi, dit le grand-maître.

— Venez donc prendre votre repas de midi sous ma tente, nobles seigneurs, dit l'archiduc; nous parlerons de cette affaire en buvant le vrai *nierenstein*.

Et en conséquence ils se retirèrent tous trois ensemble.

— Que disait notre patron à ces deux grands personnages? demanda Jonas Schwanker à son compagnon le *spruch-sprecher*, qui avait pris la liberté de s'avancer près de son maître pendant la conversation que nous venons de rapporter, tandis que le bouffon était resté à une distance plus respectueuse.

— Serviteur de la folie, répondit le *spruch-sprecher*, modère ta curiosité; il ne convient pas que je t'apprenne les secrets de notre maître.

— Tu te trompes, homme de la sagesse, répondit le *hoffnarr*; nous marchons tous deux constamment à la suite de notre patron, et il nous importe également de savoir lequel de nous, sagesse ou folie, a le plus d'influence sur lui.

— Il a dit au marquis et au grand-maître, dit le *spruch-sprecher*, qu'il était las de cette guerre, et qu'il serait charmé de se retrouver chez lui sain et sauf.

— C'est un refait, et cela ne peut compter dans la partie,

s'écria le bouffon; car si c'était sagesse de le penser, c'était folie de le dire. Continue.

— Hem! Il leur dit ensuite que Richard n'était pas plus brave qu'un autre, et qu'il n'était pas très habile à manier la lance.

— Par ma marotte, c'est folie insigne! Et ensuite?

— Ma mémoire n'est pas très fidèle; mais je sais qu'il les a invités à boire un verre de *nierenstein*.

— Il y a là une apparence de sagesse, et tu peux le porter à ton compte quant à présent. Mais s'il boit trop, comme cela est très probable, je le marquerai au mien. Y a-t-il encore autre chose?

— Rien qui mérite d'être rapporté. Ah! il a dit qu'il regrettait de ne pas avoir saisi l'occasion de combattre Richard en champ clos.

— Fi donc! fi donc! s'écria Jonas Schwanker; c'est le radotage de la folie; et je suis presque honteux de gagner la partie par un tel moyen. Quoi qu'il en soit, suivons-le, tout fou qu'il est, sage *spruch-sprecher*, afin d'avoir notre part du bon vin de *nierenstein*.

CHAPITRE XXV.

> « Tu te plains de ton inconstance ;
> « Toi-même tu l'approuveras.
> « Sur moi l'amour aurait moins d'influence
> « Si l'honneur n'en triomphait pas. »
> *Vers de* Montrose.

Lorsque Richard fut de retour dans sa tente, il ordonna qu'on fît venir le Nubien devant lui. Celui-ci entra en saluant le roi avec son cérémonial d'usage, et après s'être prosterné, il resta debout devant le monarque, dans l'attitude d'un esclave qui attend les ordres de son maître : il fut peut-être heureux pour lui d'être obligé pour bien jouer son rôle d'avoir les yeux humblement baissés ; car s'il eût rencontré le regard perçant que Richard fixa sur lui quelque temps en silence, il lui aurait été difficile de bien soutenir son caractère emprunté.

— Tu es un bon chasseur, lui dit enfin Richard ; tu as débusqué ton gibier, et tu l'as mis aux abois aussi bien que si Tristan lui-même t'eût donné des leçons. Mais ce n'est pas tout ; il faut en faire curée. Je n'aurais pas été fâché moi-même de lever ma lance en cette occasion ; il paraît que certaines convenances s'y opposent. Tu vas retourner au camp du soudan, porteur d'une lettre pour requérir de sa courtoisie de désigner un terrain, afin d'y établir le champ clos, et de se joindre à nous pour en être spectateur, si tel est son bon plaisir. Maintenant, parlant seulement par conjecture, nous pensons que tu pourrais trouver dans son camp quelque cavalier qui par amour pour la vérité et pour acquérir une nouvelle gloire, se chargerait de combattre ce traître de Montserrat.

Le Nubien leva les yeux, et les fixa sur le roi avec un air d'empressement et d'ardeur; il les tourna ensuite vers le ciel avec une reconnaissance si solennelle, que Richard y vit briller une larme; baissant alors la tête, comme pour annoncer qu'il ferait ce que le roi désirait, il reprit son attitude habituelle de soumission attentive.

— C'est bien, dit le roi; je vois que tu désires me servir en cette affaire; je dois dire que voilà en quoi consiste l'excellence d'un serviteur tel que toi, qui ne peut prendre la parole ni pour discuter nos ordres, ni pour nous demander l'explication de nos projets. Un de mes serviteurs anglais, à ta place, m'aurait ennuyé à force de me conseiller de charger de ce combat quelque bonne lance de ma maison; car depuis mon frère Longue-Épée jusqu'au dernier d'entre eux, ils brûlent tous de se battre pour ma cause. Un Français babillard s'y serait pris de mille manières pour tâcher de découvrir pourquoi je cherche un champion dans le camp des infidèles. Mais toi, agent silencieux de ton roi, tu peux exécuter mes ordres sans me faire de questions et même sans les comprendre, parce qu'avec toi *entendre c'est obéir*[1].

L'esclave ne répondit à ces observations qu'en inclinant la tête avec respect et en fléchissant de nouveau le genou.

— Maintenant parlons d'autre chose, dit le roi tout à coup en s'exprimant avec plus de vivacité. As-tu vu Edith Plantagenet?

Le muet leva la tête comme pour parler, ses lèvres firent même le mouvement qui aurait été nécessaire pour prononcer une négation; mais elles ne firent entendre que ce

---

(1) Ces mots sont une espèce de formule que l'esclave d'Orient répond à son maître, pour lui dire qu'il va être servi selon son désir. — Éd.

murmure indistinct, propre aux infortunés privés de la faculté de la parole.

— Voyez! s'écria le roi, le nom seul d'une princesse du sang royal et d'une beauté aussi distinguée que notre aimable cousine semble avoir eu presque assez de pouvoir pour rendre la parole à un muet! Quels miracles ne pourraient donc pas faire ses yeux! J'en ferai l'épreuve, ami esclave; tu verras cette beauté d'élite dans notre cour, et tu rempliras la mission que t'a donnée le noble soudan.

Encore un regard joyeux, encore une génuflexion; mais quand le Nubien se releva, le roi lui appuya fortement la main sur l'épaule et lui dit avec un ton de gravité sévère : — Que je t'avertisse pourtant d'une chose, mon noir messager. Quand même celle que tu vas voir parviendrait par une influence mystérieuse à dénouer cette langue actuellement emprisonnée entre les murs d'ivoire de ton palais, comme le dit le brave soudan, prends bien garde de ne pas perdre ton caractère de taciturnité, prends garde de ne pas prononcer un seul mot en sa présence; car je te garantis que je te ferais arracher la langue, et que je ne laisserais pas pierre sur pierre de ton palais d'ivoire, ce qui veut dire, je crois, en langue franque, que je te ferais tirer toutes les dents l'une après l'autre. Sois donc prudent et silencieux.

Richard retira la main qu'il appuyait sur l'épaule du Nubien, et celui-ci, faisant une profonde inclination de tête, porta la main à ses lèvres en signe d'obéissance et de silence.

Le roi lui mit une seconde fois la main sur l'épaule, mais sans appuyer si fortement, et ajouta : — Nous te parlons, ami, comme à un esclave. Si tu étais un gentilhomme ou un chevalier, nous ne te demanderions que ta parole d'honneur de garder le silence; condition de la permission que nous t'accordons.

Le Nubien se redressa avec un air de fierté, regarda le roi en face, et plaça sa main droite sur son cœur.

Richard appela alors son chambellan.

— Neville, dit-il, conduis cet esclave à la tente de notre épouse, à qui tu diras que notre bon plaisir est qu'il obtienne une audience, une audience particulière de notre cousine Edith; il a une mission à remplir auprès d'elle. Tu lui montreras le chemin, si toutefois il en a besoin; car tu as dû remarquer comme il connaît déjà merveilleusement toute la disposition de notre camp. Et toi, notre ami noir, fais promptement ce que tu as à faire, et sois de retour ici dans une demi-heure.

— Je suis découvert, pensa le prétendu Nubien qui, les bras croisés et les yeux baissés, suivait Neville dans sa marche rapide vers le pavillon de la reine Bérengère. — Le roi Richard a incontestablement pénétré mon déguisement; et cependant son ressentiment contre moi ne paraît pas bien vif. Si j'ai bien compris ses paroles, et il est impossible de s'y méprendre, il m'offre une noble chance de réparer mon honneur en combattant ce perfide marquis. J'ai vu la preuve de son crime dans ses regards consternés et sur ses lèvres tremblantes quand Richard l'accusa. Roswall, tu as fidèlement servi ton maître, et celui qui a voulu te donner la mort me le paiera cher. — Mais que signifie la permission que Richard vient de m'accorder de voir celle que j'avais désespéré de jamais revoir? Pourquoi et comment Richard Plantagenet consent-il que je me présente devant sa divine parente, soit comme messager du païen Saladin, soit comme le coupable qu'il a si récemment banni de son camp, et dont l'aveu audacieux qu'il a fait d'un amour dont il est fier augmente encore le crime? Que Richard consente qu'elle reçoive une lettre d'un amant musulman, et qu'elle la reçoive par les mains d'un autre amant d'un rang si disproportionné, sont deux circonstances également incroyables, et qui ne peuvent se concilier. Mais Richard, quand il n'est pas agité par ses passions tumultueuses, est libéral, généreux, véritablement noble, et j'agirai envers lui en conséquence; je suivrai ses instructions sans chercher à connaître ses motifs, si ce n'est à mesure que le temps les développera de lui-même. Je dois obéissance entière à celui qui me fournit une si belle occasion de reconquérir mon honneur perdu; et quoi qu'il puisse m'en coûter, je m'acquiterai de cette dette. — Et cependant, dit-il encore dans la fierté de son cœur, Cœur-de-Lion, comme on l'appelle, aurait pu mesurer les sentimens des autres sur les siens. Moi, demander à me présenter devant sa parente, quand je ne lui adressai pas un seul mot lorsqu'elle me remit le prix d'un tournoi; quand je n'étais pas le moins riche en exploits de chevalerie parmi les défenseurs de la croix! Moi, chercher à approcher d'elle sous un vil déguisement, sous la livrée de la servitude, quand je ne suis de fait qu'un misérable esclave, quand ce qui était jadis mon bouclier est terni par une tache! Moi, agir ainsi! Il me connaît bien peu! Je le remercie pourtant de m'avoir fourni une occasion qui peut faire que nous nous connaissions tous mieux.

Il en était à cette conclusion lorsque Neville et lui s'arrêtèrent devant le pavillon de la reine.

Les gardes les laissèrent entrer sans difficulté; et Neville, laissant le Nubien dans une petite antichambre que celui-ci ne reconnut que trop, passa dans l'appartement qui servait de salle d'audience. Il fit part à Bérengère des ordres du roi d'un ton bas et respectueux, bien différent de la brusquerie de Thomas de Vaux pour qui Richard était tout, et le reste de la cour en y comprenant la reine elle-même, n'était rien. Un grand éclat de rire suivit l'explication de son message.

— Et à quoi ressemble cet esclave de Nubie qui arrive comme ambassadeur du soudan? demanda une voix de femme qu'il était facile de reconnaître pour celle de Bérengère. N'est-ce pas un nègre, Neville, avec la peau noire, les cheveux crépus comme la laine d'un bélier, le nez plat et des grosses lèvres ? Ha ! ha ! ha ! N'est-ce pas cela, sir Neville ?

— Que Votre Majesté n'oublie pas, dit une autre voix, ses jambes arquées comme le tranchant d'un cimeterre sarrasin.

— Ou plutôt comme l'arc de Cupidon, dit la reine, puisqu'il vient chargé d'un message amoureux. Mon bon Neville, vous êtes toujours disposé à la complaisance pour de pauvres femmes qui ne savent que faire de leur temps ; il faut que nous voyions ce messager d'amour J'ai vu beaucoup de Turcs et de Maures, mais jamais je n'ai vu un nègre.

— Je suis fait pour obéir aux ordres de Votre Majesté, répondit le chevalier débonnaire, pourvu qu'elle se charge de m'excuser auprès du roi. Cependant permettez-moi de vous assurer que ce que vous verrez ne répondra nullement à votre attente.

— Tant mieux, dit Bérengère ; plus laid que notre imagination ne peut se le figurer, et cependant choisi par le galant soudan pour son courrier amoureux !

— Madame, dit lady Caliste, permettez-moi de supplier Votre Majesté de souffrir que ce bon chevalier conduise directement ce messager à lady Edith, à qui ses lettres de créance sont adressées ; songez que nous venons tout récemment d'échapper aux suites d'une semblable plaisanterie.

— D'échapper, dis-tu ! répéta la reine avec dédain ; cependant ton avis peut être prudent, Caliste. Que ce Nubien, comme on l'appelle, s'acquitte d'abord de sa mission pour notre cousine Edith. D'ailleurs ne dites-vous pas qu'il est muet, Neville ?

— Oui, madame, répondit le chevalier.

— Ces dames de l'Orient sont bien heureuses ! dit Bérengère ; elles sont servies par des gens devant lesquels elles peuvent tout dire, et qui n'en peuvent rien répéter ; au lieu que dans notre camp, comme a coutume de le dire le prélat de Saint-Jude, un oiseau qui traverse l'air rapporte tout ce qui s'est dit.

— C'est que Votre Majesté oublie qu'elle parle entre des murs de toile, dit Neville.

Cette observation fit qu'on baissa la voix, et après quelques instans de conversation d'un ton plus bas, le chevalier anglais alla rejoindre l'esclave noir, et lui fit signe de le suivre ; le Nubien obéit, et Neville le conduisit dans un petit pavillon contigu à celui de la reine, et destiné à lady Edith et aux femmes à son service. Une des esclaves cophtes reçut le message que lui communiqua sir Henry Neville ; au bout de trois minutes le Nubien fut introduit en présence d'Edith, et Neville resta hors de la tente.

L'esclave qui avait amené le Nubien se retira à un signe que lui fit sa maîtresse, et ce fut avec tous les signes d'une humiliation sincère que le malheureux chevalier, si étrangement déguisé, fléchit un genou en terre, les yeux baissés, les bras croisés sur sa poitrine, comme un criminel qui attend sa sentence. Edith était vêtue de la même manière que lorsqu'elle avait reçu le roi Richard, son grand voile noir transparent tombant sur ces formes élégantes comme l'ombre d'une nuit d'été. Elle tenait en main une lampe d'argent nourrie par une huile aromatique, et qui répandait une clarté extraordinaire.

Lorsqu'elle se fut approchée à un pas de l'esclave agenouillé et immobile, elle lui approcha la lumière du visage, comme pour mieux examiner ses traits ; se détournant ensuite, elle plaça sa lampe de manière à ce que l'ombre de la figure du Nubien se dessinât sur la toile de la tente. Alors elle lui adressa la parole d'une voix douce et tranquille, mais profondément mélancolique.

— Est-ce donc vous ? est-ce bien vous, brave chevalier du Léopard, vaillant sir Kenneth d'Ecosse ? est-ce véritablement vous, sous ce déguisement servile, entouré de mille dangers ?

En entendant le son de la voix de sa dame qui lui parlait d'une manière si inattendue et d'un ton de compassion qui approchait presque de la tendresse, les lèvres du chevalier s'entr'ouvrirent pour lui répondre ; et à peine les ordres de Richard et la promesse qu'il lui avait faite de garder le silence purent-ils l'empêcher de s'écrier que ce qu'il venait d'entendre suffisait pour payer l'esclavage de toute sa vie, et pour l'indemniser des dangers dont chaque instant pouvait menacer cette vie. Cependant il fut maître de lui-même, et un profond soupir fut la seule réponse qu'il fit à la question d'Edith.

— Je vois et je savais que je ne m'étais pas trompée, dit Edith. Je vous ai remarqué dès l'instant que vous avez paru près de la plate-forme sur laquelle j'étais avec la reine. J'ai reconnu aussi votre beau lévrier. Elle ne serait pas digne des services d'un chevalier tel que vous, la dame à qui un changement de costume et de couleurs pourrait cacher un fidèle serviteur. Parlez donc sans crainte à Edith Plantagenet. Elle sait comment honorer dans l'adversité un bon chevalier qui l'a servie et honorée, après avoir fait des exploits en son nom quand il était favorisé de la fortune. Quoi! encore silencieux! Est-ce la crainte ou la honte qui t'empêche de parler? La crainte! tu ne devrais pas la connaître ; la honte ! laisse-la à ceux qui ont causé ton malheur.

Le chevalier désespéré d'être obligé de jouer un rôle muet dans une entrevue si intéressante, ne put exprimer sa mortification que par de nouveaux soupirs, et en plaçant un doigt sur ses lèvres. Edith fit quelques pas en arrière avec une sorte de mécontentement.

— Quoi! dit-elle, Asiatique par le costume, et muet par le fait! C'est à quoi je ne m'attendais pas. Mais peut-être me méprises-tu parce que j'avoue si hardiment que j'ai fait attention aux hommages que tu m'as rendus? Ne conçois pas pour cela une idée défavorable d'Edith : elle connaît les bornes que la réserve et la modestie prescrivent à une jeune fille de haute naissance, et elle sait quand et jusqu'à quel point la reconnaissance lui permet d'en sortir, et d'avouer son désir sincère de pouvoir réparer les injustices auxquelles a été exposé pour elle un bon chevalier. Pourquoi joindre ainsi les mains et te tordre les bras avec cet air de désespoir? Serait-il possible, ajouta-t-elle en frémissant de cette idée, que leur cruauté t'eût privé de l'organe de la parole?

— Tu secoues la tête! Eh bien! que ce soit un charme, que ce soit une obstination, je ne te fais plus de questions. Acquitte-toi de ta mission comme tu l'entendras. Je puis aussi être muette.

Le chevalier déguisé fit un geste qui semblait déplorer sa situation et conjurer le déplaisir de sa dame, après quoi il présenta la lettre du soudan, enveloppée dans l'or et la soie, suivant l'usage. Elle la prit, y jeta les yeux négligemment, la mit de côté, et levant les yeux encore une fois sur le chevalier, elle lui dit à voix basse : — Quoi! pas même un mot pour t'acquitter de ton message?

Il pressa ses deux mains sur son front, comme pour exprimer la douleur qu'il éprouvait en se trouvant hors d'état de lui obéir; mais elle se détourna avec un air de colère.

— Retire-toi, dit-elle; j'ai assez parlé, j'ai trop parlé à un homme qui ne daigne pas perdre une parole pour me répondre. Pars, et tu peux dire que si je t'ai nui, j'en ai fait pénitence, car si j'ai été la malheureuse cause qui t'a fait quitter un poste d'honneur, j'ai oublié ma dignité dans cette entrevue, et je me suis dégradée à tes yeux et aux miens.

Elle appuya une main sur ses yeux, et parut vivement agitée. Sir Kenneth fit un mouvement pour approcher d'elle; mais elle fit un geste pour lui défendre d'avancer.

— N'approche pas de moi, dit-elle ensuite, toi dont le ciel a adapté l'ame à sa nouvelle condition. Un être moins craintif et moins abruti qu'un esclave des Sarrasins m'aurait du moins adressé un mot de reconnaissance, quand ce n'eût été que pour me rendre plus supportable le sentiment de ma dégradation. Qu'attends-tu? Retire-toi.

Le chevalier déguisé jeta un regard presque involontaire sur la lettre, comme pour s'excuser de rester encore. Edith la prit en disant avec un ton d'ironie et de mépris : — J'avais oublié. L'esclave soumis attend une réponse à son message. Que veut dire cette lettre? Elle est du soudan?

Elle en parcourut rapidement le contenu qui était écrit en arabe et en français, et après l'avoir lue elle dit avec un sourire aussi plein d'amertume que de courroux :

— Cela passe l'imagination! quel jongleur pourrait opérer une transmutation si adroitement? Il peut changer les sequins et les besans en doits et en maravédis[1]; mais tout son art peut-il faire qu'un chevalier qui a toujours été compté parmi les plus braves de la sainte croisade devienne l'esclave baisant la poussière d'un soudan païen? le porteur de ses insolentes propositions à une fille chrétienne? un rénégat aux lois de l'honneur, de la chevalerie et de la religion? Mais à quoi bon parler à l'esclave volontaire d'un chien de païen? Dis à ton maître, quand ses verges t'auront trouvé une langue, ce que tu vas me voir faire. A ces mots elle jeta par terre la lettre du soudan, et la foula aux pieds. Dis-lui, ajouta-t-elle, qu'Edith Plantagenet méprise l'hommage d'un soudan païen.

Ayant ainsi parlé, elle fit un mouvement pour se retirer, et le chevalier se prosternant à ses pieds avec tous les signes du désespoir, se hasarda à porter la main sur le pan de sa robe pour la retenir.

— N'as-tu pas entendu ce que j'ai dit, esclave? s'écria-t-elle en se retournant vers lui et en parlant avec emphase; dis au païen ton maître que je méprise ses offres autant que les marques de respect d'un indigne apostat à la religion et à la chevalerie, à Dieu et à sa dame.

(1) Monnaie hollandaise et espagnole. — Éd.

A ces mots, elle lui arracha sa robe des mains, et sortit du pavillon.

La voix de Neville se faisant entendre de dehors, appela le Nubien en même temps. Accablé et épuisé par tout ce qu'il avait souffert pendant cette entrevue, qui l'avait mis dans un embarras dont il n'aurait pu se tirer qu'en manquant à sa parole donnée au roi Richard, le malheureux chevalier suivit presque en chancelant le baron anglais jusqu'à l'entrée de la tente du roi, devant laquelle quelques cavaliers venaient de descendre de cheval. L'intérieur du pavillon était éclairé, et il semblait y régner un mouvement extraordinaire. Lorsque Neville y entra avec l'esclave supposé, ils trouvèrent le roi avec plusieurs de ses nobles, occupé à recevoir ceux qui venaient d'arriver.

CHAPITRE XXVI.

> « Mes pleurs doivent couler sans fin,
> « Car ils n'ont pas leur source dans l'absence ;
> « L'amant absent peut revenir demain ;
> « Souvent le temps couronne la constance.
>
> « Sur un tombeau silencieux
> « Je ne viens pas verser de vaines larmes,
> « Grace à la mort, les amans malheureux
> « Sont réunis sans crainte et sans alarmes.
>
> « Elle pleurait, dans sa douleur,
> « Avec l'orgueil de sa haute naissance,
> « Le nom flétri, l'injuste déshonneur,
> « De son amant, guerrier plein de vaillance. »
>
> Ancienne ballade.

On entendit la voix sonore de Richard s'écrier avec un accent de franchise et de félicitation joyeuse :

— Thomas de Vaux ! mon brave Tom de Gilsland ! par la tête du roi Henry, tu es le bienvenu, aussi bienvenu que le fut jamais flacon de vin pour un maître ivrogne. J'aurais à peine su comment disposer mon ordonnance de bataille si je n'avais eu ta taille épaisse pour me servir de point de mire en formant mes rangs. Il va bientôt pleuvoir des coups, Thomas, si les saints nous prêtent leur aide ; et si nous avions combattu en ton absence, je me serais attendu à apprendre qu'on t'avait trouvé pendu aux branches de quelque arbre.

—J'espère que j'aurais supporté ce désappointement avec plus de patience chrétienne, dit Thomas de Vaux, que si j'avais à périr de la mort d'un apostat. Mais je remercie Votre Majesté de son bon accueil, ce qui est d'autant plus généreux qu'il s'agit d'un régal de horions, dont, sauf votre bon plaisir, sire, vous n'êtes toujours que trop porté à prendre la plus grosse part; mais je vous amène quelqu'un à qui je sais que Votre Majesté fera encore meilleur accueil.

— Celui qui s'avança pour saluer respectueusement Richard était un jeune homme de petite taille et de peu d'embonpoint. Ses vêtemens étaient aussi modestes que sa personne était remarquable; mais il portait à sa toque une boucle d'or, garnie d'un brillant dont l'éclat ne pouvait être égalé que par celui de ses yeux. C'était le seul trait de sa physionomie qui fût frappant; mais quand on l'avait une fois remarqué il ne manquait jamais de produire une vive impression sur le spectateur. A son cou était suspendu par une écharpe de soie bleu de ciel un *wrest*, comme on nommait alors la clef qui sert à accorder une harpe, et qui était d'or massif.

Il fit un mouvement pour s'agenouiller devant Richard; mais le roi s'y opposa avec empressement, le serra dans ses bras avec affection, et l'embrassa sur les deux joues.

— Blondel de Nesle! s'écria-t-il avec joie. Tu es le bienvenu de Chypre, mon roi des ménestrels, le bienvenu près du roi d'Angleterre, qui n'attache pas un plus haut prix à sa propre dignité qu'à la tienne. J'ai été malade, et, sur mon ame, je crois que ton absence en était la cause; car si j'étais à mi-chemin du ciel, il me semble que tes accens auraient le pouvoir de me rappeler. Et quelles nouvelles du pays de la harpe, mon maître? que content les trouvères de Provence? que chantent les ménestrels de la joyeuse Normandie? et avant tout, as-tu été toi-même bien occupé? mais je n'ai pas besoin de te faire cette question. Tu ne pourrais être oisif quand même tu le voudrais : tes nobles talens sont comme un feu intérieur qui te force à l'exhaler en musique et en chansons.

— J'ai appris quelques lais; j'en ai fait quelques autres, noble roi, répondit le célèbre Blondel avec une timide modestie que l'admiration et l'enthousiasme que Richard montrait pour ses talens n'avaient jamais pu diminuer.

— Nous t'entendrons, Blondel, nous t'entendrons sur-le-champ, s'écria le roi; et le touchant sur l'épaule avec bonté, il ajouta : C'est-à-dire, si tu n'es pas trop fatigué de ton voyage; car j'aimerais mieux crever mon meilleur cheval que de nuire le moins du monde à ta voix.

— Ma voix est maintenant comme toujours, au service de mon royal patron, répondit Blondel; mais, ajouta-t-il en jetant les yeux sur des papiers qui étaient placés sur une table, Votre Majesté paraît occupée d'affaires plus importantes, et il est déjà tard.

— Pas du tout, mon cher Blondel, répondit Richard; pas du tout; j'esquissais seulement un plan de bataille contre les Sarrasins, c'est l'affaire d'un instant : elle ne demande presque pas plus de temps que pour les mettre en déroute.

— Il me semble pourtant, dit Thomas de Vaux, qu'il ne serait pas inutile de voir quel nombre de soldats Votre Majesté peut ranger en bataille; je lui rapporte à ce sujet un rapport d'Ascalon.

— Tu es un mulet, Thomas, s'écria le roi, un vrai mulet pour l'obstination et la stupidité. Allons, messieurs, en cercle, en cercle, rangez-vous autour de lui; qu'on donne le tabouret à Blondel : où est son porteur de harpe? Un instant, non, donnez-lui la mienne; la sienne peut avoir souffert du voyage.

— Je désirerais que Votre Majesté voulût entendre mon rapport, dit sir Thomas de Vaux. J'ai fait un long voyage, et j'ai plus d'envie de m'étendre sur mon lit que de me faire chatouiller les oreilles.

— Te chatouiller les oreilles! répondit Richard; ce serait donc avec une plume de bécasse plutôt que par des sons harmonieux. Dis-moi, Thomas, tes oreilles savent-elles distinguer le chant de Blondel du braiement d'un âne?

— Sur ma foi, sire, je ne sais trop que vous répondre, dit De Vaux; mais laissant à part Blondel, qui est noble de naissance, et qui par conséquent a sans doute de grands talens, je vous réponds qu'attendu la question de Votre Majesté je ne regarderai jamais un ménestrel sans penser à un âne.

— Mais par courtoisie, répliqua Richard, n'aurais-tu pas pu faire une exception pour moi, qui suis de noble naissance aussi bien que Blondel, et qui, comme lui, suis un confrère de la gaie science?

— Votre Majesté, dit De Vaux en souriant, doit se rappeler qu'il est inutile de demander de la courtoisie à un mulet.

— C'est la vérité, dit Richard; et surtout à un mulet aussi mal dressé que toi. Mais viens ici, maître mulet, afin qu'on te décharge de ton fardeau, et que la musique ne t'empêche pas d'aller te vautrer sur ta litière; ce serait du bien perdu pour toi. Pendant ce temps, mon bon frère de Salisbury, cours à la tente de Bérengère, et dis-lui que Blondel vient d'arriver avec tout ce que l'art du ménestrel a produit de plus nouveau. Invite-la à venir sur-le-champ; tu lui serviras d'escorte, et veille à ce que notre cousine Edith Plantagenet vienne avec elle.

En prononçant ces derniers mots, Richard regarda le Nubien avec cette expression équivoque que sa physionomie prenait ordinairement quand il levait les yeux sur lui.

— Ah! dit-il, notre discret et silencieux messager est de retour! Avance, esclave; place-toi derrière Neville, et tu entendras des sons qui te feront remercier le ciel de ce qu'en t'affligeant il t'ait rendu muet plutôt que sourd.

A ces mots, ne songeant plus au reste de la compagnie, il se tourna vers De Vaux, et s'occupa des détails militaires que lui donna le baron.

Comme le lord Gilsland finissait son rapport, un messager vint annoncer que la reine et sa suite approchaient de la tente royale.

— Hola! un flacon de vin! s'écria Richard, de ce vieux vin de Chypre du roi Isaac que nous gardons depuis si long-temps, et que nous trouvâmes après avoir pris Famagouste d'assaut. Versez-en un grand verre pour le brave lord de Gilsland, messieurs. Jamais prince n'eut un serviteur plus zélé et plus fidèle.

— Je suis charmé, dit Thomas de Vaux, que Votre Majesté trouve que le mulet est un animal utile, quoique sa voix soit moins harmonieuse que le crin de cheval et le fil de laiton.

— Quoi! dit le roi, tu n'as pas encore digéré ce lardon de mulet! Fais-le passer avec un verre de vin, Thomas, sans quoi il t'étouffera. Bien! on ne saurait mieux boire. Et maintenant je te dirai que tu es un soldat comme moi, et qu'en conséquence nous devons supporter les quolibets l'un de l'autre dans un salon, comme les horions dans un tournoi; et plus nous frappons fort, plus nous devons nous aimer. Sur ma foi, si tu n'as pas frappé aussi fort que moi dans cette dernière rencontre, tu as du moins employé tout ton esprit à repousser mes coups. Mais voici la différence qu'il y a entre toi et Blondel : tu n'es que mon camarade, je pourrais dire mon élève dans l'art de la guerre; Blondel est mon maître dans la science du chant et de la musique. Je te permets la liberté de l'intimité, mais je lui dois le respect comme étant mon supérieur dans son art. Allons, Thomas, point d'humeur, et reste avec nous pour écouter ses chants.

— Pour voir Votre Majesté dans une humeur si enjouée, répondit le lord de Gilsland, sur ma foi, je resterais jusqu'à ce que Blondel eût fini de chanter le grand roman du roi Arthur, qui dure trois jours.

— Nous ne mettrons pas ta patience à une si longue épreuve, dit Richard. Mais je vois une lueur de torches qui annonce l'arrivée de notre épouse; va la recevoir, Thomas, et tâche de trouver grace aux yeux les plus brillans de la chrétienté. Ne t'arrête pas pour donner plus d'élégance aux plis de tes vêtemens; vois, tu as laissé Neville se placer entre le vent et les voiles de ta galère !

— Il n'a jamais été en avant de moi sur le champ de bataille, répliqua De Vaux, peu satisfait de se voir prévenu par l'activité supérieure du chambellan.

— Et qui y a jamais été, mon bon Tom de Gilsland, dit le roi, si ce n'est peut-être moi de temps en temps?

— Oui, sire, répondit De Vaux; mais rendons justice aux malheureux : j'ai vu aussi quelquefois en avant de moi l'infortuné chevalier du Léopard; car voyez-vous, il pèse moins sur son cheval, et par conséquent...

— Silence ! s'écria Richard en l'interrompant d'un ton péremptoire; qu'on ne prononce pas ce nom devant moi !

Se levant en même temps, il alla recevoir son épouse à la porte du pavillon, et lui présenta ensuite Blondel comme le roi des ménestrels et son maître dans la gaie science. Bérengère qui savait parfaitement que la passion de Richard pour la poésie et la musique était presque égale à sa soif de renommée guerrière, et que Blondel était son plus cher favori, eut soin de le recevoir avec toutes les distinctions flatteuses dues à un homme que le roi se plaisait à honorer. Cependant il était évident que quoique Blondel répondît convenablement aux complimens que la belle reine lui prodiguait sans réserve, il était plus sensible aux manières gracieuses d'Edith, dont l'accueil cordial lui parut d'autant plus sincère qu'il avait moins d'apprêt et plus de simplicité.

La reine et son auguste époux s'aperçurent également de cette distinction, et Richard voyant que son épouse était un peu piquée de la préférence qu'avait obtenue sa cousine, et dont peut-être n'était-il pas très satisfait lui-même, dit assez haut pour être entendu de tous deux : — Nous autres ménestrels, Bérengère, comme vous pouvez le voir par la conduite de notre maître Blondel, nous avons plus de respect pour un juge sévère comme notre parente que pour un ami partial qui est disposé comme vous à croire à notre mérite sur parole.

Edith fut piquée à son tour de ce sarcasme, et elle n'hésita pas à répondre qu'elle n'était pas la seule dans la famille des Plantagenet qui fût portée à juger avec promptitude et sévérité.

Elle en aurait peut-être dit davantage, car elle avait quelque chose du caractère de cette maison qui, tirant son nom et sa devise d'un faible arbrisseau (*planta genista*) choisi comme emblème d'humilité, était peut-être une des familles les plus fières qui aient jamais régné sur l'Angleterre ; mais tandis qu'elle parlait ainsi avec passion, ses yeux rencontrèrent ceux du Nubien, quoiqu'il cherchât à se cacher derrière les nobles qui étaient présens. A cette vue Edith se laissa tomber sur une chaise ; elle devint si pâle que la reine Bérengère se crut obligée de demander de l'eau et des essences, et de remplir tout le cérémonial d'usage pour une dame qui s'évanouit.

Richard, qui savait mieux apprécier la force d'esprit d'Edith, dit à Blondel de s'asseoir et de commencer son lai, ajoutant que la musique était une recette qui valait toutes les autres pour rappeler à la vie une Plantagenet.

— Chante-nous, lui dit-il, ce lai de la *Robe ensanglantée* dont tu m'as raconté le sujet avant mon départ de l'île de Chypre. Tu dois à présent le savoir parfaitement, ou ton arc est brisé, comme le disent nos archers.

L'œil inquiet du ménestrel était pourtant toujours fixé sur Edith, et ce ne fut que lorsqu'il vit les couleurs reparaître sur ses joues qu'il obéit aux ordres réitérés du roi ; s'accompagnant alors de sa harpe de manière à prêter une nouvelle grace à sa voix sans la couvrir, il chanta comme un récitatif une de ces anciennes aventures d'amour et de chevalerie qui étaient jadis des thèmes populaires pour les ménestrels. Dès qu'il commença à préluder, son extérieur peu remarquable changea tout à coup de caractère ; un air d'inspiration anima sa physionomie, et tous ses traits brillèrent d'une noble énergie. Enfin sa voix mâle, sonore et flexible enchanta toutes les oreilles, et arriva jusqu'à tous les cœurs.

Richard aussi joyeux qu'après une victoire, enjoignit le silence par une citation fort à propos :

> Dans le salon, dans le boudoir,
> Écoutez-moi, noble assistance.

Il fit ranger en cercle tous les auditeurs, avec le zèle d'un protecteur des arts et d'un élève ; et ayant prononcé le *chut* final, il s'assit lui-même avec un air d'attente et d'intérêt qui n'était pas sans quelque mélange de la gravité d'un critique de profession. Les courtisans fixèrent leurs yeux sur le roi, afin d'être prêts à imiter toutes les émotions que ses traits pourraient exprimer, et Thomas de Vaux bâilla d'une manière effrayante, en homme qui se soumet malgré lui à une pénitence pénible. Le lai de Blondel était en langue normande, comme on doit bien le croire ; mais les vers suivans, en langage plus moderne, pourront en faire connaître le sens et la manière.

LA ROBE ENSANGLANTÉE.

CHANT Ier.

Auprès des murs de Bénévent la belle,
Quand le soleil était sur son déclin,
Que maint guerrier s'apprêtait avec zèle
Pour le tournoi du lendemain matin,
De la princesse un jeune et noble page
A pas hâtés parcourait tout le champ,
Cherchant la tente où vivait en servage
Un brave anglais nommé Thomas de Kent.

Pour le trouver il eut pourtant à faire
Bien du chemin, car du bon chevalier
Le pavillon modeste et solitaire
N'était brillant que de fer et d'acier.
Il réparait lui-même sa cuirasse,
Faute d'argent pour payer l'ouvrier :
Saint Jean, sa dame, étaient l'aide efficace
Qu'il invoquait pour cueillir un laurier.

— Beau chevalier, tu connais ma maîtresse,
Lui dit le page avec un air altier;
De Bénévent tu sais qu'elle est princesse,
Et que tu n'es qu'un simple chevalier.
Qui veut franchir cet intervalle immense,
D'un si grand arbre atteindre la hauteur,
Par quelque fait d'une illustre importance
Doit se montrer son digne serviteur.

Écoute donc ce que dit ma maîtresse :
De ta cuirasse il faut te décharger.
Robe de nuit qui sert à la princesse
Au lieu d'haubert devra te protéger.
Reçois de moi cette armure nouvelle,
Dans le tournoi combats avec valeur;
Et, satisfait d'un regard de ta belle,
Meurs avec gloire, ou vis avec honneur. —

D'un air serein, aussi fier que son âme,
Le chevalier prend le présent fatal.
— Page, dit-il, dis à ma noble dame
Que j'obéis à son premier signal.
Je combattrai, couvert de cette armure,
Tout champion qui se présentera;
Mais si je suis vainqueur, à son tour, sans murmure,
Ma dame à quelque épreuve aussi se soumettra. —

— Ami Blondel, dit Richard, tu as changé de mesure dans les deux derniers vers.

— Vous avez raison, sire, répondit Blondel. J'ai traduit ces vers de l'italien, d'après un vieux ménestrel que j'ai rencontré dans l'île de Chypre; et n'ayant eu le temps ni de les traduire ni de les graver bien fidèlement dans ma mémoire, je suis obligé de remplir les lacunes qui se trouvent dans la musique et dans les vers, aussi bien qu'il m'est possible, d'après l'inspiration du moment ; de même qu'on voit les paysans raccommoder une haie vive avec un fagot de bois mort.

— Sur ma foi, Blondel, reprit le roi, j'aime ces alexandrins sonores et ronflans ; il me semble que cette mesure convient mieux à la musique que celle qui a deux syllabes de moins.

— Votre Majesté sait que toutes deux sont sanctionnées par l'usage, répondit Blondel.

— Sans doute, répliqua Richard ; mais à présent qu'il va sans doute pleuvoir des coups, il me semble que ces alexandrins retentissant comme le tonnerre conviendraient mieux pour peindre cette scène. Ce serait comme une charge de cavalerie, au lieu que l'autre mesure n'est que le pas d'amble du palefroi d'une dame.

— Ce sera comme il plaira à Votre Majesté, dit Blondel en commençant un nouveau prélude.

— D'abord, échauffe ton imagination avec un verre de ce bon vin de Chypre, dit le roi ; et si tu veux m'en croire, tu t'épargneras la peine de chercher des rimes pour tous les vers, et de les faire marcher avec tant de régularité. C'est mettre la pensée à la gêne ; c'est ressembler à un jongleur qui danse les fers aux pieds.

— Du moins, ce sont des fers dont il est facile de se débarrasser, répondit Blondel en passant de nouveau les doigts sur les cordes de sa harpe, en homme qui aurait préféré chanter au lieu d'écouter une critique.

— Et pourquoi donc les garder ? continua Richard ; pourquoi mettre à ton génie des bracelets d'airain ? Je suis surpris que tu puisses marcher ainsi. Je suis sûr que je n'aurais pas été en état de composer une seule de ces strophes en me soumettant à une pareille contrainte.

Blondel baissa les yeux, et feignit d'accorder sa harpe pour cacher un sourire qui se peignit involontairement sur ses traits, mais qui ne put échapper aux regards clairvoyans de Richard.

— Sur ma foi, tu ris à mes dépens, Blondel, s'écria-t-il; mais en bonne conscience, c'est ce que mérite quiconque veut prendre le ton de maître quand il n'est qu'écolier. Nous autres rois, nous avons la mauvaise habitude d'avoir une trop haute opinion de nous-mêmes. Mais allons, mon cher Blondel, continue ton lai et prends la mesure qui te conviendra. Ce que tu chanteras vaudra mieux que tout ce que nous pourrions te suggérer, quoiqu'il faille toujours que nous parlions.

Blondel continua le lai commencé; mais comme il était habitué à composer impromptu, il ne manqua pas de se conformer aux observations du roi, et peut-être même ne fut-il pas fâché de saisir cette occasion pour prouver avec quelle facilité il pouvait remanier des vers, même pendant qu'il les déclamait.

LA ROBE ENSANGLANTÉE.

CHANT II.

Enfin le tournoi s'ouvre, et l'on voit à la fois
Vingt rivaux pleins d'ardeur disputer la victoire.
Mais quel sera le fruit de leurs nobles exploits?
Au vaincu le tombeau, pour le vainqueur la gloire.
Ils joignent le sang-froid à l'intrépidité;
Mais par les coups qu'il porte un d'entre eux les efface,
Et c'est le chevalier qui n'a d'autre cuirasse
Qu'un simple vêtement que sa dame a porté.

On l'évite, on rougit d'une lutte inégale;
On croit que c'est un vœu qu'a fait ce chevalier;
Mais à plus d'un héros sa bravoure est fatale,
Et maint bras contre lui lève un fer meurtrier.
Son corps n'est déjà plus qu'une large blessure;
Son sang coule à grands flots. Témoin de sa valeur,
Le prince a fait un geste; et sans qu'on en murmure,
Les hérauts, à grands cris le proclament vainqueur.

Le tournoi terminé, l'on prépare une fête;
Mais tandis qu'à briller la princesse s'apprête,
Arrive un écuyer, portant un vêtement
Qu'à sa dame, à son tour, destinait son amant;
Cette robe de nuit qui lui servit d'armure,
Couverte de sueur, de poussière et de sang,
Déchirée en lambeaux, dont toute la texture
Ne présentait aux yeux pas un point qui fût blanc.

—Princesse, lui dit-il, Thomas de Kent, mon maître,
A franchi l'intervalle, et vous le fait connaître
En mettant sous vos yeux ce vêtement de nuit.
Celui qui monte à l'arbre en doit cueillir le fruit.
Le sang que vous voyez est le prix de sa gloire :
Il fut versé pour vous. A moins qu'à votre tour
Vous ne portiez ce soir cette robe à la cour,
A votre affection mon maître ne peut croire. —

Pressant contre son cœur sa robe ensanglantée,
La princesse répond : — Oui, je m'en parerai;
Devant toute la cour elle sera portée;
Plus j'aurai de témoins, plus fière j'en serai. —
Elle tint sa parole, et ce fut la parure
Dont elle se couvrit pour paraître au banquet.
Dieu sait comme on jasa, quoiqu'on sût l'aventure;
Mais son père bientôt fit taire tout caquet.

—Puisque tu viens ainsi d'afficher ta folie,
Ce chevalier, dit-il, doit être ton époux.
Mais fuis loin de mes yeux, car mon juste courroux
De ma cour à jamais te déclare bannie.
— Eh bien! dit sir Thomas, si, loin de Bénévent,
Ta fille est en exil par ordre de son père,
Aura-t-elle à rougir, quand toute l'Angleterre
Lui donnera le nom de comtesse de Kent? —

Un murmure d'applaudissemens se fit entendre dans toute l'assemblée; Richard lui-même en donna l'exemple par les louanges dont il combla son ménestrel favori, à qui il finit par présenter une bague d'un prix considérable. La reine se hâta de lui offrir aussi un riche bracelet, et la plupart des nobles qui étaient présens s'empressèrent d'imiter les nobles époux.

— Notre cousine Edith, dit le roi, est-elle devenue insensible aux sons de la harpe qu'elle aimait tant autrefois?

— Elle remercie Blondel de son lai, répondit Edith; mais elle sent plus vivement encore toute la bonté du parent qui lui en a indiqué le sujet.

— Vous êtes en colère, cousine, dit Richard, parce que vous venez d'entendre célébrer une femme encore plus fantasque que vous. Mais vous ne m'échapperez pas. Je vous reconduirai jusqu'au pavillon de la reine, car il faut que j'aie une conférence avec vous avant que cette nuit fasse place au matin.

La reine et les dames de sa suite étaient déjà levées. Tous les seigneurs qui étaient sous la tente du roi en sortirent tour à tour. Des esclaves portant des torches et une escorte d'hommes d'armes attendaient Bérengère à la porte pour la reconduire à son pavillon, et elle fut bientôt en chemin pour s'y rendre. Richard se mit à côté d'Edith, comme il lui en avait annoncé le projet, et l'ayant forcée à s'appuyer sur son bras, il se tint à une distance suffisante du reste du cortége pour s'entretenir sans courir le risque d'être entendus.

— Eh bien! quelle réponse dois-je faire au noble soudan? dit Richard. Les rois et les princes vont me délaisser; Edith, cette nouvelle querelle les a aliénés de moi encore une fois. Je voudrais pourtant faire quelque chose pour le saint sépulcre en vertu d'un traité, si ce n'est par les droits de la victoire; et la chance que j'en ai dépend, hélas! du caprice d'une femme; j'aimerais mieux avoir à attaquer seul les dix meilleures lances de toute la chrétienté que d'avoir à raisonner avec une jeune fille volontaire qui ne sait pas où est son plus grand avantage. Voyons, quelle réponse dois-je faire au soudan? Il faut qu'elle soit définitive.

— Répondez-lui, dit Edith, que la plus pauvre des Plantagenet aimerait mieux épouser un mendiant qu'un infidèle.

— Ne dirai-je pas *un esclave*, Edith? Il me semble que ce serait approcher davantage de votre pensée.

— Vous n'avez aucun motif pour un soupçon si grossier. L'esclavage du corps aurait pu inspirer la compassion, mais celui de l'ame ne doit exciter que le mépris. Quelle honte pour vous, roi d'Angleterre, d'avoir chargé de fers le corps et l'ame d'un chevalier dont la renommée naguère le cédait à peine à la vôtre!

— Ne devrais-je pas empêcher ma parente d'avaler du poison en souillant le vase qui le contient, si je ne voyais aucun moyen de la détourner de boire cette fatale liqueur?

— C'est vous-même qui me pressez de prendre du poison parce qu'il m'est présenté dans une coupe dorée.

— Edith, je ne puis forcer votre résolution; mais prenez garde de fermer une porte ouverte par le ciel. L'ermite d'Engaddi, cet homme que des papes et des conciles ont regardé comme un prophète, a lu dans les astres que votre mariage me réconciliera avec un puissant ennemi, et que votre mari sera chrétien. J'ai tout lieu d'espérer que la conversion du soudan et la soumission des enfans d'Ismaël à la véritable Église seront la conséquence de votre mariage avec Saladin. Ne ferez-vous pas quelque sacrifice plutôt que de laisser s'évanouir une si belle espérance?

— On peut sacrifier des béliers et des chèvres, mais non son honneur et sa conscience. J'ai entendu dire que ce fut le déshonneur d'une fille chrétienne qui amena les Sarrasins en Espagne; il n'est pas vraisemblable que la honte d'une autre soit le moyen de les expulser de la Palestine.

— Est-ce donc une honte, suivant vous, que de devenir l'épouse d'un puissant monarque?

— C'est, suivant moi, une honte et un déshonneur que de profaner un sacrement; et je le profanerais si je contractais une union avec un infidèle qu'elle ne pourrait lier; si moi, descendante d'une princesse chrétienne, je consentais volontairement à devenir la reine d'un harem de concubines païennes.

— Je ne veux pas avoir de querelle avec vous, Edith ; je croyais pourtant que votre état de dépendance aurait pu vous inspirer plus de complaisance.

— Sire, vous êtes le digne héritier de la richesse, des honneurs et de tous les domaines de la maison de Plantagenet ; ne reprochez donc pas à votre pauvre parente la petite part qu'elle a conservée de leur fierté.

— Sur ma foi, cousine, vous m'avez désarçonné par ce seul mot. Embrassons-nous donc, et soyons amis. Je vais informer Saladin de vos refus. Mais après tout, Edith, ne vaudrait-il pas mieux suspendre votre réponse jusqu'à ce que vous l'ayez vu? on dit que c'est un des plus beaux hommes qu'on puisse voir.

— Il n'y a nulle apparence que nous nous rencontrions jamais, sire.

— De par saint George ! il y en a presque la certitude. Saladin nous accordera sans aucun doute un terrain neutre pour ce nouveau combat de l'étendard, et il voudra en être témoin lui-même. Bérengère meurt d'envie d'y assister, et je réponds que parmi vous toutes, il n'y en a pas une qui restera en arrière ; vous moins qu'aucune autre, belle cousine. Mais n'importe, nous voilà arrivés au pavillon ; il faut nous séparer, et que ce soit en paix. Eh bien ! il faut la sceller des lèvres comme de la main, belle cousine ! C'est mon droit comme souverain d'embrasser mes jolies vassales.

Il l'embrassa avec autant de respect que d'affection, et reprit au clair de lune le chemin de sa tente, en fredonnant quelques fragmens qu'il avait retenus du lai de Blondel.

En y arrivant, il ne perdit pas un instant pour préparer ses dépêches pour Saladin, et il les remit au Nubien, en lui ordonnant de partir au point du jour pour les porter au soudan.

CHAPITRE XXVII.

> « On entend le Tecbir, comme l'Arabe appelle
> « Ces cris assourdissans que pousse l'infidèle
> « En allant aux combats quand il demande aux cieux
> « De ceindre de lauriers son front victorieux. »
> Hugues. *Le Siége de Damas.*

Le lendemain matin, Philippe de France invita Richard à une conférence dans laquelle, après l'avoir assuré de sa haute estime pour son frère d'Angleterre, il lui annonça dans les termes les plus courtois mais trop clairs pour qu'on pût s'y méprendre, son intention positive de retourner en Europe pour se livrer aux soins qu'exigeait son royaume, attendu que la diminution des forces des croisés et les dissensions qui existaient entre eux ne lui permettaient pas de conserver la moindre espérance de succès dans leur entreprise. Richard fit des remontrances, mais elles furent inutiles; et lorsque la conférence fut terminée, il reçut, sans être surpris, un manifeste signé par l'archiduc d'Autriche et plusieurs autres princes qui lui déclaraient qu'ils avaient pris la même résolution que Philippe, et qui ajoutaient sans circonlocution que s'ils abandonnaient la cause de la croix, il fallait en accuser l'ambition désordonnée et l'esprit de domination arbitraire de Richard d'Angleterre. Cœur-de-Lion abandonna alors tout espoir de continuer la guerre avec quelque succès, et tout en versant des larmes amères sur l'anéantissement de ses projets de gloire, l'idée qu'il devait jusqu'à un certain point attribuer cet échec à l'avantage qu'avait donné à ses ennemis son caractère impétueux et imprudent ne fut pas pour lui un grand motif de consolation.

— Ils n'auraient pas osé abandonner ainsi mon père, dit-il à De Vaux dans l'amertume de son dépit. Personne dans toute la chrétienté n'aurait ajouté foi aux calomnies qu'ils auraient pu répandre contre un monarque si sage, tandis que moi, fou que je suis, je leur ai fourni un prétexte spécieux non-seulement pour me délaisser, mais pour rejeter sur mes malheureux défauts tout le blâme de cette rupture.

Ces idées tourmentaient Richard à un tel point, que De Vaux entendit avec grand plaisir annoncer l'arrivée d'un ambassadeur de Saladin, ce qui donna une nouvelle direction aux pensées du roi.

Cet envoyé était un émir que Saladin estimait beaucoup, et qui se nommait Abdallah El Hadgi. Il descendait de la famille du Prophète, et était de la race ou tribu d'Hasmen, généalogie dont la preuve visible était son turban vert d'une énorme dimension. Il avait fait trois fois le voyage de la Mecque, ce qui lui avait valu le surnom d'El Hadgi, c'est-à-dire le pèlerin. Malgré ces diverses prétentions à la sainteté, Abdallah était, pour un arabe, un bon vivant. Il aimait à entendre raconter un conte joyeux. Il mettait de côté sa gravité, au point de vider un flacon avec plaisir quand le secret lui offrait une garantie contre la médisance. Il était aussi homme d'état; et Saladin avait employé ses talens dans diverses négociations avec les princes chrétiens, et particulièrement avec Richard, qui connaissait El Hadgi et qui en faisait grand cas. Enchanté de la promptitude avec laquelle cet envoyé consentit de la part de son maître à fournir un terrain neutre pour le combat, à accorder un sauf-conduit pour tous ceux qui voudraient y assister, et offrit de rester lui-même en otage pour garantie de la bonne foi de Saladin,

Richard oublia bientôt la chute de ses espérances et la dissolution prochaine de la ligue des princes chrétiens, pour se livrer à la discussion intéressante des préliminaires d'un combat en champ clos.

L'endroit nommé le Diamant du Désert fut désigné pour être le lieu du combat, comme étant à peu près à égale distance du camp des chrétiens et de celui des Sarrasins. Il fut convenu que Conrad de Montserrat et ses parrains, l'archiduc d'Autriche et le grand-maître des Templiers s'y trouveraient le jour fixé pour le combat; que Richard d'Angleterre et son frère Salisbury s'y rendraient avec un pareil nombre d'armes, pour protéger le champion qui soutiendrait l'accusation; enfin que le soudan amènerait avec lui une garde de cinq cents hommes d'élite, nombre que Richard ne considérait que comme égal aux deux cents lances chrétiennes. Toutes les personnes de considération que l'un ou l'autre partie voudrait inviter à assister au combat devaient n'avoir que leur épée sans autre arme défensive. Le soudan se chargeait de faire préparer le champ clos, ainsi que les rafraîchissemens et tout ce qui pourrait être nécessaire à tous ceux qui seraient présens à ce combat solennel. Sa lettre exprimait avec beaucoup de courtoisie le plaisir que lui procurait la perspective d'une entrevue personnelle et pacifique avec Melec Ric, et le désir qu'il avait de lui faire l'accueil le plus agréable.

Tous les préliminaires ayant été réglés et communiqués au marquis de Montserrat et à ses parrains, Abdallah El Hadgi fut admis à une entrevue plus intime, où il entendit avec délices la voix mélodieuse de Blondel. Otant ensuite avec soin son turban vert pour le cacher à tous les yeux, et prenant en place un bonnet grec, il chanta une chanson bachique persane et but un flacon entier de vin de Chypre pour prouver qu'il joignait la pratique à la théorie. Le lendemain, aussi grave et aussi sobre que le buveur d'eau Mirglip, il courba le front jusqu'à terre devant le marchepied de Saladin, et rendit compte au soudan de son ambassade.

La veille du jour fixé pour le combat, Conrad et ses amis partirent au point du jour pour se rendre au lieu désigné. Richard quitta le camp à la même heure, dans le même dessein, mais par une autre route, précaution qui avait été jugée nécessaire pour prévenir la possibilité d'une querelle entre les hommes d'armes des différens princes.

Le bon roi lui-même n'avait alors nulle envie de chercher querelle à personne. Rien n'aurait pu ajouter au plaisir qu'il se promettait d'assister à un combat à outrance en champ clos, si ce n'est l'attente de pouvoir y figurer en sa personne royale comme un des champions; Conrad de Montserrat lui semblait presque aussi digne d'envie que coupable. Légèrement armé, somptueusement vêtu, aussi gai qu'un amant la veille du jour de ses noces, il faisait caracoler son cheval près de la litière de la reine Bérengère, lui montrait les objets remarquables qui se présentaient sur la route, et charmait par ses discours et par ses chants l'ennui d'une solitude inhospitalière. Lorsqu'elle avait été en pèlerinage à Engaddi, la reine s'y était rendue par l'autre côté des montagnes, de sorte que ni elle ni les dames de sa suite ne pouvaient se faire une idée du Désert.

Bérengère connaissait trop bien le caractère de son époux pour ne pas avoir l'air de prendre intérêt à ce qu'il lui plaisait de dire ou de chanter. Cependant elle ne put s'empêcher de concevoir quelques craintes assez naturelles à une femme quand elle se vit dans le vaste désert d'une plaine sablonneuse avec une si faible escorte qu'elle ne semblait qu'un point dans l'espace. Elle réfléchit en même temps qu'ils n'étaient pas à une assez grande distance du camp de Saladin pour qu'ils ne pussent être surpris et enlevés en un moment par un détachement supérieur de sa cavalerie légère, si le païen était d'assez mauvaise foi pour vouloir profiter d'une occasion semblable. Mais quand elle se hasardait à exprimer ses craintes, Richard les repoussait avec mépris et mécontentement. — Ce serait plus que de l'ingratitude, disait-il, que de soupçonner la bonne foi du généreux soudan.

Cependant les mêmes doutes et les mêmes soupçons se représentèrent plusieurs fois, non-seulement à l'esprit timide de la reine, mais à l'ame plus noble et plus ferme d'Edith Plantagenet qui n'avait pas un excès de confiance dans la bonne foi des musulmans. Elle aurait été moins surprise qu'effrayée si elle avait vu une troupe de cavalerie arabe fondre sur eux comme des vautours sur leur proie en criant Allah ha! Ses craintes ne diminuèrent nullement quand vers le soir on aperçut un cavalier que son turban et sa longue lance faisaient reconnaître pour Arabe, placé sur le sommet d'une hauteur comme un faucon qui se balance au haut des airs, et qui, dès qu'il vit paraître le cortége du roi, partit avec la célérité que cet oiseau déploie pour fuir et disparaître dans l'horizon.

— Il faut que nous soyons près de l'endroit indiqué, dit le roi; ce cavalier est sans doute une vedette détachée par Saladin. Il me semble que j'entends le bruit des cors et des cymbales des infidèles. Mettez-vous en bon ordre, camarades, et formez-vous autour de ces dames en soldats braves et bien disciplinés.

A ces mots, chaque cavalier, chaque écuyer, chaque archer prit son poste, et l'escorte marcha en rangs serrés, ce qui la fit paraître encore moins nombreuse. Pour dire la vérité, quoiqu'il n'y eût peut-être pas de crainte, il pouvait y avoir autant d'inquiétude que de curiosité dans l'attention avec laquelle chacun écoutait les sons bizarres de la musique moresque qui devenaient plus distincts de moment en moment, et qui partaient du côté vers lequel on avait vu le cavalier arabe diriger sa course.

De Vaux s'approcha du roi, et lui dit à voix basse :

— Ne conviendrait-il pas, sire, de dépêcher un page sur le haut de cette montagne de sable ? ou votre bon plaisir est-il que je pousse en avant? D'après tout ce tapage, il me semble que s'il n'y a que cinq cents hommes derrière ces hauteurs, la moitié du cortége de Saladin doit être composée de musiciens ? Partirai-je ?

Le baron anglais avait serré la bride de son coursier, et était sur le point de lui faire sentir l'éperon quand Richard s'écria :

— Non, pour le monde entier ! Une telle précaution annoncerait de la méfiance, et elle n'empêcherait pas une trahison, si l'on en méditait une, ce que je ne crains nullement.

Ils continuèrent donc à marcher en bon ordre et en rangs serrés jusqu'au-delà de la chaîne de montagnes de sable ; et alors ils virent le lieu du rendez-vous, où un spectacle splendide, mais presque effrayant les attendait.

Le Diamant du Désert, cette fontaine naguère abandonnée, qu'un groupe de palmiers solitaires isolait seule de la vaste étendue du Désert, était devenu le centre d'un camp dont les ornemens dorés et les bannières brodées réfléchissaient en mille teintes différentes les rayons du soleil couchant. Les étoffes qui couvraient les plus grands pavillons offraient les couleurs les plus brillantes, l'écarlate, le jaune, le bleu de ciel, etc., et le sommet du pilier central qui soutenait chaque tente était décoré de grenades d'or et de banderoles de soie. Mais indépendamment de ces pavillons bien ornés, on voyait un nombre des tentes noires des Arabes, que Thomas de Vaux considéra comme de mauvais augure, car d'après les usages de l'Orient elles auraient suffi, à ce qu'il lui semblait, à loger une armée de cinq mille hommes. Des Arabes et des Kourdes s'assemblaient à la hâte, chacun conduisant son cheval par la bride, pendant qu'on entendait le bruit assourdissant de cette musique martiale, qui dans tous les siècles a animé les Arabes à l'instant du combat.

Ils formèrent bientôt une masse énorme et confuse en avant du camp, et au signal que leur donna un cri aigu qui

EN PALESTINE. 373

se fit entendre au-dessus du bruit de la musique, chaque cavalier qui était à pied sauta sur sa selle. Un nuage de poussière qui s'éleva au moment de cette manœuvre cacha aux yeux de Richard et de sa suite le camp, les palmiers, les montagnes qu'on voyait dans le lointain, et les troupes dont le mouvement subit avait fait naître ce nuage, qui, s'élevant bien haut par-dessus leurs têtes, prit les formes bizarres de colonnes, de dômes et de minarets.

Un autre cri, non moins aigu que le premier, partit du sein de cette région ténébreuse : c'était un signal de départ pour la cavalerie; et elle partit au même instant, en faisant les manœuvres nécessaires pour arriver en même temps sur le devant, sur les flancs et sur l'arrière du petit corps de Richard, qui se trouva ainsi entouré de toutes parts, tandis que ceux qui le composaient étaient enveloppés et presque étouffés par un nuage épais de poussière, à travers lequel on distinguait quelquefois le costume bizarre et la figure farouche des Sarrasins. Ils secouaient et brandissaient leurs lances dans toutes les directions, poussaient des cris sauvages, et s'avançaient quelquefois jusqu'à portée de la lance des chrétiens, pendant que ceux qui étaient dans les derniers rangs lançaient des flèches par-dessus la tête des autres. Une de ces flèches tomba sur la litière de Bérengère, qui poussa un grand cri, et la rougeur de la colère se peignit aussitôt sur les joues de Richard.

— Par saint George! s'écria-t-il, il faut remettre à l'ordre cette écume d'infidèles.

Mais Edith, dont la litière était voisine de celle de la reine, avança la tête en dehors, et tenant en main une de ces flèches, elle s'écria : — Roi Richard, prenez garde à ce que vous allez faire! voyez, ces flèches sont sans pointe.

— De par le ciel! s'écria Richard, tu nous fais honte à tous, noble fille, par la justesse de ton bon sens et par la promptitude de ton coup d'œil. Camarades, dit-il à sa petite troupe, point d'inquiétude! leurs flèches n'ont pas de pointe, et voyez, le fer a été détaché de leurs lances; c'est une manière sauvage de nous dire que nous sommes les bienvenus, quoique je ne doute pas qu'ils ne fussent charmés de nous voir inquiets et effrayés. Marchez donc en avant, d'un pas lent et ferme.

La petite phalange s'avança donc, toujours entourée par les Arabes, qui continuaient à pousser des cris perçans ; les archers décochaient leurs flèches de manière à prouver leur dextérité en les faisant passer le plus près possible des casques des chrétiens, sans les toucher ; les lanciers se chargeaient les uns les autres avec leurs armes dégarnies de fer, et s'en portaient des coups si violens qu'ils se désarçonnaient souvent, au risque de se briser les os en tombant de cheval ; ces démonstrations, quoique destinées à fêter les Européens, avaient à leurs yeux un caractère un peu suspect.

Lorsqu'on fut à peu près à mi-chemin du camp, Richard et sa suite, formant le noyau autour duquel cette foule tumultueuse circulait, hurlait, escarmouchait et galopait, un autre cri aigu se fit entendre, et au même instant tous les Arabes qui étaient en avant et sur les flancs du petit corps d'Européens firent un quart de conversion, et allèrent se ranger en assez bon ordre, en longue colonne, derrière la troupe de Richard, qu'ils suivirent presque en silence.

La poussière commençait à peine à se dissiper en avant des Anglais, quand ils aperçurent à travers ce voile sombre un corps de cavalerie plus régulière et d'une espèce toute différente. Ces cavaliers étaient munis d'armes offensives et défensives, et ils auraient pu servir de garde du corps au plus fier des monarques de l'Orient. Chaque cheval de cette troupe, qui consistait en cinq cents hommes, valait la rançon d'un comte ; c'étaient des esclaves géorgiens et circassiens, tous dans le printemps de la vie. Leurs heaumes et leurs hauberts étaient d'un acier si bien poli, qu'ils paraissaient d'argent ; ils étaient vêtus d'étoffes de couleurs les plus éclatantes ; et quelques-uns portaient même du drap d'or ou d'argent; leurs ceintures étaient entrelacées d'or et de soie; leurs turbans étaient enrichis de plumes et de joyaux; enfin la poignée et le fourreau de leurs sabres et de leurs poignards à lame d'acier de damas étincelaient de pierres précieuses.

Cette troupe brillante s'avança au son d'une musique militaire, et lorsqu'elle rencontra les chrétiens elle s'ouvrit, et forma deux files pour les laisser passer. Richard se mit alors à la tête de sa petite escorte, convaincu que Saladin lui-même approchait. Effectivement, quelques instants après, au milieu de ses gardes du corps, des officiers de sa maison, et de ces nègres, hideux gardiens des harems de l'Orient, dont la laideur était rendue encore plus difforme par la richesse de leur costume, arriva le soudan avec l'air et les manières d'un homme sur le front duquel la nature avait écrit : — Voici un roi! Avec son turban, sa robe et ses larges pantalons à l'orientale, le tout blanc comme la neige; et sa ceinture de soie écarlate sans aucun ornement, Saladin aurait pu paraître vêtu plus simplement qu'aucun de ses propres gardes. Mais en le regardant avec plus d'attention, on voyait à son turban cette perle inappréciable que les poètes avaient nommée la mer de lumière; le diamant sur lequel son sceau était gravé, et qu'il portait au doigt enchâssé dans une bague, valait probablement tous les joyaux de la couronne d'Angleterre, et un saphir qui terminait la poignée de son cangiar était presque du même prix. Il est bon d'ajouter que pour se garantir de la poussière qui dans les environs de la mer Morte ressemble à ces cendres tamisées, ou peut-être par orgueil oriental, le soudan portait attaché à son turban un voile qui dérobait en partie ses nobles traits à la vue. Il montait un cheval arabe blanc comme le lait, et ce coursier le portait comme s'il eût connu le prix du fardeau dont il était chargé, et qu'il en eût été fier.

Il n'y eut besoin d'aucune introduction cérémonieuse. Les deux héros, car ils méritaient ce nom l'un et l'autre, mirent pied à terre et s'abordèrent en même temps, tandis que les deux troupes s'arrêtèrent, et que les musiciens firent silence. Ils se saluèrent avec courtoisie, et s'embrassèrent comme frères et comme égaux. La pompe qui était déployée des deux côtés n'attirait alors les yeux de personne; on ne voyait que Richard et Saladin, et chacun d'eux ne voyait également que l'autre. Cependant il y avait plus de curiosité dans les regards que Richard fixait sur Saladin, que dans ceux que le soudan jetait sur le monarque anglais. Le prince musulman rompit le silence le premier.

— La présence de Melec Ric est aussi agréable à Saladin, dit-il, que la vue de l'eau au voyageur dans le Désert. Je me flatte qu'il voit sans méfiance cette troupe nombreuse. A l'exception des esclaves armés qui composent ma maison, ceux qui nous entourent, les yeux pleins de surprise et de bon accueil, sont jusqu'au dernier d'entre eux les nobles privilégiés de mes mille tribus; car quel est celui qui pouvant réclamer le droit d'être présent, voudrait s'absenter quand il peut voir un prince tel que Richard, dont le nom, inspirant la terreur, ne peut se prononcer même sur les sables de l'Yémen sans que la nourrice fasse taire son enfant, et que l'Arabe libre arrête son coursier fougueux?

— Et tous ces guerriers sont de nobles Arabes? dit Richard en promenant ses regards sur ces êtres à demi sauvages couverts de haicks. Leur teint était bruni par le soleil, leurs dents étaient blanches comme l'ivoire, leurs regards brillaient d'un feu fier et presque surnaturel; mais leur costume en général était d'une simplicité qui allait jusqu'à la négligence.

— Ils ont droit à ce titre, répondit Saladin; mais quoiqu'ils soient nombreux, les conditions de notre convention n'ont pas été violées. Ils n'ont d'autres armes que leurs cimeterres; ils ont même ôté les fers de leurs lances.

— Je crains, dit en anglais le lord de Vaux à Richard, qu'ils ne les aient laissés dans quelque endroit où il serait facile de les retrouver. J'avoue que voilà une chambre de pairs très florissante ; Westminster-Hall aurait de la peine à les contenir.

— Silence De Vaux, dit le roi, je te l'ordonne. Noble Saladin ! ajouta-t-il, la méfiance et toi ne peuvent se trouver ensemble. Vois-tu, continua-t-il en lui montrant les litières, j'ai amené aussi avec moi quelques champions, quoique armés de toutes pièces, en contravention du traité; car de beaux yeux et de jolis traits sont des armes qu'on ne peut laisser en arrière.

Le soudan dirigeant ses regards vers les litières, s'inclina aussi profondément que s'il se fût tourné vers la Mecque, et baisa le sable en signe de respect.

— Elles ne craignent pas une rencontre de plus près, mon frère, dit Richard. Ne veux-tu pas en approcher? elles ouvriront les rideaux.

— Qu'Allah m'en préserve ! répondit le soudan. Tous les Arabes qui nous environnent regarderaient comme une honte pour ces dames si on les voyait à visage découvert.

— En ce cas, mon frère, répliqua Richard, tu les verras en particulier.

— A quoi bon ? dit Saladin d'un ton mélancolique. Ta dernière lettre a été pour les espérances que j'avais conçues comme de l'eau jetée sur le feu. Pourquoi donc chercher à rallumer une flamme qui peut me consumer sans utilité ? Mais mon frère n'entrera-t-il pas sous la tente qui lui a été préparée? Mon premier esclave noir a reçu mes ordres pour la réception des princesses. Les officiers de ma maison auront soin de ta suite, et nous-même nous serons le chambellan du roi Richard.

Il conduisit Cœur-de-Lion vers un pavillon magnifique, où se trouvait tout ce que le luxe peut imaginer pour un roi. De Vaux qui avait suivi son maître lui ôta alors sa chappe (*capa*), espèce de long manteau que Richard avait pris pour le voyage, et la force et les proportions de ses membres, vus avec avantage sous un vêtement étroit formaient un contraste frappant avec la robe flottante qui couvrait la taille grêle du monarque oriental.

L'attention du soudan se porta surtout sur la double garde de l'épée de Richard, dont la lame droite, large et pesante, était presque aussi haute que l'épaule du monarque.

— Si je n'avais vu ce glaive, dit Saladin, flamboyer sur le champ de bataille comme celui d'Azrael, j'aurais à peine cru que le bras d'un homme pût le manier. Puis-je demander à Melec Ric de lui en voir frapper un coup, uniquement comme un essai de sa force?

— Volontiers, noble Saladin, répondit Richard; et cherchant autour de lui quelque objet pour exercer sa vigueur, il vit une masse d'acier que portait un esclave, et dont le manche du même métal avait environ un pouce et demi de diamètre. Il la prit et la plaça sur un bloc de bois.

L'inquiétude qu'avait De Vaux pour l'honneur de son maître le porta à lui dire en anglais : — Pour l'amour de la sainte Vierge, songez à ce que vous allez faire, sire; vous n'avez pas encore recouvré toutes vos forces; ne faites pas triompher un infidèle!

— Silence, fou! répondit Richard en regardant autour de lui avec fierté; crois-tu que les forces puissent me manquer en sa présence?

L'épée étincelante tenue par ses deux mains s'éleva au-dessus de l'épaule gauche du roi, tourna autour de sa tête, descendit comme si elle eût été poussée par la force irrésistible d'une machine de guerre, et la barre de fer tomba par terre en deux morceaux, comme une branche d'arbre coupée par la serpe d'un bûcheron.

— Par la tête du Prophète, voilà un coup merveilleux! dit le soudan en examinant avec les yeux et le soin d'un critique la barre de fer qui venait d'être coupée et la lame de l'épée si bien trempée qu'elle n'avait souffert en rien du coup qui venait d'être porté. Il lui prit alors sa large main, et sourit en la mettant à côté de la sienne, maigre et décharnée.

— Oui, regardez bien, dit De Vaux en anglais ; il se passera long-temps avant que vos longs doigts de singe puissent porter un pareil coup avec votre belle faucille dorée.

— Silence! De Vaux, dit Richard. Par Notre-Dame! il comprend ce que tu dis ou il le devine : parle avec plus de respect, je te prie.

— Je voudrais, dit le soudan un moment après, essayer à mon tour...; mais pourquoi le faible montrerait-il son infériorité en présence du fort? Cependant chaque pays a ses exercices, et celui-ci peut du moins avoir pour Melec Ric le mérite de la nouveauté. En parlant ainsi il prit un coussin de soie rempli de duvet, et le mettant de champ, il dit à Richard : — Ton épée peut-elle fendre ce coussin ?

— Non certainement, répondit le roi : nulle épée, fût-ce l'Excalibar du roi Arthur, ne peut fendre ce qui n'oppose aucune résistance.

— Regarde-moi donc, dit Saladin. Et relevant la manche de sa robe, il montra un bras maigre mais vigoureux, et tira ensuite du fourreau son cimeterre, dont la lame étroite et recourbée ne brillait pas comme les épées des Francs, mais était d'un bleu mat et marquée par une infinité de lignes croisées en tous sens. Levant cette arme si faible en comparaison de l'épée de Richard, le soudan fit porter tout le poids de son corps sur son pied gauche incliné un peu avant, se balança un moment comme pour frapper plus juste, et s'avançant tout à coup, coupa le coussin en deux parties, employant le tranchant de son cimeterre si adroitement et en apparence avec si peu d'efforts, que le coussin sembla tomber de lui-même.

— C'est un tour de jongleur, dit De Vaux en anglais en s'avançant pour ramasser la partie du coussin qui avait été détachée de l'autre, comme s'il eût voulu s'assurer de la réalité du fait; il y a là de la sorcellerie.

Le soudan parut le comprendre, car il détacha le voile qu'il avait porté jusqu'alors, le suspendit en double sur le tranchant de son cimeterre, le leva en l'air, et par un mouvement subit le sépara en deux parties qui tombèrent de différens côtés de l'appartement, montrant en même temps l'excellence de la trempe et du fil de son cimeterre et sa dextérité comparable.

— De bonne foi, mon frère, dit Richard, tu es sans égal pour le maniement du cimeterre, et une rencontre avec toi ne serait pas sans danger; cependant j'ai quelque confiance dans un bon coup à l'anglaise, et ce que nous ne pouvons faire par l'adresse nous en venons à bout par la force. Quoi qu'il en soit, tu es aussi habile à faire des blessures que mon sage Hakim à les guérir. J'espère que je verrai ce savant médecin; j'ai beaucoup de remerciemens à lui faire, et je lui ai apporté quelques petits présens.

Pendant qu'il parlait ainsi, Saladin ôta son turban pour en prendre un autre en forme de bonnet tartare; il ne l'eut pas plus tôt placé sur sa tête, que De Vaux ouvrit la bouche et les yeux, et Richard ne montra guère moins de surprise; tandis que le soudan, changeant de voix, lui dit d'un ton grave : — Le malade, dit le poète, reconnaît le médecin au bruit de ses pas; mais lorsqu'il est guéri, il ne reconnaît pas même ses traits quand il les voit.

— C'est un miracle, un vrai miracle! s'écria Richard.

— Et sans doute de la façon de Mahomet, dit Thomas de Vaux.

— Que j'aie méconnu mon savant Hakim, faute d'une robe et d'un bonnet, s'écria Richard, et que je le retrouve dans mon frère Saladin!

— C'est ce qu'on voit souvent dans le monde, répondit Saladin. Ce n'est pas la robe déguenillée qui fait le derviche.

— Et ce fut par ton intercession, dit Richard, que le chevalier du Léopard a évité la mort! et ce fut par ton artifice qu'il revint déguisé dans mon camp!

— Précisément, répondit le soudan; j'étais assez médecin pour savoir qu'à moins que les blessures saignantes de son honneur ne fussent cicatrisées, les jours de sa vie ne pouvaient être nombreux. Tu as découvert son déguisement plus facilement que je ne m'y attendais d'après le succès du mien.

— Un accident, dit Richard, faisant sans doute allusion à l'instant où il avait appliqué ses lèvres sur la blessure du prétendu Nubien, me fit d'abord reconnaître que la couleur de sa peau n'était pas naturelle. Cette découverte une fois faite, le reste n'était pas difficile à deviner, car sa taille et ses traits ne peuvent aisément s'oublier. Je compte sur lui pour être demain mon champion en champ clos.

— Il s'y prépare, et il est plein d'espérance. Je lui ai fourni des armes et un cheval; car d'après ce que j'ai vu de lui sous divers déguisemens, je le regarde comme un noble chevalier.

— Sait-il maintenant à qui il a tant d'obligations?

— Il le sait. J'ai été obligé de me faire connaître à lui quand je lui ai développé mes projets.

— Et ne vous a-t-il pas fait quelques autres aveux?

— Il ne m'a rien appris de bien positif; mais d'après ce qui s'est passé entre nous, je comprends qu'il a élevé son amour trop haut pour qu'il puisse espérer d'être heureux.

— Et saviez-vous que sa passion audacieuse était contraire à vos propres désirs?

— Je pouvais le conjecturer; mais sa passion existait avant que mes désirs eussent été formés, et je dois ajouter qu'il est maintenant plus que probable qu'elle leur survivra. Je ne puis avec honneur me venger de mon désappointement sur celui qui n'en est pas la cause; ou si cette dame de haut rang lui accorde la préférence sur moi, qui peut dire qu'elle ne rend pas justice à un chevalier plein de noblesse?

— Mais de trop bas lignage pour s'allier au sang des Plantagenet, dit Richard avec hauteur.

— Telles peuvent être vos maximes dans le Frangistan, répondit Saladin; mais dans nos contrées orientales, nos poètes disent qu'un conducteur de chameaux plein de bravoure est digne de baiser les lèvres d'une belle reine, et qu'un prince lâche ne mérite pas de toucher le bas de sa robe. Mais avec votre permission, mon noble frère, il faut que je vous quitte, quant à présent, pour aller recevoir l'archiduc d'Autriche et ce chevalier nazaréen, moins dignes sans doute d'être bien accueillis, mais à qui je dois rendre les devoirs de l'hospitalité, non par égard pour eux, mais pour mon propre honneur. Car, que dit le sage Lockman? — Ne dis pas que tu as perdu la nourriture que tu donnes à l'étranger, car si elle sert à fortifier son corps, elle n'est pas moins utile pour accroître et répandre ton honneur et ta renommée.

Le monarque sarrasin quitta le roi Richard; et lui ayant indiqué par ses gestes plutôt que par des paroles l'endroit où était le pavillon de la reine et des dames de sa suite, il alla recevoir le marquis de Montserrat et ses deux parrains, pour qui le soudan magnifique avait fait préparer des pavillons, sinon avec le même plaisir, du moins avec la même splendeur. Il fit offrir à ses hôtes, chacun sous leur tente, des rafraîchissemens à l'orientale et à l'européenne, et il porta l'attention pour leurs goûts et leurs habitudes jusqu'à charger des esclaves grecs de leur présenter le vin, qui est en abomination aux musulmans.

Richard n'avait pas encore fini son repas quand le vieil Omrah qui lui avait apporté dans le camp chrétien la lettre du soudan, vint lui présenter un plan du cérémonial qui devrait être observé le lendemain pour le combat; le roi, qui connaissait le penchant de son ancienne connaissance, l'invita à faire honneur avec lui à un flacon de vin de Schiraz; mais Abdallah lui fit comprendre, quoique d'un air qui annonçait tout son regret, qu'il y allait de sa vie s'il ne s'en abstenait en ce moment ; car Saladin, quoique tolérant sur bien des points, observait fidèlement les lois du Prophète, et exigeait sévèrement qu'on les observât.

— En ce cas, dit Richard, s'il n'aime pas le vin, cette liqueur qui réjouit le cœur de l'homme, on ne peut espérer qu'il se convertisse, et la prédiction de ce fou d'ermite d'Engaddi n'est que de la paille dispersée par le vent.

Le roi s'occupa alors de régler tout pour le combat, ce qui prit un temps considérable, attendu qu'il fut nécessaire de consulter sur certains objets les parties adverses et le soudan.

Enfin tout fut convenu, et l'on arrêta un protocole en français et en arabe, qui fut signé par Saladin comme arbitre du champ clos, et par Richard et Léopold comme garans des deux combattans.

L'Omrah prenait son congé du roi pour le reste de la soirée lorsque le baron De Vaux rentra dans le pavillon de Richard.

— Le bon chevalier qui doit demain livrer le combat, dit-il, demande s'il lui est permis de présenter ce soir ses hommages à son parrain royal.

— L'as-tu vu, De Vaux? lui demanda le roi en souriant ; as-tu reconnu en lui une ancienne connaissance?

— Par Notre-Dame de Lanercost! sire, il y a tant de surprises et de changemens dans ce pays, que mon pauvre cerveau en tourne ; j'aurais à peine reconnu sir Kenneth d'Écosse si son bon chien, qui a été quelques instans sous mes soins, ne fût venu me caresser ; encore ne l'ai-je reconnu qu'à la largeur de son poitrail, à la rondeur de ses pattes et à la manière dont il aboie ; car le pauvre animal était peint comme une courtisane de Venise.

— Tu te connais mieux en chien qu'en homme, De Vaux.

— Je ne le nierai pas, sire, et j'ai quelquefois trouvé que

la race animale était la plus honnête ; d'ailleurs il plaît à Votre Majesté de me donner de temps en temps à moi-même le nom de brute, et en outre j'ai l'honneur de servir le lion, que tout le monde reconnaît pour le roi des animaux.

— Sur ma foi, tu as rompu ta lance sur mon casque, De Vaux ; j'ai toujours dit que tu as une sorte d'esprit ; c'est dommage qu'il faille te frapper le front avec un marteau d'enclume pour en faire jaillir une étincelle. Mais parlons d'affaires : le brave chevalier est-il bien armé, bien équipé ?

— Complètement et noblement, sire ; je connais cette armure ; c'est celle que le commissaire vénitien a offerte à Votre Majesté, avant sa maladie, pour cinq cents besans.

— Et je garantis qu'il l'a vendue au soudan infidèle pour quelques ducats de plus et de l'argent comptant. Ces Vénitiens vendraient jusqu'au saint sépulcre.

— Je prie Dieu que Votre Majesté veuille avoir plus de circonspection. Nous voilà abandonnés de tous nos alliés pour quelques sujets d'offense donnés à l'un ou à l'autre ; nous ne pouvons espérer de réussir sur cette terre ; il ne nous manque plus que de nous faire une querelle avec cette république amphibie pour que nous perdions les moyens de faire notre retraite par mer.

— J'y veillerai, dit Richard avec impatience ; mais épargne-moi tes leçons. Dis-moi plutôt, car cela est intéressant, le chevalier a-t-il un confesseur ?

— Il en a un, répondit De Vaux ; l'ermite d'Engaddi, qui en avait rempli les fonctions quand il se préparait à la mort, est avec lui en ce moment, le bruit du combat l'ayant amené ici.

— C'est bien, reprit Richard. Quant à la demande du chevalier, dis-lui que Richard le recevra quand il aura rempli son devoir près du Diamant du Désert de manière à réparer la faute qu'il a commise sur le mont Saint-George ; et en traversant le camp, préviens la reine que je vais aller la voir dans sa tente ; puis dis à Blondel de venir m'y joindre.

De Vaux partit. Environ une heure après, Richard, s'enveloppant de son grand manteau, et sa *gittern*[1] à la main, prit le chemin du pavillon de la reine. Il rencontra plusieurs Arabes ; mais tous baissaient les yeux et détournaient la tête, quoiqu'il remarquât que lorsqu'il était passé ils se retournaient pour l'examiner avec attention : il en conclut avec raison que sa personne leur était connue, mais que les ordres du soudan ou leur politesse orientale leur défendaient d'avoir l'air de reconnaître un souverain qui désirait garder l'incognito.

Lorsque le roi arriva près du pavillon de la reine, il le trouva gardé par ces êtres malheureux dont la jalousie orientale entoure le zénana. Blondel se promenait devant la porte en touchant sa rote de temps en temps, et les Africains qui l'écoutaient montrant de plaisir leurs dents d'ivoire, battaient la mesure avec des gestes étranges, et l'accompagnaient de leurs voix aigres et sauvages.

— Que fais-tu ici avec ce troupeau de bétail noir, Blondel? lui demanda Richard ; pourquoi n'es-tu pas entré dans le pavillon?

— Parce que mon métier ne peut se passer ni de tête ni de doigts, sire, répondit Blondel ; ces mauricauds m'ont menacé de me tailler en pièces si je faisais un pas pour y entrer.

— Entre avec moi, répliqua le roi ; je serai ta sauvegarde.

Les noirs baissèrent leurs cimeterres et leurs piques devant Richard, en fixant les yeux vers la terre comme indignes de les lever sur lui. Dans l'intérieur du pavillon, ils trouvèrent Thomas de Vaux avec la reine. Tandis que Bérengère accueillait Blondel en l'engageant à chanter, Richard saisit cette occasion pour dire quelques mots à part à sa belle parente.

(1) Espèce de harpe ou de cithare. — Éd.

— Sommes-nous encore ennemis, belle Edith? lui demanda-t-il à demi-voix.

— Non, sire, répondit Edith assez bas pour ne pas interrompre la musique; personne ne peut être ennemi du roi Richard quand il se montre ce qu'il est réellement, aussi noble et généreux que vaillant et plein d'honneur.

En parlant ainsi elle lui tendit la main, et Richard la baisa en signe de réconciliation.

— Vous croyez, belle cousine, continua-t-il, que ma colère n'était qu'un feinte en cette occasion; mais vous vous trompez. La peine que j'avais prononcée contre ce chevalier était juste; car quelle que fût la tentation à laquelle il avait été exposé, il avait trahi la confiance que j'avais eue en lui. Mais je suis peut-être aussi charmé que vous que la journée de demain lui offre une chance de regagner son honneur en rejetant sur le véritable traître la tache dont il a été momentanément couvert. Oui, belle cousine, la postérité pourra accuser Richard d'une folle impétuosité; mais elle dira qu'en prononçant une sentence il consultait la justice quand il le fallait, et la merci quand il le pouvait.

— Ne faites pas vous-même votre éloge, roi mon cousin! la postérité pourrait bien appeler votre justice cruauté, et votre merci caprice.

— Et ne soyez pas fière, belle cousine, comme si votre chevalier, qui n'a pas encore endossé son armure, la quittait avec les honneurs du triomphe. Conrad de Montserrat est regardé comme une bonne lance; que diriez-vous si l'Écossais était vaincu?

— Impossible, répondit Edith avec fermeté. Mes propres yeux ont vu Conrad trembler et changer de couleur comme le plus vil des criminels. Il est coupable, et le combat judiciaire est un appel à la justice de Dieu. Moi-même, dans une pareille cause, j'irais sans crainte à sa rencontre dans la lice.

— Sur mon ame, je le crois, et même que tu le battrais; car oncques ne fut plus véritable Plantagenet que toi. Puis il ajouta d'un ton plus sérieux : — Songez à continuer à vous souvenir de ce que vous devez à votre naissance.

— Que signifie cet avis donné si sérieusement en ce moment? demanda Edith. Ai-je jamais montré assez de légèreté pour qu'on doive croire que je puisse oublier mon nom et mon rang?

— Je vais m'expliquer plus clairement, Edith, et vous parler comme un ami. Que sera pour vous ce chevalier, s'il sort vainqueur du combat?

— Pour moi! répéta Edith en rougissant de honte et de mécontentement; que peut-il être pour moi, si ce n'est un honorable chevalier, digne de toutes les faveurs que la reine Bérengère elle-même pourrait lui accorder s'il l'avait prise pour sa dame au lieu de fixer son choix sur un objet qui en était moins digne? Le dernier des chevaliers peut se dévouer au service d'une impératrice ; mais la gloire de son choix, ajouta-t-elle avec fierté, doit être sa récompense.

— Et cependant il vous a servie, et il a souffert beaucoup pour vous.

— J'ai payé ses services d'honneur et d'applaudissemens, et ses souffrances de larmes. S'il avait désiré une autre récompense, il aurait choisi sa dame dans son propre rang.

— Vous ne porteriez donc pas pour lui la robe ensanglantée?

— Pas plus que je ne lui aurais demandé d'exposer sa vie par une action dans laquelle il entrait plus de folie que d'honneur.

— C'est toujours ainsi que parlent les jeunes filles; mais quand l'amant favorisé devient pressant, elles disent en soupirant que les astres en ont décidé autrement.

— Voici la seconde fois que Votre Majesté me menace de mon horoscope, dit Edith avec dignité. Croyez-moi, sire, quelle que soit la puissance des astres, votre pauvre parente n'épousera jamais ni un infidèle ni un aventurier obscur. Mais permettez-moi d'écouter les chants de Blondel, car le ton des avis de Votre Majesté n'est pas tout-à-fait aussi agréable pour moi.

Le reste de la soirée n'offrit rien qui mérite d'être rapporté.

CHAPITRE XXVIII.

> « Entendez-vous quel bruit font ces guerriers,
> « Le choc du fer et celui des coursiers ? »
> GRAY.

Il avait été convenu, à cause de la chaleur du climat, que le combat judiciaire, motif de la réunion de tant de nations différentes près du Diamant du Désert, aurait lieu une heure après le lever du soleil. La lice, qui avait été préparée sous l'inspection du chevalier du Léopard, renfermait un espace sablé de soixante toises de longueur sur vingt de largeur, en s'étendant du nord au sud, de manière à ce que le soleil levant donnât le même avantage aux deux adversaires. Près des barrières qui formaient l'enceinte de ce vaste enclos, et du côté de l'occident, on avait placé le trône de Saladin, précisément en face du point central où l'on devait supposer que les combattans se rencontreraient. Vis-à-vis était une galerie fermée par un grillage arrangé de manière que les dames à qui elle était destinée pussent voir le combat sans être elles-mêmes exposées à la vue. A chaque extrémité de la lice était une barrière qui pouvait s'ouvrir et se fermer à volonté. Des trônes avaient été aussi préparés pour le roi d'Angleterre et l'archiduc d'Autriche ; mais Léopold, voyant que le sien était moins élevé que celui de Richard, refusa de l'occuper; et Cœur-de-Lion, qui se serait soumis à tout plutôt que de souffrir qu'une formalité empêchât ou retardât le combat, consentit sur-le-champ que les parrains restassent à cheval pendant toute sa durée. A une extrémité de la lice était placée la suite de Richard ; à l'autre, celle du marquis de Montserrat. Autour du trône destiné au soudan était rangée sa belle garde géorgienne. Le reste de l'espace était occupé par les spectateurs, chrétiens et musulmans.

Long-temps avant le point du jour la lice était entourée par un nombre de Sarrasins encore plus considérable que Saladin n'en avait vu la veille. Quand le premier rayon du soleil tomba sur le Désert, la voix sonore du soudan lui-même fit entendre le cri : — A la prière! à la prière! et ce cri fut répété par tous ceux à qui leur rang et leur zèle donnaient le droit de remplir les fonctions de muezzins. C'était un spectacle imposant que de voir tous ces soldats se prosterner en même temps la face contre terre, et le visage tourné vers la Mecque. Mais quand ils se relevèrent, le disque du soleil déjà agrandi sembla confirmer les soupçons qu'avait manifestés la veille Thomas de Vaux ; car ses rayons étaient réfléchis par les lances des Arabes, qui, quoique sans fer la soirée précédente, en étaient certainement garnies alors. De Vaux ne manqua pas de le faire remarquer à son maître, qui lui répondit avec un ton d'impatience qu'on ne pouvait avoir aucun doute de la bonne foi de Saladin, et que s'il avait quelque crainte, il pouvait se retirer.

Bientôt après on entendit un bruit de tambourins, et aussitôt tous les cavaliers sarrasins descendirent précipitamment de cheval, et se prosternèrent comme pour faire une seconde prière : c'était pour laisser passer la reine, Edith, et les dames qui les accompagnaient de leur pavillon dans la galerie qui leur était destinée. Elles étaient escortées par cinquante gardes du sérail de Saladin, le cimeterre nu à la main, et qui avaient ordre de tailler en pièces, fût-il prince ou vilain, quiconque oserait jeter un regard sur les dames pendant leur passage, ou même lever la tête jusqu'à ce que les tambourins cessassent de se faire entendre : cette musique annonça qu'elles étaient entrées dans la galerie, et à l'abri de l'œil de la curiosité.

Cette marque superstitieuse du respect des Orientaux pour le beau sexe porta la reine Bérengère à faire quelques observations critiques qui n'étaient nullement favorables à Saladin et à son pays : mais leur caverne, comme la belle reine appela la galerie, étant bien fermée et bien gardée, il fallut qu'elle se contentât du plaisir de voir sans pouvoir goûter le plaisir plus doux d'être vue.

Cependant les parrains des deux champions examinèrent, comme c'était leur devoir, s'ils étaient convenablement armés et préparés pour le combat. L'archiduc d'Autriche n'était pas très pressé d'accomplir cette partie du cérémonial, ayant fait la soirée précédente une débauche plus qu'ordinaire de vin de Schiraz : mais le grand-maître des Templiers, plus profondément intéressé à l'événement du combat, arriva de bonne heure devant la tente du marquis de Montserrat. A sa grande surprise, on lui en refusa l'entrée.

— Ne me connaissez-vous pas, drôle? demanda le grand-maître courroucé.

— Pardonnez-moi, vaillant et révérend grand-maître, répondit l'écuyer de Conrad; mais vous-même vous ne pouvez entrer en ce moment. Mon maître va se confesser.

— Se confesser! s'écria le grand-maître d'un ton qui indiquait autant d'alarme que de surprise, et à qui donc ?

— Mon maître m'a ordonné le secret, répondit l'écuyer. Mais le grand-maître le repoussant brusquement entra dans la tente.

Il trouva le marquis de Montserrat agenouillé devant l'ermite d'Engaddi, et commençant sa confession.

— Que veut dire ceci, marquis? s'écria le grand-maître. Fi donc! relevez-vous : si vous avez besoin de vous confesser, ne suis-je pas ici?

— Je ne me suis déjà confessé à vous que trop souvent, répondit Conrad, pâle et bégayant. Pour l'amour de Dieu, grand-maître, retirez-vous, et laissez-moi ouvrir ma conscience à ce saint homme.

— En quoi est-il plus saint que moi? dit le grand-maître. Ermite, prophète, fou, dis-moi, si tu l'oses, en quoi tu es plus saint que moi?

— Homme audacieux et pervers, répliqua l'ermite, apprends que je suis le grillage à travers lequel la lumière divine passe pour éclairer les autres, quoique je n'en profite pas moi-même; et toi, tu es le contre-vent de fer qui ne reçoit ni ne communique la clarté.

— Trêve de verbiage, et sors de cette tente à l'instant! s'écria le grand-maître. Le marquis ne se confessera pas ce matin, à moins que ce ne soit à moi, car je ne quitterai pas son côté.

— Est-ce votre bon plaisir que je me retire? demanda l'ermite à Conrad; car vous ne croyez pas que j'obéisse à cet homme orgueilleux si vous continuez à désirer mes secours spirituels.

— Hélas! répondit le marquis d'un ton irrésolu, que voulez-vous que je vous dise? Retirez-vous un instant; nous nous reverrons plus tard.

— O funeste esprit de l'homme, qui remet toujours au lendemain ce qu'il devrait faire à l'instant, tu es le meurtrier de l'ame! s'écria l'ermite. Adieu, infortuné, non pour un instant, mais jusqu'à ce que nous nous retrouvions tous deux, n'importe où. Quant à toi, ajouta-t-il en se tournant vers le grand-maître, TREMBLE!

— Que je tremble! répéta le Templier avec un ton de mépris; je ne le puis quand je le voudrais.

L'ermite n'entendit pas cette réponse, car il était déjà sorti de la tente.

— Allons, dit le grand-maître, défile bien vite ton chapelet, si tu veux me débiter ta litanie; mais écoute, je crois que je sais par cœur toutes tes peccadilles, ainsi autant vaut en épargner le détail, qui nous mènerait peut-être trop loin ; je vais commencer par te donner l'absolution. A quoi bon compter les taches qui sont sur les mains quand on va les laver ?

— Sachant ce que tu es toi-même, dit Conrad, tu blasphèmes en parlant d'absoudre les autres.

— Cela n'est pas conforme aux canons, marquis, répondit le grand-maître. Tu es plus scrupuleux qu'orthodoxe. L'absolution d'un prêtre pécheur est aussi bonne que celle d'un saint ; sans quoi, que Dieu ait pitié d'un pauvre pénitent ! Quel est le blessé qui s'inquiète si le chirurgien qui sonde ses blessures a les mains blanches ? Allons, prononcerai-je la fameuse formule ?

— Non, répondit Conrad, j'aime mieux mourir sans confession que de profaner le sacrement.

— Eh bien ! noble marquis, ranimez votre courage et ne parlez pas ainsi. Dans une heure vous serez victorieux dans la lice, ou vous vous confesserez sous le casque comme un vaillant chevalier.

— Hélas ! grand-maître, je ne vois que de fâcheux augures dans cette affaire. L'instinct d'un limier qui me reconnaît d'une manière si étrange, ce chevalier écossais qui reparaît tout à coup pour se montrer comme un spectre dans la lice, tout cela est de mauvais présage.

— Folie ! je t'ai vu rompre une lance contre lui dans une joute, et avec chance égale de succès. Suppose qu'il ne s'agisse que d'un tournoi ; qui y figura jamais plus avantageusement que toi ? Écuyers, allons, avancez ! il est temps que votre maître s'arme pour le combat.

Les écuyers entrèrent et commencèrent à armer le marquis.

— Quel temps fait-il ce matin ? demanda Conrad.

— Le soleil s'est levé sous un nuage, répondit un écuyer.

— Vous voyez que rien ne nous sourit, dit le marquis au grand-maître.

— Tu en combattras plus fraîchement, mon fils, répondit le Templier ; remercie le ciel d'avoir modéré en ta faveur la chaleur brûlante du soleil de la Palestine.

Ainsi plaisantait le grand-maître ; mais ses plaisanteries avaient perdu leur influence sur l'esprit du marquis de Montserrat ; et malgré tous ses efforts pour conserver sa gaîté, les sombres pressentimens du marquis se communiquèrent insensiblement au Templier.

— Ce poltron, pensa-t-il, se fera battre par ce qu'il appelle scrupule de conscience, qui n'est que faiblesse et lâcheté de cœur. Moi, que les visions et les augures n'ébranlent point, qui suis ferme comme un roc dans mes projets, j'aurais dû me présenter moi-même au combat. Fasse le ciel que l'Écossais le tue sur la place ! Après la victoire c'est ce qui pourrait survenir de plus heureux. Quoi qu'il puisse arriver, il n'aura d'autre confesseur que moi. Ce qu'il appelle nos péchés sont en commun entre nous, et il pourrait en confesser ma part comme la sienne.

Pendant que ces pensées se succédaient dans son esprit, il continuait à aider le marquis à s'armer, mais c'était en silence.

L'heure arriva enfin ; les trompettes sonnèrent, et les deux chevaliers entrèrent dans la lice, armés de toutes pièces, et montés comme des champions qui vont combattre pour l'honneur d'un royaume. Ils avaient la visière levée, et ils se montrèrent aux spectateurs en faisant trois fois le tour de l'arène. Tous deux étaient bien faits, pleins de noblesse ; mais on voyait sur le front de l'Ecossais un air de mâle confiance et une espérance qui allait presque jusqu'à la joie, tandis que Conrad, malgré les efforts qu'avait faits son orgueil pour rappeler sa bravoure naturelle, semblait accablé d'un découragement de mauvais augure. Son coursier même paraissait marcher avec moins d'ardeur et de légèreté, au son des trompettes, que le noble cheval arabe que montait sir Kenneth. Le *spruch-sprecher* secoua la tête en voyant que tandis que le chevalier écossais faisait le tour de la lice en suivant le cours du soleil, c'est-à-dire de droite à gauche, Conrad faisait le même circuit *widersins*[1], c'est-à-dire de gauche à droite, ce qui est regardé comme un mauvais présage en beaucoup de pays.

Sous la galerie occupée par la reine on avait élevé un autel près duquel on voyait avec d'autres ecclésiastiques l'ermite d'Engaddi, portant l'habit de son ordre, c'est-à-dire un froc de carme. Les parrains des deux champions les y conduisirent successivement. Là, mettant pied à terre, chacun des deux chevaliers attesta la justice de sa cause par un serment solennel prêté sur l'Evangile, et pria le ciel d'accorder la victoire dans le combat, conformément à la vérité ou à la fausseté du serment qu'il venait de prêter. Ils jurèrent aussi de combattre en francs chevaliers et avec les armes d'usage, sans employer ni charmes, ni talismans, ni le secours de la magie pour obtenir le succès. Sir Kenneth prêta ce serment d'une voix mâle et ferme, et d'un air hardi et enjoué en même temps. Quand il eut rempli cette formalité, il leva les yeux vers la galerie et s'inclina profondément, comme pour rendre hommage aux beautés invisibles qu'elle renfermait. Ensuite, quoique chargé du poids de son armure, il sauta légèrement sur son coursier sans se servir de l'étrier, et le fit retourner en caracolant jusqu'au poste qu'il devait occuper à l'une des extrémités de la lice. Conrad se présenta aussi à son tour devant l'autel avec assez de hardiesse; mais en prononçant le serment sa voix était creuse et comme étouffée sous son casque. Lorsqu'il pria le ciel d'accorder la victoire au parti de la justice, ses lèvres pâlirent en proférant cette impiété. Quand il se retourna pour remonter à cheval, le grand-maître s'approcha de lui comme pour arranger quelque chose à son hausse-col, et

---

(1) A rebours. — Éd.

lui dit à l'oreille : — Fou! lâche! rappelle tes sens, et tâche de combattre avec bravoure, sans quoi, de par le ciel, quand même tu lui échapperais, tu ne m'échapperas pas!

Le ton sauvage avec lequel il prononça ces mots acheva peut-être de porter à son comble l'agitation du marquis, car il trébucha à l'instant où il voulait monter à cheval. Il se releva pourtant sur-le-champ, se mit en selle avec son agilité ordinaire, et fit admirer sa grace en allant regagner son poste à l'autre extrémité de la lice. Mais cet accident n'en fut pas moins remarqué par ceux qui étaient aux aguets pour chercher des présages, et ils crurent pouvoir prédire quel serait l'événement du combat.

Les prêtres, après une prière solennelle pour que Dieu accordât la victoire à la cause de la justice, sortirent de l'arène. Les trompettes d'Angleterre sonnèrent une fanfare, et un héraut d'armes s'avançant à côté du chevalier écossais, s'écria à haute voix :

— Voici le bon chevalier sir Kenneth d'Écosse, champion de Richard, roi d'Angleterre, qui accuse Conrad, marquis de Montserrat, de trahison lâche et déshonorante envers ledit roi.

Lorsque les mots *Kenneth d'Ecosse* eurent annoncé quel était le champion qui se présentait dans la lice, car jusqu'alors on ignorait généralement son nom, des acclamations bruyantes et joyeuses s'élevèrent du milieu des hommes d'armes et des officiers de la suite de Richard, et quoique l'ordre du silence eût été réitéré plusieurs fois, à peine permirent-elles d'entendre la réponse du marquis de Montserrat. Comme de raison Conrad protesta de son innocence, et déclara qu'il était prêt à la prouver par le combat au péril de son corps. Les écuyers des combattans s'approchèrent alors de leurs maîtres, leur remirent leurs lances, et leur suspendirent leurs boucliers autour du cou, afin qu'ils eussent les deux mains libres, l'une pour tenir la bride de leur cheval, l'autre pour diriger leur lance.

Sur le bouclier du chevalier écossais étaient ses armoiries ordinaires, un léopard; mais il y avait ajouté un collier et une chaîne de fer brisée, par allusion à sa captivité. Celui du marquis portait une montagne escarpée qui rappelait son titre, *monte serrato*. Chacun d'eux brandit sa lance comme pour en reconnaître le poids et la force, et la mit en repos. Les parrains, les hérauts et les écuyers se retirèrent en face l'un de l'autre, la lance en arrêt, la visière de leur casque baissée, et si bien couverts par leur armure qu'ils ressemblaient plutôt à des statues de fer qu'à des êtres de chair et de sang. Le silence de l'attente devint alors général; chacun semblait respirer avec peine, et l'on n'entendait d'autre bruit que celui des hennissemens et des trépignemens des deux nobles coursiers, qui montraient leur impatience de s'élancer dans la carrière.

Les deux champions restèrent ainsi environ trois minutes. Alors, à un signal donné par le soudan, cent instrumens firent retentir l'air de sons guerriers; les coursiers partirent au grand galop, et les champions se rencontrèrent au milieu de la lice avec un choc semblable à celui du tonnerre: la victoire ne fut pas douteuse, elle ne le fut pas un instant. A la vérité Conrad se montra bon guerrier; car il dirigea sa lance avec tant d'adresse et de force qu'elle frappa au milieu du bouclier de son adversaire et se brisa en morceaux jusqu'à son gantelet. Le cheval de sir Kenneth recula de deux ou trois pas et tomba sur ses hanches; mais son cavalier le releva aisément en serrant les rênes. Conrad eut un destin tout différent; la lance du chevalier écossais traversant son bouclier, une plaque d'acier de Milan qui lui servait de cuirasse, et une cotte de maille qu'il portait pardessous, lui était entrée profondément dans la poitrine, l'avait renversé de cheval, et s'était brisée laissant un tronçon dans la blessure.

Les parrains, les hérauts d'armes, et Saladin lui-même descendant de son trône, accoururent près du blessé, tandis que sir Kenneth, qui avait tiré son épée avant de s'être aperçu que son antagoniste était hors d'état de se défendre, le sommait d'avouer son crime. On leva à la hâte la visière de son casque, et Conrad, les yeux égarés et tournés vers le ciel, dit : — Que voulez-vous de plus ? Dieu a prononcé avec justice ; je suis coupable, mais il existe dans le camp des traîtres pires que moi. Par pitié pour mon ame, donnez-moi un confesseur !

— Le talisman, le remède tout-puissant, mon frère, dit Richard à Saladin.

— Le traître mériterait, répondit le soudan, qu'on le traînât par les talons de la lice au gibet, plutôt que de profiter des vertus de ce talisman. Et je vois sur sa physionomie quelque chose qui lui pronostique un sort à peu près semblable, ajouta-t-il après avoir regardé avec attention le blessé ; car quoique sa blessure puisse se guérir, le sceau d'Azrael est sur le front de ce misérable.

— Je vous prie pourtant, mon frère, dit Richard, de faire pour lui tout ce qui sera possible, afin qu'il ait du moins le temps de se confesser. Il ne faut pas tuer l'ame avec le corps. Une demi-heure peut être pour lui plus précieuse que dix mille fois la vie du patriarche qui a vécu le plus long-temps.

— Les désirs de mon frère seront exécutés, répondit Saladin. Esclaves, qu'on porte le blessé dans ma tente.

— N'en faites rien, s'écria le grand-maître, qui jusqu'alors avait vu ce qui se passait en gardant un sombre silence ; l'archiduc d'Autriche et moi nous ne souffrirons pas que ce malheureux prince chrétien soit livré aux Sarrasins, pour qu'ils essaient leurs charmes sur lui. Nous sommes ses parrains, et nous demandons qu'il soit confié à nos soins.

— C'est-à-dire que vous refusez les moyens certains qu'on vous offre pour le guérir ? dit Saladin.

— Nullement, répondit le grand-maître reprenant sa

présence d'esprit ; si le soudan se sert de moyens légitimes, il peut venir voir le blessé sous ma tente.

— Faites-le, mon bon frère, dit Richard à Saladin ; faites-le, je vous en prie, quoique la permission en soit peu gracieusement accordée. Mais à présent occupons-nous de choses plus joyeuses. — Sonnez, trompettes; braves Anglais, une acclamation en l'honneur du champion de l'Angleterre.

Les tambours, les clairons, les trompettes et les cymbales se firent entendre en même temps, et l'air retentit des acclamations bruyantes et régulières en usage en Angleterre depuis des siècles, et qui, accompagnées des cris aigus et sauvages des Arabes, auraient pu être comparées au diapason de l'orgue au milieu des hurlemens d'une tempête. Le silence se rétablit enfin.

— Brave chevalier du Léopard, dit Cœur-de-Lion, tu as montré que l'Éthiopien peut changer sa peau, et le léopard ses taches, quoique les clercs citent l'Écriture pour en prouver l'impossibilité : mais je t'en dirai davantage quand je t'aurai conduit en présence des dames, qui savent le mieux juger et récompenser les hauts faits de la chevalerie.

Le chevalier du Léopard ne répondit que par un salut respectueux.

— Et toi, noble Saladin, continua Richard, il faut que tu les voies aussi ; sois sûr que la reine d'Angleterre ne croirait pas avoir été bien reçue si elle n'avait l'occasion de remercier notre hôte de son accueil vraiment royal.

Saladin inclina la tête avec grace, mais refusa d'accepter l'invitation.

— Il faut que j'aille voir le blessé, dit-il ; le médecin ne quitte pas plus son malade que le champion la lice, quand même il serait appelé dans un séjour comparable au paradis. D'ailleurs, roi Richard, sache que le sang de l'Orient ne coule pas avec autant de calme que celui du Frangistan en présence de la beauté. Que dit le livre à ce sujet ? son œil est comme le tranchant du glaive du Prophète; qui osera le regarder? Celui qui ne veut pas se brûler évite de marcher sur des charbons ardens, et l'homme prudent n'étend pas le chanvre près d'une torche enflammée. Celui qui abandonne un trésor, dit le sage, ne doit pas détourner la tête.

Richard, comme on peut le supposer, respecta le motif de délicatesse qui prenait sa source dans des mœurs si différentes de celles d'Europe, et n'insista pas davantage.

— J'espère, dit le soudan en se retirant, qu'à midi vous accepterez tous un repas frugal sous la tente noire de peaux de chameaux d'un chef du Kourdistan.

La même invitation fut faite de sa part à tous les chrétiens à qui leur rang permettait d'être admis à un festin destiné à des princes.

— Écoutez! dit Richard; les tambourins annoncent que la reine et ses dames sortent de la galerie, et voyez! tous les turbans tombent à terre comme s'ils étaient frappés par l'ange exterminateur; voilà tous ces musulmans prosternés, comme si le regard d'un Arabe pouvait souiller la fraîcheur des joues d'une femme! Allons, rendons-nous au pavillon de Bérengère, et conduisons-y notre vainqueur en triomphe. Combien je plains ce noble soudan de ne connaître l'amour que comme le connaissent les créatures d'une nature inférieure à la nôtre!

Blondel accorda sa harpe pour chanter un air guerrier à l'instant où le vainqueur se présenterait devant la reine. Kenneth entra dans la tente entre ses deux parrains, Richard et William Longue-Épée, et s'agenouilla avec grace devant Bérengère, quoique cet hommage fût plutôt rendu silencieusement à Edith, qui était assise à la droite de la reine.

— Allons, mesdames, désarmez-le s'écria Richard, qui aimait à voir accomplir tous les usages de la chevalerie; que la beauté honore la valeur! Détache ses éperons, Bérengère, toute reine que tu es, tu dois lui donner toutes les marques de faveur qui sont en ton pouvoir. Délace son casque, Edith ; de par cette main, tu le délaceras, fusses-tu la plus fière Plantagenet de ta race, et fût-il le plus pauvre des chevaliers de tout l'univers !

Les deux dames obéirent aux ordres du roi : Bérengère avec un empressement affecté comme remplie de zèle et de condescendance pour les volontés de son époux ; Edith pâle et rougissant tour à tour, tandis qu'avec lenteur et maladresse elle dénouait, aidée du comte de Salisbury, les cordons qui attachaient le casque au hausse-col.

— Et que vous attendiez-vous à voir sous cette coquille de fer ? dit Richard, lorsque le casque ayant été retiré on vit les traits nobles de sir Kenneth animés par le combat qu'il venait de livrer et par l'émotion qu'il éprouvait en ce moment. Qu'en pensez-vous, nobles chevaliers et belles dames ? ressemble-t-il à un esclave nubien ? a-t-il l'air d'un aventurier obscur et sans nom ? Non, par ma bonne épée ! mais ici se terminent ses divers déguisemens. Il a fléchi le genou devant vous sans être connu autrement que par son mérite. Celui qui se relève maintenant, aussi distingué par sa naissance que par sa valeur, est David, comte d'Huntingdon, prince royal d'Écosse.

Il se fit une exclamation générale de surprise, et Edith laissa échapper le casque qu'elle tenait en main.

— Oui, mes maîtres, ajouta le roi, c'est un fait certain. Vous savez que l'Ecosse ne tint pas la promesse qu'elle nous avait faite de nous envoyer ce vaillant comte à la tête d'une troupe de ses plus nobles et de ses plus braves guerriers, pour nous aider à conquérir la Palestine. Ce noble jeune homme, qui devait commander les croisés écossais, ne put se résoudre à ne pas prendre part à cette sainte entreprise, et vint nous joindre en Sicile à la tête de quelque fidèles et dévoués serviteurs, et d'autres Ecossais desquels il n'était pas connu. Tous les confidens du jeune prince, à l'exception d'un vieil écuyer, ont péri, et son secret trop bien gardé m'a mis en danger de couper par la racine une des plus belles espérances de l'Europe. Pourquoi ne m'avez-vous pas fait connaître votre rang, noble Huntingdon, quand votre vie fut mise en danger par une sentence dictée par la colère et la précipitation? Soupçonniez-vous Richard d'être capable d'abuser de l'avantage d'avoir entre ses mains l'héritier d'un roi qui a été souvent son ennemi?

— Je n'étais pas si injuste à votre égard, sire, répondit le comte d'Huntingdon; mais ma fierté ne pouvait se résoudre à me déclarer prince d'Ecosse pour sauver une vie que j'avais mérité de perdre en abandonnant mon poste. D'ailleurs j'avais fait vœu de conserver l'incognito jusqu'à la fin de la croisade, et je n'ai fait connaître mon rang qu'au révérend ermite d'Engaddi, *in articulo mortis*, et sous le sceau de la confession.

— Ce fut donc la connaissance de ce secret, dit Richard, qui inspira à ce digne homme de telles instances pour me faire révoquer ma sentence cruelle. Il avait bien raison de dire que si ce brave chevalier eût reçu la mort par mes ordres, j'aurais voulu pouvoir racheter ses jours au prix d'un de mes membres. D'un de mes membres! — J'aurais donné ma vie pour lui rendre la sienne, puisqu'on aurait pu dire que Richard avait abusé de la situation dans laquelle s'était placé l'héritier du royaume d'Ecosse en se confiant à sa générosité.

— Mais pouvons-nous savoir par quel étrange et heureux hasard Votre Majesté découvrit enfin ce secret? demanda la reine Bérengère.

— Il nous arriva d'Angleterre, répondit Richard, des lettres qui nous apprirent, entre autres choses peu agréables, que le roi d'Ecosse s'était emparé de trois de nos principaux nobles qui faisaient un pèlerinage à Saint-Ninian[1], et en avait donné pour prétexte que son fils, qu'il croyait dans les rangs des chevaliers teutoniques, et combattant les païens de Borussie, était de fait dans notre camp et en notre pou-

(1) L'ameuse abbaye près de Stirling. — Éd.

voir, et qu'en conséquence il entendait les garder comme otages de sa sûreté. Ce fut le premier trait de lumière qui m'éclaira sur le véritable rang du chevalier du Léopard; mais De Vaux, à son retour d'Ascalon, changea mes soupçons en certitude en ramenant avec lui l'écuyer du comte d'Huntingdon, serf à crâne épais, qui avait fait trente milles pour découvrir à De Vaux un secret qu'il aurait dû me confier à moi-même.

— Il faut excuser le vieux Strachan, dit le lord de Gilsland; il savait par expérience que j'ai le cœur un peu plus tendre que si ma signature était Plantagenet.

— Ton cœur plus tendre, masse de fer, caillou de Cumberland! s'écria Richard. C'est nous autres Plantagenet qui avons le cœur tendre; n'est-il pas vrai, Edith? ajouta-t-il en lui lançant un regard dont l'expression la fit rougir. Donnez-moi votre main, belle cousine; et vous, prince d'Ecosse, donnez-moi aussi la vôtre.

— Prenez garde, sire, dit Edith en faisant un pas en arrière et en cherchant à cacher sa confusion sous un air de plaisanterie aux dépens de la crédulité de Richard, souvenez-vous que ma main devait servir à convertir à la foi chrétienne les Sarrasins et les Arabes, Saladin et tous les porteurs de turban.

— Oui, répondit Richard, mais le vent de prophétie a changé, et il souffle maintenant d'un autre côté.

— Ne vous moquez pas, de peur que vos liens ne soient rendus plus forts, dit en s'avançant l'ermite d'Engaddi. — L'armée du ciel n'écrit que la vérité dans ses brillans registres. Apprends que la nuit que Saladin et Kenneth d'Ecosse passèrent dans ma grotte, je lus dans les astres qu'il se trouvait alors sous mon humble toit un prince ennemi naturel de Richard, à qui Edith Plantagenet devait être unie. Pouvais-je douter que ce ne dût être le soudan, dont le rang m'était connu, puisqu'il était venu bien des fois visiter ma cellule pour converser avec moi sur les révolutions des corps célestes. J'y lus encore que ce prince, époux d'Edith

Plantagenet, serait chrétien. Et moi, faible et ignorant interprète, j'en tirai pour conclusion la conversion du noble Saladin, dont les bonnes qualités semblaient souvent le porter vers la vraie foi. Le sentiment de mon ignorance m'a humilié dans la poussière, mais j'y ai trouvé des consolations. Je n'ai pas su lire le destin des autres; qui peut m'assurer si j'ai bien lu le mien? Dieu ne veut pas que nous pénétrions dans ses conseils secrets et que nous cherchions à découvrir ses mystères. Nous devons attendre ses jugemens dans les veilles et les prières, dans la crainte et l'espérance. Je suis venu ici en prophète, orgueilleux de pouvoir lire dans l'avenir, me croyant capable d'instruire les princes, et doué même de pouvoirs surnaturels, mais accablé d'un poids que je pensais que mes épaules seules pouvaient supporter. Maintenant mes liens sont rompus; je pars, humilié de mon ignorance, repentant, mais non sans espoir.

Il sortit du pavillon dès qu'il eut prononcé ces mots, et l'on assure que depuis cette époque ses accès de délire devinrent moins fréquens, que sa pénitence prit un caractère plus calme, et qu'elle fut accompagnée d'espérance. Il y a tant d'amour-propre même dans la démence, que l'idée d'avoir fait avec tant de confiance une prédiction mal fondée sembla produire l'effet d'une saignée pour apaiser la fièvre de son cerveau.

Il est inutile d'entrer dans de plus longs détails sur ce qui se passa dans la tente de la reine, et de chercher à savoir si David, comte d'Huntingdon, fut aussi muet en présence d'Edith Plantagenet que lorsqu'il était obligé de jouer le rôle d'un aventurier obscur et sans nom. On peut présumer qu'il lui exprima alors avec toute l'ardeur convenable la passion qu'il avait jusqu'alors trouvé souvent difficile de peindre par des paroles.

Cependant l'heure de midi approchait, et Saladin attendait les princes chrétiens sous une tente qui ne différait que par sa largeur de celles dont se servaient les soldats kourdes et arabes. Mais sous son vaste dôme noir était préparé le banquet le plus somptueux à la mode orientale. Il était servi sur de riches tapis entourés de coussins pour les convives. Nous ne nous arrêterons pas à faire la description des draps d'or et d'argent, des superbes broderies en arabesques, des schalls de Cachemire et des mousselines des Indes qu'on vit briller dans la salle du banquet. Nous parlerons encore moins des mets et des ragoûts entourés de riz coloré de différentes manières, et des autres mystères de la cuisine orientale. Des agneaux rôtis tout entiers, des pilaus de gibier et de volaille étaient servis sur de grands plats d'or, d'argent et de porcelaine, entremêlés de grands vases remplis de sorbet rafraîchi dans la neige et dans la glace qu'on tirait des cavernes du mont Liban.

De magnifiques coussins amoncelés au haut bout de la table semblaient destinés au soudan et à ceux de ses convives qu'il voudrait particulièrement honorer. Tout autour de la tente étaient suspendus des drapeaux et des étendards, trophées des batailles que Saladin avait gagnées et des royaumes qu'il avait conquis. Mais on remarquait surtout un long drap noir attaché au bout d'une longue lance; c'était la bannière de la mort, et l'on y lisait cette inscription : Saladin, roi des rois; Saladin, vainqueur des vainqueurs; Saladin doit mourir. Au milieu de ces préparatifs les esclaves qui avaient apprêté le festin restaient debout, la tête baissée et les bras croisés, comme des statues de marbre ou comme des automates dont tous les mouvemens dépendent d'un ressort caché.

En attendant l'arrivée des princes ses hôtes, le soudan, qui comme la plupart d'entre eux n'était pas exempt des superstitions de son siècle, examina un horoscope accompagné d'une explication que l'ermite d'Engaddi lui avait fait remettre en partant du camp.

— Science étrange et mystérieuse, se dit-il à lui-même, qui en prétendant lever le rideau qui nous cache l'avenir, égare ceux qu'elle semble guider, et obscurcit la scène qu'elle veut éclairer. Qui n'aurait pas cru que j'étais pour

Richard cet ennemi dangereux dont l'inimitié devait se terminer par un mariage avec sa parente ? Et cependant il paraît maintenant que l'union de ce brave comte avec cette dame rétablira l'amitié entre Richard et le roi d'Ecosse, ennemi plus à craindre pour lui que moi ; car le chat-pard enfermé dans une chambre est plus dangereux que le lion dans un désert lointain. — Mais aussi, continua-t-il, la conjonction des astres annonçait que cet époux devait être chrétien. Chrétien ! répéta-t-il après une pause ; c'est ce qui faisait espérer à ce fou de fanatique que je renoncerais à ma foi. Mais moi, moi, fidèle serviteur du Prophète, cette circonstance aurait dû me détromper. — Reste là, étrange et mystérieux écrit, ajouta-t-il en plaçant l'horoscope sous une pile de coussins ; tes prédictions sont aussi bizarres que fatales, puisque, même quand elles sont vraies en elles-mêmes, elles produisent sur ceux qui tentent de les expliquer tous les effets du mensonge. — Eh bien ! qui te rend assez hardi pour te présenter devant moi sans être appelé ?

Il parlait ainsi au nain Nebectamus, qui se précipita dans la tente avec un air d'agitation sans égale ; ses traits étranges et disproportionnés étaient encore plus hideux par l'horreur qu'ils exprimaient ; sa bouche et ses yeux ouverts, ses bras, ses mains et ses doigts ridés et décharnés étaient étendus dans toute leur longueur.

— Qu'y a-t-il donc ? demanda le soudan d'un ton sévère.

— *Accipe hoc*[1] ! répondit le nain respirant à peine.

— Comment ? Que dis-tu ? s'écria Saladin.

— *Accipe hoc !* dit encore le nain, dont l'esprit était si troublé qu'il ne songeait peut-être pas qu'il répétait les mêmes paroles.

— Retire-toi, dit Saladin ; je ne suis pas en humeur d'entendre tes folies.

— Je ne suis fou qu'autant qu'il le faut pour que mon esprit me gagne du pain, pauvre misérable que je suis, répondit Nebectamus ; écoutez-moi, grand soudan, écoutez-moi !

(1) Reçois ceci. — Éd.

— Que tu sois fou ou sage, dit Saladin, si tu as quelque plainte fondée à me faire, le devoir d'un roi est d'y prêter l'oreille. Suis-moi.

Il l'emmena dans un appartement intérieur; mais quel que fût le sujet de leur conférence, elle fut interrompue par le son des trompettes qui annoncèrent successivement l'arrivée des différens princes chrétiens. Saladin les reçut avec la courtoisie qui convenait à son rang et au leur; mais il fit un accueil particulièrement gracieux au jeune comte d'Huntingdon, qu'il eut assez de générosité pour féliciter sur la perspective qui s'ouvrait à lui, quoiqu'elle eût contrarié et déconcerté les projets qu'il avait lui-même formés peu de temps auparavant.

— Mais ne crois pas, noble jeune homme, dit le soudan, que Saladin voie avec plus de plaisir le prince d'Ecosse qu'Ilderim n'a vu Kenneth quand il l'a rencontré dans le désert, ou Adonebec El Hakim le Nubien dans la détresse. Une ame généreuse comme la tienne a une valeur indépendante du rang et de la naissance, de même que le breuvage rafraîchissant que je t'offre en ce moment est aussi délicieux dans un vase de terre que dans une coupe d'or.

Le comte d'Huntingdon fit une réponse convenable à la circonstance, et témoigna au généreux soudan sa reconnaissance des importans services qu'il en avait reçus. Mais quand il eut goûté la grande coupe de sorbet que Saladin lui fit présenter, il ne put s'empêcher d'ajouter en souriant :

— Le brave cavalier Ilderim ne connaissait pas la formation de la glace; mais le magnifique soudan rafraîchit son sorbet dans la neige.

— Voudrais-tu qu'un Arabe ou un Kourde eût la science d'un Hakim? répondit Saladin. Celui qui prend un déguisement doit mettre d'accord les sentimens de son cœur et les connaissances de son esprit avec le costume qu'il emprunte. Je voulais voir comment un cavalier du Frangistan plein de bravoure et de franchise soutiendrait une discussion avec un chef tel que je paraissais alors, et je révoquai en doute la vérité d'un fait bien connu pour savoir sur quels argumens tu appuierais ton assertion.

Tandis qu'ils parlaient, l'archiduc d'Autriche, qui se tenait un peu à l'écart, s'avança en entendant parler de sorbet à la glace, et prit avec plaisir et sans cérémonie la coupe que le comte d'Huntingdon se préparait à rendre.

— Délicieux! s'écria-t-il après avoir bu un grand coup que la chaleur du temps, la débauche qu'il avait faite la veille, lui rendirent doublement agréable; et il passa la coupe en soupirant au grand-maître des Templiers.

Saladin fit un signe au nain, qui s'avança en prononçant d'une voix aigre les mots : *Accipe hoc.* Le templier tressaillit comme un coursier qui voit sur son chemin un lion sortir de derrière un buisson. Cependant il se remit sur-le-champ; et peut-être pour cacher sa confusion, il approcha la coupe de ses lèvres; mais ses lèvres ne touchèrent même pas le bord de la coupe. Le cimeterre de Saladin quitta son fourreau comme l'éclair fend la nue; on le vit brandir en l'air un instant, et la tête du grand-maître roula à l'extrémité de la tente. Le tronc resta debout une seconde; la main serrait encore la coupe qu'elle tenait; il tomba ensuite, et la liqueur se mêla avec le sang qui jaillissait de ses veines.

Le cri *trahison! trahison!* se fit entendre de toutes parts. L'archiduc d'Autriche, près duquel Saladin se trouvait, son cimeterre ensanglanté à la main, fit quelques pas en arrière comme s'il eût craint que son tour n'arrivât. Richard et plusieurs autres portèrent la main sur leurs épées.

— Ne craignez rien, noble archiduc, dit Saladin d'un ton aussi calme que s'il ne fût rien arrivé d'extraordinaire. Et vous, mon frère Richard d'Angleterre, ne soyez pas courroucé de ce que vous venez de voir. Si j'ai frappé de mort ce scélérat, ce n'est pas pour le punir de toutes ses trahisons; ce n'est ni parce qu'il a fait attenter aux jours du roi Richard, comme son propre écuyer peut l'attester, ni parce qu'il nous a poursuivis, le prince d'Ecosse et moi dans le

Désert, de telle sorte que nous n'avons dû la vie qu'à la vitesse de nos coursiers, ni parce qu'il a excité les Maronites à nous attaquer aujourd'hui, ce qu'ils auraient fait si je n'avais amené, contre son attente, un assez grand nombre d'Arabes armés pour déjouer ce complot; ce n'est ni pour aucun de ces crimes, ni pour tous ces crimes, que vous le voyez étendu dans son sang : c'est parce qu'une demi-heure avant de souiller notre présence, comme le Simoun empoisonne l'atmosphère, il a poignardé son compagnon d'armes et son complice Conrad de Montserrat, de peur qu'il n'avouât les infâmes complots qu'ils avaient tramés ensemble.

— Comment! s'écria Richard, Conrad, Conrad assassiné par le grand-maître! son plus intime ami, celui qui vient de lui servir de parrain! Noble soudan, je ne doute pas de tes paroles; mais ce fait doit être prouvé, sans quoi....

— En voici le témoin, dit Saladin en montrant le nain encore épouvanté. Allah, qui envoie le ver luisant pour nous éclairer la nuit, peut découvrir les crimes secrets par les moyens les plus méprisables.

Le soudan rapporta alors ce que lui avait raconté le nain. Par un mouvement de folle curiosité, ou, comme il en fit presque l'aveu, pour voir s'il ne trouverait rien sur quoi il pût mettre la main, Nebectamus était entré dans la tente du marquis, que toute sa suite avait abandonné, les uns étant partis pour porter à son frère la nouvelle de sa défaite, les autres ne songeant qu'à se réjouir aux frais de Saladin, qui avait fait distribuer dans tout le camp des provisions en abondance. Le blessé dormait, grace à l'influence du merveilleux talisman du sultan; de sorte que le nain put tout examiner à loisir. Cependant entendant le bruit d'un pas pesant, il fut saisi de frayeur, et se cacha derrière un rideau, qui ne l'empêchait pourtant ni de voir ni d'entendre tout ce qui se passait. Le grand-maître entra, et ferma avec soin la toile qui couvrait l'entrée de la tente. Il s'approcha de sa victime qui s'éveilla en tressaillant, et il paraît même que le marquis soupçonna sur-le-champ quel était le projet de son ancien compagnon, car ce fut d'un ton d'alarme qu'il lui demanda pourquoi il venait le troubler.

— Je viens te confesser et te donner l'absolution, répondit le grand-maître.

Le nain épouvanté ne se rappelait qu'imparfaitement le reste de leur conversation, si ce n'est que Conrad supplia le grand-maître de ne pas achever de briser un roseau déchiré, et que le Templier lui avait plongé un poignard turc dans le cœur en prononçant ces mots : *Accipe hoc*, qui avaient fait une si profonde impression sur l'imagination épouvantée du témoin.

— Je me suis assuré de la vérité du fait en faisant examiner le corps du défunt, continua Saladin ; j'ai ordonné à cet être infortuné qu'Allah a fait servir d'instrument pour la découverte du crime, de répéter en votre présence les mots qu'avait prononcés le meurtrier, et vous avez vu vous-même quel effet ils ont produits sur sa conscience.

Le soudan se tut, et le roi d'Angleterre prit la parole.

— Si tout cela est vrai, comme je n'en doute plus, dit-il, nous avons été témoins d'un grand acte de justice ; mais pourquoi fallait-il qu'il eût lieu en notre présence et de ta propre main ?

— Ce n'était pas mon projet, répondit Saladin ; mais si je n'avais précipité son destin il y aurait échappé. Car si j'avais souffert qu'il bût dans ma coupe, comment aurais-je pu, sans encourir le reproche d'avoir violé les droits de l'hospitalité, lui faire subir la mort comme il l'avait méritée ? Il aurait assassiné mon père, qu'après avoir bu dans ma coupe il eût été à l'abri de ma vengeance ; je n'aurais pu arracher un seul cheveu de sa tête. Mais c'est assez nous occuper de lui. Que son cadavre soit éloigné de nos yeux, et bannissons le souvenir de ses crimes.

Le corps fut emporté, et les marques sanglantes de la scène qui venait de se passer furent effacées ou cachées avec tant de promptitude et de célérité, qu'on peut juger qu'un pareil événement n'était pas assez rare pour que les officiers de la maison de Saladin en fussent embarrassés ou déconcertés.

Cependant le spectacle dont ils venaient d'être témoins pesait sur l'esprit des princes chrétiens. A l'invitation pressante de Saladin ils prirent la place qui leur était destinée à table; mais ils y restèrent dans le silence de l'inquiétude et du soupçon. Richard fut le seul qui parut ne conserver dans son cœur ni crainte, ni doute, ni embarras, et pourtant il semblait lui-même réfléchir à quelque proposition qu'il voulait faire en termes assez agréables pour qu'elle fût acceptée. Enfin vidant un grand verre de vin, et s'adressant au soudan, il lui demanda s'il était vrai qu'il eût fait au comte d'Huntingdon l'honneur d'avoir une rencontre avec lui.

Saladin répondit qu'il avait fait l'épreuve de son coursier et de ses armes avec le prince d'Écosse, comme avaient coutume de le faire les cavaliers qui se rencontraient dans le Désert, et il ajouta modestement que quoique le combat n'eût pas été décisif, cependant le résultat n'en avait pas été tel qu'il dût s'en glorifier. L'Écossais de son côté désavoua la supériorité que le soudan lui accordait, et voulut la lui attribuer.

— N'importe, n'importe! s'écria Richard; la rencontre seule te fait assez d'honneur, et je te l'envie plus que tous les sourires d'Edith Plantagenet, quoiqu'un seul suffise pour récompenser un combat tel que celui que tu viens de livrer. Mais qu'en dites-vous, nobles princes? convient-il qu'une assemblée royale de chevalerie comme celle-ci se sépare sans avoir fait quelque chose dont on puisse parler dans les siècles futurs? Que sont la confusion et la mort d'un traître pour une guirlande d'honneur telle que celle qui est réunie en ce lieu, et qui ne doit pas se séparer sans avoir vu quelque fait plus digne de ses regards? Qu'en pensez-vous, noble soudan? pourquoi vous et moi, et en présence de cette illustre compagnie, ne déciderions-nous pas la question si long-temps disputée de la possession de cette

terre de Palestine, afin de terminer ces guerres fatigantes?
Nous avons une lice toute préparée ; l'islamisme ne peut
jamais espérer un meilleur champion que toi ; moi-même je
jeterai mon gant comme celui de la chrétienté, à moins qu'il
ne s'en présente un plus digne, et en tout honneur et toute
amitié nous nous livrerons un combat à outrance pour la
possession de Jérusalem.

Le soudan fut quelque temps sans répondre ; une vive
rougeur colora son front, et la plupart des convives croyaient
qu'il se disposait à accepter le cartel.

— En combattant pour la sainte cité, dit-il enfin, contre
ceux que nous regardons comme des idolâtres, comme des
adorateurs de pierres sculptées et d'images peintes, je pourrais espérer qu'Allah fortifierait mon bras ; ou si je tombais
sous le fer de Melec Ric, je ne pourrais arriver dans le paradis par une mort plus glorieuse. Mais Allah a déjà accordé Jérusalem aux vrais croyans, et ce serait tenter le
dieu du Prophète si, présumant de mes forces et de mes
talens, je mettais en danger ce dont je suis assuré par la supériorité de mes armes.

— Eh bien ! dit Richard du ton d'un homme qui deman-
derait une faveur à un ami intime, si ce n'est pas pour Jérusalem, que ce soit pour l'honneur. Faisons du moins trois
courses avec des lances à fer émoulu.

— Je ne puis en conscience vous satisfaire même sur ce
point, répondit Saladin souriant à demi de l'empressement
amical avec lequel Richard insistait sur ce combat. Le maître
donne un berger au troupeau pour l'avantage du troupeau,
et non pour celui du berger. Si j'avais un fils qui pût tenir
mon sceptre quand je cesserai d'exister, j'aurais la liberté,
comme j'en ai le désir, de m'essayer dans cette noble rencontre. Mais vos propres écritures disent que quand le berger est frappé le troupeau est dispersé.

— Tout le bonheur a été pour toi! dit Richard en soupirant
au comte d'Huntingdon. J'aurais donné la meilleure année
de ma vie pour ta demi-heure près du Diamant du Désert !

L'extravagance chevaleresque de Richard ranima la gaîté de la compagnie; et quand enfin on se leva pour se séparer, Saladin s'avança vers Cœur-de-Lion, et lui dit en lui prenant la main:

— Noble roi d'Angleterre, nous nous séparons pour ne plus nous revoir. Je sais aussi bien que vous que votre ligue est dissoute pour ne plus se réunir, et vos seules forces sont insuffisantes pour vous permettre de continuer votre entreprise. Je ne puis vous céder cette Jérusalem que vous désirez tant. Cette ville est pour nous, comme pour vous, une cité sainte. Mais quelque autre demande que Richard puisse faire à Saladin, elle lui sera accordée aussi librement que cette fontaine accorde ses eaux; oui, et Saladin tiendrait cette promesse, quand même Richard se trouverait dans le Désert avec deux archers pour toute escorte.

Le lendemain Richard retourna dans son camp; et quelques jours après le jeune comte d'Huntingdon épousa Edith Plantagenet. Le soudan lui envoya, comme présent de noces, le célèbre talisman. On lui dut un grand nombre de cures en Europe, mais aucune n'égala en succès et en célébrité celles que Saladin avait opérées. Ce talisman existe encore, le comte d'Huntingdon l'ayant légué à un brave chevalier écossais, sir Mungo du Lee, dont l'ancienne et honorable famille le conserve avec soin; et quoique la pharmacopée moderne ait rejeté l'usage des pierres constellées, on l'emploie encore avec succès pour arrêter le sang et contre la rage des chiens[1].

Ici se termine notre histoire, les conditions auxquelles Richard évacua ses conquêtes pouvant se trouver dans toutes les chroniques de cette époque.

(1) C'est un trait épigrammatique sur les *recettes de familles*, si communes dans la Grande-Bretagne. — Éd.

FIN DE RICHARD EN PALESTINE.

www.ingramcontent.com/pod-product-compliance
Lightning Source LLC
Chambersburg PA
CBHW052122230426
43671CB00009B/1081